项目投融资管理

盛宝柱 编

XIANGMU
TOURONGZI
GUANLI

化学工业出版社

·北京·

内容简介

本书阐述了市场经济条件下项目投资结构、项目融资模式、项目融资资金来源、项目融资可行性研究、项目融资风险管理、项目融资担保、项目融资案例分析，以研究工程项目投融资为依托和对象，吸收了项目投融资管理新的应用成果和我国项目投融资管理新的方针、政策和制度等相关内容，对一些当前的工程项目投融资管理热点、难点问题进行了有益的探讨。

本书读者群体主要是工程管理、管理科学与工程、土木水利、建筑与土木工程、资产评估、会计学、财务管理等专业的研究生和本科生，另外，对于对项目投融资管理相关知识感兴趣的职场人士，特别是当前参与"一带一路"工程建设项目的投融资管理者、研究者，均具有参考价值。

图书在版编目（CIP）数据

项目投融资管理 / 盛宝柱编. — 北京：化学工业出版社，2024.12. — ISBN 978-7-122-46704-1

Ⅰ.F830.59；F830.45

中国国家版本馆 CIP 数据核字第 2024GB4141 号

责任编辑：毕小山　　　文字编辑：连思佳
责任校对：宋　玮　　　装帧设计：刘丽华

出版发行：化学工业出版社
　　　　　（北京市东城区青年湖南街 13 号　邮政编码 100011）
印　　装：涿州市般润文化传播有限公司
787mm×1092mm　1/16　印张 22　字数 540 千字
2024 年 4 月北京第 1 版第 1 次印刷

购书咨询：010-64518888　　　售后服务：010-64518899
网　　址：http://www.cip.com.cn
凡购买本书，如有缺损质量问题，本社销售中心负责调换。

定　　价：98.00元　　　　　　版权所有　违者必究

前言

项目投融资目前已日趋成熟，具有"项目导向"和"风险分担"的特点。投资者着眼于控制并影响整个项目运行的全过程，并可以根据不同项目的特点设计出多样的投融资结构，满足投资者的不同需要，使在传统条件下无法获得的贷款资金通过投融资的手段进行开发。

建设项目往往规模巨大，其投资额动辄数百万元、上千万元，甚至达到数百亿元、上千亿元。投资规模巨大的设备工程关系到国家、行业或地区的重大经济利益，对宏观经济可能也会产生重大影响。

项目投融资正日益受到政府及企业的重视，并逐渐得到大规模的发展，为项目管理提供了理论依据及现实指导。

作为构建人类命运共同体的重要实践，"一带一路"倡议已走过十多年历程。"一带一路"共建国家由亚洲拓展至非洲，投资项目逐步从矿产、基建等传统领域向清洁能源等新经济领域延伸。与美欧等发达经济体的战略投资计划相比，"一带一路"倡议秉承开放包容的合作理念，聚焦"硬基建""新基建"，助力共建国家经济发展，获得了国际社会的普遍认可。高效畅通的投融资手段是推动重大项目落地、将"一带一路"建成繁荣之路的关键因素。未来，中国将进一步拓宽投融资渠道、创新投融资模式、提升投融资效率、加强舆论应对与项目风险管理能力，为国家间金融合作提供有力支撑，为共建"一带一路"提供可持续的强大动力。

本书力求系统性、理论性与实践性相结合，同时增强了其实用性、时效性与可读性。本着既充分反映我国项目投融资管理改革发展的最新成果，又兼顾我国项目投融资管理现状与发展趋势的指导思想进行编写，形成了一套完整的知识体系框架。

盛宝柱
2024 年 6 月

目录

第一章 项目与项目投资概述 / 001

第一节 投资概述 // 001
 一、投资的概念 // 001
 二、投资的特点 // 003
 三、投资的分类 // 003
 四、投资的作用 // 005

第二节 项目投资概述 // 007
 一、基本建设概念 // 007
 二、项目投资 // 012

第三节 工程项目投资概述 // 015
 一、工程项目投资的含义与特点 // 015
 二、工程项目投资与项目全寿命费用的关系 // 018
 三、工程项目投资管理的目标与原则 // 019

复习思考题 // 021

第二章 项目投资的构成 / 022

第一节 设备工器具购置费用的构成 // 022
 一、概述 // 022
 二、国产设备原价的计算 // 022
 三、进口设备原价的计算 // 023
 四、设备运杂费 // 026

第二节 建筑安装工程费用 // 026

一、概述 // 026
二、直接费 // 028
三、间接费 // 029
四、利润 // 031
五、税金 // 031
第三节 工程建设其他费用的构成 // 032
一、土地使用费 // 032
二、与项目建设有关的其他费用 // 033
三、与未来企业生产经营有关的其他费用 // 034
第四节 预备费和建设期贷款利息 // 035
一、预备费 // 035
二、建设期利息 // 036
复习思考题 // 036

第三章 项目投资决策分析 / 037

第一节 项目投资决策的分析与评价 // 037
一、项目投资决策的阶段划分 // 037
二、可行性研究的主要内容 // 038
第二节 项目投资估算 // 041
一、建设投资估算 // 041
二、流动资金估算 // 044
第三节 项目经济分析的基本方法 // 046
一、资金时间价值 // 046
二、投资项目经济评价指标与评价方法 // 050
三、投资项目（方案）比较与排序 // 055
复习思考题 // 058

第四章 项目经济与社会评价方法 / 060

第一节　财务评价　// 060
　　一、财务评价基础数据与参数选取　// 061
　　二、财务费用与效益估算　// 062
　　三、财务分析　// 064
第二节　国民经济评价　// 073
　　一、概述　// 073
　　二、国民经济效益和费用分析　// 074
　　三、国民经济评价报表和评价指标　// 076
第三节　社会评价　// 078
　　一、投资项目社会评价的概念　// 078
　　二、投资项目社会评价的内容　// 079
　　三、投资项目社会评价的方法　// 080
第四节　不确定性与风险分析　// 080
　　一、不确定性分析与风险分析的关系　// 080
　　二、不确定性分析的方法　// 081
　　三、风险分析方法　// 085
复习思考题　// 088

第五章 项目投资的合理估计与控制 / 090

第一节　设计阶段投资的合理估计与控制　// 090
　　一、设计概算的编制　// 090
　　二、施工图预算　// 094
　　三、设计方案优选方法　// 094
第二节　项目招投标阶段投资的合理确定与控制　// 098
　　一、项目评标方法的选择　// 098
　　二、工程量清单计价　// 100
　　三、工程承包合同价格　// 103
第三节　项目实施阶段投资的合理确定与控制　// 106

一、费用索赔 // 106
　　二、建筑安装工程价款的结算 // 109
　　三、投资偏差分析 // 112
复习思考题 // 114

第六章 项目投资文书规范写作管理 / 115

第一节 行业投资分析报告 // 116
　　一、行业投资分析报告的意义 // 116
　　二、行业投资分析报告的基本结构和内容要求 // 116
　　三、典型示例 // 118
　　四、写作技巧和注意事项 // 124
第二节 项目建议书 // 124
　　一、项目建议书写作的意义 // 124
　　二、项目建议书基本结构和内容要求 // 125
　　三、项目建议书示例 // 126
第三节 项目可行性研究报告 // 135
　　一、项目可行性研究报告的意义 // 135
　　二、项目可行性研究报告的基本形式与内容 // 136
　　三、典型示例 // 144
复习思考题 // 157

第七章 项目融资概述 / 158

第一节 项目融资的发展 // 158
　　一、从改革开放开始到 20 世纪 80 年代中期 // 159
　　二、从 20 世纪 80 年代中期到 20 世纪 80 年代末期 // 159
　　三、从 20 世纪 80 年代末期到 20 世纪 90 年代初期 // 159
　　四、从 20 世纪 90 年代初期到 20 世纪 90 年代中期 // 159

五、从 20 世纪 90 年代中期到 21 世纪初 // 159

六、从 21 世纪初开始到现在 // 160

第二节 项目融资的概念 // 160

第三节 项目融资的特点 // 161

一、项目导向 // 161

二、有限追索 // 161

三、风险分担 // 162

四、具有税务收益 // 162

五、非公司负债型融资 // 163

六、信用结构多样化 // 163

七、融资成本较高 // 164

第四节 项目融资的优势及适用范围 // 164

一、项目融资的优势与弊端 // 164

二、项目融资的适用范围 // 165

复习思考题 // 166

第八章 项目融资的组织与框架结构 / 167

第一节 项目融资的参与者 // 167

一、项目发起人 // 168

二、项目公司 // 168

三、项目的贷款银行 // 168

四、项目产品的购买者或项目设施的使用者 // 169

五、项目建设承包商或工程公司 // 169

六、项目设备、能源及原材料供应商 // 169

七、咨询专家和顾问 // 170

八、有关政府机构 // 170

九、保险公司 // 170

第二节 项目融资的运作阶段 // 170

第三节 项目融资的结构框架 // 172

一、项目的投资结构 // 173

二、项目的融资结构 // 173

三、项目的资金结构 // 173

四、项目的信用保证结构 // 174
复习思考题 // 177

第九章 项目融资方式与渠道 / 178

第一节 权益资本的融资方式 // 178
  一、吸收直接投资 // 178
  二、发行股票 // 179
  三、准股本资金 // 182
  四、产业投资基金 // 184
第二节 债务资本的融资方式 // 185
  一、商业银行贷款 // 185
  二、银团贷款 // 188
  三、出口信贷 // 191
  四、国际金融组织贷款 // 193
  五、外国政府贷款 // 194
  六、债券融资 // 194
  七、融资租赁 // 199
  八、商业信用融资 // 201
复习思考题 // 204

第十章 项目融资的资金成本与资本结构决策 / 205

第一节 项目融资的资金构成及资金结构 // 205
  一、项目融资的资金构成 // 205
  二、项目融资的资金结构 // 211

第二节　资金成本 // 216
　　一、资金成本概述 // 216
　　二、个别资金成本计算 // 217
　　三、综合资金成本 // 221
　　四、边际资金成本 // 221
第三节　资金结构的优化选择 // 224
　　一、最佳资金结构概述 // 224
　　二、每股利润分析法 // 224
　　三、比较资金成本法 // 226
　　四、影响资金结构因素的定性分析 // 227
复习思考题 // 228

第十一章　项目融资的风险及保险 / 230

第一节　项目融资风险的分类 // 230
　　一、按建设进展阶段 // 230
　　二、按项目风险的可控制性 // 232
　　三、按项目的投入要素 // 232
　　四、按项目风险的表现形式 // 233
第二节　项目融资风险的管理 // 233
　　一、政治风险管理 // 234
　　二、金融风险管理 // 237
　　三、信用风险管理 // 239
　　四、完工风险管理 // 240
　　五、生产经营风险管理 // 241
　　六、市场风险管理 // 243
　　七、环保风险管理 // 244
第三节　项目保险 // 246
　　一、商业风险保险 // 246
　　二、政治风险保险 // 248
第四节　项目融资对政治风险管理的例证 // 252
　　一、美国肯尼科特铜公司（K公司） // 252

二、安纳康达铜公司（A公司） // 253
复习思考题 // 253

第十二章 项目融资的担保 / 254

第一节 项目融资担保及项目担保人 // 254
一、项目融资担保 // 254
二、项目担保人 // 255

第二节 项目融资的物权担保 // 257
一、不动产物权担保 // 257
二、动产物权担保 // 257
三、固定设押和浮动设押 // 258
四、物权担保的局限性 // 259

第三节 项目融资的信用担保 // 259
一、直接担保 // 259
二、间接担保 // 263
三、意向性担保 // 265

复习思考题 // 266

第十三章 项目融资的基本模式 / 267

第一节 项目融资基本模式的种类 // 267
一、由项目发起人直接安排项目融资模式 // 267
二、发起人通过项目公司安排项目融资模式 // 269

第二节 产品支付融资模式 // 271
一、产品支付融资模式的特点 // 271
二、产品支付融资模式的操作过程 // 272

第三节 杠杆租赁融资模式 // 273
一、杠杆租赁融资的优势分析 // 274
二、杠杆租赁融资模式的复杂性 // 274

三、杠杆租赁的操作要点 // 275
四、杠杆租赁融资模式的特点 // 277
第四节 设施使用协议融资模式 // 278
复习思考题 // 280

第十四章 项目融资现代模式 / 281

第一节 BOT 项目融资模式 // 281
一、BOT 项目融资概述 // 281
二、BOT 模式的特许权协议 // 286
三、BOT 模式的基本结构 // 288
四、BOT 模式的基本操作程序 // 292
五、BOT 模式的融资文件 // 298
六、BOT 模式的风险处理和安全框架 // 299
七、BOT 的衍生模式 // 300

第二节 ABS 项目融资模式 // 302
一、ABS 项目融资概述 // 302
二、ABS 融资的运行程序 // 305
三、ABS 融资的主要当事人 // 309
四、SPV 的组建与运作 // 312
五、ABS 模式的风险分析 // 314

第三节 PPP 项目融资模式 // 315
一、PPP 融资模式概述 // 315
二、PPP 模式的基本结构 // 321
三、PPP 模式的基本操作程序 // 323
四、PPP 项目的风险及分配 // 327

复习思考题 // 331

附录 典型项目融资案例 / 332

一、雅万高铁项目融资案例 // 332
二、老挝 Monsoon 600MW 风电项目融资案例 // 333
三、英法海底隧道项目融资案例 // 334
四、澳大利亚波特兰铝厂杠杆租赁融资模式案例 // 334
五、英国北海石油项目融资案例——典型的产品支付模式 // 335
六、成都水六厂 BOT 项目融资 // 336

参考文献 / 338

第一章 项目与项目投资概述

第一节 投资概述

一、投资的概念

（一）投资概念的界定

现代经济社会中的投资既是一种经济活动，也是经济学中的一个基本范畴。随着人类社会的发展和技术进步，经济活动的内容、形式和范围也在不断衍化，投资已经成为一个多层次、多方面的经济概念。投资的概念一般从广义和狭义两个角度界定。广义的投资是指以获利为目的的资本使用，既包括运用资金建造厂房、购置设备和原材料等从事扩大再生产的经济行为，也包含了"金融学"领域有价证券的交易，即基于收益角度的股票、债券及衍生品的交易。狭义的投资仅限于有价证券投资，包括个人及公司团体以其拥有的资本从事证券买卖而获利的投资行为，其投资的主要对象有政府公债、公司股票、公司债券、金融债券等。所以，在西方，狭义的投资研究侧重于如何计算股票和债券的收益、怎样评估风险和如何进行风险定价，以帮助投资者选择获利最高的投资机会。

在我国，投资概念既包括直接购买股票、债券等金融产品的投资，也指购置和建造固定资产、购买和储备流动资产的经济活动。因此，一般意义的"投资"一词具有双重含义，既用来指实体经济中特定的经济活动，又用来指金融产品的交易行为。

（二）投资概念在我国的演变

1. 三个阶段

随着我国经济体制改革以及投融资体制改革的不断深化，投资概念的内涵和外延也在不断变化。这种变化大体经历了三个阶段。

第一阶段，新中国成立初期至 20 世纪 70 年代末。这一时期，我国的经济管理体制基本上借鉴苏联模式，即实行高度集中、统一的计划管理体制。在此体制下，国家是唯一的投资主体，一切扩大再生产的支出均来自中央财政拨款。经济建设的模式是外延式的扩大再生产——基本建设，因而投资研究的对象是基本建设投资。基本建设投资是当时投资管理工作和投资理论研究经常使用的概念。

第二阶段，20世纪80年代初到90年代初。进入20世纪80年代后，我国正式引入投资的概念。1983年，国家开始编制固定资产投资计划，将固定资产投资划分为更新改造投资和基本建设投资。之后又将住宅建设等其他投资纳入固定资产投资范畴。在这一时期，无论是政府的宏观调控，还是实际的投资管理工作，乃至投资理论研究，所涉及的投资通常是指固定资产投资。

第三阶段，20世纪90年代初到现在。自20世纪90年代以来，随着我国证券市场的建立和发展，各类金融产品不断涌现，金融产品投资规模也不断扩大，此时，证券投资被纳入投资的范畴中。20世纪90年代后期至今，投资的概念又扩展到资产重组、兼并收购以及金融衍生工具等内容。

本书采用广义的投资概念。具体表述为：投资是指投资主体以获取预期效益为目的，投入货币资金或其他资源，使其转化为资产的行为和过程。

2. 四要素

投资这一概念包括了投资主体、投资客体、投资目的以及投资方式四要素，反映了投资经济活动中各种要素及其所体现的经济关系的内在统一。同时，体现了投资与所有权相联系的本质特征，即投资活动中的要素投入权、资产所有权、收益权、处置权之间的有机统一。

（1）投资主体

投资主体是指拥有一定量的资金，能自主进行投资决策，并对投资结果负有相应责任的自然人或法人。在现实的社会经济活动中，投资主体是多元化的，有政府、企业、社会团体和个人等投资主体。政府投资主体包括中央政府投资主体和地方政府投资主体。在我国，目前中央政府投资主要用于跨地区的公用事业、基础设施、极少数大型骨干企业和国防、航天、高新技术等战略产业。地方政府投资主要用于区域性的公用事业、基础设施、教育、卫生、社会福利等。企业投资主要用于工业、商业、交通运输、房地产等经营性行业。社会团体投资主体是指各类社会机构，如各种基金会、各类社会组织等。个人投资主要用于证券投资、房地产投资及其他实物投资。

（2）投资客体

投资客体是投资活动作用的对象，投资客体表现形式多样，可以是将资金直接用于购置和建造固定资产、购买和储备流动资产，或者进行人力资本投资以形成人力资本，也可以是股票、债券等各类金融工具。

（3）投资目的

投资目的指投资者的意图及所要取得的效果。一般意义的投资其目的是保证投资回流、实现增值，以获得预期的经济效益或社会效益。就投资自身而言，实现投资的经济效益应当是投资行为的出发点，实现投资的增值性回流是投资的预期目的。投资如果不能带来经济效益，便缺乏生命力。但投资除了追求经济效益外，还应考虑社会效益。社会效益是指项目实施后为社会所做的贡献。

（4）投资方式

投资方式是指投资资金运用的形式和方法。投资方式具有多样性，比如直接投资方式或间接投资方式。直接投资方式是指资金直接投入建设项目，形成实物资产，或投入社会生产经营活动的公共服务领域，创造物质基础，以促进经济增长；间接投资方式是指投资者借助金融市场这一平台，通过购置有价证券等金融产品所进行的投资。

投资只在运动（生产和经营）中才能具有生命力。通过人类有目的的活动，投资资金按照一定的规律不断循环与周转，才能取得预期的效果——为个人提供更多的收益，为人类创造更多的财富，推动经济和科技的发展，推动人类社会的进步。投资资金循环周转实现增值的过程要依次经过三个阶段，相应采取三种不同的职能形式，才能使其价值获得增值，并开始新的循环过程。资金只有在连续不断的运动中才能实现价值的增值，如图1-1所示。

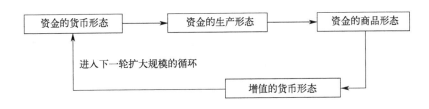

图1-1　投资资金的循环运动示意

二、投资的特点

投资活动作为一项复杂的经济过程，与一般经济活动相比有其自身的特点。深刻认识这些特点，有利于理解、研究和掌握投资运动规律，优化投资结构，提高投资效益。投资的特点集中表现为系统性、复杂性、长期性和风险性。

任何一项投资活动基本都需要经过投资机会识别、投资战略决策、投资过程实施和投资收益实现这一完整流程。投资主体在实施具体的投资活动中，必然涉及内部和外部的多个机构或组织，要统筹各种资源要素配置，要符合相关制度规范的严格要求，要平衡不同组织、机构甚至个体间的利益冲突，因而其系统性、复杂性显而易见。同时，资源要素投入最终效益的实现需要一个较长的过程。投资过程的长期性，也会进一步导致不确定性增大，使风险水平提升。

投资风险正是指投资主体从做出投资决策开始到投资期结束这段时间内，由于不可控因素或随机因素的影响，导致实际投资收益与预期收益相偏离。投资总会伴随着风险，投资的不同阶段有不同的风险，投资风险也会随着投资活动的进展而变化，投资不同阶段的风险性质、风险后果也不一样。投资风险一般具有可预测性差，可补偿性差，风险存在期长，造成的损失和影响大，不同项目的风险差异大，多种风险因素同时并存、相互交叉组合作用的特点。一般而言，预期收益越大，风险程度越高，二者呈正相关关系。

三、投资的分类

投资分类的目的是进一步理解投资的含义，从不同角度认识投资的性质和投资活动的特点，深入研究投资运动规律。

（一）直接投资与间接投资

直接投资是指投资主体将货币资金直接投入相关的具体项目，形成实物资产或组建企业，并直接参与经营和管理活动的行为。在这种投资活动中，投资者可以以股份的形式拥有全部或一定比例的企业所有权，从而拥有被投资企业的全部或一定比例的控股权，直接参与被投资企业的经营和管理。直接投资包括对土地、厂房、设备、交通运输工具、通信设施等有形资产以及专利、商标、技术秘诀和咨询服务等无形资产的投资。

直接投资在本质上反映了资金所有者和资金使用者的统一、资产所有权和资产经营权的统一。直接投资是扩大生产力、增加实物资产存量、创造社会财富的物质基础，是推动经济增长的重要途径。

间接投资是指投资主体以获取一定预期收益为目的，以其货币资金购买政府债券、公司债券、金融债券以及公司股票等基础金融工具和期货、期权等衍生金融工具的行为。在间接投资活动中，投资主体不是将货币资金直接投入相关的具体项目，而是借助各种有价证券完成的，因而也被称为证券投资。与直接投资相比，间接投资的主体除了股票投资外，一般只享有获得预期收益的权利。

间接投资在本质上反映了资金所有者与资金使用者的分离，或者说，投资者以获得收益权为目的而让渡资金使用权。

（二）政府投资、企业投资和居民个人投资

政府投资是指中央政府和地方政府所进行的投资。政府的投资是为了实现其公共服务职能，满足社会公共需要，实现经济和社会发展战略，投入资金用以转化为实物资产的行为和过程。政府投资的实质是国家作为特殊投资主体，引导社会生产，稳定社会生活，保持经济和社会的正常发展。政府投资的多寡，在不同国家和同一国家不同的经济发展时期会有所不同。

企业投资是指企业投入财力，以期望在未来获取收益的一种行为。企业投资的范围涉及社会生产和生活的各个方面。企业作为独立的投资主体，其投资的动机和目的就是实现预期的经济效益。企业投资效益好，对企业、国家都是有益的。但企业投资活动必须遵守国家法律法规的要求。在市场经济条件下，企业应作为独立的投资主体充分发挥作用，建立良好的宏观调控机制和企业自我约束机制，以防止和减少不良投资行为的发生。

居民个人投资是指居民个人为了在未来可预见的时期内获得收益，而购买证券或其他资产的经济行为。居民个人投资的实质，是个人将节约的消费支出转化为投资，期望获得收益的同时增加社会积累。

（三）实物投资与金融投资

实物投资是指投资主体将资金或技术设备等投放于企业，通过生产经营活动获取投资收益的行为。一般来说，实物投资所涉及的均是实体经济领域内的资产，投资形成的资产价格相对稳定，即使在市场环境中，资产价格与其内在价值也不会产生更大的背离。实物投资活动不仅涉及人与人的关系，还会涉及人与自然的关系。

金融投资是指投资主体对以货币价值表示的各类金融资产的投资，如股票、债券、外汇、银行存款等基础金融工具和期权、期货等衍生金融工具。一般来说，金融投资所涉及的均是虚拟经济领域内的资产，虚拟资产价格以其所代表的实物资产价值为依据，但在市场经济环境中，由于虚拟资产流动性较大，资产价格波动也较大，有时与其内在价值还会产生很大的背离。与实物投资相比，金融投资不涉及人与自然的关系，只涉及人与人之间的财务交易关系。

(四)国内投资和国际投资

国内投资是指国家、企业单位、个人依靠自己的力量在本国境内进行的投资，它包括各种形式、各种内容的投入。由于不同的国家具有各自不同的国情特点，所以其投入形式是各不相同的。但国内投资总量代表了一个国家经济发展水平的高低、积累能力的大小和经济实力的强弱。

国际投资是资本的跨国流动，根据是否拥有对海外企业的实际经营管理权，国际投资又可以划分为国际直接投资和国际间接投资。国际直接投资又称对外直接投资，是指投资者参与海外企业的生产经营活动，拥有实际的管理权、控制权的投资方式，其投资收益要根据海外企业的经营状况决定。国际间接投资即国际证券投资，是指投资者通过购买外国的公司股票、公司债券、政府债券、衍生证券等金融资产，依靠股息、利息及买卖价差来实现资本增值职能的投资方式。从理论上区分国际直接投资和国际间接投资的标志在于是否有对企业的有效控制权。

四、投资的作用

(一)投资影响国民经济的增长速度

投资是经济增长的第一推动力。投资与经济增长关系非常紧密。传统经济理论认为，经济增长主要受投资、消费和进出口的影响。不同国家或地区，不同经济发展水平下，投资、消费和进出口对经济增长的影响程度不同。但对于众多发展中国家而言，投资仍然是经济增长的重要推动力，是经济增长的必要前提。即认为经济增长情况主要是由投资决定的，投资是经济增长的第一推动力，是经济增长的必要前提。一个国家经济增长速度的快慢，在很大程度上取决于投资数量的多少。如果没有投资，经济则难以启动，无法发展。但投资必须保持国民经济比例关系的协调，否则经济增长速度也会受到影响。所以，经济增长就是合理进行投资，不断提高投资效率的结果。

(二)投资促进国民经济持续、稳定、协调发展

持续，就是要长期保持正常的发展速度；稳定，就是不能大起大落；协调，就是重大经济关系比较合理。投资是经济发展的第一推动力和持续推动力，没有投资就不可能有正常的发展速度。投资是需求，但又能转化为供给。一方面，在投资的实现过程中，通过投入引起对生产资料和消费资料的大量需求，从而使国民经济需求总量增加，这就是投资的需求效应；另一方面，通过直接投资能够生产出各种产品，从而使国民经济供给总量增加，这就是投资的供给效应。投资同时作为市场的供给方和需求方最终会引致社会总产出增长趋于均衡。过于追求投资的需求效应或投资的供给效应，都会导致投资规模膨胀，带来社会总需求和总供给的比例失衡，使国民经济不稳定。在投资规模一定的情况下，投资的方向决定着产业结构，从而影响国民经济的重大比例关系。因此，在市场经济条件下，只有善于运用投资调控手段，注意投资两个效应的作用，特别是要调节好投资的流量和流向、规模和结构，才能保证国民经济持续、稳定、协调、向前发展。

（三）投资创造新的就业机会

就业是社会经济生活中的一个重大问题，就业是靠投资来解决的。每进行一项新的投资，就会创造一些新的就业机会。从一项具体的投资来考察，投资所创造的就业机会分两个方面：一方面是投资直接创造的就业机会。投资直接创造的就业机会又分两个层次，第一个层次是为建筑业提供就业机会。任何一项投资，只要付诸实施，就需要建筑业进行建设、安装、施工。投资总额越大，建筑业就业的人数就越多，反之则少。第二个层次是投资形成生产能力后企业自身所增加的就业机会。另一方面是投资间接创造的就业机会。投资间接创造的就业机会是相当广泛的，因为投资首先要带动投资品工业的发展，紧接着又要推动原材料、燃料动力工业的发展，这些工业的发展提供了大量的就业机会。对任何一个单项投资过程来说，在就业问题上都会引起这样的连锁反应。

（四）投资影响着人民的物质文化生活水平

社会生产的目的是最大限度满足人民日益增长的物质文化需要。实现这一目的不仅要创造物质财富，而且要创造精神财富，两种财富都离不开投资活动。一方面要进行生产性投资，通过对各种物质生产部门的投入促进生产力水平提高，从而不断生产出更多、更好的物质产品，满足人们各种物质需要；另一方面要进行非生产性投资，通过对非物质生产部门的投入，改善人们的生活环境和生活质量，美化人们的生活，满足人们精神生活的需要。可见，投资对于人民的物质文化生活水平的提高具有极其重要的作用。

（五）投资是促进技术进步的主要因素

投资对技术进步有很大的影响。一方面，投资是技术进步的载体，任何技术成果应用都必须通过某种投资活动来体现，它是技术与经济之间联系的纽带；另一方面，技术本身是一种投资的结果，任何一项技术成果都是投入一定的人力资本和资源（如试验设备等）的产物。技术进步的产生和应用都离不开投资。

📖 扩展阅读

投资大师巴菲特如何看待投资与投机

投资与投机是一个永恒的话题。关于"投资与投机"的争论由来已久，也永远不会停息。投资和投机之间存在着巨大区别，这几乎是一个不争的事实，但投资和投机的区别到底是什么，估计没人能说得清，甚至连经济学家、金融大师和投资大师们也众说纷纭，莫衷一是。

于是这样的解释成为经典："投资是一次成功的投机，而投机是一次失败的投资。"更有金融学家通俗地告诉我们："买债券是投资，买股票是投机。"

有观点认为，短线操作就是投机，不可能是投资；也有观点认为阶段性投资也与投机在本质上是一致的。与此相对应的，认为长期持有就一定是投资。巴菲特不完全同意上述观点，他认为投资与投机的区别不在于时间长短。

巴菲特是公认的价值投资者，以成功实践本杰明·格雷厄姆的"安全边际"概念而著名。巴菲特频繁使用过的"套利"操作其实是一种短期行为，但确实是根据标的内在价值而进行的短期操作，应该属于投资行为。巴菲特的成功实践可以轻易驳倒那种认为短线操作就一定是投机行为的观点。

巴菲特认为区分投资与投机的唯一标准在于是否基于标的内在价值的偏离。如果是以低于标的内在价值而买进、高于标的内在价值而卖出就是投资行为；反之，如果操作行为与标的内在价值没有任何关系，就应该是投机行为。而标的内在价值的衡量，可以根据价值投资（基本分析）来判断。

第二节　项目投资概述

一、基本建设概念

（一）固定资产再生产与基本建设

为了保证社会再生产顺利进行和发展，必须进行固定资产再生产。如果生产能力或效益是在原有基础上不断进行的，称为固定资产简单再生产；如果生产能力或效益是在扩大基础上不断进行的，则称为固定资产扩大再生产。固定资产再生产是一个实物补偿和价值补偿的双重过程。其价值补偿是通过折旧形式随着使用时间和工作强度，将其损耗价值部分地转移到所生产的产品价值中去。实物补偿是由于固定资产投入生产使用后不断磨损所产生的。要保证固定资产正常运转和使用，必须进行维护保养和经常修理，它们虽然也带有一定程度的补偿成分，但实质上是一种追加性质的特别费用，通常由企业流动资金支出，因此不能算作固定资产简单再生产。固定资产经过较长时间使用磨损后，就必须进行大量更换零件和主要部件的大修理。固定资产大修理是固定资产局部简单再生产，它所需要的资金是由企业按照规定提取大的修理基金来解决，并按照大修理计划由企业自行管理和安排，这是实现固定资产简单再生产的第一条途径。固定资产经过长期磨损，它的基本部分已不能继续使用时，必须重新投资，进行原有固定资产更新和替换，称为固定资产更新，这是实现固定资产简单再生产的第二条途径。固定资产再生产除了上述两条途径外，还有第三条重要的途径，即基本建设，这主要通过新建、扩建等扩大再生产形式来实现。凡利用国家预算内基建基金、自筹资金、国内外基本建设贷款以及其他专项资金进行的，以扩大生产能力或新增工程效益为主要目的的新建、扩建工程及有关工作，都属于基本建设。另外，如新增建筑面积超过原有面积的30%，土建工作量资金超过项目资金总额20%的更新改造也作为基本建设。因此，基本建设一般指固定资产扩大再生产，更新改造和大修理均不纳入。虽然更新改造与基本建设性质不同，但两者同为固定资产再生产的投资支出，因此必须将更新改造和基本建设一并放入固定资产投资计划进行综合平衡，才能确定一定时期内固定资产投资规模。

综上所述，固定资产再生产、更新改造、基本建设、固定资产投资及投资相互之间的关系如图1-2所示。

必须指出的是，固定资产简单再生产和扩大再生产只是一种理论上的抽象，在实际工作中很难也不可能截然加以区分，它们往往是交替进行的。随着科学技术的不断发展，对固定资产的更新和大修理不可能完全是古董复制和修补，人们必然会采用更先进的技术，使固定资产提高生产能力或效率。这样既可保证及时进行固定资产简单再生产，同时又在一定程度

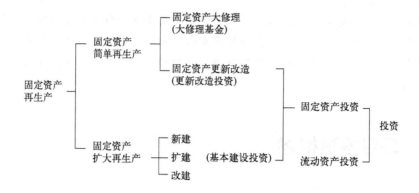

图 1-2 固定资产再生产与基本建设有关的各个概念关系

上实现力所能及的固定资产扩大再生产。固定资产扩大再生产有两种不同形式，必须在性质上加以区别。一是内涵扩大再生产，这是为了改进生产要素的质量，依靠技术进步来提高效率，是向生产深度发展；二是外延扩大再生产，这主要是增加生产要素的数量，通过扩大生产场所，使生产在规模扩大的基础上连续进行，是向生产广度发展。对于两种扩大再生产形式，一个国家在生产力发展水平不同的阶段，应有不同的选择和侧重。就我国而言，在建国初期开发经济时，工业基础薄弱，应以外延为主。当建国 70 多年后我们的国民经济发展已具有一定的基础和规模时，则应转为以内涵为主的扩大再生产。实践已证明，搞内涵扩大再生产是一条投资少、见效快的发展国民经济的新路子。

（二）基本建设的概念及其意义

"基本建设"一词引自苏联，最早提出基本建设的概念是以大修理对立形式——新企业建设而出现的。因为从 1925 年起，苏联固定资产再生产的主要形式不再是恢复性质的大修理工程，而是新建设工程。给"建设"加上"基本"这个定语，是因为这里所指的建设主要是指固定资产建设，以区别于流动资产建设。苏联最初提出的基本建设概念是指固定资产的建设及其投资，其含义包括基本建设和更新改造两个部分。为了便于管理，根据实际工作的需要，苏联和我国计划部门把一部分不属于基本建设的内容（新企业首次购入属于低值易耗品范围的工器具）引入基本建设，而把属于基本建设的更新改造（我国 1967 年以后）排斥在基本建设之外，但这并不妨碍我们从理论上对基本建设概念进行探讨。由于基本建设有固有的含义，既包括旧的固定资产更新，又包括固定资产的新增和扩大，因此，我们就可以得到一个关于基本建设的概念：把一部分积累和全部折旧转化为固定资产的经济活动过程都是基本建设。在这个概念里，转化包括"购置"和"建造"两条途径，它们所需要的资金来源于折旧基金和积累基金。这个经济活动过程，不仅包括物资生产过程（建造）和流通过程（购置），也包括国家投资和物资分配过程，即它是由投资分配、基本建设生产和基本建设交换三个环节构成，其中投资分配是主导环节。因为没有投资分配，也就没有生产和交换活动。同时投资分配的量、质、结构，资源分配的平衡决定基本建设生产和交换的规模、质量、结构。

在我国社会主义市场经济条件下，基本建设投资分配是在国家宏观调控的前提下进行的。因此，在安排投资计划时，一定要使基建投资总需求和总供给相一致，也要使基本建设投资需求结构和供给结构相一致,坚持财政、金融、物资、外汇的四大平衡,不搞基建投资超分配。基本建设生产是将一定的物质,如材料、设备等通过建筑安装施工、运输保管等劳动转化为固定资产。基本建设生产消费量大、周期长,一经建成后很难返工,其生产环节是基本建设的重要特征和内容。因此,搞基本建设应量力而行。基本建设交换是指零星购置建筑材料和中间产品的购置以及工程项目点交。交换环节最后完成,标志着基本建设整个过程结束。

基本建设可以为国民经济各部门提供大量新增的固定资产和生产能力,为社会扩大再生产提供物质技术基础;通过基本建设,对现有企业进行更新和改造,可以用先进的技术装备武装国民经济各个部门,逐步实现国民经济现代化;基本建设可以提供更多更好的物质文化生活福利设施和住宅,丰富和提高人民物质文化生活水平。因此,有计划地进行基本建设,对于促进国民经济稳步、健康、持续地发展,提高人民物质文化生活水平,都具有非常重要的战略意义。

(三)基本建设分类

为了加强基本建设管理,正确地评估和考核基本建设工作业绩,更好地控制和调节基本建设规模,对基本建设应采用不同的方法进行分类。

1. 按建设项目性质分类

基本建设是由一个个基本建设项目(简称建设项目)组成。所谓建设项目是指按照一个总体设计进行施工的基本建设工程。例如一个工厂、一个水库、一个水电站、一个引水工程、一个农场、一个医院、一个学校或其他独立的工程,都是一个建设项目。建设项目按其性质,又可分为新建项目、扩建项目、改建项目和恢复项目。

(1) 新建项目

指从无到有,平地起家新开始建设的项目。有的建设项目原有的规模很小,经扩大建设后,其新增的固定资产价值超过原有固定资产价值的三倍以上,也算作新建项目。新建项目对国民经济的发展,尤其是对新兴工业部门的建立,具有决定性作用。

(2) 扩建项目

指现有企业、事业和行政单位为扩大原有产品的生产能力(效益),或为增加新的产品生产能力而增建主要生产车间(工程)的项目,扩建方法具有投资少、工期短、收效快的优点。

(3) 改建项目

指现有企业、事业单位为提高生产效益,提高产品质量或改变产品方向,对原有设施、工艺进行技术改造的项目。有的企业为平衡生产能力增建一些辅助、附属车间,也属于改建项目。改建的方法多数情况下是和改革工艺、采用新技术、进行技术改造相结合来进行的,这是挖掘生产潜力的重要措施。

(4) 恢复项目

指企业、事业单位因地震、水灾等自然灾害或战争等原因,使原有固定资产全部或部分报废,以后又按原有规模重新建立恢复起来的项目。

一个建设项目通常由几个或一个单项工程组成,单项工程也叫工程项目,是建设项目的组成部分,有独立的设计文件,建成后可以独立发挥设计文件所规定的生产能力或效益。工业项目的单项工程一般是指各个基本生产车间、办公楼、食堂、医院、住宅等非生产项目的单项工程，如一个学校的教学楼、图书馆、实验室等。水力发电站的单项工程是指拦河坝工程、引水工程、泄洪工程、电站厂房等，因此它又称为扩大单位工程。单位工程是单项工程的组成部分，是指具有单独设计、可以独立组织施工、单独作为成本计算对象的工程。例如，车间是一个单项工程，它可分为厂房、设备安装、电气照明等单位工程；水电站中的隧洞引水工程可以划分为进水口工程、隧洞工程、调压井工程、压力管工程等单位工程，并将其划分为建筑工程和安装工程两个部分。分部工程又是单位工程的组成部分，是指单位工程中某些性质相近，并且使用材料和度量又相同的施工工程，如厂房单位工程又可分为土方、打桩、砖石、混凝土和钢筋混凝土、木结构等分部工程；溢流坝的基础开挖工程、混凝土浇注工程等；隧洞的开挖工程、混凝土衬砌工程、灌浆工程等。分项工程是部分工程的组成部分，对于水利工程，一般以消耗人力、物力水平基本相近的结构部位为分项工程。例如溢流坝的混凝土工程，就可分为坝身混凝土、闸墩、胸墙、工作桥等分项工程；隐洞混凝土衬砌工程也可分为底拱、边墙、顶拱混凝土工程。分项工程的划分方法基本上和分部工程相同，只是更加具体而已，应按照实际情况来决定，一般应与国家颁发的概算定额相一致。

水利工程项目划分举例如图 1-3 所示。

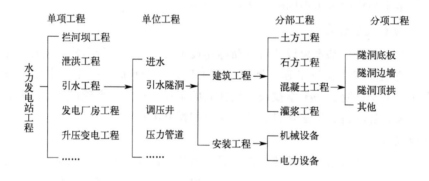

图 1-3　水利工程项目划分举例

2. 按投资额构成分类

基本建设投资额是以货币形式表现的基本建设工作量，它是反映基建规模、建设进度、比例关系、使用方向的综合性指标。投资额又有计划投资额和实际投资额之分，会计上核算的是实际投资额。用实际投资额与计划投资额对比，可以考核计划投资额的完成情况。

按照投资额构成的不同工作内容，可分为建筑安装工程投资、设备工器具投资和其他基本建设投资三部分。

（1）建筑安装工程投资

建筑安装工程投资包括建筑工程投资和设备安装工程投资，这两部分投资必须兴工动料，通过施工活动才能实现。建筑安装工程投资是基本建设投资额的重要组成部分。

① 建筑工程投资包括以下内容。

a. 各种房屋（如厂房、仓库、办公室、住宅、商店、学校、俱乐部、食堂、车库、招待所等）和构筑物（如烟囱、水塔、水池等）列入建筑工程预算内的暖气、卫生、通风、照明、煤气等土建设备价值及其装设油饰工程，各种管道（如蒸汽、压缩空气、石油、给水及排水等管道)、电力、电信电缆导线的敷设工程投资。

b. 设备的基础、支柱、工作台、梯子等建筑工程，炼铁炉、炼焦炉、蒸汽炉等各种窑炉的砌筑工程，金属结构工程投资。

c. 为施工而进行的建筑场地布置，原有建筑物和障碍物的拆除、土地平整，设计中规定为施工而进行的工程地质勘探，以及工程完工后建筑场地的清理和绿化工作等投资。

d. 矿井开凿、露天矿剥离工作、石油天然气钻井工程，以及铁路、公路、桥梁工程投资。

e. 水利工程，如水库、堤坝、灌渠等工程投资。

f. 防空、地下建筑等特殊工程投资。

② 设备安装工程投资包括以下内容。

a. 生产、动力、起重、运输、传动和医疗、实验等各种需要安装设备的装配、装置工程，与设备相连的工作台、梯子、栏杆的装设工程，被安装设备的绝缘、防腐、保温、油漆等工程投资。

b. 为测定安装工程质量，对单体设备、系统设备进行单机试运工作的投资。

(2) 设备工器具投资

设备工器具投资指购置或自制达到固定资产标准的设备、工具、器具的价值，以及新建单位和扩建单位的新建车间，按照设计和计划要求购置或自制的达不到固定资产标准的工具、器具价值（不包括办公生活用家具、器具及为可行性研究购置的固定资产）。

工具、器具是指生产和维修用的工具，试验室、化验室用于计量、分析、保温、烘干的各种仪器，机械厂翻砂用的模型、锻模、热处理箱、工具台等。

(3) 其他基本建设投资

其他基本建设投资指不包括建筑安装工程投资和设备工器具投资的其他各项基本建设投资，其包括如下内容。

① 应直接计入交付使用财产价值的"其他投资"。如房屋、新建单位办公生活用器具购置费，为进行可行性研究购置的固定资产，基本畜禽、林木购置、饲养培育费等投资支出。

② 应分摊计入交付使用财产价值的"待摊投资"。如建设单位管理费、土地征用及迁移补偿费、勘察设计费、科学研究实验费、可行性研究费等，以及国外设计和技术资料费、出国联络费、设备检验费、专利费、技术保密费、延期付款利息等投资支出。

③ 不计入交付使用财产价值的应转给其他单位的"转出投资"。如拨付其他单位基建投资、拨付地方建筑材料基建投资、支付施工企业技术装备费、参加统建住宅投资、商业网点费、供电贴费等投资支出。

④ 不计入交付使用财产价值需要单独报请核销的"应核销投资"。如生产职工培训费、样机样品购置费、农业开荒费、施工机构迁移费、报废工程损失、取消项目可行性研究费等投资支出。

对基本建设投资额按不同的工作内容分类，首先可以考查三个投资分量在整个投资中各自所占的比重。一般来讲，在生产性固定资产的投资构成中，设备、工器具投资是核心部分，这是由于它们标志着生产能力的高低，其余两个部分只是建成和发挥生产能力的必要条件，所以应该适当增大设备工器具的投资比重。在消费性固定资产中，最主要部分是建筑安装工程投资，应该适当增大这部分投资比重，相应缩减其他两项投资比重。其次，把建筑安装工程投资和设备投资单独列出，确定建筑安装工作量和设备采购工作量，便于组织施工和组织设备材料供应。最后，通过对基本建设投资额进行分类，可以反映基本建设部门与国民经济其他部门的联系，便于组织计划平衡。

会计核算上按照基本建设投资额的不同性质和工作内容，分别设置"建筑安装工程投资""设备投资""其他投资""待摊投资""转出投资"和"应核销投资"六个投资项目，用来核算和考核基本建设投资完成额和基本建设投资计划的执行情况。

3. 按建设用途分类

按基本建筑工程的不同用途，基本建设可分为生产性建设和非生产性建设两大类。

（1）生产性建设

指直接用于物质生产和直接为物质生产服务的建设，如工业建设、水利建设、运输建设、商业和物资供应建设等。

（2）非生产性建设

指满足人民物质和文化生活福利需要的建设，如住宅建设、文教卫生建设、公用事业建设等。

生产性建设与非生产性建设的辩证关系处理得好与坏，关系到一个国家的建设事业是否能持久、稳步地进行。近几年来，教育、住宅、市政公用设施等非生产性投资逐年增加，使我国建设投资比例失调的状况有所缓和。

（四）基本建设程序

基本建设工作涉及面广，内外协作配合的环节多，建设周期较长，建设过程中各项工作存在着一种内在的固有的先后次序。人们在充分认识客观规律的基础上，制定出基本建设全过程各个环节、各个步骤、各项工作必须遵循的先后顺序，称为基本建设程序。我国现行的项目建设程序是在科学地总结了70多年固定资产再生产过程的实际经验和教训的基础上形成的，它基本上反映了固定资产再生产全过程所固有的先后次序和客观规律性，分为项目决策、项目施工和交付使用三个阶段，具体可分为十个步骤。

① 提交项目建议书。
② 进行可行性研究。
③ 编制设计任务书。
④ 选择项目建设地点。
⑤ 进行工程图设计。
⑥ 编制年度固定资产投资计划。
⑦ 材料设备订货和施工准备。
⑧ 组织施工。
⑨ 生产准备。
⑩ 竣工验收、交付使用。

二、项目投资

（一）项目

项目有广义和狭义之分，广义的项目是指在一定的约束条件（资源、技术、资金、政策、人力等）下，投资主体（投资者）为了达到特定的未来预期目标的一次性组织和事业。美国著名投资专家 JohnBen 指出："项目是在一定时间里，在预定的范围内需要达到的预定质量水平的一项一次性任务。"美国项目管理学会（Project Management Institute）对项目的定义是："组织中所有具有一次性的、有头有尾的而非持续性的工作，或是为了达到一个特定目的而将人力资源和其他资源结合成了一个短期组织。"可见纵然项目的定义众说纷纭，项目的形式五花八门，项目的内容千差万别，然而，所谓项目都必须具备以下几个主要特点。

① 项目实施是一次性的，项目不是周而复始的，它是有始有终的。
② 项目具备明确的预期目标（经济效益目标和社会效益目标）。
③ 项目具有明显的约束条件。
④ 项目由若干个子项目组成，它们有机结合，组成了项目这个短暂性的整体。

项目具有任务一次性、目标明确性和管理对象整体性的特征，重复、大批量的生产活动及其成果不能称作"项目"。

（二）项目投资

在项目投资工作中，一般把项目按性质分为新建项目、扩建项目、改建项目、迁建项目、恢复性建设项目等。按投资建设的用途划分为生产性建设项目和非生产性建设项目。

项目投资是指投入一定资源（人力与物力等）的，能够独立计算它的收益和成本，可以进行独立分析和评价的计划、方案等。通常，投资项目可以由更小的若干子项目组成，因此，项目投资是一个庞杂的过程。绝大多数的项目都必须经历一个由产生、发展到终结的过程，即投资项目生命周期。一个投资项目的发展周期可分为三个主要时期：投资前期（投资决策时期）、投资执行时期（投资时期）和生产运行时期，每个时期又包括若干个工作阶段或者若干个小项目。项目投资周期示意如图 1-4 所示。

项目投资前期是指从项目发现、初步评价、深度评价到达成投资决定（是或者否）的这个阶段。其重点工作是对项目进行科学的论证和评估，对作出正确投资决策提供可靠的参考。

投资前期主要由以下几个阶段构成。

第一，投资机会发现与选择阶段，即项目选择阶段。在这个阶段需要拟写的主要文件有行业投资价值分析报告、项目评估报告、项目调研总结报告等。

第二，项目建议书阶段，即立项报告阶段。项目建议书是项目投资机会的初步具体化，是以书面的形式表明项目申报的理由。在这个阶段需要拟写的主要文件有项目立项报告（项目建议书）。

第三，项目可行性研究阶段。项目建议书审查通过后，即进入这个阶段，投资前期的核心工作就是项目的可行性研究工作，项目可行性研究报告是可行性研究工作的成果，是项目投资决策的核心参考资料但非决定性资料。在这个阶段需要拟写的主要文件是项目可行性研究报告和商业计划书（根据融资需要产生）。

第四，项目评估和决策阶段。这个阶段的任务主要是由项目投资执行委员会和董事会联合担当的。该阶段可能需要拟写的主要文件有项目投资分析报告、项目投资价值报告、项目投资风险分析报告、项目评估报告、投资决议以及少量的合同和协议文件。其中，项目评估报告是必须拟写的文件。

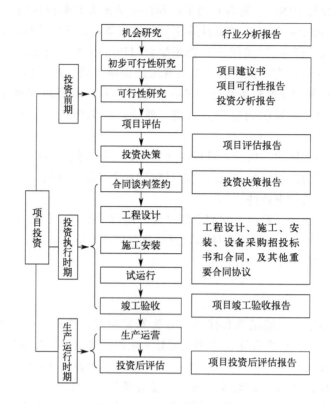

图 1-4 项目投资周期示意

对于直接投资的新建项目，往往需要完成项目审批、公司注册等事宜。

项目投资时期，也就是项目投资执行期，是投资前期规划方案、计划等各项工作的实现阶段，是投资决议通过后，从项目地址选择、合同签订、施工建设、竣工验收、到交付使用的阶段。

这个阶段需要拟写的主要文书有：投资合作协议、拆迁安置办法、政府委托协议、项目勘察设计协议、投标公告书或招标邀请函、建设施工招标书、设备采购招标书、建设工程施工合同、设备采购合同、履约保函、监理施工合同或施工担保合同、设备装置合同、设备租赁合同、项目竣工验收备忘录（协议）、项目竣工报告、项目竣工验收报告、项目建设期政府报告等。

项目投产使用期，即生产运行时期。这一阶段需要拟写的文件有项目投资后评估报告。为了保证项目投资后评估报告的公正性，该项工作一般委托第三方进行。

（三）项目投资的构成

和一般工业品价格构成不同，项目投资构成具有某些特殊性。这些特殊性是由项目特点及其内部关系的特殊性决定的。以基本建设项目的投资为例，这些特殊性主要有以下方面。

① 一般情况下，工业品必须通过产品——货币流通过程才能进入消费领域，因而价格构成中一般包含商品在流通过程中支出的各种费用，包括纯粹流通费用和生产性流通费用。而投资项目则不然，它竣工后一般不在空间上发生物理运动，可直接移交用户，立即进入生

产消费或生活消费，因而投资构成中不包含商品使用价值运动引起的生产性流通费用，即因生产过程在流通领域内继续进行而支付的商品包装费、运输费、保管费等。

② 和一般工业品不同，它必须固定在一个地方，并且和土地连成一片，因而项目投资中必然包含与建设工程连成一片的土地价格。另一方面，由于施工人员和施工机械围绕建设工程流动，因而，有的项目投资构成还包含由于需要施工企业在远离基地的地方施工，甚至要转移到新的工地所增加的费用等。

③ 和一般工业品生产者狭义地指生产厂家不同，建设工程生产者是指由参加该项目筹划、建设的勘探设计单位、建筑安装企业、建设单位（包括建设监理公司、工程承包公司、开发公司、咨询公司）组成的总体劳动者。

第三节　工程项目投资概述

一、工程项目投资的含义与特点

（一）工程项目的含义与特征

1. 工程项目

项目按其最终成果可划分为科学研究项目、开发项目、建设工程项目、航天项目、维修项目、咨询项目、教育项目等。本书研究的对象就是建设工程项目的投资与融资问题，简称项目的投资与融资问题。

建设工程项目是指需要一定量的资金投入，经过决策、实施等一系列程序，在一定约束条件下以形成固定资产为目标的一次性过程。一个建设项目就是一项固定资产投资项目，它又可分为基本建设项目和技术改造项目。其中，基本建设项目是指新建、扩建等扩大生产能力的项目；技术改造项目是指以节约资金、增加产品品种、提高质量、治理"三废"、劳动安全等为主要目的的项目。建设工程项目的基本特征如下。

① 有明确的项目组成。建设工程项目在一个总体设计或初步设计范围内，由一个或若干个互相有内在联系的单项工程组成。建设中实行统一核算、统一管理。

② 在一定约束条件下，以形成固定资产为特定目标。在项目建设过程中，约束条件主要有三个：一是时间约束，即要求有适宜的建设期限（工期）；二是资源约束，即要求有确定的投资限额；三是质量约束，即有预期的生产能力、技术水平或使用效益目标。

③ 需要遵循必要的建设程序和经过特定的建设过程，且是一个有序的全过程。

④ 具有投资限额标准。只有达到一定的限额投资才能作为建设项目，低于限额标准的称为零星固定资产购置。

⑤ 按照特定的任务，具有一次性的组织形式。

2. 工程项目建设程序

我国的工程项目建设程序分为六个阶段，即项目建议书阶段、可行性研究阶段、设计工作阶段、建设准备阶段、建设实施阶段和竣工验收交付使用阶段。其中项目建议书阶段和可行性研究阶段被称为"项目决策阶段"；项目的设计、施工，直至项目交付使用被称为"项目实施阶段"；项目交付使用后称为"项目使用阶段"。项目决策、实施、使用阶段合称为"项目全寿命周期"。

(1) 项目建议书阶段

项目建议书是建设单位向国家提出要求建设某一建设项目的建议文件，是对建设项目的轮廓设想，是从拟建项目的必要性及大方面的可能性加以考虑的。

(2) 可行性研究阶段

项目建议书经批准后，下一步就要进行可行性研究。可行性研究是对建设项目在技术和经济上是否可行进行科学分析和论证工作，为项目决策提供依据。可行性研究的主要任务是通过多方案比较，提出最佳方案。

(3) 设计工作阶段

项目设计是在项目可行性研究获得批准后进行的，一般可划分为几个阶段。一般工业与民用建筑设计按初步设计和施工图设计两个阶段进行，称为"两阶段设计"。对于技术上复杂而又缺乏设计经验的项目，可按初步设计、技术设计和施工图设计三个阶段进行，称为"三阶段设计"。小型项目由于技术简单，在简化的初步设计确定后，就可做施工图设计。

(4) 建设准备阶段

初步设计已经批准的项目，可列为预备项目。建设准备的主要工作内容包括：征地、拆迁和场地平整；完成施工用水、电、路等工程设备，及材料订货；准备必要的施工图纸；组织施工招标投资，择优选定施工单位。

(5) 建设实施阶段

建设项目经批准新开工建设，项目便进入了建设施工阶段。这是项目决策的实施、建成投产发挥投资效益的关键环节。新开工建设的时间，是指建设项目设计文件中规定的任何一项永久性工程第一次破土开槽开始施工的日期。施工活动应按照设计要求、合同条款、预算投资施工程序与顺序、施工组织设计，在保证质量、工期、成本计划等目标前提下进行，达到竣工标准要求，经过验收后，移交给建设单位。

(6) 竣工验收交付使用阶段

当建设阶段按设计文件的规定内容全部施工完成后，可组织验收。这是建设全过程的最后一个阶段，是投资成果转入生产或使用的标志。通过竣工验收，可以检查建设项目实际形成的生产能力或效益，也可避免项目建成后继续消耗建设费用。

（二）工程项目投资

工程项目投资的概念有双重含义。第一层含义是广义上的理解——投资就是指投资者在一定时间内新建、扩建、改建、迁建或恢复某个工程项目所做的一种投资活动。从这个意义上讲，工程项目建设过程就是投资活动的完成过程，工程项目管理过程就是投资管理过程。第二层含义是狭义上的理解——投资就是指进行工程项目建设花费的费用，即工程项目投资额。

本书将结合投资在两个层面上的含义，探讨在项目投资评价与决策、设计、招投标与实施过程中涉及的原理、方法和实务。

一个工程项目的总投资，一般是指工程建设过程中所支出的各项费用之和，是建设项目按照确定的建设内容、建设规模、建设标准、功能要求和使用要求全部建成并验收合格交付使用所需的全部费用。生产性建设工程总投资包括建设投资、建设期利息和流动资产投资三部分。非生产性建设工程总投资包括建设投资和建设期利息两部分。

建设投资由工程费用（包括设备工器具购置费用和建筑安装工程费用）、工程建设其他费用和预备费（包括基本预备费和涨价预备费）组成。固定资产投资方向调节税目前暂不征收。设备工器具购置费用是指按照建设项目设计文件要求，建设单位（或其委托单位）购置或自制达到固定资产标准的设备和新扩建项目配置的首套工器具及生产家具所需的费用。它由设备工器具原价和包括设备成套公司服务费在内的运杂费组成。建筑安装工程费用也被称为建筑安装工程造价，是指建设单位支付给从事建筑安装工程施工单位的全部生产费用，包括用于建筑物的建造及有关的准备、清理等工程的费用，用于需要安装设备的安置、装配工程费用。它以货币形式表现建筑安装工程的价值，其特点是必须通过兴工动料、追加劳动才能实现。工程建设其他费用是指未纳入以上两项的、由项目投资支付的、为保证工程建设顺利完成和交付使用后能够正常发挥效用而发生的各项费用的总和。

建设期利息是指项目建设投资中债务融资部分在建设期内应计的贷款利息。

建设项目投资和建设期利息又可分为静态投资和动态投资两部分。涨价预备费、建设期利息等构成动态投资部分，其余部分是静态投资部分（包括建筑安装工程费、设备工器具费、工程建设其他费和基本预备费）。

流动资产投资是指生产经营项目投产后，购买原材料和燃料、支付工资及其他经营费用所需的周转资金，也就是财务学中的营运资金。流动资产投资随着项目投产而发生，随着生产负荷的改变而增减。与固定资产投资一样，流动资产投资也是长期占用的投资，所不同的是，流动资产投资是周转资金，在项目计算期末应收回全部流动资金。

（三）工程项目投资的特点

1. 大额性

建设项目往往规模巨大，其投资额动辄数百万、上千万，甚至达到数百亿、上千亿。投资规模巨大的设备工程关系到国家、行业或地区的重大经济利益，对宏观经济可能也会产生重大影响。

2. 单件性

对于每一项建设项目，用户都有特殊的功能要求。建设项目及其计价方式的独特性使其不能像一般工业产品那样按品种、规格、质量成批定价，而只能根据各个建设项目的具体情况单独确定投资。

3. 阶段性

建设项目周期长、规模大、投资大，因此需要按程序分成相应阶段依次完成。相应地，也要在工程的建设过程中多次进行投资数额的确定，以满足建立建设项目各方经济关系、进行有效投资控制的要求。其过程如图1-5所示。

4. 层次性

工程建设项目是一个庞大又复杂的体系。为了便于对其进行设计、施工与管理，必须按照统一的要求和划分原则进行必要的分解。具体的工程建设项目一般分为建设项目、单项工

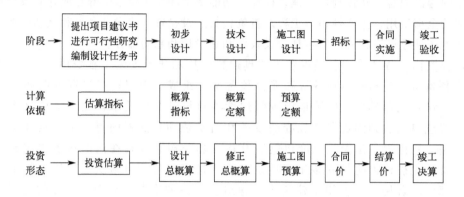

图 1-5　建设项目投资阶段确定过程

程（或工程项目）、单位工程、分部工程和分项工程。建设项目是指具有设计任务书和总体设计，经济上实行独立核算，行政上具有独立组织形式的建设单位。单项工程是指在一个建设项目具有独立的设计文件、建成后能独立发挥生产效能的工程，它由若干个单位工程组成。单位工程是指具有独立设计，可以独立组织施工的工程，它和单项工程的区别在于单位工程不能独立发挥设计生产（或使用）效能。分部工程是按工程部位、设备型号、使用材料及施工方法不同对一个单位工程划分的部分工程。单项工程是指通过简单的施工过程就能生产出来，并能用适量计量单位（如 m^3、kg 等）计算的建筑安装产品。它是将分部工程按不同的施工方法、不同的材料、不同的质量要求和不同的设计尺寸，进一步划分的易于计算工程量和工料消耗量的若干子项目。

二、工程项目投资与项目全寿命费用的关系

工程项目投资与工程项目的全寿命费用是两个完全不同的概念。工程项目投资是指工程所有相关活动中所发生的全部费用之和，而全寿命费用是指工程项目一生所消耗的总费用，包括工程建设、运营和报废等各阶段的全部费用。具体来说，全寿命费用包括工程项目投资、工程交付使用后的经常性开支费用（含经营费用、日常维护修理费用、使用期内大修理和局部更新费用等）以及该工程使用期满后的报废拆除费用等。

工程寿命周期内各阶段费用的变化情况如图 1-6 所示。项目的决策—设计—制造过程所花费用是递增的，直到安装过程开始时才表现出下降趋势，其后的运行阶段基本保持一定的费用水平，而此阶段的持续时间要比设计、制造阶段长得多，最后当费用再度上升时就是需要更新的时期，工程的一生到此结束。这样，工程项目总费用（全寿命周期费用），即图 1-6 中曲线所包括的总面积。

工程项目投资分析应以全寿命周期费用为基础，而不能单纯地以投资额为基础。特别是对于那些使用过程中经常性开支较大的工程，更应重视全寿命期的分析，从投资决策阶段和设计过程起就应考虑全寿命费用（特别是使用维护费用）的最优化。必要时，应重新审查原始设计和其他与寿命周期费用有关的参数，通过对这些参数的比较和调整来降低总费用。

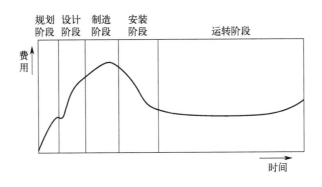

图 1-6 工程全寿命周期费用曲线

三、工程项目投资管理的目标与原则

(一) 工程项目投资管理的目标

从本质上说,工程项目投资管理的最终目标就是实现项目预期的投资效益。而在项目建设阶段,工程项目投资管理就是要在业主所确定的投资、进度和质量目标指导下,合理使用各种资源完成工程项目建设任务,以期达到最佳的投资效益。

投资、进度和质量形成了工程项目投资管理的目标系统。这三方面的要求可以表示成如图 1-7 所示的工程控制目标系统。

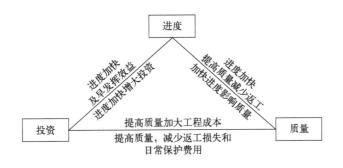

图 1-7 投资、进度、质量三者关系

在图 1-7 中,三角形的内部表现为三个目标的矛盾关系,三角形的外部表现为三个目标的一致关系。三者共同构成工程项目投资管理的目标系统,互相联系、互相影响,某一方面的变化必然引起另两个方面的变化,例如过于追求缩短工期,必然会损害项目的功能(质量),引起成本增加,所以工程项目投资管理应追求它们三者之间的优化和平衡,任何强调最短工期、最高质量、最低成本的目标都是片面的。由于项目的复杂性和动态性,以及人们的认识能力和技术水平的限制,在项目前期往往很难对项目作出正确的综合评价和预测。因此在实际工作中,可先适当突出某个主目标,即项目必须予以保证的目标(比如质量目标),并以此为依据来编制项目目标计划,然后在执行计划的过程中不断收集数据和信息,对比实际情况和原定计划,调整各目标之间的比重关系,不断修正和完善原目标计划,形成一个持续渐进的目标管理过程。

（二）工程项目投资的合理估计与确定

工程项目投资的合理估计与确定是工程项目投资管理的首要内容，它是要在建设程序的各个阶段，采用科学的计算方法和切合实际的计价依据，合理确定投资估算、设计概算、施工图预算、承包合同价、结算价和施工决算。根据建设程序，工程项目投资的合理确定分为如下六个阶段。

（1）项目建议书、可行性研究阶段

按照规定的投资估算指标、类似工程造价资料或其他有关参数，编制投资估算。也就是说，投资估算是在整个投资决策过程中，对建设项目投资数额进行的估计，是判断项目可行性和进行项目决策的重要依据之一。同时，投资估算也是编制初步设计和概算的投资控制目标。

（2）初步设计阶段

根据有关概算定额或概算指标编制建设项目总概算。经有关部门批准的总概算，即为控制拟建项目投资的最高限额。对在初步设计阶段实行建设项目招标承包制并签订承包合同协议的，其合同价也应在总概算相应的范围以内。

（3）施工图设计阶段

根据施工图纸确定的工程量，套用有关预算定额单价、取费率和利税率等编制施工图预算。经承发包双方共同确认、有关部门审查通过的预算，可作为结算工程价款的依据。

（4）工程招投标阶段

在工程招投标阶段，承包合同价是以经济合同形式确定的建筑安装工程投资。

（5）工程实施阶段

在工程实施阶段，要按照承包方实际完成的工程量，以合同价为基础，同时考虑因物价上涨以及其他因素引起的投资变化，合理确定结算价。

（6）竣工验收阶段

在竣工验收阶段，对从筹建到竣工投产全过程的全部实际支出费用进行汇总，编制竣工决算。

（三）工程项目投资的有效控制

工程项目投资的有效控制就是在投资决策阶段、设计阶段、建设项目发包阶段和建设实施阶段，把工程项目投资的发生控制在批准的限额以内，随时纠正发生的偏差，以保证项目投资管理目标的实现，以求在各个建设项目中能合理使用人力、物力、财力，取得较好的投资效益和社会效益。

工程项目投资有效控制应遵循以下原则。

1. 以设计阶段为重点进行建设全过程投资控制原则

投资控制应贯穿于项目建设全过程，但影响造价最大的阶段在于施工以前的投资决策和设计阶段，而在项目作出投资决策后，控制项目投资的关键就在于设计阶段。

2. 主动控制原则

投资控制不仅要反映投资决策，反映设计、发包和施工，被动地控制项目投资，更要能动地影响投资决策，影响设计、发包和施工，主动地控制项目投资。

3. 令人满意原则

工程项目的基本目标是对建设工期、项目投资和工程质量进行有效控制，这三大目标组成的目标系统是一个相互制约、相互影响的统一体，同时使三个目标达到最优几乎是不可能实现的。为此，应根据工程项目的客观条件进行综合研究，实事求是地确定一套切合实际的衡量准则。只要投资控制的方案符合这套衡量准则，取得令人满意的结果，则投资控制即达到了预期的目标。

4. 技术与经济相结合原则

技术与经济相结合是控制投资的有效手段。为此，应通过技术比较、经济分析和效果评价，正确处理技术先进与经济合理之间的对立统一关系，力求达到在技术先进条件下的经济合理，在经济合理基础上的技术先进，把控制投资的观念渗透到各项设计和技术措施中。

复习思考题

1. 投资的特点是什么？
2. 简述投资的分类。
3. 简述按项目性质分类的基本建设项目的分类。
4. 简述一个投资项目的发展周期。
5. 简述工程项目的含义与特征。
6. 简述工程项目投资与项目全寿命费用的关系。
7. 简述工程项目投资管理的目标与原则。

第二章 项目投资的构成

第一节 设备工器具购置费用的构成

一、概述

设备、工器具购置费用是由设备购置费用和工器具及生产家具购置费组成的,它是建设投资中的积极部分。在生产性工程建设中,设备、工器具购置费用与资本的有机构成相联系。设备、工器具购置费用占工程项目投资比重的增大,意味着生产技术的进步和资本有机构成的提高。

设备购置费是指为工程建设项目购置或自制的达到固定资产标准的设备、工具、器具的费用。设备购置费的计算公式如下:

$$设备购置费 = 设备原价 + 设备运杂费$$

上式中,设备原价系指国产标准设备、非标准设备原价或进口设备抵岸价。设备运杂费系指设备供销部门手续费、设备原价中未包括的包装和包装材料费、运输费、装卸费、采购费及仓库保管费之和。如果设备是由设备成套公司供应的,成套公司的服务费也应计入设备运杂费之中。

工器具及生产家具购置费是指新建项目或扩建项目初步设计规定所必须购置的不够固定资产标准的设备、仪器、工卡模具、器具、生产家具和备品备件的费用,其一般计算公式为:

$$工器具及生产家具购置费 = 设备购置费 \times 定额费率$$

二、国产设备原价的计算

国产设备分为标准设备和非标准设备两种类型。

国产标准设备是指按照主管部门颁布的标准图纸和技术要求,由我国设备生产厂批量生产的、符合国家质量检验标准的设备。国产标准设备原价一般指的是设备制造厂的交货价,即出厂价。如果设备由设备成套公司供应,则以订货合同价为设备原价。有的设备有两种出厂价,即带有备件的出厂价和不带有备件的出厂价,在计算设备原价时,一般按带有备件的出厂价计算。

非标准设备是指国家尚无定型标准，各设备生产厂不可能在工艺过程中采用批量生产，只能按一次订货，并根据具体的设计图纸制造的设备。非标准设备原价有多种不同的计算方法，如成本计算估价法、系列设备插入估价法、分部组合估价法、定额估价法等。但无论哪种方法都应该使非标准设备计价的准确度接近实际出厂价，并且计算方法要简便。

采用成本计算估价法的计算结果精度较高，这时非标准设备的原价由以下费用组成：材料费、加工费、辅助材料费、专用工具费、废品损失费、外购配套件费、包装费、利润、税金、非标准设备设计费等。

三、进口设备原价的计算

进口设备的原价是指设备抵达买方边境港口或边境车站，且交完关税为止形成的价格，故也称为进口设备抵岸价。

（一）进口设备的交货方式

进口设备的交货方式可分为内陆交货类、目的地交货类、装运港交货类。

1. 内陆交货类

即卖方在出口国内陆的某个地点完成交货。在交货地点，卖方及时提交合同规定的货物和有关凭证，负担交货前的一切费用并承担风险。买方按时接受货物，交付货款，负担接货后的一切费用并承担风险，并自行办理出口手续和装运出口。货物的所有权也在交货后由卖方转移给买方。根据交货地点的不同，内陆交货类又分为铁路交货价、公路交货价和制造厂交货价（EXW）三种，目前最为常用的是制造厂交货价。从买方角度来看，内陆交货类存在的风险较大，除进出口国为内陆接壤国家的情况外，一般不宜采用。

2. 目的地交货类

即卖方要在进口国的港口或内地交货。目的地交货类主要包括未完税交货价（DDU）、完税后交货价（DDP）、目的港船上交货价（DES）、目的港码头交货价（DEQ）、目的港船边交货价（FAS）等。它们的特点是：买卖双方承担的责任、费用和风险是以目的地约定交货点为分界线，只有当卖方在交货点将货物置于买方控制下才算交货，才能向买方收取货款。这类交货价对卖方来说承担的风险较大，在国际贸易中卖方一般不愿采用这类交货方式。

3. 装运港交货类

即卖方在出口国装运港完成交货任务。主要有装运港船上交货价（FOB）、运费、保险费在内价（CIF）和运费在内价（CFR）。它们的特点主要是：卖方按照约定的时间在装运港交货，只要卖方把合同规定的货物装船后提供货运单据便完成交货任务，并可凭单据收回货款。

（1）装运港船上交货价

习惯上称为离岸价格，是指卖方在合同规定的装运港负责将货物装到买方指定的船上，并负担货物装船为止的一切费用和风险。采用装运港交货价时双方的责任如下。

卖方：负责在合同规定的装运港口和规定的期限内，将货物装上买方指定的船只，并及时通知买方负责货物装船前的一切费用和风险；负责办理出口手续，提供出口国政府或有关方面签发的证件；负责提供有关装运单据。

买方：负责租船或订舱，支付运费，并将船期、船名通知卖方；负担货物装船后的一切费用和风险；负责办理保险及支付保险费，办理在目的港的进口和收货手续；接受卖方提供的有关装运单据，并按合同规定支付货款。

(2) 运费、保险费在内价

即包括国际运费、运输保险费在内的交货港的交货价，习惯上被称为到岸价格。采用 CIF 交货价时，卖方的基本义务是负责按照通常的条件租船订舱，支付到目的港的运费，并在规定的装运港和装运期内将货物装上船，装船后及时通知买方。此外，卖方还要负责办理从装运港到目的港的海运货物保险，并支付保险费。按照 CIF 条件成交时，卖方是在装运港完成交货义务，并不保证货物安全抵达目的港。卖方承担的风险仅限于货物越过船舷之前的风险。货物越过船舷之后的风险，全部由买方承担。货物装上船之后，从装运港到目的港的通常运费、保险费以外的费用，由买方负担。另外，买方还需要自负风险和费用取得进出口许可证或其他官方文件，办理进口手续，并按照合同规定支付货款。这一价格术语中的成本（cost）是指"货价"，即 FOB 价，故 CIF 价格实际等于 FOB 价格加上保险费和运费。

(3) 运费在内价

指在装运港货物越过船舷后卖方即完成交货，卖方必须支付将货物运至指定的目的港所需的运费。但交货后货物灭失或损坏的风险，以及由于各种事件造成的任何额外费用，则由卖方转移到买方。卖方必须自担风险和费用，按照通常条件订立运输合同，经由惯常航线，将货物用通常可供运输合同所指货物类型的海轮（或依情况适合内河运输的船只）运输至指定的目的港，买方负责办理货物进口及从他国过境的一切海关手续。

可以看出，采用装运港交货类（包括如装运港船上交货价、运费在内价、运费及保险费在内价等），买卖双方分担的风险较为合理。

（二）进口设备原价的构成

若进口设备采用离岸价格（FOB）形式，进口设备原价的构成可概括为：

进口设备原价＝货价＋国际运费＋国际运输保险费＋银行财务费＋进口代理手续费
　　　　　　＋关税＋增值税＋消费税＋海关监管手续费＋车辆购置附加费

1. 货价

这里指离岸价格（FOB）。设备货价分为原币货价和人民币货价，原币货价一律折算为美元表示，人民币货价按原币货价乘以外汇市场美元兑换人民币中间价确定。进口设备货价按有关生产厂家询价、报价、订货合同价计算。

2. 国际运费

即从装运港（站）到达我国抵达港（站）的运费。我国进口设备大部分采用海洋运输，小部分采用铁路运输，个别采用航空运输。进口设备国际运费计算公式为：

国际运费(海、陆、空)＝原币货价(FOB 价)×运费率

国际运费(海、陆、空)＝运量×单位运价

其中，运费率或单位运价参照有关部门或进出口公司的规定执行。

3. 国际运输保险费

对外贸易货物运输保险是由保险人（保险公司）与被保险人（出口人或进口人）订立保险契约，在被保险人交付协定的保险费后，保险人根据保险契约的规定对货物在运输过程中发生的承保责任范围内的损失给予经济上的补偿。这是一种财产保险。

在进口设备时，从业主的进口成本来看，除了进口设备的货价外，还需要支付运费和保险费。因此，应以 CIF 价值作为设备的保险金额。运输保险费的计算公式为：

$$运输保险费 = [原币货价(FOB价) + 国际运费] / (1 - 保险费率) \times 保险费率$$
$$= CIF \times 保险费率$$

式中，保险费率按保险公司规定的进口货物保险费率计算。

有时，设备在发生灭失或损坏后，被保险人已支付的各种经营杂费和本来可以获得的预期利润，不能从保险人那里获得补偿。因此，各国保险法和国际贸易惯例，一般都规定进出口货物运输保险的保险金额可以在 CIF 货价的基础上适当加成。投保人或被保险人与保险人在约定保险金额时，可以根据不同的设备、不同的地区进口价格为当地市价之间不同差价以及不同的经营费用和预期利润水平，约定不同的保险加成比率。一般情况下，保险加成率不能超过 30%。如果采用 CIF 加成投保，则有：

$$运输保险费 = CIF \times (1 + 保险加成率) \times 保险费率$$

4. 银行财务费

银行财务费指业主或进口代理公司与卖方在合同内规定的开证银行手续费。可按下式简化计算：

$$银行财务费 = (FOB价 + 货价外需用外汇支付的款项) \times 银行财务费率$$

式中，FOB 价和货价外需用外汇支付的款项应按人民币金额计算。

5. 进口代理手续费

进口代理手续费是外贸企业采取代理方式进口商品时，向国内委托进口企业（单位）所收取的一种费用，它是为了补偿外贸企业经营进口代理业务中的有关费用支出和利润。进口代理手续费的计算，按外贸企业对外付汇当日国家外汇管理部门公布的外汇牌价（中间价），将到岸价折合成人民币，乘以代理手续费率。即

$$对外付汇代理手续费金额 = 到岸价格(外币) \times 对外付汇当日外汇牌价 \times 手续费率$$

式中，到岸价格可用离岸价格与国际运费、运输保险费之和计算。进口代理手续费率按照对外成交合同金额不同，分档计收。

6. 关税

关税是由海关对进出国境或关境的货物和物品征收的一种税，属于流转课税。计算公式如下：

$$关税 = 关税完税价格 \times 税率$$

式中，进口设备的完税价格是指设备运抵我国口岸的正常到岸价格，它包括离岸价格（FOB 价）、国际运费、运输保险费等费用。

7. 增值税

增值税是我国政府对从事进口贸易的单位和个人，在进口商品报关进口后征收的税种。我国增值税条例规定，进口应税产品均按组成计税价格和增值税税率直接计算应纳税额，不

扣除任何项目的金额或已纳税额。即

$$进口产品增值税额＝组成计税价格×增值税税率$$
$$组成计税价格＝关税完税价格＋关税＋消费税$$

增值税税率根据规定的税率计算。目前进口设备适用增值税税率为17％。

8. 消费税

按照税法规定，进口轿车、摩托车等设备应征收消费税。其计算公式如下：

$$应纳消费税＝(到岸价＋关税)/(1－消费税税率)×消费税税率$$

式中，消费税税率根据税法规定的税率计算。

9. 海关监管手续费

海关监管手续费指海关对进口减税、免税、保税货物实施监督、管理、提供服务的手续费。对于全额征收进口关税的货物不计本项费用。其公式如下：

$$海关监管手续费＝到岸价×海关监管手续费费率$$

式中，海关监管手续费费率按国家现行标准执行。

10. 车辆购置附加费

进口车辆需缴进口车辆购置附加费。其公式如下：

进口车辆购置附加费＝(到岸价＋关税＋消费税＋增值税)×进口车辆购置附加费率

四、设备运杂费

设备运杂费一般以设备原价（或抵岸价）乘以设备运杂费率计算，通常由下列各项组成。

① 国产设备由设备制造厂交货地点起至工地仓库（或指定的需要安装设备的堆放地点）止所发生的运费和装卸费。

进口设备则为我国到岸港口、边境车站起至工地仓库（或施工组织设计制定的需要安装设备的堆放地点）止所发生的运费和装卸费。

② 在设备出厂价格中没有包含的设备包装和包装材料器具费。在设备出厂价或引进设备价格中如已包括了此项费用，则不应重复计算。

③ 供销部门的手续费。按有关部门规定的统一费率计算。

④ 建设单位（或工程承包公司）的采购与仓库保管费。它是指采购、验收、保管和收发设备所发生的各种费用，包括设备采购、保管和管理人员工资、工资附加费、办公费、差旅交通费，设备供应部门办公和仓库所占固定资产使用费，工具用具使用费，劳动保护费，检验试验费等。这些费用可按主管部门规定的采购保管费率计算。

第二节 建筑安装工程费用

一、概述

在工程建设中，设备工器具购置并不创造价值，建筑安装工作才是创造价值的生产活动。因此，在工程造价构成中，建筑安装工程费用具有相对独立性，它作为建筑安装工程价值的货币表现，也被称为建筑安装工程造价。

建筑安装工程费用由建筑工程费用和安装工程费用两部分组成。

(1) 建筑工程费用

① 各类房屋建筑工程费用和列入房屋建筑工程预算的供水、供暖、供电、卫生、通风、煤气等设备费用及其装设、油饰工程的费用，列入建筑工程预算的各种管道、电力、电信和电缆导线敷设工程的费用。

② 设备基础、支柱、工作台、烟囱、水塔、水池、灰塔等建筑工程以及各种窑炉的砌筑工程和金属结构工程的费用。

③ 为施工而进行的场地平整、工程和水文地质勘探、原有建筑物和障碍物的拆除，以及施工临时用水、电、气、路和完工后的场地清理、环境绿化美化等工作的费用。

④ 矿井开凿、井巷延伸、露天矿剥离、石油、天然气钻井，以及修建铁路、公路、桥梁、水库、堤坝、灌渠和防洪等工程的费用。

(2) 安装工程费用

① 生产、动力、起重、运输、传动和医疗、实验等各种需要安装的机械设备的装配费用，与设备相连的工作台、梯子栏杆等装设工程以及附设于被安装设备的管线敷设工程和被安装设备的绝缘、防腐、保温、油漆等工作的材料费和安装费。

② 为测定安装工作质量，对单个设备进行单机试运转和对系统设备进行系统联动无负荷试运工作的调试费。

我国现行建筑安装工程费用由直接费、间接费、利润和税金组成，具体构成和参考计算方法见表 2-1。

表 2-1 建筑安装工程费用的构成和计算方法

费用项目			参考计算方法
直接费一	直接工程费	人工费	人工费＝∑(工日消耗量×日工资单价)
		材料费	材料费＝∑(材料消耗量×材料基价)＋检验试验费
		施工机械使用费	施工机械使用费＝∑(施工机械台班消耗量×机械台班单价)
	措施费		按规定标准计算
直接费二	规费 企业管理费		①以直接费为计取基础： 间接费＝直接费合计×间接费费率(％) ②以人工费(含措施费中的人工费)为计取基础： 间接费＝人工费合计×间接费费率(％) ③以人工费和机械费合计(含措施费中的人工费和机械费)为计取基础： 间接费＝人工费和机械费合计×间接费费率(％)
利润(三)			①以直接费与间接费之和为计取基础： 利润＝直接费与间接费合计×相应利润率(％) ②以人工费(含措施费中的人工费)为计取基础： 利润＝人工费合计×相应利润率(％) ③以人工费和机械费合计(含措施费中的人工费和机械费)为计取基础： 利润＝人工费和机械费合计×相应利润率(％)
税金(含增值税、城市维护建设税、教育费附加)(四)			税金＝(直接费＋间接费＋利润)×综合税率(％)

二、直接费

建筑安装工程直接费由直接工程费和措施费组成。

（一）直接工程费

直接工程费是指施工过程中耗费的构成工程实体的各项费用，包括人工费、材料费、施工机械使用费。

$$直接工程费＝人工费＋材料费＋施工机械使用费$$

1. 人工费

人工费是指由直接从事建筑安装工程施工的生产工人开支的各项费用。计算公式为：

$$人工费＝\Sigma（工日消耗量\times 日工资单价）$$

其中日工资单价的内容包括基本工资、工资性补贴、生产工人辅助工资、职工福利费和生产工人劳动保护费。

2. 材料费

材料费是指施工过程中耗费的构成工程实体的原材料、辅助材料、构配件、零件、半成品的费用。计算公式为：

$$材料费＝\Sigma（材料消耗量\times 材料基价）＋检验试验费$$

其中材料基价的内容包括材料原价（供应价）、运杂费、运输损耗费和采购及保管费。

检验试验费是指对建筑材料、构件和建筑安装物进行一般鉴定、检查所发生的费用，包括自设试验室进行试验所耗用的材料和化学药品等费用，不包括新结构、新材料的试验费和建设单位对具有出厂合格证明的材料进行检验，对构件做破坏性试验及其他特殊要求检验试验的费用。

$$检验试验费＝\Sigma（单位材料量检验试验费\times 材料消耗量）$$

3. 施工机械使用费

施工机械使用费是指施工机械作业所发生的机械使用费以及机械安拆费和场外运费。计算公式为：

$$施工机械使用费＝\Sigma（施工机械台班消耗量\times 施工机械台班单价）$$

其中施工机械台班单价应由折旧费、大修理费、经常修理费、安拆费及场外运费、人工费、燃料动力费、养路费及车船使用税八项费用组成。

（二）措施费

措施费是指为完成工程项目施工，发生于该工程施工前和施工过程中非工程实体项目的费用。内容包括以下 11 个方面。

1. 环境保护费

环境保护费是指施工现场为达到环保部门要求所需要的各项费用。

2. 文明施工费

文明施工费是指施工现场文明施工所需要的各项费用。

3. 安全施工费

安全施工费是指施工现场安全施工所需要的各项费用。

4. 临时设施费

临时设施费是指施工企业为进行建筑工程施工所必须搭设的生活和生产用的临时建筑物、构筑物和其他临时设施费用等。临时设施包括临时宿舍、文化福利及公用事业房屋与构筑物，仓库、办公室、加工厂以及规定范围内道路、水、电、管线等临时设施和小型临时设施。临时设施费用是指临时设施的搭设、维修、拆除费或摊销费。

5. 夜间施工费

夜间施工费是指因夜间施工所发生的夜班补助费、夜间施工降效、夜间施工照明设备摊销及照明用电等费用。

6. 二次搬运费

二次搬运费是指因施工场地狭小等特殊情况而发生的二次搬运费用。

7. 大型机械设备进出场及安拆费

大型机械设备进出场及安拆费是指机械整体或分体自停放场地运至施工现场或由一个施工地点运至另一个施工地点，所发生的机械进出场运输和转移费用，及机械在施工现场进行安装、拆卸所需的人工费、材料费、机械费、试运转费和安装所需的辅助设施的费用。

大型机械进出场及安拆费＝(一次进出场及安拆费×年平均安拆次数)/年工作台班

8. 混凝土、钢筋混凝土模板及支架费

混凝土、钢筋混凝土模板及支架费是指混凝土施工过程中需要的各种钢模板、木模板、支架等的支、拆、运输费用及模板、支架的摊销（或租赁）费用。

9. 脚手架费

脚手架费是指施工需要的各种脚手架搭、拆、运输费用及脚手架的摊销（或租赁）费用。

10. 已完工程及设备保护费

已完工程及设备保护费是指竣工验收前，对已完工程及设备进行保护所需的费用。

11. 施工排水、降水费

施工排水、降水费是指为确保工程在正常条件下施工，采取各种排水、降水措施所发生的各种费用。

三、间接费

建筑安装工程间接费是指虽不直接由施工的工艺过程引起，但却与工程的总体条件有关，建筑安装企业为组织施工和进行经营管理，以及间接为建筑安装生产服务所产生的各项费用。

（一）间接费的组成

按现行规定，建筑安装工程间接费由规费、企业管理费组成。

1. 规费

规费是指政府和有关权力部门规定必须缴纳的费用（简称规费），主要包括以下费用。

（1）工程排污费

指施工现场按规定缴纳的工程排污费。

（2）工程定额测定费

是指按规定支付工程造价（定额）管理部门的定额测定费。

（3）社会保障费

内容包括：

① 养老保险费。是指企业按规定标准为职工缴纳的基本养老保险费。

② 失业保险费。是指企业按照国家规定标准为职工缴纳的失业保险费。

③ 医疗保险费。是指企业按照规定标准为职工缴纳的基本医疗保险费。

（4）住房公积金

是指企业按规定标准为职工缴纳的住房公积金。

（5）危险作业意外伤害保险

是指按照建筑法规定，企业为从事危险作业的建筑安装施工人员支付的意外伤害保险费。

2. 企业管理费

企业管理费是指建筑安装企业组织施工生产和经营管理所需的费用。主要包括以下费用。

（1）管理人员工资

是指管理人员的基本工资、工资性补贴、职工福利费、劳动保护费等。

（2）办公费

是指企业管理办公用的文具、纸张、账表、印刷、邮电、书报、会议、水电、烧水和集体取暖（包括现场临时宿舍取暖）用煤等费用。

（3）差旅交通费

是指职工因公出差、调动工作而产生的差旅费、住勤补助费、市内交通费和误餐补助费，职工探亲路费，劳动力招募费，职工离退休、退职一次性路费，工伤人员就医路费，工地转移费以及管理部门使用的交通工具的油料、燃料、养路费及牌照费。

（4）固定资产使用费

是指管理和试验部门及附属生产单位使用的属于固定资产的房屋、设备仪器等的折旧、大修、维修或租赁费。

（5）工具用具使用费

是指管理使用的不属于固定资产的生产工具、器具、家具、交通工具，及检验、试验、测绘、消防用具等的购置、维修和摊销费。

（6）劳动保险费

是指由企业支付离退休职工的易地安家补助费、职工退职金、6个月以上的病假人员工资、职工死亡丧葬补助费、抚恤费、按规定支付给离休干部的各项经费。

（7）工会经费

是指企业按职工工资总额计提的工会经费。

(8) 职工教育经费

是指企业为职工学习先进技术和提高文化水平，按职工工资总额计提的费用。

(9) 财产保险费

是指企业为施工管理用财产、车辆缴纳保险发生的费用。

(10) 财务费

是指企业为筹集资金而发生的各种费用。

(11) 税金

是指企业按规定缴纳的房产税、车船使用税、土地使用税、印花税等。

(12) 其他

包括技术转让费、技术开发费、业务招待费、绿化费、广告费、公证费、法律顾问费、审计费、咨询费等。

（二）间接费的计算方法

间接费的计算方法按取费基数的不同分为以下三种。

① 以直接费为计算基础

$$间接费 = 直接费合计 \times 间接费费率$$

$$间接费费率 = 规费费率 + 企业管理费费率$$

② 以人工费和机械费合计为计算基础

$$间接费 = 人工费和机械费合计 \times 间接费费率$$

③ 以人工费为计算基础

$$间接费 = 人工费合计 \times 间接费费率$$

四、利润

利润是指施工企业完成所承包工程获得的盈利。利润的计取方法也可分为三种。

① 以直接费与间接费之和为计取基础

$$利润 = 直接费与间接费合计 \times 相应利润率$$

② 以人工费（含措施费中的人工费）为计取基础

$$利润 = 人工费合计 \times 相应利润率$$

③ 以人工费和机械费合计（含措施费中的人工费和机械费）为计取基础

$$利润 = 人工费和机械费合计 \times 相应利润率$$

五、税金

税金是指国家税法规定的应计入建筑安装工程造价内的增值税、城市维护建设税及教育费附加等。

增值税是以商品（含应税劳务）在流转过程中产生的增值额作为计税依据而征收的一种流转税。营业税改增值税后，建设项目都是征收增值税。

建设项目所涉及的增值税比率，有税率与征收率之分。

(1) 建筑业的税率

一般纳税人采用一般计税规则的时候所用的增值税比率就是税率。对于建筑施工企业来说，一般纳税人适用的税率为 9%，适用的业务是指建筑服务。包括各类建筑物、构筑物及其附属设施的建造、修缮、装饰，线路、管道、设备、设施等的安装以及其他工程作业的业务活动，包括工程服务、安装服务、修缮服务、装饰服务和其他建筑服务。在合同中，承包方式表现为"包工包料""乙方采购材料"等。

(2) 建筑业的征收率

当采用简易计税的时候，所适用的增值税比率就是征收率。比如，提供建筑服务的主体是小规模纳税人，那么可能就适用于 3% 的征收率。或者虽然是建筑服务一般纳税人，但是按照规定可以适用简易征收的，那么也是采用 3% 征收率。在合同中承包方式表现为"大清包""包清工""乙方包人工、辅材等"。建筑项目增值税计算办法如表 2-2 所示。

表 2-2 建筑项目增值税计算办法

计算方法	计算公式	适用范围
一般计税方法	销项－进项	一般纳税人通常适用
简易计税方法	不含税销售额×征收率	小规模纳税人通常适用，一般纳税人特殊适用
扣缴计税方法	支付价款/(1+税率)×税率	境外单位或者个人在境内发生税行为，在境内未设有经营机构

城市维护建设税是国家为了加强城市维护建设、扩大和稳定城市维护建设资金的来源，而对有经营收入的单位和个人征收的一种税。对于施工企业来讲，城市维护建设税的计税依据为增值税。纳税人所在地为市区的，按增值税的 7% 征收；所在地为县镇的，按增值税的 5% 征收；所在地不在市区县镇的，按增值税的 1% 征收。

对建筑安装企业征收的教育费附加，税额为增值税的 3%，并与增值税同时缴纳。

为了方便计算，一般将营业税、城市维护建设税和教育费附加合并在一起计算。计算公式为：

$$税金＝税前造价×综合税率$$

其中，税前造价是指直接费、间接费和利润之和。综合税率参考计算方法如下：

$$综合税率＝1/\{1－[增值税率×(1＋城市维护建设税率＋教育费附加税率)]\}$$

第三节 工程建设其他费用的构成

工程建设其他费用是指从工程筹建起到工程竣工验收交付使用止的整个建设期间，除建筑安装工程费用和设备、工器具购置费用以外的，为保证工程建设顺利完成和交付使用后能够正常发挥效用而发生的各项费用的总和。

工程建设其他费用按其内容大体可分为如下三类。

一、土地使用费

土地使用费是指建设项目通过划拨方式取得土地使用权而支付的土地征用及迁移补偿费，或者通过土地使用权出让方式取得土地使用权而支付的土地使用权出让金。

（一）土地征用及迁移补偿费

土地征用及迁移补偿费是指项目通过划拨方式取得无限期的土地使用权，依据《中华人民共和国土地管理法》等规定所支付的费用。包括土地补偿费、安置补助费、土地管理费、耕地占用费、征地动迁费、水利水电工程水库淹没处理补偿费等。

征用土地应按照其原用途给予补偿。按照《中华人民共和国土地管理法》规定，征用耕地的补偿费用包括以下几种。

(1) 征用耕地的土地补偿费

为该耕地被征用前 3 年平均年产值的 6～10 倍。

(2) 征用耕地的安置补助费

按照需要安置的农业人口数计算。需要安置的农业人口数，按照被征用的耕地数量除以征地前被征用单位平均每人占有耕地的数量计算。每一个需要安置的农业人口的安置补助费标准为该耕地被征用前 3 年平均年产值的 4～6 倍。但是，每公顷被征用耕地的安置补助费，最高不得超过被征用前 3 年平均年产值的 15 倍。

依照上述规定支付土地补偿费和安置补助费，尚不能使需要安置的农民保持原有生活水平的，经省、自治区、直辖市人民政府批准，可以增加安置补助费。但是，土地补偿费和安置补助费的总和不得超过土地被征用前 3 年平均年产值的 30 倍。

征用其他土地的土地补偿费和安置补助费标准，由省、自治区、直辖市参照征用耕地的土地补偿费和安置补助费的标准规定。

(3) 被征用土地上的附着物和青苗的补偿费

其标准由省、自治区、直辖市规定。

(4) 征用城市郊区的菜地的补助费

征用城市郊区的菜地，用地单位应当按照国家有关规定缴纳新菜地开发建设基金。

（二）土地使用权出让金

土地使用权出让金是指建设项目通过土地使用权出让方式，取得有限期的土地使用权，依照《中华人民共和国城镇国有土地使用权出让和转让暂行条例》规定支付的土地使用权出让金。

二、与项目建设有关的其他费用

与项目建设有关的其他费用包括建设单位管理费、勘察设计费、研究试验费、临时设施费、工程监理费、工程保险费、引进技术和进口设备其他费等。

原先包括在与项目建设有关的其他费用中的供电贴费和施工机构迁移费已停止征收。

（一）建设单位管理费

建设单位管理费是指建设项目从立项、筹建、建设、联合试运转、竣工验收交付使用及后评估等全过程管理所需的费用。

(1) 建设单位开办费

是指新建项目为保证筹建和建设工作正常进行所需的办公设备、生活家具、用具、交通工具等购置费用。

(2) 建设单位经费

包括工作人员的基本工资、工资性津贴、职工福利费、劳动保护费、办公费、差旅交通费、工会经费、职工教育经费、固定资产使用费、工具器具使用费、技术图书资料费、生产人员招募费、工程招标费、合同契约公证费、工程质量监督检测费、工程咨询费、法律顾问费、审计费、业务招待费、排污费、竣工交付使用清理及竣工验收费、后评价费用等。不包括应计入设备、材料预算价格的建设单位采购及保管设备材料所需的费用。

(二) 勘察设计费

勘察设计费是指为本建设项目提供项目建议书、可行性研究报告及设计文件等所需费用。

① 编制项目建议书、可行性研究报告、投资估算、工程咨询评价，以及为编制上述文件而进行勘察、设计、研究试验等所需费用。

② 委托勘察、设计单位进行初步设计、施工图设计及概预算编制等所需费用。

③ 在规定范围内由建设单位自行完成的勘察、设计工作所需费用。

(三) 研究试验费

研究试验费是指为本建设项目提供或验证设计参数、数据资料等进行必要的研究试验以及设计规定在施工中必须进行的试验、验证所需费用，其中包括自行或委托其他部门研究试验所需的人工费、材料费、试验设备及仪器使用费等。

(四) 临时设施费

临时设施费是指建设期间建设单位所需临时设施的搭设、维修、摊销费用或租赁费用，包括临时宿舍、文化福利及公用事业房屋与构筑物、仓库、办公室、加工厂，以及固定范围内道路、水、电、管线等临时设施和小型临时设施。

(五) 工程监理费

工程监理费是指委托工程监理单位对工程实施监理工作所需费用。

(六) 工程保险费

工程保险费是指建设项目在建设期间根据需要，实施工程保险部分所需费用。

(七) 引进技术和进口设备其他费

引进技术和进口设备其他费包括出国人员费用、国外工程技术人员来华费用、技术引进费、分期或延期付款利息、担保费和进口设备检验鉴定费用。

三、与未来企业生产经营有关的其他费用

与未来企业生产经营有关的其他费用包括联合试运转费、生产准备费以及办公和生活家具购置费。

（一）联合试运转费

联合试运转费是指新建企业或新增加生产工艺过程的扩建企业在竣工验收前，按照设计规定的工程质量标准，进行整个车间的负荷联合试运转发生的费用支出大于试运转收入的亏损部分。费用内容包括：试运转所需的原料、燃料、油料和动力的费用，机械使用费用，低值易耗品及其他物品的购置费用和安装单位参加联合试运转人员的工资等。试运转收入包括试运转产品销售和其他收入。不包括应由安装工程费开支的单台设备调试费及无负荷联动试运转费。

（二）生产准备费

生产准备费是指新建企业或新增生产能力的企业，为保证竣工交付使用进行必要的生产准备所发生费用。

① 生产职工培训费。自行培训、委托其他单位培训人员的工资、工资性补贴、职工福利费、差旅交通费、学习资料费、学费、劳动保护费。

② 生产单位提前进厂参加施工、设备安装、调试等以及熟悉工艺流程及设备性能等人员的工资、工资性补贴、职工福利费、差旅交通费、劳动保护费等。

（三）办公和生活家具购置费

办公和生活家具购置费是指为保证新建、改建、扩建项目初期正常生产、使用和管理所必须购置的办公和生活家具、用具的费用。改扩建项目所需的办公和生活用具购置费应低于新建项目。

第四节　预备费和建设期贷款利息

一、预备费

按我国现行规定，预备费包括基本预备费和涨价预备费。

（一）基本预备费

基本预备费是指在项目实施中可能发生的难以预料的支出，需要预留的费用，又称不可预见费。主要指设计变更及施工过程中可能增加工程量的费用。

基本预备费=（设备及工器具购置费+建筑安装工程费+工程建设其他费）×基本预备费率

（二）涨价预备费

涨价预备费指建设项目在建设期间内由于价格等变化引起工程造价变化的预测预留费用。费用内容包括：人工、设备、材料、施工机械的价差费，建筑安装工程费及工程建设其他费用调整，利率、汇率调整等增加的费用。涨价预备费的测算方法一般是根据国家规定的投资综合价格指数，以估算年份价格水平的投资额为基数，采用复利计算。计算公式为：

$$PF = \sum_{t=1}^{n} I_t \left[(1+f)^t - 1 \right]$$

式中　PF——涨价预备费；
　　　n——建设期年份数；
　　　I_t——建设期第 t 年的投资计划额；
　　　f——建设期价格上涨指数。

二、建设期利息

建设期利息包括向国内银行和其他非银行金融机构贷款、出口信贷、外国政府贷款、国际商业银行贷款以及在境内外发行的债券等在建设期内应计的贷款利息。

在考虑资金时间价值的前提下，建设期利息实行复利计息。对于贷款总额一次性贷出且利息固定的贷款，建设期贷本息直接按复利公式计算。但当总贷款是分年均衡发放时，复利利息的计算就较为复杂。公式为：

$$q_j = \left(P_{j-1} + \frac{1}{2} A_j \right) \times i$$

式中　q_j——建设期第 j 年应计利息；
　　　P_{j-1}——建设期第 $j-1$ 年末贷款余额，它由第 $j-1$ 年末贷款累计再加上此时贷款利息累计；
　　　A_j——建设期第 j 年支用贷款；
　　　i——年利率。

复习思考题

1. 简述工程项目的投资组成。
2. 某项目总投资 1300 万元，分 3 年均衡发放，第一年投资 300 万元，第二年投资 600 万元，第三年投资 400 万元，建设期内年利率为 12%，每半年计息一次。建设各年贷款均衡发放，试计算建设期贷款利息。
3. 建筑安装工程造价由哪些部分组成？如何计算？
4. 工程建设其他费用由哪些费用组成？如何计算？
5. 什么是基本预备费和涨价预备费？如何计算？

第三章 项目投资决策分析

项目投资决策是指投资者根据设定的投资目标,在调查研究的基础上,对项目建设的必要性和可行性进行多方面的技术经济分析,对项目建设方案进行评价与选择的过程。

众所周知,工程项目投资控制应贯穿项目建设全过程,但对项目投资影响最大的应是投资决策过程。国外研究资料表明,投资决策过程影响投资的可能性为95%~100%,初步设计和技术设计过程影响投资的可能性为35%~95%,施工图设计过程影响投资的可能性为5%~35%,而建筑安装调试过程影响投资的可能性仅在10%以下。

一个工程项目成功与否,很大程度上取决于项目规模是否合理,所采用的技术工艺设备是否先进可靠、经济适用,建设地区与地点选择是否适宜,而这些结论都是在投资决策过程中确定的。为了获得项目投资的最佳经济效果,必须采用科学的程序与方法,对拟建项目的必要性和可行性进行认真的决策分析与评价。

第一节 项目投资决策的分析与评价

一、项目投资决策的阶段划分

项目决策分析与评价一般分为四个阶段:机会研究阶段、初步可行性研究阶段、可行性研究阶段以及项目评估与决策阶段。

(一) 机会研究

对投资机会的研究是一系列有关投资活动的起点,其目的是对政治经济环境进行分析,寻找投资机会,鉴别投资方向,为项目初步可行性研究打下基础。机会研究的工作内容一般包括:对投资环境的客观分析;对企业经营目标和战略的分析;对企业内外部资源条件的分析。投资机会研究依靠的数据资料较为笼统,研究结论比较粗略。该阶段投资估算的误差范围为±30%,所需费用占投资总额的0.1%~1%。

如果机会研究的结论表明投资项目可行,即可进行下一阶段的研究。

（二）初步可行性研究

初步可行性研究是在机会研究的基础上，对项目方案的技术、经济条件进一步论证，对项目是否可行进行初步判断，也被称为"预可行性研究"或"前可行性研究"。初步可行性研究工作位于机会研究和可行性研究的中间阶段，其研究内容与可行性研究相似，区别在于获得资料的详细程度和对各项目方案讨论的深度不同。初步可行性研究阶段投资估算的误差范围为±20%，所需费用占投资总额的0.25%～1.5%。

根据初步可行性研究的结论，可决定是否应该进行最终可行性研究，并对一些关键问题进行辅助研究。

（三）可行性研究

可行性研究也称为"详细可行性研究"或"最终可行性研究"，是在初步可行性研究的基础上，通过与项目有关的资料、数据的调查研究，对项目的技术、经济、工程、环境等进行最终论证和分析预测，从而提出项目是否值得投资和如何进行建设的可行性意见，为项目决策审定提供全面的依据。该阶段投资估算的误差范围为±10%，小型项目所需费用占投资总额的1%～3%，大型复杂的项目所需费用占投资总额的0.2%～1%。

（四）项目评估与决策

项目评估是由投资决策部门组织或授权于有关咨询机构或专家，代表委托方对项目可行性研究报告进行全面的审核和再评价，分析判断项目可行性研究的可靠性、真实性和客观性，编写项目评估报告，由投资决策部门作出最终的投资决策。

二、可行性研究的主要内容

可行性研究的内容可归纳为市场研究、技术研究和效益研究三个方面，它们分别从项目建设的必要性、技术上的可行性、经济上的合理性角度给出相应的研究结论。可行性研究报告具体包括以下内容。

1. 市场现状调查

主要调查拟建项目同类产品的市场容量、价格，以及市场竞争力现状。这是进行市场预测的基础。

2. 资源条件评价

在可行性研究阶段，应对资源开发项目进行资源评价，对资源开发利用的可能性、合理性和资源的可靠性进行研究，为确定项目的开发方案和建设规模提供依据。

3. 建设规模与产品方案研究

建设规模与产品方案研究是在市场预测和资源评价的基础上，论证、比较、选择拟建项目的建设规模和产品方案，作为确定项目技术方案、设备方案、工程方案、原材料燃料供应方案及投资估算的依据。

4. 厂址选择

厂址选择是指在初步可行性研究或项目建议书规划选址已确定的建设地区和地点范围

内，进行具体坐落位置选择，并绘制厂址地理位置图。

5. 技术方案、设备方案和工程方案

项目的建设规模与产品方案确定后，应进行技术方案、设备方案和工程方案的具体研究论证工作。可行性研究报告中制定的技术、设备、工程方案，对设备工程设计、采购、制造、安装调试过程中的投资控制有着指导性意义。

（1）技术方案选择

① 生产方法的选择。研究与项目产品相关的国内外各种生产方法的优缺点与发展趋势，拟采用的生产方法是否与采用的原材料相适应，拟采用生产方法的技术来源的可得性，生产方法是否符合节能、环保和清洁生产的要求等。

② 工艺流程方案选择。研究工艺流程方案对产品质量的保证程度，各工序之间的合理衔接，选择主要工艺参数，分析工艺流程的柔性安排等。

③ 技术方案的比选论证。比选内容包括技术的先进程度、可靠程度、对产品质量性能的保证程度、对原材料的适应性、工艺流程的合理性等。

（2）设备方案选择

设备方案选择包括以下内容。

① 研究提出所需主要设备的规格、型号和数量。

② 研究提出项目所需主要设备的来源与投资方案。

③ 对于拟引进国外设备的项目，应提出设备供应方式，选用超大、超重、超高的设备时应提出相应的运输和安装技术措施方案。

（3）工程方案选择

对于一般工业项目来说，主要研究厂房、工业窑炉、生产装置等建筑物、构筑物的建筑特征、结构形式、基础工程方案、抗震设防以及特殊建筑要求等。

（4）节能措施

对于能源消耗量较大的项目，应提出节约能源措施，并对能耗指标进行分析。

（5）节水措施

对于水资源消耗量较大的项目，应提出节水措施，并对水耗指标进行分析。

6. 原材料、燃料供应

原材料、燃料供应即对项目所需的原材料、辅助材料和燃料的品种、规格、成分、数量、价格、来源及供应方式进行研究和论证，以确保项目建成后正常生产运营，并为计算生产运营成本提供依据。

7. 总图运输与公用辅助工程

总图运输与公用辅助工程是指在已选定的厂址范围内，研究生产系统、公用工程、辅助工程及运输设施的平面和竖向布置以及工程方案。

项目总图布置是指根据项目的生产工艺流程或者使用功能的需要及其相互关系，结合场地和外部环境条件，选定项目各个组成部分的位置。

场内外运输方案应根据建设规模、产品方案、技术方案确定的主要投入品和产出品的品种、数量、特性、流向制定。

公用工程与辅助工程是为确保项目主体工程正常运转服务的配套工程。公用工程主要有

给水排水、供电、通信、供热、通风等工程。辅助工程主要有维修、化验、检测、仓储等工程。在可行性研究阶段，公用工程与辅助工程应与主体工程同时进行研究。

8. 环境影响评价

环境影响评价是指在确定厂址方案和技术方案过程中，调查研究环境条件，对拟建项目影响环境的因素进行识别和分析，提出治理和保护环境的措施，对环境保护方案进行比选和优化。

9. 劳动安全卫生与消防

劳动安全卫生与消防是在已确定的技术方案和工程方案的基础上，分析论证在建设和生产过程中存在的对劳动者和财产可能产生的不安全因素，并提出相应的防范措施。

10. 组织机构与人力资源配置

组织机构与人力资源配置是对项目的组织机构设置、人力资源配置、员工培训等内容进行研究，比选和优化方案。

11. 项目实施进度

为了科学组织建设过程中各阶段的工作，合理安排建设资金，在项目工程建设方案确定之后，应提出项目的建设工程和实施进度方案，保证项目按期建成投产，发挥投资效益。

12. 投资估算

投资估算是在项目的建设规模、建设方案及项目实施进度基本确定的基础上，对项目投入总资金和建设期内分年资金需要量的估计和测算。它是制订融资方案、进行经济评价、编制初步设计概算的依据。

13. 融资方案

融资方案研究是在投资估算的基础上，分析拟建项目的资金渠道、融资形式、融资结构、融资成本、融资风险，比选推荐项目的融资方案。

14. 财务评价

财务评价是在国家现行财税制度和市场价格体系下，分析预测项目的财务效益与费用，计算财务评价指标，考察项目的盈利能力、偿债能力，从而判断项目的财务可行性。

15. 国民经济评价

国民经济评价是按合理配置资源的原则，采用影子价格等国民经济评价参数，从国民经济角度考察投资项目所耗费的社会资源和对社会的贡献，从而评价投资项目的经济合理性。

16. 社会评价

社会评价是分析拟建项目对当地社会的影响和当地社会条件对项目的适应性和可接受程度，评价项目的社会可行性。

17. 风险评价

风险评价是对拟建项目在建设和运营中潜在的主要风险因素进行综合分析和识别，以揭示风险来源，判别风险程度，提出规避风险的对策，降低风险损失。

18. 研究结论与建议

研究结论与建议是在前述各项研究论证的基础上，归纳总结，择优提出推荐方案，并对推荐方案进行总体论证。

第二节　项目投资估算

项目投资估算应在给定的建设规模、产品方案和工程技术方案的基础上，估算项目建设所需的费用。项目投资估算包括建设投资估算、建设期利息估算和流动资金估算三个部分。

一、建设投资估算

（一）概述

建设投资可按概算法和形成资产法进行分类。按照概算法，建设投资估算应包括工程费用、工程建设其他费用和预备费，见表 3-1。按照形成资产法，建设投资估算应包括固定资产费用（含工程费用、固定资产其他费用）、无形资产费用、其他资产费用和预备费，见表 3-2。

表 3-1　建设投资估算表（概算法）

人民币单位：万元　　外币单位：

序号	工程或费用名称	建筑工程费	设备购置费	安装工程费	其他费用	合计	其中外币比例/%
1	工程费用						
1.1	主体工程						
1.1.1	×××						
	……						
1.2	辅助工程						
1.2.1	×××						
	……						
1.3	公用工程						
1.3.1	×××						
	……						
1.4	服务性工程						
1.4.1	×××						
	……						
1.5	厂外工程						
1.5.1	×××						
	……						
1.6	×××						

续表

序号	工程或费用名称	建筑工程费	设备购置费	安装工程费	其他费用	合计	其中外币比例/%
2	工程建设其他费用						
2.1	×××						
	……						
3	预备费						
3.1	基本预备费						
3.2	涨价预备费						
4	建设投资合计						
	比例/%						

表 3-2 建设投资估算表（形成资产法）

人民币单位：万元　　外币单位：

序号	工程或费用名称	建筑工程费	设备购置费	安装工程费	其他费用	合计	其中外币比例/%
1	固定资产费用						
1.1	工程费用						
1.1.1	×××						
1.1.2	×××						
1.1.3	×××						
	……						
1.2	固定资产其他费用						
	×××						
	……						
2	无形资产费用						
2.1	×××						
	……						
3	其他资产费用						
3.1	×××						
	……						
4	预备费						
4.1	基本预备费						
4.2	涨价预备费						
5	建设投资合计						
	比例/%						

（二）建设投资估算的编制方法

建设投资估算的编制方法很多，包括资金周转率法、生产能力指数法、设备费用百分比估算法、系数估算法、功能单元法以及造价指标估算法等。这些方法分别适用于不同阶段和不同项目的投资估算。

1. 资金周转率法

这种方法是用资金周转率来推测投资额的一种简单方法。计算公式如下：

资金周转率＝年销售额/总投资额＝(产品的年产量×产品单价)/总投资额

总投资额＝(产品的年产量×产品单价)/资金周转率

在国外，不同性质的工厂或不同产品的车间装置都有不同的资金周转率。如化学工业的资金周转率近似值为 1.0，生产合成甘油的化工装置的资金周转率为 1.41 等。

这种方法比较简便，计算速度快，但精确度较低。

2. 生产能力指数法

这种方法是根据已建成的、性质类似的建设项目或装置的投资额和生产能力，以及拟建项目或装置的生产能力估算其投资额，计算公式为：

$$C_2 = C_1 \left(\frac{A_2}{A_1}\right)^n f$$

式中 C_1——已建成类似工程项目或装置的投资额；

C_2——拟建工程项目或装置的投资额；

A_1——已建成类似工程项目或装置的生产能力；

A_2——拟建工程项目或装置的生产能力；

f——不同时期、不同地点的定额、单价、费用变更等的综合调整系数；

n——生产能力指数，$n \leqslant 1$。

若拟建项目或装置与类似项目或装置的规模相差不大，生产规模比值在 0.5～2 之间，则指数 n 的取值近似为 1。若拟建项目或装置与类似项目或装置的规模相差不大于 50 倍，且拟建工程项目规模的扩大仅靠增大设备规格来达到时，则 n 取值为 0.6～0.7 之间；若是靠增加相同规格设备的数量来达到时，n 取值为 0.8～0.9 之间。

采用此法估算投资，计算简单，速度快，但要求类似工程的资料可靠、条件基本相同，否则误差就会增大。

3. 设备费用百分比估算法

（1）以拟建项目或装置的设备费为基数

这种方法是以拟建项目或装置的设备费为基数，根据已建成的同类项目或装置的建筑安装费及工程建设其他费用等占设备费的百分比，求出拟建工程的建筑安装费及工程建设其他费用，再加上拟建工程的其他有关费用，其总和即为项目或装置的总投资额。计算公式如下：

$$C = I(1 + f_1 K_1 + f_2 K_2 + f_3 K_3 + \cdots) + Q$$

式中 C——拟建项目或装置的投资额；

I——拟建项目或装置按当时当地价格计算的设备费；

$K_1, K_2, K_3, \cdots$——已建成的同类项目或装置中，建筑安装费及工程建设其他费用占设备费的百分比；

$f_1, f_2, f_3, \cdots$——由于时间因素引起的定额、价格、费用标准等变化的综合调整系数；

Q——拟建工程的其他有关费用。

（2）以拟建项目中主要的或投资比重较大的工艺设备投资为基数

这种方法是以拟建项目中主要的、投资比重较大的工艺设备的投资为基数，根据已建类似项目的统计资料，计算出拟建项目各专业工程费占工艺设备的比例，求出各专业投资，再加上其他费用，求得拟建项目的建设投资。

4. 指标估算法

依照各种具体工程和费用的造价指标（投资估算指标或概算指标），可进行单位工程投资的估算。在此基础上，可汇总成每一单项工程投资，另外再估算建设其他费用及预备费，即可求得建设项目总造价。

概算指标是按一定计量单位规定的，比概算定额更综合扩大的分部工程或单位工程的劳动、材料和机械台班的消耗量标准和造价指标。在建筑工程中，它往往将完整的建筑物、构筑物以平方米、立方米或座等为计量单位进行编制。概算指标往往是在初步设计阶段编制工程概算，计算劳动、机械台班、材料需要量的依据。但若在编制投资估算时，能够提供较为详细的项目资料，也可依照概算指标编制投资估算，从而增加估算的深度和精确性。

与概算指标相比，估算指标具有较强的综合性和概括性。它往往以独立的建设项目、单项工程或单位工程为对象，综合项目全过程投资和建设中的各类成本和费用，反映其扩大的技术经济指标。一般根据历史的预决算资料和价格变动等资料编制而成。

二、流动资金估算

项目总投资中的流动资金是指在生产经营性项目投产后，为进行正常生产运营，用于购买原材料、燃料，支付工资及其他经营费用等所需的周转资金，即投产后形成的流动资产和流动负债的差额。流动资金估算一般采用分项详细估算法，个别情况或者小型项目可采用扩大指标估算法。

（一）分项详细估算法

分项详细估算法是根据资金周转额和周转速度之间的关系，对构成流动资金的各项流动资产和流动负债分别进行估算。估算的具体方法是：首先计算各类流动资产和流动负债的年周转次数，然后再分项估算占用的资金额。在企业生产经营中，所形成的流动资产和流动负债类型很多，在可行性研究中，为了简化计算，可只对现金、应收账款、预付账款、存货、应付账款和预收账款进行估算。计算公式为：

$$流动资金＝流动资产－流动负债$$
$$流动资产＝应收账款＋预付账款＋存货＋现金$$
$$流动负债＝应付账款＋预收账款$$
$$流动资金本年增加额＝本年流动资金－上年流动资金$$

流动资金估算的步骤如下。

1. 计算周转次数

进行流动资金估算，首先要计算各类流动资产和流动负债的年最低周转次数，然后再分项估算占用资金额。周转次数是指流动资金的各个构成项目在 1 年内完成的生成过程次数。

$$周转次数＝360/最低周转天数$$

各类流动资产和流动负债的最低周转天数可参照同类企业的平均周转天数并结合项目特点确定。若周转次数已知，可按下式计算各项流动资金的平均占用额，即：

各项流动资金平均占用额＝周转额/周转次数

2. 估算流动资产

（1）存货估算

存货是企业为销售或者生产耗用而储备的各种物资，主要有原材料、辅助材料、燃料、低值易耗品、维修备件、包装物、在产品、自制半成品和产成品等。为了简化计算，在投资估算中仅需考虑外购原材料、燃料、其他材料、在产品和产成品，并分项进行计算。计算公式为：

存货＝外购原材料、燃料＋其他材料＋在产品＋产成品

外购原材料、燃料占用资金＝年外购原材料、燃料费用/分项周转次数

其他材料＝年其他材料费用/其他材料周转次数

在产品＝（年外购原材料、燃料动力费＋年工资及福利费＋年修理费
＋年其他制造费）/在成品周转次数

产成品＝（年经营成本－年营业费用）/产成品周转次数

（2）应收账款估算

应收账款是指企业对外销售商品、提供劳务尚未收回的资金。应收账款的周转额应为全年赊销销售收入。在流动资金估算时，可用销售收入代替赊销收入。计算公式为：

应收账款＝年销售收入/应收账款周转次数

（3）预付账款估算

预付账款是指企业为购买各类材料、半成品或服务所预先支付的款项，计算公式为：

预付账款＝外购商品或服务年费用/预付账款周转次数

（4）现金需要量估算

项目流动资金中的现金是指为维持正常生产运营必需预留的货币资金，包括企业库存现金和银行存款。计算公式为：

现金需要量＝（年工资及福利费＋年其他费用）/现金周转次数

年其他费用＝制造费用＋管理费用＋销售费用
－（以上三项费用中所含的工资及福利费、折旧费、维简费、修理费）

3. 估算流动负债

流动负债是指将在1年（含1年）或者超过1年的一个营业周期内偿还的债务，包括短期借款、应付票据、应付账款、预收账款、应付工资、应付福利费、应付股利、应交税金、其他暂收应付款项、预提费用和1年内到期的长期借款。在项目投资估算中，流动负债的估算只考虑应付账款和预收账款两项。计算公式为：

应付账款＝外购原材料、燃料动力及其他材料年费用/应付账款周转次数

预收账款＝预收的营业收入年金额/预收账款周转次数

根据流动资金各项估算结果，编制流动资金估算表。

（二）扩大指标估算法

扩大指标估算法是根据现有同类企业的实际资料，求得各种流动资金率指标。也可依据行业或部门给定的参考值或经验确定比率。一般常用的基数有销售收入、经营成本、总成本费用和固定资产投资等。该方法简便易行，但准确度不高。

第三节　项目经济分析的基本方法

一、资金时间价值

（一）资金时间价值的概念

在工程经济计算中，无论是工程完成后所发挥的经济效益，还是工程建造中所消耗的人力、物力和资源，最后都是以价值形态，即资金的形式表现出来。资金是劳动资料、劳动对象和劳动报酬的货币表现。资金运动反映的是物化劳动和活劳动的运动过程。在这个运动过程中，劳动者在生产劳动过程中新创造的价值形成资金增值。这个增值采取了随时间推移而增值的外在形式，故称之为资金的时间价值。

由于资金存在时间价值，致使不同时点发生的资金流量不能直接进行比较。

资金必须与时间结合，才能表现出其真正的价值。

资金时间价值的表现形式是利息和利润。对于储蓄投资来说，表现形式为利息，即放弃使用资金所获的报酬。因为对于投资者如果出借资金，它就不能用于消费或其他投资，因此它的福利损失或其他投资损失就要用利息来补偿。对项目投资来说，表现形式为利润。由于项目投资存在着风险和机会成本，因此只有当未来项目的收益能显著超过目前的投资时，人们才会赞成这笔用于增加资金的支出，即投资该项目，而这种由于时间所产生的价值就是投资的利润。

利息和利润是衡量资金时间价值的绝对尺度，其多少和投资额有关，所以在项目技术经济分析中往往用利率作为衡量资金时间价值的相对尺度。在实践中，社会平均的资金收益率通常用作资金时间价值的衡量尺度，用 R 表示。$R=R_1+R_2+R_3$，R_1 是考虑时间因素补偿的收益率，R_2 是考虑通货膨胀因素补偿的收益率，R_3 是考虑风险因素补偿的收益率。

（二）利息和利率

1. 利息

利息是占用资金所付代价或放弃使用资金所获报酬，它是资金时间价值的一种体现，它是资金在某一固定时间间隔后（一般为1年）所得到的增值。在借贷过程中，债务人支付给债权人超过本金的部分就是利息。

$$I=F-P$$

式中　I——一定时期内所得的利息额；

　　　P——本金；

　　　F——本金与利息之和（简称本利和）。

2. 利率

利率是指在一定时期内所得利息额与借贷本金的比率。利率期间通常以1年为期，也有小于1年的（如半年、季、月或天）。用以表示利率的时间单位称为计息周期（计息期）。

$$i=I/P\times 100\%$$

式中　i——利率。

3. 利息的计算

当一项经济活动的计息周期在一个以上时,利息的计算方式有两种,单利和复利。

(1) 单利的计息方式

单利是指在计算利息时,仅对投入的本金计算利息,上一个计息周期产生的利息在下一个计息周期不再计息,即不考虑利息的时间价值。其利息的计算公式如下:

$$I = P \times i$$

而 n 期末单利计息方式的本利和 F 等于本金加上利息,即

$$F = P(1 + in)$$

式中 n——计息次数。

在利用上述公式计算本利和 F 时,要注意式中 i 的计息周期和 n 的时间单位要一致。此外,单利法的隐含假设是每年的盈利不再投入到社会再生产中,这不符合资金运动的实际情况。故在工程经济分析中要采用复利的方法计算利息。

(2) 复利的计息方式

为了使借款及投资活动中所有的货币都按同样标准产生时间价值,那么对尚未支付的利息也应当以同样的利率计算利息,即"利生利""利滚利",这种计算方法就是复利。计算公式为:

$$I_t = I \times F_{t-1}$$

式中 I_t——第 t 个计息周期的利息;

F_{t-1}——第 $t-1$ 期期末的本利和。

而 n 期末复利计息方式的本利和 F 的计算公式为:

$$F = P(1 + i)^n$$

4. 名义利率和实际利率

利率的一定时期通常以年为单位,它可以与计息周期相同也可以不同。在工程经济中由于采用复利的计息方式,当利率的时间单位和计息周期不一致时,就出现了名义利率和实际利率。

(1) 名义利率

名义利率是指计息周期利率 i 与利率的时间单位内计息周期数 m 的乘积。名义利率为年利率,用 r 表示。

$$r = i \times m$$

若月利率为 1%,则年名义利率为 12%。很显然,计算名义利率时忽略了前面各期利息再生利息的因素,这与单利的计算相同。

(2) 实际利率

实际利率是将利率时间单位内的利息再生因素考虑在内计算出的利率,即用利率时间单位内产生的总体利息与本金之比,也称为有效利率,用 R 表示。根据利率的概念,即可推导出名义利率和实际利率的关系。若利率的时间单位为年,在 1 年内计息 m 次,则年名义利率为 r,计息周期利率为 $i = r/m$。设年初有本金 P,根据复利的计算公式,一年后的本利和为:

$$F = P\left(1 + \frac{r}{m}\right)^m$$

根据利息的定义,1 年内的利息(利率时间单位内产生的总体利息)I 为:

$$I = F - P = P\left(1 + \frac{r}{m}\right)^m - P = P\left[\left(1 + \frac{r}{m}\right)^m - 1\right]$$

再根据实际利率的定义可得年实际利率 R 为：

$$R = \frac{I}{P} = \left[\left(1+\frac{r}{m}\right)^m - 1\right]$$

例如，若年名义利率为 6%，按月计息，则年实际利率为：

$$R = \left[\left(1+\frac{6\%}{12}\right)^{12} - 1\right] = 6.17\%$$

（三）现金流量及现金流量图

1. 现金流量

设备投资的目的是将来获得更大回报，因此投资的定义可以是：为期望取得利润而支付出去的资金。所以在设备建造过程中存在着复杂的资金运动，这种不断运动的资金流就称为现金流量。流入这个过程的资金称为现金流入，流出这个过程的资金称为现金流出，现金流入用 CI 表示，现金流出用 CO 表示，同一时点现金流入与现金流出的差额叫净现金流量，用 NCF 表示。

$$\text{NCF}_t = (\text{CI} - \text{CO})_t$$

2. 现金流量图

把现金流量作为时间的函数，用一个二维的图形表示，就是现金流量图，见图 3-1。运用现金流量图可以全面、形象、直观地表达出设备工程形成过程中经济系统的资金运动状态。现金流量图的画法如下：

① 横轴表示时间轴，将横轴分为 n 等份，注意第 $n-1$ 期终点和第 n 期的始点是重合的。每一等份代表一个时间单位，可以是年、半年、季、月或天。

② 与横轴垂直向下的箭头代表现金流出，与横轴垂直向上的箭头代表现金流入，箭头的长短与金额的大小成比例。

③ 代表现金流量的箭头与时间轴的交点即表示该现金流量发生的时间。

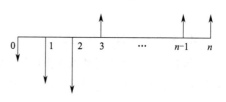

图 3-1 现金流量图

由此可知，要正确绘制现金流量图，必须把握好现金流量的三要素，即现流量的大小、方向、时间点。

现金流量图与出发点有关，从借款人角度出发和从贷款人角度出发所绘现金流量图不同。

【例 3-1】某人向银行借款 5 万元，年利率 4%，5 年后一次归还本利和为 $5 \times (1+4\%)^5 = 6.0833$（万元），从借款人角度和从贷款人角度所绘现金流量图分别见图 3-2 和图 3-3。项目经济评价是从贷款人角度对项目进行分析，即先有支出，后有收入。

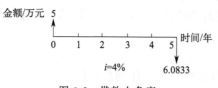

图 3-2 借款人角度

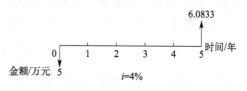

图 3-3 贷款人角度

(四)资金等值变换公式

1. 资金等值

由于资金具有时间价值,使得在不同时点上绝对数值不等的资金具有相等的价值,称为资金等值。也就是说,可以把任一时点上的资金变换为另一特定时点上的值,这两个时点上的两笔不同数额的资金量在经济上的作用是相等的。

把特定利率下不同时点上绝对数额不等而经济价值相等的若干资金称为等值资金。影响资金等值的因素有三个,即资金额的大小、计息期数、利率的大小。

2. 等值变换公式

资金等值在工程经济中是一个很重要的概念,在分析一项投资活动是否值得进行的时候,就是要看该活动流入的价值是否大于流出的价值。而由于通常的经济活动投资在先,收益在后,所以就要想办法找出它们的资金等值,所利用的公式就称为资金等值变换公式。

设 i 为利率(折现率),n 为计息期数,P 为现在值,简称现值 F 为将来值,简称终值 A 为年度等值(或称等额年金),简称年值或年金。

(1)一次支付复利公式

$$F = P(1+i)^n = P(F/P, i, n)$$

$(F/P, i, n)$ 称为一次支付复利系数或简称为终值系数。如 $(F/P, 5, 6)$ 表示已知现值求终值,利率为 5%,计息 6 期。

(2)一次支付现值公式

$$P = F(1+i)^{-n} = F(P/F, i, n)$$

$(P/F, i, n)$ 称为现值系数。如 $(P/F, 5, 5)$ 表示已知终值求现值,利率为 5%,计息 5 期。

(3)等额支付系列年金终值公式

每期末金额相等的资金称为年金(如图 3-4 所示)。如果换算利率为 i,则 n 期末的终值 F 与年金 A 之间的变换关系为:

$$F = A \frac{(1+i)^n - 1}{i} = A(F/A, i, n)$$

其中 $(F/A, i, n)$ 称为年金终值系数。

图 3-4 现金流量图

(4)等额支付系列偿债基金公式

将终值 F 变换为 n 期内年金 A 的公式为:

$$A = F \frac{i}{(1+i)^n - 1} = F(A/F, i, n)$$

$(A/F, i, n)$ 称为偿债基金系数。

(5) 等额支付系列年金现值公式

$$P = A \frac{(1+i)^n - 1}{i(1+i)^n} = A(P/A, i, n)$$

$(P/A, i, n)$ 称为年金现值系数。当 $n \to \infty$ 时，A 称为永续年金，而 $P \to A/i$。

(6) 等额支付系列资金回收公式

$$A = P \frac{i(1+i)^n}{(1+i)^n - 1}$$

式中 $i(1+i)^n / [(1+i)^n - 1]$ 称为资金回收系数，记为 $(A/P, i, n)$。当 n 足够大时，资金回收系数等于 i。

【例 3-2】某设备准备在 5 年后大修，需大修费用 50 万元，$i = 7\%$，问从现在起每年应存入多少钱以备将来大修所需？

[解]

$$A = F(A/F, 7, 5) = 50 \times \frac{7\%}{(1+7\%)^5 - 1} = 8.7 (万元)$$

【例 3-3】某企业从银行贷款 100 万元，用于购买某设备，若偿还期为 8 年，每年末偿还相等的金额，贷款利率为 7.2%，每年末应偿还多少？

[解] 这是一个已知现值，求年值的问题，所以有以下计算过程

$$A = P(A/P, 7.2\%, 8) = 100 \times \frac{0.072 \times (1+0.072)^8}{(1+0.072)^8 - 1} = 16.88 (万元)$$

二、投资项目经济评价指标与评价方法

根据项目评价是否考虑资金时间价值，可将指标分为静态指标和动态指标。静态指标即不考虑资金时间价值对项目现金流的影响，而对项目的现金流量直接汇总来计算评价指标的方法，其最大的优点是计算简便。动态指标是把现金流量折现后来计算评价指标，即考虑不同时间点上的资金时间价值对项目现金流的影响。这种对投资项目的一切现金流量，都需要通过考虑它所发生的时刻及其时间价值，来进行经济效果评价的方法称为动态指标，比较真实地反映投资项目的经济性。

（一）静态投资回收期（P_t）

1. 定义

静态投资回收期是指在不考虑资金时间价值条件下，以项目的净收益抵偿全部投资所需要的时间。它是反映项目财务上投资回收能力的重要指标。其计算式为：

$$\sum_{t=0}^{P_t} (CI - CO)_t = 0$$

式中 $(CI - CO)_t$——第 t 年的净现金流量。

P_t 可用项目财务现金流量表累计净现金流量求出，公式如下：

$$P_t = (累计净现金流量开始出现正值的年份数-1) +$$
$$上年累计净现金流量的绝对值/当年净现金流量$$

如果投资在期初一次投入为 I,生产期各年净收益每年保持不变为 R,则可用简化的计算公式:

$$P_t = I/R$$

式中 I——一次投资额;
R——年净收益。

2. 判别标准

求出的 P_t 需与基准投资回收期 P_c 进行比较。若 $P_t \leqslant P_0$,可以考虑接受该项目;若 $P_t > P_0$,考虑拒绝该项目。

部门或行业应有各自的 P_c,企业也可以有自己的 P_c。

3. P_t 指标的优点与不足

P_t 指标的最大优点是经济意义明确、直观,计算简便,便于投资者衡量项目承担风险的能力,同时在一定程度上反映投资效果的优劣。因此,P_t 指标获得了广泛的应用。但该指标只考虑投资回收之前的效果,不能反映回收投资之后的情况,无法反映项目整体盈利水平,且不考虑资金时间价值,无法正确地辨识项目的优劣。

(二)动态投资回收期(P'_t)

1. 定义

动态投资回收期是指在考虑资金时间价值条件下,以项目净收益抵偿全部投资所需要的时间。计算公式为:

$$\sum_{t=0}^{P'_t}(CI-CO)_t(1+i_c)^{-t} = 0$$

式中,i_c 为基准收益率。

实际计算可采用净现金流量折现值累计并结合如下公式求得:

$$P'_t = (累计折现净现金流量开始出现正值的年份数-1) +$$
$$(上年累计折现净现金流量的绝对值/当年折现净现金流量)$$

如果项目投资为 I,以后各年净收益均为 R,寿命为 n,则

$$P'_t = -\frac{\ln\left(1-\dfrac{Ii_c}{R}\right)}{\ln(1+i_c)}$$

2. 评价标准

当 $P'_t \leqslant n$ 时,考虑接受该项目;否则,考虑拒绝该项目。

【例 3-4】 某工程投资项目的现金流量如图 3-5 所示,$i_c = 10\%$。试计算该项目投资的静态、动态投资回收期。

解题步骤如下。

(1)求静态投资回收期 P_t

将现金流量图转化为图 3-6 的形式,此时 $R = 50$,$I = 60+40-20 = 80$,则
$P_t = 2+80/50 = 3.6$(年)。

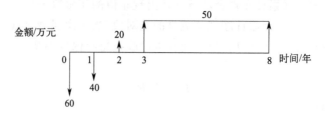

图 3-5　某设备工程投资项目现金流量图

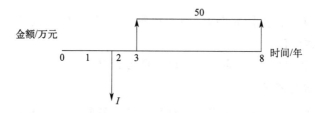

图 3-6　等效现金流量图

（2）求动态投资回收期 P'_t

此时，$I = 60 \times (1+0.1)^2 + 40 \times (1+0.1) - 20 = 96.6$

$$P'_t = 2 - \frac{\ln\left(1 - \frac{I i_c}{R}\right)}{\ln(1+i_c)} = 2 - \frac{\ln\left(1 - \frac{96.6 \times 0.1}{50}\right)}{\ln(1+0.1)} = 4.25（年）$$

（三）净现值（NPV）

1. 定义

净现值是指投资项目按基准收益率 i_0 将各年的净现金流量折现到投资起点的现值之代数和。所谓基准收益率是指要求投资达到的最低收益率，用 i_0 表示。其计算公式为：

$$\text{NPV}(i_c) = \sum_{t=0}^{n} (\text{CI} - \text{CO})_t (1+i_c)^{-t}$$

2. 评价标准

根据定义，显然 $\text{NPV}(i_c) = 0$ 表示项目刚好达到所预定的收益率水平；$\text{NPV}(i_c) > 0$ 意味着除保证项目可实现预定的收益外，尚可获得更高的收益；$\text{NPV}(i_c) < 0$ 仅表示项目未能达到所预定的收益率水平，但不能确定项目已亏损。因此净现值法的评价标准为：$\text{NPV}(i_c) \geq 0$，考虑接受该项目；$\text{NPV}(i_c) < 0$，考虑拒绝该项目。

3. NPV 指标的优缺点

NPV 指标考虑了资金时间价值并全面考虑了项目在整个寿命期间的经济状况。直接以货币额表示项目的净收益，经济意义明确、直观。

但是，采用净现值法必须事先确定一个较符合经济现实的基准收益率 i_c，而 i_c 的确定比较复杂困难。若 i_c 定得太高，会失掉一些经济效益好的项目；若 i_c 定得太低，则可能会接受过多的项目，造成投资风险增大。

【例 3-5】 某公司欲引进一条自动化生产线，预计投资 8000 万元，安装调试后生产能力逐步稳定，可能产生的净现金流量见表 3-3。假定公司期望的收益率为 10%，试分析该生产线的引进能否达到公司的要求。

表 3-3 净现金流量

年末	0	1	2	3	4～10	11
净现金流量/万元	−3000	−5000	1200	1600	2000	2500

[解] 根据公式

$$\text{NPV}(i_c) = \sum_{t=0}^{n} (\text{CI} - \text{CO})_t (1 + i_c)^{-t} \text{ 有}$$

$$\text{NPV}(10\%) = -3000 - \frac{5000}{(1+10\%)} + \frac{1200}{(1+10\%)^2} + \frac{1600}{(1+10\%)^3}$$
$$+ 2000 \frac{(1+10\%)^7 - 1}{(1+10\%)^{10} \times 10\%} + \frac{2500}{(1+10\%)^{11}}$$
$$= 2840.05 (\text{万元}) > 0$$

故该公司引进的生产线能够达到公司期望的收益水平，该项目可行。

（四）净年值（NAV）

将项目各年的净现金流量以 i_c 为中介，折算成与其等值的各年年末为等额的净现金流量。其计算公式为：

$$\text{NAV}(i_c) = \sum_{t=0}^{n} (\text{CI} - \text{CO})_t (1 + i_c)^{-t} (A/P, i_c, n)$$
$$= \text{NPV}(i_c)(A/P, i_c, n)$$

NAV 与 NPV 只相差一个系数，故评价标准相同。NAV≥0，考虑接受该项目；NAV<0，考虑拒绝该项目。在用于寿命期不等的互斥方案比较时，用 NAV 指标比用 NPV 指标更方便。

（五）内部收益率（IRR）

1. 定义

净现值等于零时对应的折现率称为内部收益率，用 IRR 表示。其表达式为：

$$\sum_{t=0}^{n} (\text{CI} - \text{CO})_t (1 + \text{IRR})^{-t} = 0$$

内部收益率是一个未知的折现率，由上式可知，求方程式中的折现率需解高次方程，不宜求解。在实际工作中，一般通过计算机计算，手算时可采用试算法确定内部收益率。

内部收益率的经济含义为：在这样的利率下，在项目寿命期结束时，项目的净收益刚好将投资回收。

2. 评价标准

内部收益率计算出来后，与基准收益率进行比较。当 IRR≥i_c 时，NPV≥0，考虑接受该项目；当 IRR<i_c 时，NPV<0，考虑拒绝该项目。

3. 净现值曲线

由净现值和内部收益率定义可知，净现值 NPV(i) 与折现率 i 之间存在着一种曲线关系。对于常规型投资项目（即在项目初期有一次或若干次投资支出，其后净现金流量为正的投资项目），在其定义域 $-1<i<\infty$ 区间，净现值曲线是一条单调递减曲线，且必在 $i>0$ 的某个折现率上与横轴相交，交点即为内部收益率，如图 3-7 所示。

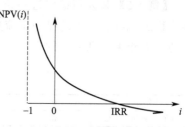

图 3-7 常规型投资项目净现值曲线

4. 内部收益率优缺点

内部收益率的优点在于考虑了资金时间价值，并全面考虑了项目在整个寿命期间的经济状况。与其他判据相比，不用事先知道准确的 i_0 数值，而只需要知道基准收益率的大致范围即可。此外，由图 3-7 看出，对于常规项目而言，内部收益率是唯一的。

内部收益率的不足之处是计算比较麻烦，而且对于非常规项目来讲，其内部收益率在某些情况下甚至不存在或存在多个内部收益率。

5. 内部收益率的计算

一般采用插值法，求

$$\text{NPV(IRR)} = \sum_{t=0}^{n} (\text{CI} - \text{CO})_t (1 + \text{IRR})^{-t} = 0$$ 的折现率。

任取 i_1 代入

$$\text{NPV}(i_1) = \sum_{t=0}^{n} (\text{CI} - \text{CO})_t (1 + i_1)^{-t}，得 \text{NPV}_1 > 0。$$

再取 i_2 代入

$$\text{NPV}(i_2) = \sum_{t=0}^{n} (\text{CI} - \text{CO})_t (1 + i_2)^{-t}，得 \text{NPV}_2 > 0。$$

代入插值公式，得

$$\text{IRR} = i_1 + (i_2 - i_1) \frac{\text{NPV}_1}{\text{NPV}_1 - \text{NPV}_2}$$

为保障精度，一般要求式中 $|i_1 - i_2| \leq 2\%$。

【例 3-6】某投资项目产生的净现金流量如表 3-4 所示。试求该项目的内部收益率。

表 3-4 净现金流量

年末	0	1	2	3	4	5
净现金流量/万元	-1000	-800	500	500	500	1200

[解]

$$\text{NPV}(i) = -1000 - 800(1+i)^{-1} + 500(1+i)^{-2} + 500(1+i)^{-3} \\ + 500(1+i)^{-4} + 1200(1+i)^{-5}$$

当 $\text{NPV}(i^*) = 0$ 时，$i^* = \text{IRR}$

用插值法，任取 $i_0 = 10\%$，$\text{NPV}(10\%) = 148.22 > 0$

取 $i_1 = 12\%$，$i_2 = 13\%$

$\text{NPV}(12\%) = 38.87 > 0$，$i_2 = 13\%$，$\text{NPV}(13\%) = -11.89 < 0$

则
$$IRR = i_1 + (i_2 - i_1)\frac{NPV_1}{NPV_1 - NPV_2}$$
$$= 12\% + (13\% - 12\%) \times 38.87/(38.87 + 11.89) = 12.77\%$$

（六）净现值率（NPVR）

净现值率是指净现值与投资现值和之比。其公式为：
$$NPVR(i_c) = NPV(i_c)/I_p$$

式中，I_p 为投资的现值和。$NPVR(i_c) \geqslant 0$，考虑接受该项目；$NPVR(i_c) < 0$ 考虑拒绝该项目。NPVR 指标的评价准则与 NPV 相同，但对于资金有约束的项目，当考虑单位投资经济效果时，用 NPVR 指标较合适。

三、投资项目（方案）比较与排序

在项目投资决策时，往往面临的是一组项目群，而投资所追求的目标是项目整体最优化。因而在项目群选优时，首先必须分析各项目方案之间的相互关系，同时选择正确的评价指标，才能以简便的方法做出科学决策。要想做出决策，需解决两类问题：一类是筛选问题，另一类是排序问题。本节已介绍了如何利用经济评价指标进行项目筛选，现在要解决的是排序问题，即哪个项目最优，哪个项目次优，哪个项目第三优等。

（一）项目（方案）关系

备选项目之间存在多种关系。最常见的是互斥、独立和层混三种关系。

1. 互斥型项目组

所谓互斥型项目组是指项目之间的关系具有互不相容性，一旦选中任意一个项目，其他项目必须放弃。

互斥型项目组选优可表示为：
$$\sum_{j=1}^{N} X_j \leqslant 1$$

式中，X_j 为项目。$X_j(j=1,2,3,\cdots,n)$ 为 1 时，表示选择该项目；为 0 时，表示不选择该项目。

2. 独立型项目组

独立型项目组是指项目之间具有相容性，只要条件允许，就可以任意选择项目群中的有利项目加以组合。公式为：
$$\sum_{j=1}^{N} X_j \leqslant n, \ \sum_{j=1}^{N} C_j \leqslant C_{总}, \ \sum_{j=1}^{N} B_j \leqslant B_{总}$$

式中　C_j——第 j 个项目的费用；
　　　B_j——第 j 个项目的收益；
　　　$C_{总}$——所有项目费用之和；
　　　$B_{总}$——所有项目收益之和；

n——项目个数。

3. 层混型项目组

层混型项目组的特点是项目群内项目的关系分为两个层次,高层次是一组独立项目,低层次由若干个互斥型方案组成。一般说来,工程技术人员遇到的多为互斥型方案的选择,高层次管理部门遇到的多为独立型和层混型方案的选择。

(二)互斥项目(方案)优选

根据互斥方案的特点,完成同一件工作会有不同的实施方案,因此在项目的经济性上,其现金流会有所不同,如投资不同、收益不同、运营费用、寿命期不同。在互斥方案比选时应做到时间一致性,所以互斥方案的选择可以根据各方案寿命是否相等分为两类。一类为各方案寿命期相等的互斥方案选择;另一类为各方案寿命期不相等的互斥方案选择。

1. 寿命期相等的互斥方案比选

寿命期相等的互斥方案可采用以下三种方法进行优选。

(1)净现值法

在基准收益率 i_c 已知情况下,通过计算净现值 NPV,取 NPV 最大者为最优方案。

(2)增量内部收益率法

也称为差额内部收益率法。在不能确切知道 i_c 的情况下,可以通过计算增量内部收益率 ΔIRR 来选择,即用投资大的方案减去投资小的方案,若差额方案的内部收益率 $\Delta IRR > i$,说明两方案之间的增量投资所带来的收益能够满足基准收益率的要求,故应选择投资大的方案为最优方案。

计算增量内部收益率 ΔIRR 的步骤如下。

① 项目按投资额由小到大排序,如 A,B,…

② 用投资大的 B 方案减去投资小的 A 方案,形成差额方案(B-A)。

③ 计算(B-A)方案的内部收益率,得到 ΔIRR_{B-A}。

④ 若 $\Delta IRR > i_c$,则投资大的 B 方案入选,即在 A 方案的基础上追加投资合算,反之则投资小的 A 方案入选。

⑤ 循环进行第三步、第四步,直至选出最优方案。

必须指出的是,即使各方案寿命相等,也不能直接用 IRR 指标选优。

(3)增量净现值法

亦称差额净现值法,即用投资大的方案减去投资小的方案,计算差额方案的净现值。若差额方案的净现值 $\Delta IRR > 0$,就选择投资大的方案为最优方案。其计算过程类似于增量内部收益率的计算。

2. 寿命期不等的互斥方案比选

当被选的互斥型方案的寿命期不等时,不能直接进行比较,必须把寿命期由不等变成相等。为了保证其经济性不变,通常选择最小公倍数法、年值法和研究期法进行比较,以保证时间可比性。

(1)最小公倍数法

最小公倍数法是在假设方案可以重复若干次的前提下,将被比较的方案重复至最小公倍数年数，用 NPV 进行比选。此方法的缺点是若最小公倍数很大，如 7 年和 9 年的最小公倍数为 63，则必须将 7 年的方案重复 8 次，9 年的方案重复 6 次至最小公倍数年数，计算起来很烦琐。而且它更大的缺点在于：由于技术进步，项目不可能原样重复，这种假设脱离实际。

（2）年值法

年值法即计算各方案的净年值 NAV，取大者为最优方案。

（3）研究期法

由于被选方案的计算期不能向后延续，所以根据被选方案，人为选取一个相等的时期作为计算期，称其为研究期，对研究期内的现金流量计算净现值，取大者（分为考虑未使用价值和不考虑未使用价值两种）。

（三）独立型项目的优选

根据独立项目的特点，独立方案在经济上是否可接受，取决于方案自身的经济性，即方案的经济效果是否达到或超过了投资者预期的评价标准或水平。欲知这一点，只需要通过计算方案的经济效果指标（如 NPV、IRR），并按照指标的判别准则加以检验就可做到。从这一点来看，独立方案的选择就是单一方案的选择。但在公司实际投资决策中，由于可行的方案可能很多，在这种情况下公司可能没有足够的资金来投资，就出现了资金有约束情况下的选择。这时可采用独立项目互斥化的方法，将独立项目优选问题转化为对互斥方案组的选择问题，依照互斥方案比选方法进行方案优选。

因为每个项目都有两种可能：选择或者拒绝。故 n 个独立项目可以构成 2^n 个互斥型方案。例如，表 3-5 中有三个相互独立的项目。如果以 1 代表项目被接受，而 0 代表项目被拒绝，则表 3-5 所示的 3 个独立项目可构造成如表 3-6 所示的 8 个互斥型方案组。若有资金限制，则在满足资金约束的组合中，选择组合 NPV 最大者为最优。

表 3-5　各独立项目的数据　　　　　　　　　　　　单位：元

投资项目	投资(I)	一年后收入(R)
A	20000	25000
B	30000	38000
C	40000	46500

表 3-6　各独立项目转化为 8 个互斥方案组（$i=10\%$）　　　　单位：元

序号	(1)			(2)	(3)
	X_A	X_B	X_C	投资之和	NPV 之和
1	0	0	0	0	0
2	0	0	1	40000	2273
3	0	1	0	30000	4546
4	1	0	0	20000	2727
5	0	1	1	70000	6819
6	1	0	1	60000	5000
7	1	1	0	50000	7273
8	1	1	1	90000	9546

当项目个数较少时，独立项目互斥化方法简便实用，但当独立项目数增加时，其组合方

案数将成倍增加。例如，6个独立项目仅组成64（$2^6=64$）个互斥方案，而10个独立项目将组合成1024（$2^{10}=1024$）个互斥方案。即当项目数较大时用这种方法比较麻烦。但这种方法可以保证得到最优的项目组合。

层混型项目方案群的选择也可采用互斥化的方法。与独立型项目的选择一样，层混型方案群选择也可以分为资金无约束和资金有约束两类。如果资金无约束，只要从各独立项目中选择互斥型方案中净现值（或净年值）最大的方案加以组合即可。当资金有约束时，选择方案比较复杂。此时项目也转化为互斥方案组合。

复习思考题

选择题（选择正确答案）

1. 某企业向银行借贷一笔资金，按月计息，月利率为1.2%，则年名义利率和年实际利率分别为（　　）。
   A. 13.53%和14.40%　　　　B. 13.53%和15.39%
   C. 14.40%和15.39%　　　　D. 14.40%和15.62%

2. 有甲、乙两个互斥项目，其中$IRR_甲=20\%$，$IRR_乙=25\%$，$\Delta IRR_{乙-甲}=18\%$，基准收益率为15%，以下说法中正确的是（　　）。
   A. 甲项目优于乙项目　　　　B. 乙项目优于甲项目
   C. 甲项目等同于乙项目　　　D. 无法判断

3. 某项目建设期为2年，建设期内每年年初分别贷款600万元和900万元，年利率为10%。若在运营期前5年内于每年年末等额偿还贷款本利，则每年应偿还（　　）万元。
   A. 343.20　　B. 395.70　　C. 411.52　　D. 452.68

4. 对于常规型投资项目，以下说法中正确的是（　　）。
   A. 净现值曲线单调递减　　　B. 净现值曲线单调递增
   C. 当$IRR \geqslant i_0$时，$NPV \leqslant 0$　　D. 内部收益率不唯一

5. 如图3-8所示，有某投资项目，其现金流量图如下图所示，基准收益率为10%。则从项目开始建设年份算起，静态投资回收期为（　　）年。

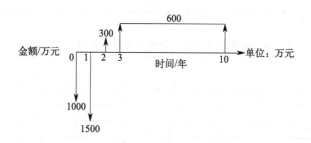

图3-8　某投资项目现金流量

   A. 5.67　　B. 3.67　　C. 4.55　　D. 6.78

6. 若从两个项目建设方案中选择一个方案进行建设，而两个方案的设计寿命期不相等，可应用的技术经济评价指标是（　　）。

A. NPV　　　　B. NAV　　　　C. IRR　　　　D. ΔIRR

7. 要想使现在的1000元与10年后的2000元成为等值，复利年利率为（　　）。
   A. 7.34%　　　B. 7.18%　　　C. 7.45%　　　D. 7.67%

8. 现有甲、乙、丙三个互相独立的投资方案，假设无资金筹集的数量限制，基准收益率为12%，三个方案的内部收益率分别为10%、15%和12%。则可接受的方案是（　　）。
   A. 甲方案　　　B. 乙方案　　　C. 乙方案和丙方案　　　D. 甲、乙、丙三个方案

9. 某设备估计尚可使用5年，为此准备5年后进行设备更新，所需资金估计为30万元，若存款利率为5%，从现在开始每期末均等地存款，则应存款（　　）万元。已知：$(A/F,5\%,5)=0.18097$。
   A. 6.426　　　B. 5.429　　　C. 4.846　　　D. 5.868

10. 现在投资10万元购买某设备，则今后6年内每年年末将花5万元的维护费用，而在第3年和第5年年初还将花费8万元的修理费用。若资本利率$i=10\%$，则到第6年年末为止支付的总费用的复本利和为（　　）万元。已知：$(F/P,10\%,6)=1.772$，$(F/P,10\%,4)=1.464$，$(F/P,10\%,2)=1.210$，$(F/A,10\%,6)=7.716$。
    A. 86.486　　　B. 83.284　　　C. 79.860　　　D. 77.692

11. 某设备投资20万元后，可使用10年，当寿命期结束时其净残值为10万元，若基准收益率为10%，则该设备的年度投资额相当于（　　）万元。已知：$(A/P,10\%,10)=0.16275$，$(A/F,10\%,10)=0.06275$，$(P/F,10\%,10)=0.3855$。
    A. 3.462　　　B. 2.628　　　C. 2.946　　　D. 2.855

12. 设备A的购置价格为8万元，寿命期为5年，运行费用折算至每年年末为5万元；设备B的购置价格为15万元，寿命期为10年，折算至每年年末的运行费用也为5万元。两设备的净残值都是零，基准收益率为8%，则使用A设备较B设备每年便宜（　　）元。已知：$(A/P,8\%,5)=0.25046$，$(A/P,8\%,10)=0.14903$。
    A. 2318　　　B. 2400　　　C. 2656　　　D. 2486

第四章 项目经济与社会评价方法

项目经济评价是项目前期研究工作的重要内容，它是根据国民经济和社会发展以及行业、地区发展规划的要求，在项目初步方案的基础上，采用科学、规范的分析方法，对拟建项目建设期、生产期内投入产出诸多经济因素进行调查、预测、研究、计算和验证，对其财务可行性和经济合理性进行分析论证，作出全面评价的过程。项目经济评价为项目的科学决策提供了经济方面的依据。

项目经济评价包括财务评价（即微观经济评价）和国民经济评价（即宏观经济评价或经济分析）。项目经济评价的内容及侧重点，应根据项目性质、项目目标、项目投资者、项目财务主体以及项目对经济与社会的影响程度等具体情况选择确定。对于费用效益计算比较简单，建设期和运行期比较短，不涉及进出口平衡等的一般项目，如果财务评价的结论能够满足投资决策需要，可不进行国民经济评价；对于涉及公众利益和国家安全、市场不能有效配置资源的关乎经济社会发展的项目，除应进行财务评价外，还应进行国民经济评价。

不论是财务评价还是国民经济评价，都应遵循以下原则：定量分析与定性分析相结合、以定量分析为主；动态分析与静态分析相结合，以动态分析为主。对于财务评价结论和国民经济评价结论都可行的项目，可予以通过，反之予以否定；对于国民经济评价结论不可行的项目，一般应予以否定；对于关系公共利益、国家安全和市场不能有效配置资源的关乎经济和社会发展的项目，如果国民经济评价结论可行，但财务评价结论不可行，应重新考虑方案，必要时可提出实行经济优惠措施的建议，使项目具有财务生存能力。

第一节 财务评价

财务评价是在国家现行财税制度和价格体系的前提下，从项目的角度出发，计算项目范围内的财务效益和费用，编制财务分析报表，分析项目的盈利能力和清偿能力，评价项目在财务上的可行性。

按照国家发改委和建设部发布的《建设项目经济评价方法与参数》以及《投资项目可行性研究指南》的规定，财务评价的主要内容与步骤如下。

一、财务评价基础数据与参数选取

财务评价基础数据与参数选取是财务分析的重要基础，数据与参数选取的合理性直接影响财务评价的结论。

（一）财务价格体系的确定

在项目财务评价中，必须以市场价格体系为基础，对整个计算期内投入物与产出物的价格进行预测，也就是要对价格的变动情况进行预测。影响价格变动的原因有两类：一是由于市场供求、价格政策、劳动生产率的变化等引起的商品价格比例的相对变化；二是由于通货膨胀或通货紧缩引起的所有商品价格的普遍变化。

根据财务价格所考虑的变动因素不同，财务价格的形式可以分为以下三类。

① 固定价格，是指在项目生产运营期内不考虑价格相对变动和通货膨胀影响的不变价格，即用基准年的价格水平计算产品的销售收入和原材料、燃料动力费用。

② 只考虑相对变动因素的变动价格。这种价格只考虑相对价格变动因素，不考虑通货膨胀的影响。

③ 既考虑相对变动因素、又考虑通货膨胀因素的变动价格。

由于在投资估算中已经预留了建设期涨价预备费，因此可采用固定价格计算投资费用。生产运营期的投入物与产出物可根据具体情况选取合适的财务价格形式进行财务评价。

财务分析中，盈利能力分析原则上应采用只考虑相对变动因素的变动价格，计算不含通货膨胀因素的盈利性指标，不反映通货膨胀因素对盈利能力的影响，这也是国际上通行的做法。进行项目清偿能力分析，预测计算期内可能存在较为严重的通货膨胀时，采用的财务价格既要考虑相对变动因素，又要考虑通货膨胀因素，反映通货膨胀因素对偿债能力的影响。

（二）财务评价参数的设定

财务评价参数包括两类：一类是计算、衡量项目财务费用效益的各类计算参数；另一类是判定项目财务合理性的判据参数。

1. 计算参数

财务评价的计算参数主要用于计算项目财务费用和效益，具体包括建设期价格上涨指数、各种取费系数或比率、税率、利率和汇率等。多数计算参数具有鲜明的行业特点，可在有关行业实施细则中查到。

2. 判据参数

财务评价的判据参数主要用于判断项目财务效益的高低，比较和筛选项目，判断项目的财务可行性。判断项目盈利能力的参数主要包括财务基准收益率、总投资收益率及资本金净利率等指标的基准值和参考值；判断项目偿债能力的参数主要包括利息备付率、偿债备付率、资产负债率、流动比率、速动比率等指标的基准值或参考值。

国家行政主管部门统一测定并发布的行业财务基准收益率，在政府投资项目以及按政府要求进行经济评价的建设项目中必须采用；国家有关部门（行业）发布的供项目财务分析使用的总资产收益率、项目资本金净利润率、利息备付率和偿债备付率等指标的基准或参考值，在各类建设项目的经济评价中可参考选用。

3. 财务基准收益率的测定

财务基准收益率在财务评价中是最关键的判据参数。它是计算财务净现值时使用的折现率，也是项目财务内部收益率指标的基准与判据，是项目在财务上是否可行的最低要求。

若本行业没有发布行业基准收益率，评价人员应在分析一定时期内国家和行业发展战略、发展规划、产业政策、资源供给、资金时间价值、项目目标等情况的基础上，结合行业特点、资本构成等因素综合测定。财务基准收益率可采用资本资产定价模型法、加权平均资金成本法、典型项目模拟法、德尔菲法等方法进行测定。

二、财务费用与效益估算

财务效益与费用估算是财务分析重要的基础工作，正确的财务评价结论必须在全面、准确的相关数据支持下才能作出。项目的财务效益是指项目实施后所获得的营业收入，财务费用则包括项目投资、成本费用和税金等支出。在确定项目融资方案前，可先对项目投资（不含建设期贷款利息）、营业收入和经营成本进行估计。当需要继续进行融资后财务分析时，可在初步融资方案的基础上再进行建设期利息的估算，通过还本付息计算求得运营期各年的利息。

本书在第三章中已经介绍了项目建设投资和流动资金估算的编制内容与方法，这里将重点介绍运营期财务效益和费用的估算方法。

（一）财务效益与费用估算的原则

财务效益和费用估算应遵循"有无对比"原则，正确识别和估算"有项目"和"无项目"状态的财务效益与费用。所谓"有项目"是指实施项目后的将来状况，"无项目"是指不实施项目时的未来状况。"有无对比"法是项目评价中费用与效益识别的基本原则，可以排除由项目以外的原因产生的效益和费用。在识别项目的效益和费用时，"有无对比"的差额（即增量效益和增量费用）才是项目投资的净收益，才是由项目增加的效益和费用。

（二）运营期财务效益的估算

对于经营性项目来说，运营期的财务效益是指销售产品取得的销售收入，或提供劳务、服务取得的营业收入，即相当于《企业会计制度》所称的"主营业务收入"。对于国家鼓励发展的经营性项目，可以获得增值税的优惠，先征后返的增值税应记作补贴收入，作为财务效益进行核算。

计算销售与营业收入首先要在正确估计各年的生产能力利用率的基础上合理确定产品或服务的价格，并确定产品或服务适用的流转税率。对于适用增值税的项目，估算运营期内投入与产出时可采用不含增值税的价格，也可采用含增值税的价格。营业收入、营业税金及附加和增值税估算表如表 4-1 所示。

表 4-1 营业收入、营业税金及附加和增值税估算表　　　　单位：万元

序号	项目	合计	计算期					
			1	2	3	4	…	n
1	营业收入							
1.1	产品 A 营业收入							
	单价							
	数量							
	销项税额							
1.2	产品 B 营业收入							
	单价							
	数量							
	销项税额							
	……							
2	增值税及附加							
2.1	增值税							
	销项税额							
	进项税额							
2.2	消费税							
2.3	城市维护建设费							
2.4	教育费附加							

（三）成本费用的估算

成本费用是指项目生产运营支出的各种费用。按成本与产量的关系，成本费用可分为固定成本和变动成本；按财务评价的特定要求，成本费用有总成本费用和经营成本之分。

1. 总成本费用的估算

总成本费用是指在运营期内的一定时期（项目评价中一般指 1 年）内为生产和销售产品提供劳务发生的全部费用。在项目评价中，总成本费用的估算方式有如下两种。

（1）生产成本加期间费用估算法

$$总成本费用 = 生产成本 + 期间费用$$

其中，

$$生产成本 = 直接材料费 + 直接燃料和动力费 + 直接工资 + 其他直接支出 + 制造费用$$
$$期间费用 = 管理费用 + 营业费用 + 财务费用$$

采用这种方法估算总成本费用时，需要先将各类生产费用分配给各种产品，然后再估算管理费用、营业费用和财务费用，最后相加。

（2）生产要素估算法

$$总成本费用 = 外购原材料、燃料和动力费 + 工资及福利费 + 折旧费 + 摊销费 + 修理费 + 财务费用 + 其他费用$$

这种方法是从估算各种生产要素费用入手，汇总为总成本费用，不需要将各种要素费用分配给各种产品，不必计算各生产环节之间的成本转移，较容易计算可变成本和固定成本。

2. 经营成本

经营成本是财务分析中现金流量分析所使用的特定概念，是项目现金流量表中运营期现金流出的主体部分。经营成本是指总成本费用扣除固定资产折旧费、摊销费、财务费用后的成本费用。其构成如下：

经营成本＝外购原材料、燃料和动力费＋工资及福利费＋修理费＋其他费用

式中，其他费用是指从制造费用、管理费用和营业费用中扣除了折旧费、摊销费、修理费、工资及福利费以后的其他部分。

3. 固定成本和变动成本的估算

在进行盈亏平衡分析时，需要将总成本费用分解为固定成本和可变成本。固定成本是指不随产品产销量变化而变化的成本费用，包括折旧费、摊销费、修理费、工资福利费、运营期发生的贷款利息等。可变成本是指随产品产销量变化而成正比例变化的成本费用，包括外购原材料、燃料及动力费和计件工资等。此外，在项目运营期有很多成本费用的发生额虽受产销量变动的影响，但其变动的幅度并不同产量的变动保持严格的比例关系，被称为半变动成本或混合成本。在进行盈亏平衡分析时，需将半变动成本进一步分解为固定成本和可变成本，使产品的成本费用最终划分为固定成本和可变成本。

4. 成本费用估算表的编制

分项估算上述各项成本费用后，就应编制相应的成本费用估算表，包括总成本费用估算表和各分项成本估算表。采用生产要素法编制的总成本费用估算表如表 4-2 所示。此外需要编制的辅助报表还有外购原材料估算表、外购燃料和动力费估算表、固定资产折旧费估算表、无形资产和其他资产摊销估算表和工资及福利费估算表等。

表 4-2　总成本费用估算表（生产要素法）　　　　　　单位：万元

序号	项目	合计	计算期					
			1	2	3	4	…	n
1	外购原材料费							
2	外购燃料及动力费							
3	工资及福利费							
4	修理费							
5	其他费用							
6	经营成本(1＋2＋3＋4＋5)							
7	折旧费							
8	摊销费							
9	利息支出							
10	总成本费用合计(6＋7＋8＋9)							
	其中:可变成本							
	固定成本							

三、财务分析

财务分析是项目经济评价的重要组成部分。对于经营性项目而言，财务分析应在项目财务效益与费用估算的基础上进行，其主要内容为编制财务分析报表，计算财务指标，分析项

目的盈利能力、偿债能力和财务生存能力，判断项目的财务可行性，明确项目对财务主体的价值以及对投资者的贡献，为投资决策、融资决策以及银行审贷提供依据。对于非经营性项目，财务分析应主要分析项目的财务生存能力。

（一）财务分析的过程

项目决策可分为投资决策和融资决策两个层次。投资决策主要考察项目净现金流的价值是否大于其投资成本，融资决策主要考察资金筹集方案能否满足要求。根据投资决策和融资决策的不同需要，财务分析可分为融资前分析和融资后分析。

1. 融资前财务分析

财务分析一般应先进行融资前分析，即在不考虑债务融资条件下进行的财务分析。在融资前分析结论满足要求的情况下，初步设定融资方案，再进行融资后分析，即再在设定的融资方案的基础上进行财务分析。在项目初期研究阶段，也可只进行融资前分析。

融资前分析一般只需进行盈利能力分析，针对总项目投资现金流量（不区分资金来源），计算项目投资内部收益率、净现值，也可计算投资回收期指标。

2. 融资后财务分析

融资后财务分析主要针对项目资本金现金流量和投资各方现金流量进行分析，包括盈利能力分析、偿债能力分析和财务生存能力分析等内容。融资后分析的任务是比选融资方案，作为项目融资决策和投资者最终做出投资决策的依据。

融资后分析要分别针对项目资本金现金流量和投资各方现金流量进行分析。

（二）基本财务分析报表的编制

财务分析需编制一系列报表，以此为基础计算各种评价指标。用于财务评价的基本报表包括各类现金流量表、利润与利润分配表、财务计划现金流量表、资产负债表和借款还本付息计划表等。

1. 现金流量表

在某一时点流入或流出项目的资金称为项目的现金流量。在同一时点上的现金流入量和现金流出量的代数和称为净现金流量，记为 NCF。

建设项目的现金流量表就是将项目计算期内各年的现金流入和现金流出按照各自发生的时点顺序排列，用表格的形式反映，用以计算各项财务评价指标，进行项目财务盈利能力分析。

财务分析中使用的现金流量表包括如下三类。

（1）项目投资现金流量表

项目投资现金流量表是融资前现金流量分析使用的报表，如表 4-3 所示。在进行融资前项目投资现金流量分析时，现金流量应主要包括营业收入建设投资、流动资金、经营成本、增值税及附加和所得税。由于融资前财务分析的现金流量与融资方案无关，因此应剔除利息的影响，采用不含利息的经营成本作为现金流出，而不是总成本费用。

融资前现金流量分析是以全部投资为计算基础的，考察的是项目全部投资的盈利能力。因此融资前现金流量分析又称全部投资现金流量分析。

表 4-3 项目投资现金流量表　　　　　　　　　　　　　　单位：万元

序号	项目	合计	计算期					
			1	2	3	4	…	n
1	现金流入							
1.1	营业收入							
1.2	补贴收入							
1.3	回收固定资产余额							
1.4	回收流动资金							
2	现金流出							
2.1	建设投资							
2.2	流动资金							
2.3	经营成本							
2.4	增值税及附加							
2.5	维持营运投资							
3	所得税前净现金流量(1−2)							
4	累计所得税前净现金流量							
5	调整所得税							
6	所得税后净现金流量(3−5)							
7	累计所得税后净现金流量							

(2) 项目资本金现金流量表

项目资本金现金流量表是在项目融资后，从项目权益投资者的整体角度编制的现金流量表，用以考察项目给权益投资者带来的收益水平，如表 4-4 所示。表中将各年投入项目的资本金作为现金流出，各年还本付息也作为现金流出。依据该表可计算项目资本金盈利能力指标。

表 4-4 项目资本金现金流量表　　　　　　　　　　　　　　单位：万元

序号	项目	合计	计算期					
			1	2	3	4	…	n
1	现金流入							
1.1	营业收入							
1.2	补贴收入							
1.3	回收固定资产余额							
1.4	回收流动资金							
2	现金流出							
2.1	项目资本金							
2.2	借款本金偿还							
2.3	借款利息偿还							
2.4	经营成本							
2.5	增值税及附加							
2.6	所得税							
2.7	维持营运投资							
3	净现金流量							

(3) 投资各方现金流量表

投资各方现金流量表是从投资者的不同角度，分别编制的现金流量表，考察项目给投资者带来的收益水平，如表 4-5 所示。一般情况下，若投资各方利益分配是按股本比例分配利润、亏损及风险的，则投资各方的收益水平相同，因此没有必要分别计算各方的内部收益率。但由于投资各方资金的时间价值会有不同，采用的基准收益率也会不同。因此，投资各方站在各自角度对项目会有不同的评价。

表 4-5　投资各方现金流量表　　　　　　　　　　单位：万元

序号	项目	合计	计算期					
			1	2	3	4	…	n
1	现金流入							
1.1	实分利润							
1.2	资产处置收益分配							
1.3	租赁费收入							
1.4	技术转让或使用收入							
1.5	其他现金流入							
2	现金流出							
2.1	实缴资本							
2.2	租赁资产支出							
2.3	其他现金流出							
3	净现金流量(1－2)							

2. 利润与利润分配表

利润分配表反映项目计算期内各年营业收入、总成本费用、利润总额等情况以及缴纳所得税后利润的分配，主要用于计算项目盈利能力指标。

利润与利润分配表的格式见表 4-6。

表 4-6　利润与利润分配表　　　　　　　　　　单位：万元

序号	项目	合计	计算期					
			1	2	3	4	…	n
1	营业收入							
2	营业税及附加							
3	总成本费用							
4	补贴收入							
5	利润总额(1－2－3＋4)							
6	弥补以前年度亏损							
7	应纳税所得额(5－6)							
8	所得税							
9	净利润(5－6)							
10	期初未分配利润							
11	可供分配利润(9＋10)							
12	提取法定盈余公积金							
13	可供投资者分配的利润(11－12)							
14	应付优先股股利							
15	提取任意盈余公积金							
16	应付普通股股利							
17	应付优先股股利							
	其中：××方							
	××方							

续表

序号	项目	合计	计算期					
			1	2	3	4	...	n
18	未分配利润							
19	息税前利润(利润总额+利息支出)							
20	息税折旧摊销前利润(息税前利润+折旧+摊销)							

3. 财务计划现金流量表

财务计划现金流量表反映项目计算期内各年的投资、融资及经营活动的现金流入和现金流出，用于计算累计盈余资金，分析项目的财务生存能力。财务计划现金流量表的格式见表 4-7。

表 4-7 财务计划现金流量表　　　　　　　　单位：万元

序号	项目	合计	计算期					
			1	2	3	4	...	n
1	经营活动净现金流量(1.1-1.2)							
1.1	现金流入							
1.1.1	营业收入							
1.1.2	增值税销项税额							
1.1.3	补贴收入							
1.1.4	其他收入							
1.2	现金流出							
1.2.1	经营成本							
1.2.2	增值税进项税额							
1.2.3	增值税及附加							
1.2.4	所得税							
1.2.5	其他流出							
2	投资活动净现金流量(2.1-2.2)							
2.1	现金流入							
2.2	现金流出							
2.2.1	建设投资							
2.2.2	维持运营投资							
2.2.3	流动资金							
2.2.4	其他流出							
3	筹资活动净现金流量(3.1-3.2)							
3.1	现金流入							
3.1.1	项目资本金投入							
3.1.2	建设投资借款							
3.1.3	流动资金借款							
3.1.4	债券							
3.1.5	短期借款							
3.1.6	其他流入							
3.2	现金流出							
3.2.1	各种利息支出							

续表

序号	项目	合计	计算期					
			1	2	3	4	...	n
3.2.2	偿还债务本金							
3.2.3	应付利润（股利分配）							
3.2.4	其他流出							
4	净现金流量（1+2+3）							
5	累计盈余资金							

4. 资产负债表

资产负债表综合反映项目计算期内各年年末资产、负债和所有者权益的增减变化及对应关系，用以考察项目资产、负债、所有者权益的结构是否合理，进行清偿能力分析。资产负债表的编制依据是"资产＝负债＋所有者权益"，其格式见表4-8。

表 4-8　资产负债表　　　　　　　　　单位：万元

序号	项目	合计	计算期					
			1	2	3	4	...	n
1	资产							
1.1	流动资产总额							
1.1.1	货币资金							
1.1.2	应收账款							
1.1.3	预收账款							
1.1.4	存货							
1.1.5	其他							
1.2	在建工程							
1.3	固定资产净值							
1.4	无形及其他资产净值							
2	负债及所有者权益							
2.1	流动负债总额							
2.1.1	短期借款							
2.1.2	应付账款							
2.1.3	预收账款							
2.1.4	其他							
2.2	建设投资借款							
2.3	流动资金借款							
2.4	负债小计（2.1+2.2+2.3）							
2.5	所有者权益							
2.5.1	资本金							
2.5.2	资本公积							
2.5.3	累计盈余公积金							
2.5.4	累计未分配利润							
计算指标 资产负债率/%								

5. 借款还本付息计划表

借款还本付息计划表是反映项目计算期内各年借款本金偿还和利息支付情况的报表，用于计算偿债能力指标，其格式见表4-9。

表 4-9　借款还本付息计划表　　　　　　　　　　　单位：万元

序号	项目	合计	计算期					
			1	2	3	4	…	n
1	借款 1							
1.1	期初借款余额							
1.2	当期还本付息							
	其中：还本							
	付息							
1.3	期末借款余额							
2	借款 2							
2.1	期初借款余额							
2.2	当期还本付息							
	其中：还本							
	付息							
3	债券							
3.1	期初债务余额							
3.2	当期还本付息							
	其中：还本							
	付息							
3.3	期末债务余额							
4	借款和债券合计							
4.1	期初余额							
4.2	当期还本付息							
	其中：还本							
	付息							
4.3	期末余额							
指标	利息备付率							
计算	偿债备付率							

（三）盈利能力分析

依照国家发展改革委员会和建设部发布的《建设项目经济评价方法与参数》（第三版）中的要求，项目财务盈利能力分析的主要指标包括财务内部收益率、财务净现值、投资回收期、总投资收益率、项目资本金净利润率等指标。在进行财务分析时，可根据项目的特点和分析目的选用指标。

1. 财务内部收益率

财务内部收益率（FIRR）是指项目在整个计算期内各年净现金流量现值累计等于零时的折现率，用以反映项目所占用资金的盈利率，是考察项目盈利能力的主要动态指标。其表达式为：

$$\sum_{t=1}^{n}(\mathrm{CI}-\mathrm{CO})_t(1+\mathrm{FIRR})^{-t}=0$$

式中　　CI——现金流入量；
　　　　CO——现金流出量；
　　$(\mathrm{CI}-\mathrm{CO})_t$——第 t 年的净现金流量；
　　　　n——计算期。

项目投资财务内部收益率、项目资本金财务内部收益率和投资各方财务内部收益率都可依据上式计算，但所用的现金流入和现金流出有所不同。

将财务内部收益率与设定的判别基准 i_c（即基准收益率）进行比较，当 $\text{FIRR} \geqslant i_c$ 时，项目在财务上可以考虑接受。项目投资财务内部收益率、项目资本金财务内部收益率和投资各方财务内部收益率可有不同的判别基准。

2. 财务净现值

财务净现值（FNPV）是指按指定的折现率 i_c 计算的项目计算期内各年净现金流量的现值之和，用以反映项目在满足按设定折现率要求的盈利之外，获得的超额盈利的现值。财务净现值可按下式计算：

$$\text{FNPV} = \sum_{t=1}^{n}(\text{CI}-\text{CO})_t(1+i_c)^{-t}$$

财务净现值大于或等于零，表明项目的盈利能力达到或超过按设定的折现率计算的盈利水平，项目方案在财务上可考虑接受。

3. 投资回收期

投资回收期（P_t）是指以项目的净收益偿还项目全部投资所需要的时间。在财务评价中，投资回收期指标一般可按静态计算，并从项目建设起始年算起。若从项目投产年算起，应予以特别注明。投资回收期表达式为：

$$\sum_{t=1}^{P_t}(\text{CI}-\text{CO})_t = 0$$

投资回收期越短，表明项目的盈利能力和抗风险能力越好。投资回收期的判别标准是基准投资回收期，其取值可根据行业水平或者投资者的要求设定。

投资回收期的具体计算方式参见第三章第三节。

4. 总投资收益率

总投资收益率（ROI）是指项目达到设计能力后正常年份的年息税前利润或经营期内年平均息税前利润与项目总投资的比率，它表示项目总投资的盈利水平。其计算公式如下：

$$\text{ROI} = \frac{\text{EBIT}}{\text{TI}} \times 100\%$$

式中　EBIT——项目正常年份的年息税前利润或经营期内年平均息税前利润；
　　　TI——项目总投资。

由于项目总投资是权益投资和负债投资之和，与其对应的收益并不是利润总额或净利润，而应是不受融资方式影响的息税前利润。息税前利润的计算公式为：

$$\text{EBIT} = 利润总额 + 计入总成本费用的利息费用$$

将总投资收益率指标与同行业收益率指标进行对比，可判断项目总投资的获利能力和水平。

5. 项目资本金利润率

项目资本金利润率（ROE）是指项目达到设计能力后正常年份的年净利润或运营期内年平均净利润与项目资本金的比率，用于反映项目资本金的盈利水平。从项目资本金角度分析，其对应的收益应扣除债权人应得利息和上缴的所得税，因此用净利润计算项目资本金利润率比较恰当。项目资本金利润率的计算公式为：

$$ROE = \frac{NP}{EC} \times 100\%$$

式中　NP——项目正常年份的年净利润或经营期内年平均净利润；

　　　EC——项目资本金。

与总投资收益率指标类似，项目资本金利润率指标可与同行业收益率指标进行对比，以判断项目资本金的获利能力和水平。

（四）偿债能力分析

依照《建设项目经济评价方法与参数》（第三版）中的要求，项目偿债能力分析的主要指标包括利息备付率、偿债备付率和资产负债率等。

1. 利息备付率

利息备付率（ICR）是指在项目借款偿还期内，各年用于支付利息的息税前利润与当期应付利息费用的比值。它从付息资金来源的充足性角度反映项目偿付债务利息的保障程度。其计算公式为：

$$ICR = \frac{EBIT}{PI} \times 100\%$$

式中　EBIT——息税前利润；

　　　PI——计入总成本费用的应付利息。

利息备付率一般可按年计算。利息备付率较高，即表明利息偿付的保障程度高。对于正常运营的企业，利息备付率起码应大于1，否则表示付息能力保障程度不足。具体的衡量标准应结合债权人的要求确定。

2. 偿债备付率

偿债备付率（DSCR）是指在项目借款偿还期内，用于计算还本付息的资金与当期还本付息金额的比值，用以表示可用于还本付息的资金偿还借款本息的保障程度。其计算公式为：

$$DSCR = \frac{EBITAD - T_{AX}}{PD}$$

式中　EBITAD——息税前利润加折旧费和摊销费；

　　　T_{AX}——企业所得税；

　　　PD——当期应还本付息金额。

可用于还本付息的资金还可以表示为税后净利润加上折旧、摊销和计入总成本费用中的利息；当期应还本付息金额包括当期应还贷款本金和计入总成本费用的全部利息。

偿还备付率一般可按年计算，该指标较高，表明可用于还本付息的资金保障程度较高。在正常情况下，偿债备付率应当大于1。当指标小于1时，表示当年资金来源不足以偿付当期债务，需要通过短期借款偿付已到期债务。

3. 资产负债率

资产负债率（LOAR）是指各期末负债总额同资产总额的比率，其计算公式为：

$$LOAR = \frac{TL}{TA} \times 100\%$$

式中 TL——期末负债总额；
TA——期末资产总额。

该指标反映项目总体偿债能力。该比率越低，则项目的偿债能力越强。

值得注意的是，从项目债权人的立场上看，他们最关心的是其贷款的安全程度，因此他们希望债务比例越低越好，项目的偿债能力越强越好。然而，从项目的权益投资者立场上看，当总投资收益率高于借款利息率时，负债比例增大会提高资本金利润率。总体来看，项目适度负债可以兼顾权益投资者和债权人的利益。

（五）财务生存能力分析

项目财务生存能力分析也称资金平衡分析。项目在运营期间，能够持续生存的必要条件是确保得到足够的净现金流量。在财务分析中应编制财务计划现金流量表，见表 4-7，综合考察项目计算期内各年的投资活动、融资活动和经营活动所产生的各项现金流入和流出，计算净现金流量和累计盈余资金，分析项目是否有足够的净现金流量维持正常运营。若项目具有较大的经营净现金流量，说明项目实现自身资金平衡的可能性较大，不会过分依赖短期融资来维持运营。反之，若项目不能产生足够的经营净现金流量，或经营净现金流量为负值，说明维持项目正常运行会遇到财务上的困难，可能无法实现自身的资金平衡，有可能要靠短期融资来维持经营。

保证项目具有财务生存能力的必要条件是各年累计盈余资金不出现负值。在整个运营期间，个别年份的净现金流量出现负值是可以允许的，但不能允许任一年份的累计盈余资金出现负值。一旦出现负值就应适当地进行短期融资。

第二节　国民经济评价

一、概述

国民经济评价（也称经济分析）是在合理配置社会资源的前提下，从国家经济整体利益的角度出发，计算项目对国民经济的贡献，分析项目的经济效率、效果和对社会的影响，评价项目在宏观经济上的合理性。在市场经济条件下，大部分项目通过财务评价可以满足投资决策的要求。但是有些项目的财务现金流量不能全面真实地反映其经济价值，此时就需要进行国民经济评价，从国民经济角度评价项目是否可行，并作为项目决策的重要依据之一。

在实践中，需要进行国民经济评价的项目主要是铁路、公路等交通运输项目，较大的水利水电项目，国家控制的战略性资源开发项目，动用社会资源和自然资源较多的中外合资项目，以及主要产出物和投入物的价格不能反映其真实价值的项目。概括而言，以下类型的项目应做国民经济评价：

① 具有垄断特征的项目，如电力、电信、交通运输等行业的项目；
② 产出具有公共产品特征的项目；
③ 外部效果显著的项目；
④ 资源开发项目；

⑤ 涉及国家经济安全的项目；
⑥ 受过度行政干预的项目。

国民经济评价的研究内容主要是识别国民经济效益与费用，计算和选取影子价格，编制国民经济报表，计算国民经济评价指标并进行方案比选。

二、国民经济效益和费用分析

（一）国民经济效益与费用的内容

一个项目的国民经济效益是指项目对国民经济所作的贡献，包括项目的直接效益和间接效益。项目的国民经济费用是指国民经济为项目付出的代价，包括项目的直接费用和间接费用。

1. 直接效益和直接费用

直接效益是指由项目产出物直接生成，并在项目范围内计算的经济效益，一般表现为增加项目产出物或服务数量以满足国内需求的效益；替代效益较低的相同或类似企业的产出物或服务，使被替代企业减产或停产从而减少国家有用资源耗费或损失效益；增加出口或减少进口从而增加或节约的外汇等。

直接费用是指由于项目使用投入物形成，并在项目范围内计算的费用。一般表现为其他部门为本项目提供投入物；需要扩大生产规模所耗费的资源费用；减少对其他项目或最终消费投入物的供应而放弃的效益；增加进口或减少出口从而耗用或减少的外汇等。

2. 间接效益和间接费用

在直接效益和直接费用中，项目对国民经济作出的贡献与国民经济为项目付出的代价并未全部得到反映，如项目使用技术的扩散效益、产业关联效果以及项目对环境造成的影响等。这部分由项目引起的、而在财务评价中没有得到直接反映的效益和费用被称为项目的间接效益和间接费用，统称为外部效果。

3. 转移支付

从国民经济角度看，项目的某些财务收益和支出并没有造成资源的实际增加或者减少，而是国民经济内部的"转移支付"，不计作项目的国民经济效益和费用。转移支付主要包括：项目向政府缴纳的税费；项目向国内银行及国内其他金融机构支付的贷款利息和获取的存款利息；政府给予项目的补贴。从国民经济角度来看，此类支付并不构成社会资源的实际消耗或增加，因此不能视为项目的国民经济费用和效益。

（二）国民经济效益和费用分析的过程

项目国民经济效益和费用分析既可以在项目财务分析的基础上进行，也可以直接进行。

在项目财务分析的基础上进行项目国民经济效益费用分析，应首先剔除在财务分析中已计算为效益或费用的转移支付，并识别在财务效益分析中未反映的间接效益和间接费用；然后用货物影子价格、影子工资、影子汇率和土地影子费用等替代财务效益分析中的现行价格、现行工资、官方汇率和实际征地费用，对固定资产投资、流动资金、经营成本和销售收入（或收益）等进行调整，编制项目国民经济效益分析基本报表；最后以此为基础计算项目国民经济分析指标。

直接作项目国民经济效益分析，应首先识别和计算项目的直接效益和直接费用、间接效益和间接费用，然后以货物影子价格、影子工资、影子汇率和土地影子费用等，计算项目的固定资产投资、流动资金、经营费用和销售收入（或效益），并编制项目国民经济效益分析基本报表，最后以此为基础计算项目国民经济效益分析指标。

（三）国民经济效益与费用的估算

在国民经济评价中，为了真实反映项目对国民经济所作的贡献和付出的代价，原则上应使用影子价格确定效益和费用。影子价格是指依据一定原则制定的，能够反映投入物和产出物的真实经济价值，反映市场供求状况，反映资源稀缺程度，使资源得到合理配置的价格。

1. 市场定价货物的影子价格

货物的市场价格可以近似反映其真实价格。在进行国民经济评价时，可以将市场价格加上或者减去运杂费等作为项目投入物或产出物的影子价格。

（1）外贸货物的影子价格

外贸货物是指其生产或使用将直接或间接影响国家进出口的货物。包括：项目产出物中直接出口、间接出口和替代出口者；项目投入物中直接进口、间接进口或减少出口者。外贸货物的影子价格应以可能发生的口岸价格为基础确定。计算公式为：

出口产出物的影子价格（出厂价）＝离岸价（FOB）×影子汇率－出口费用

进口投入物的影子价格（到厂价）＝到岸价（CIF）×影子汇率－进口费用

式中的进口或出口费用是指货物进出口环节在国内所发生的所有相关费用，包括运输、储存、装卸、运输保险等各种费用支出及物流环节的各种损失、损耗等。

（2）非外贸货物的影子价格

非外贸货物是指其生产或使用将不影响国家进出口的货物。非外贸货物的影子价格以国内市场价格为基础计算。计算公式如下：

投入物影子价格（到厂价）＝市场价格－国内运杂费

产出物影子价格（出厂价）＝市场价格－国内运杂费

2. 政府调控价格货物的影子价格

某些产品或服务并不完全由市场机制决定价格，而是由政府调控价格，如电价、铁路运价和水价等。政府调控价格的形式包括政府定价、指导价、最高限价和最低限价等。政府调控价格不能真实反映产品或服务的价值。因此在国民经济评价中，这些产品或服务的价格不能简单地以政府调控价格确定，而应采取特殊的方法。测定政府调控价格货物影子价格的方法有以下 3 种。

（1）成本分解法

对某种货物的成本进行分解并用影子价格进行调整换算，得到该货物的分解成本，应包括这种货物的制造生产所耗费的全部社会资源的价值，如物料投入、人工、土地和资本投入的机会成本等，这些资源耗费的价值均应按影子价格计算。

（2）消费者支付意愿法

按消费者为获得某种商品或服务所愿意付出的价格，确定影子价格。

（3）机会成本法

产品或服务的机会成本是指将其用于本项目以外的其他替代方案时，所有替代方案产生的最大收益。

3. 特殊投入物的影子价格

项目的特殊投入物主要包括项目在建设和运营中使用的劳动力、土地和自然资源等。这些特殊投入物影子价格的确定方法如下。

（1）劳动力的影子价格——影子工资

影子工资是指国民经济为项目使用的劳动力所付出的真实代价，由劳动力机会成本和劳动力转移而引起的新增资源耗费两部分构成。劳动力机会成本是指若劳动力不就业于该项目，而从事其他生产经营活动所创造的最大效益；新增资源耗费是指项目使用的劳动力由于就业或迁移而增加的城市管理费和城市交通等基础设施投资费用。

（2）土地的影子价格

土地用于某拟建项目后，就不能再用于其他用途。土地的影子价格就是指由于土地不能用于其他用途而放弃的国民经济效益，以及国民经济为其增加的资源消耗。值得注意的是，项目占用的土地不论是否支付费用，均应计算影子价格。项目占用的农业、林业、牧业、渔业以及其他生产性用地，其影子价格应按照其未来对社会可提供的消费产品的支付意愿及改变土地用途而发生的新增资源消耗进行计算。项目所占用的住宅、休闲用地等非生产性用地，若市场完善，应根据市场交易价格估算其影子价格；无市场交易价格或市场机制不完善的，应根据支付意愿价格估算其影子价格。

（3）自然资源的影子价格

项目使用的矿产资源、水资源、森林资源等都是对国家资源的占用和消耗。项目投入的自然资源，无论在财务上是否付费，在经济费用效益分析中都必须测算其经济费用，即影子价格。矿产等不可再生资源的影子价格按资源的机会成本计算，水和森林等可再生资源的影子价格按资源再生费用计算。

三、国民经济评价报表和评价指标

（一）国民经济评价报表

进行国民经济评价应在经济费用效益估算的基础上编制国民经济费用效益流量表（或称为项目投资经济费用效益流量表），见表4-10。国民经济费用效益流量表有两种编制方法。

1. 在财务评价基础上调整编制

在编制国民经济费用效益流量表时，可以在财务分析的基础上，将财务现金流量转换为反映真正资源变动状况的经济费用效益流量。其编制步骤如下。

① 剔除运营期财务现金流量中不反映真实资源流量变动状况的转移支付因素，包括销售税金及附加、增值税、国内借款利息等。

② 计算外部效益与外部费用。对于可货币化的外部效益和费用，应计入经济费用效益流量；对于难以进行货币化的外部效益和费用，应尽可能采用其他量纲进行量化；难以量化的，进行定性描述，以全面反映项目的产出效果。

③ 用影子价格和影子汇率调整建设投资各项组成，并剔除其中的涨价预备费、税金、国内借款建设期利息等转移支付项目。

④ 调整流动资金，将流动资产和流动负债中不反映实际资源耗费的有关现金、应收、

应付、预收、预付等款项,从流动资金中剔除。

⑤ 调整经营费用,用影子价格调整主要原材料、燃料及动力费用、工资及福利费等。

⑥ 调整营业收入。对于具有市场价格的产出物,以市场价格为基础计算其影子价格;对于没有市场价格的产出物,以支付意愿或接受补偿意愿的原则计算其影子价格。

⑦ 调整外汇价值,国民经济评价各项销售收入和费用中的外汇部分,应用影子汇率进行调整,计算外汇价值。

2. 直接进行国民经济费用效益流量的识别和计算

某些行业的项目需要直接进行国民经济评价,判断项目的经济合理性。编制过程如下。

① 确定国民经济计算范围。

② 测算各种投入物和产出物的影子价格,并在此基础上对各项国民经济效益和费用进行估算。

③ 编制国民经济费用和效益流量表。

表 4-10 项目国民经济费用效益流量表   单位:万元

序号	项目	合计	计算期					
			1	2	3	4	...	n
1	效益流量							
1.1	项目销售(营业)收入							
1.2	回收固定资产余值							
1.3	回收流动资金							
1.4	项目间接费用							
2	费用流量							
2.1	建设投资							
2.2	流动资金							
2.3	经营费用							
2.4	项目间接费用							
3	净效益流量(1−2)							

(二)国民经济评价指标

1. 经济净现值

经济净现值(ENPV)是指按照社会折现率将计算期内各年的经济净效益流量折现到建设期初的现值之和。计算公式如下:

$$\text{ENPV} = \sum_{t=1}^{n} (B-C)_t (1+i_s)^{-t}$$

式中 B——国民经济效益流量;

C——国民经济费用流量;

$(B-C)_t$——第 t 年的国民经济净效益流量;

i_s——社会折现率;

n——计算期。

在国民经济费用效益分析中,若项目的经济净现值大于或等于零,表明项目可以达到符合社会折现率的效率水平,认为该项目从经济资源配置的角度来说是可以被接受的。具体来说,ENPV=0,表示国家为项目付出的代价可以得到符合社会折现率要求的社会盈余;

ENPV>0，表明项目除了可得到符合社会折现率要求的社会盈余之外，还可以得到以现值计算的超额社会盈余。

2. 经济内部收益率

经济内部收益率（EIRR）是指项目在计算期内净效益流量的现值累计等于零时的折现率，它表示项目占用资金所获得的动态收益率。其表达式为：

$$\sum_{t=1}^{n}(B-C)_t(1+\text{EIRR})^{-t}=0$$

3. 经济效益费用比

经济效益费用比（R_{BC}）是指在计算期内效益流量的现值与费用流量的现值的比率，是国民经济费用效益分析的辅助评价指标。计算公式如下：

$$R_{BC}=\frac{\sum_{t=1}^{n}B_t(1+i_s)^{-t}}{\sum_{t=1}^{n}C_t(1+i_s)^{-t}}$$

式中　　R_{BC}——效益费用比；

　　　　B_t——第 t 期的经济效益；

　　　　C_t——第 t 期的经济费用。

若效益费用比大于 1，说明从国民经济角度分析，该项目的资源配置效率达到了可接受的水平。

第三节　社会评价

一、投资项目社会评价的概念

一个投资项目在建设和运营过程中，不仅会产生一定的经济效益，也会形成一定的社会、环境效益和影响。对项目的经济效益进行考察与评价，就是前面谈到的项目经济评价；对项目的环境效益和影响进行考察与评价，就是项目的环境评价；而对项目的社会影响进行考察和评价，就是项目的社会评价。

国内外的经验表明，对投资项目仅从经济上进行评价，是不足以对项目作出最优选择的，还必须从项目对社会发展目标的贡献和影响方面分析其利弊得失，使项目得以整体优化，以保证其顺利实施。到目前为止，国内尚未形成一套完整的投资项目社会评价理论体系和评价方法。就对社会评价的内涵的理解来说，也存在着一定的差异。按照《投资项目可行性研究指南》中的定义，社会评价旨在系统调查和预测拟建项目的建设、运营产生的社会影响和社会效益，分析项目所在地区的社会环境对项目的适应性和可接受程度，评价项目的社会可行性。进行社会评价的意义在于以下几点内容。

① 有利于国民经济发展目标与社会发展目标的协调一致，防止单纯追求项目的财务效益。

② 有利于项目与所在地区利益协调一致，减少社会矛盾和纠纷，促进社会稳定。

③ 有利于避免或减少项目建设和运营的社会风险，提高投资效益。

任何投资项目都与人和社会有着密切的联系，因而从理论上讲，投资项目的社会评价适合于各类投资项目的评价。然而，项目的社会评价难度大、要求高，并且需要一定的资金和时间投入，因此也不是任何项目都有必要进行社会评价。一般而言，社会评价主要是针对使当地居民受益较大的社会公益性项目、对人民生活影响较大的基础性项目、容易引起社会动荡的项目和国家地区的大中型骨干项目和扶贫项目。其中包括需要大量移民迁移或者占用农田较多的水利枢纽项目、交通运输项目、矿产和油气田开发项目、扶贫项目、农村区域开发项目，以及文化教育、卫生等公益性项目。

二、投资项目社会评价的内容

投资项目的社会评价中包括了三个方面的内容：社会影响分析、项目与所在地区的互适性分析和社会风险分析。

（一）社会影响分析

项目社会影响分析的目的主要是分析项目对社会环境、社会经济方面可能产生的正面影响（即社会效益）和负面影响（即社会成本）。社会影响分析的内容见表4-11。

表 4-11 社会影响分析的内容

序号	社会因素	分析内容
1	项目对所在地居民收入的影响	分析由于项目实施可能造成当地居民收入增加或者减少的原因、范围和程度；收入分配是否公平，是否扩大贫富收入差距；提出促进收入公平分配的措施建议
2	对居民生活水平与生活质量的影响	分析项目实施后居民居住水平、消费水平、消费结构、人均寿命的变化及其原因
3	对居民就业的影响	分析项目的建设和运营对当地居民就业结构和就业机会的正面和负面影响
4	对不同利益群体的影响	分析项目的建设和运营将使哪些人受益或受损以及对受损群体的补偿措施和途径
5	对脆弱群体的影响	分析项目的建设和运营对当地老人、妇女、儿童、残疾人利益的正面或负面影响
6	对地区文化、教育、卫生的影响	分析项目可能引起的当地文化教育水平、卫生健康程度的变化以及对当地人文环境的影响
7	对地区基础设施、社会服务容量和城市化进程的影响	分析项目是否可能增加和占用当地的基础设施以及产生的影响
8	对少数民族习俗习惯和宗教的影响	分析项目是否符合国家的民族和宗教政策；是否充分考虑了当地民族风俗习惯、生活方式或者宗教信仰；是否会引发民族矛盾、宗教纠纷等

（二）互适性分析

互适性分析是分析项目能否为当地的社会环境、人文条件所接纳，以及当地政府、居民支持项目存在与发展的程度，考察项目与当地社会环境的相互适应关系。

互适性分析的主要内容如下。

① 分析与项目直接相关的利益群体对项目建设和运营的态度及参与程度，选择可以促进项目成功的各利益群体的参与方式，对可能阻碍项目存在与发展的因素提出防范措施。

② 分析项目所在地区的各类组织对项目建设和运营的态度，可能在哪些方面、在多大程度上对项目给予支持和配合。

③ 分析预测项目所在地区现有技术、文化状况能否适应项目建设和发展。

（三）社会风险分析

项目社会风险分析是对可能影响项目的各种社会因素进行识别和排序，选择影响面大、持续时间长，并容易导致较大矛盾的社会因素进行预测，分析可能出现各种风险的社会环境和条件。

三、投资项目社会评价的方法

投资项目社会评价涉及的内容比较广泛，面临的社会问题比较复杂，能够量化的尽量进行定量分析，不能量化的则要根据项目地区的具体情况和投资项目本身的特点进行定性分析。对于经济和环境方面的评价，现在已经形成了一套比较系统的数量评价指标，而对社会方面的评价而言，则主要还是以定性分析为主。投资项目社会评价的主要方法如下。

（1）有无对比分析法

有无对比分析法首先要调查在没有拟建项目的情况下，项目地区的社会状况，并预测项目建成后对该地区社会状况的影响，通过对比分析，确定拟建项目所引起的社会变化，即各种效益与影响的性质和程度。

（2）逻辑框架分析法

社会评价用逻辑框架分析法分析事物的因果关系，通过分析项目的一系列相关变化过程，明确项目的目标及其相关联的先决条件，来改善项目的设计方案。

（3）利益群体分析法

利益群体是指与项目有直接或间接的利害关系，并对项目的成功与否有直接或间接影响的所有有关各方，如项目的受益人、受害人、与项目有关的政府组织和非政府组织等。利益群体分析法首先要确定项目利益群体一览表，然后评估利益群体对项目成功所起的重要作用，并根据项目目标对其重要性作出评价，最后提出在实施过程中对各利益群体应采取的措施。

第四节 不确定性与风险分析

一、不确定性分析与风险分析的关系

（一）项目不确定性分析

不确定性是指人们对事务未来的状态不能确定掌握的特性。项目经济评价所采用的数据大部分都来自预测和估算，具有一定程度的不确定性。为了尽量避免投资决策的失误，有必要进行不确定性分析。项目不确定性分析是指考察项目投资、产品销售价格、销售量、经营成本和项目计算期等因素变化时，对项目经济评价指标产生的影响。通过对影响拟建项目较大的不确定性因素进行分析，计算基本变量的增减变化引起项目财务或经济效益指标的变化，找出最敏感的因素及其临界点，使项目的投资决策建立在较为稳妥的基础上。

（二）项目风险分析

一般认为，风险是指未来发生不利事件的概率和可能性。发生损失的可能性越大，项目的风险就越大。风险可以用不同结果出现的概率来描述。结果可能是好的，也可能是坏的，坏的结果出现的概率越大，就认为风险越大。但从更深层次的含义来讲，风险不仅可以带来超出预期的损失，也可能带来超出预期的收益。风险更准确的定义应为：风险是预期结果的不确定性，不仅包括负面的不确定性，还包括正面的不确定性。

建设项目风险是指由于不确定性的存在导致项目实施后偏离预期项目财务目标和国民经济目标的可能性。项目风险分析就是在市场预测、技术方案、工程方案、融资方案中已进行的初步风险分析的基础上，通过对风险因素的识别，采用定性或定量的方法估计各风险因素发生的可能性，即对项目的影响程度，提出规避风险的对策，降低风险损失。

不确定性分析与风险分析既有区别又有联系。不确定性分析只是对投资项目受各种不确定因素的影响进行分析，但并不可能知道这些不确定因素可能出现的各种状况及其发生的可能性；而借助于风险分析可以得知不确定性因素发生的可能性以及给项目带来的经济影响的程度。但通过敏感性分析找出的敏感因素又可以作为风险因素识别和风险估计的依据。

二、不确定性分析的方法

不确定性分析主要包括盈亏平衡分析、敏感性分析和概率分析，其中盈亏平衡分析只用于财务评价，而敏感性分析同时适用于财务评价和国民经济评价。

（一）盈亏平衡分析

1. 盈亏平衡分析的含义及分类

盈亏平衡分析是指从经营保本的角度来分析投资不确定性的方法。进行这种分析时，首先要将成本划分为固定成本和可变成本，将产量或者销售量作为不确定因素，假定产销量一致，根据产量、成本、售价和利润相互间的函数关系，计算盈亏平衡时所对应的产量或销售量。盈亏平衡点越低，表示项目适应市场变化的能力越强，抗风险能力也越强。

根据设定的变量不同，盈亏平衡点，即项目盈利与亏损的临界点的表达形式有多种，其中以产量和生产能力利用率表示的盈亏平衡点应用最为广泛。根据成本、收益与产量之间是否呈线性关系，盈亏平衡分析可分为线性盈亏平衡分析和非线性盈亏平衡分析；根据是否考虑资金时间价值，分为静态盈亏平衡分析和动态盈亏平衡分析。

2. 线性盈亏平衡分析

在不考虑资金时间价值，成本、收益与产量之间呈线性关系时，盈亏平衡分析称为静态线性盈亏平衡分析。线性盈亏平衡分析有如下四个假设条件。

① 产量等于销售量，即当年生产的产品在当年全部销售出去。

② 产量变化时，单位可变成本保持不变，从而总成本费用是产量的线性函数。
③ 产量变化时，产品售价保持不变，从而销售收入是销售量的线性函数。
④ 按单一产品计算，当生产多种产品时，应换算为单一产品，不同产品之间的销售比例保持不变。

在项目经济评价中，一般仅进行线性盈亏平衡分析。盈亏平衡点应按项目投产后的正常年份计算，而不能按计算期内的平均值计算。项目评价中常使用盈亏平衡分析图表示分析结果，如图 4-1 所示。

(1) 以产量表示的盈亏平衡点

首先将总成本分为固定成本和可变成本。

以 C_T 表示年总成本，C_F 表示年总固定成本，C_V 表示年总可变成本，C_N 表示单位产品的可变成本和营业税金及附加之和，N 表示年总产量。则企业产品的成本函数为：

$$C_T = C_F + C_V = C_F + C_N N$$

其次，以 S 表示销售收入，P 表示单位产品售价，则销售收入函数为：

$$S = PN$$

当盈亏平衡时，销售收入等于总成本，即

$$C_F + C_N N^* = PN^*$$

则盈亏平衡点 BEP（产量）为

$$\text{BEP}(产量) = N^* = \frac{C_F}{P - C_N}$$

式中　N^*——盈亏平衡点产量。

若采用的价格中含增值税时，应将增值税扣除。

【例 4-1】某拟建生产企业设计年产 3 万吨化工原料，造成生产成本 1352.18 万元，其中固定成本为 112.94 万元，单位可变成本、营业税金及附加之和为 413.08 元，单位产品售价为 579.82 元/吨。求项目投产后的盈亏平衡点。

[解] $C_F = 112.94$ 万元，$P = 579.82$ 元/吨，$C_N = 413.08$ 元

$$\text{BEP} = \frac{112.94}{579.82 - 413.08} = 0.68(万吨)$$

从计算中可以看出，项目投产后用户订购量由 3 万吨降至 0.68 万吨，该企业仍可以保本经营，在市场销售量大幅度降低情况下有较强的抗风险能力，盈亏平衡如图 4-1 所示。

(2) 以生产能力利用率表示的盈亏平衡点

以生产能力利用率表示的盈亏平衡点是指项目不发生亏损时所必须达到设计生产能力的百分比。若以 N_0 表示项目设计生产能力，则盈亏平衡点 BEP（生产能力利用率）为

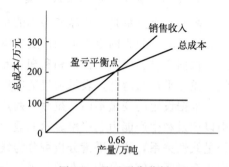

图 4-1　盈亏平衡分析

$$\text{BEP}(生产能力利用率) = \frac{N^*}{N_0} = \frac{C_F}{N_0(P - C_N)} \times 100\%$$

以【例 4-1】为例，得

$$BEP(生产能力利用率)=\frac{112.94}{3\times(579.82-413.08)}\times100\%=22.58\%$$

即项目开工率只要达到设计生产能力的 22.58%，企业就可以保本，说明项目在投产后生产条件发生意外变化时，有较强的抗风险能力。

3. 盈亏平衡分析的优缺点

盈亏平衡分析是对投资项目不确定性的一种较好的分析方法，易于理解，便于投资者进行方案比较。此外，它还有利于确定企业合理的生产规模和降低企业固定成本。但盈亏平衡分析方法也有其不足之处，它不是全寿命分析，且通常进行的线性分析是建立在产销平衡和线性关系假设的基础上，不太符合实际。

（二）敏感性分析

1. 敏感性分析的概念

敏感性分析是投资建设项目评价中应用十分广泛的一种技术。当某个项目的有关参数不确定，其变化的概率也不能确知，只知道其变化的范围时，就需要进行敏感性分析。它通过分析及预测工程建设项目主要变量因素（投资、成本、价格、建设工期等）发生变化时，对经济效果评价指标（如净现值、内部收益率、还款期等）的影响，从中找到敏感因素，并确定其影响程度，采取措施限制敏感因素的变动范围，以达到降低风险的目的。当主要变量因素发生微小变动时，经济评价指标即发生很大幅度的变动，则认为该因素是敏感的；反之，变量因素发生很大变动时，经济评价指标才会有所变动，则认为该因素是不敏感的。

敏感性分析有单因素敏感性分析和多因素敏感性分析两种。单因素敏感性分析是对单一不确定因素变化的影响进行分析，即假设各不确定性因素之间相互独立，每次只考察一个因素，其他因素保持不变，以分析这个可变因素对经济评价指标的影响程度和敏感程度，是敏感性分析的基本方法。多因素敏感性分析是在两个或两个以上互相独立的不确定因素同时变化时，分析这些变化的因素对经济评价的影响程度和敏感程度。通常情况下，经济评价中只要求进行单因素敏感性分析。

2. 敏感性分析的步骤

单因素敏感性分析一般按以下步骤进行。

（1）确定分析指标

项目经济评价有一整套指标体系，敏感性分析可选定其中一个或几个主要指标进行分析。分析指标的确定，一般是根据项目特点、不同的研究阶段、实际需求情况和指标的重要程度来选择，与进行分析的目标和任务有关。

如果主要分析方案状态和参数变化对方案投资回收快慢的影响，则可以选用投资回收期作为分析指标；如果主要分析产品价格波动对方案超额净收益的影响，则可选用净现值作为分析指标；如果主要分析投资大小对方案资金回收能力的影响，则可选用内部收益率指标等。

（2）选择需要分析的不确定性因素

影响项目经济评价指标的不确定性因素很多，严格说来，影响方案经济效果的因素都在某种程度上带有不确定性。但事实上没有必要对所有不确定因素都进行敏感性分析，而往往是选择一些主要的影响因素。选择需要分析的敏感性因素时主要考虑以下两条原则：

① 预计这些因素在其可能变动的范围内对经济评价指标的影响较大；
② 在确定性经济分析中采用的该因素的数据准确性不大。

对于一般投资项目来说，通常从以下几个方面选择项目敏感性分析中的影响因素：项目投资、项目寿命年限、经营成本、产品价格、产销量、项目建设年限、基准折现率、项目寿命期末的资产残值。

(3) 分析不确定因素的影响

分析每个不确定性因素的波动程度及其对分析指标可能带来的增减变化影响。

首先，对所选定的不确定性因素，应根据实际情况设定这些因素的变动幅度，其他因素固定不变。敏感性因素一般选择的不确定因素变化的百分率为±5%、±10%、±15%、±20%等。对于不便用百分数表示的因素，例如建设工期，可采用延长一段时间表示，如延长1年。

其次，计算不确定性因素每次变动对经济评价指标的影响。对每一个因素的每一次变动，均重复以上计算，然后将因素变动及相应指标变动结果用表或图的形式表示出来，以便于测定敏感因素。

敏感性分析图的示例如图 4-2 所示。图中每一条斜线的斜率反映内部收益率对该不确定因素的敏感程度，斜率越大，敏感度越高。一张图可以同时反映多个因素的敏感性分析结果。

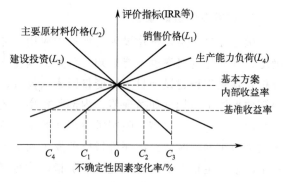

图 4-2　基于 IRR 等的敏感性分析图
（以内部收益率指标为例）

(4) 确定敏感性因素

计算敏感性系数和临界点，确定敏感性因素。由于各因素的变化都会引起经济指标的一定变化，但其影响程度却各不相同。有些因素可能仅发生小幅度的变化就能引起经济评价指标发生大的变动，而另一些因素即使发生了较大幅度的变化，对经济评价指标的影响也不是太大。我们将前一类因素称为敏感性因素，后一类因素称为非敏感性因素。敏感性因素分析表如表 4-12 所示。

表 4-12　敏感性因素分析表

序号	不确定因素	变化率/%	内部收益率	敏感系数	临界点/%	临界值
1	产品产量（生产负荷）					
2	产品价格					
3	主要原材料价格					
4	建设投资					
5	汇率					

敏感性系数的计算。反映敏感程度的指标是敏感系数（又称灵敏度）。敏感系数（β）

是衡量变量因素敏感程度的一个指标，其数学表达式为

$$\text{敏感系数 } \beta = \frac{\text{评价指标值变动百分比 } \Delta Y_j}{\text{不确定因素变动百分比 } \Delta F_i}$$

$$\Delta Y_j = \frac{Y_{j1} - Y_{j0}}{Y_{j0}}$$

式中 ΔY_j——第 j 个指标受变量因素变化影响的差额幅度（变化率）；

ΔF_i——第 i 个不确定因素的变化幅度（变化率）；

Y_{j1}——第 j 个指标受变量因素变化影响后所达到的指标值；

Y_{j0}——第 j 个指标未受变量因素变化影响时的指标值。

根据不同因素相对变化对经济评价指标影响的大小，可以得到各个因素的敏感性程度排序，据此可以找出哪些因素是最关键的因素。

（三）概率分析

概率分析是使用概率论方法研究、预测各种不确定性因素和风险因素的发生对项目评价指标影响的一种定量分析方法。一般是计算项目净现值的期望值及净现值大于等于零时的累计概率。累计概率值越大，说明项目承担的风险越小。此外，也可以通过模拟法测算项目评价指标（如内部收益率）的概率分布。根据项目特点和实际需要，有条件时应进行概率分析。

在敏感性分析中，有一个基本假设是各个不确定因素发生变化的概率是相同的。但实际上，任何项目中的各个不确定因素在未来依某一幅度变化的概率是不会相同的。一个敏感性大而发生概率很低的因素，对项目的影响有可能小于一个敏感性小而发生概率大的因素。因此，为了正确判断项目的风险，有必要进行概率分析。概率分析的方法很多，这些方法大多是以项目经济评价指标（主要是 NPV）的期望值的计算为基础。决策树法也是概率分析中常用的方法。

三、风险分析方法

（一）项目风险因素的识别

风险识别是风险分析的第一步，是整个风险管理系统的基础。它是运用系统论方法对项目进行全面考察，找出潜在的风险因素，对其进行比较和分类，判断各种风险因素发生的可能性以及对项目的影响程度。

风险识别的过程通常分为 4 个步骤。

(1) 确定风险因素并建立风险因素的初步清单

在可行性研究阶段，建设项目风险主要来源于以下几个方面。

① 法律、法规及政策变化。主要指国内外政治经济条件发生重大变化或者政府法律、法规、政策作出重大调整，项目原定目标难以实现甚至无法实现。

② 市场状况变化。包括市场供求的变化、竞争对手的竞争策略调整、项目产品和主要原材料的实际价格与预测价格发生较大偏离等情况。

③ 资源开发与利用。主要是指资源开发项目的储量、品位、可采储量、工程量等与预测发生较大偏离，导致项目开采成本增加，产量降低或者开采期缩短。

④ 技术的可靠性。项目所采用技术的先进性、可靠性、适用性和经济性与原方案发生重大变化，导致项目生产能力利用率降低，生产成本增加，产品质量达不到预期的要求等。

⑤ 工程方案、条件的变化。工程地质条件、水文地质条件与预测发生重大变化，导致工程量增加、投资增加、工期延长等。

⑥ 融资方案。项目资金来源的可靠性、充足性和及时性不能保证，导致项目拖期甚至被迫终止。利率、汇率变化也会导致融资成本的提高。

⑦ 组织管理。由于项目组织结构和管理机制不合理，或者主要管理者能力不足，导致项目不能按计划建成投产，投资超出估算。

⑧ 环境与社会。包括由于项目选址不当、项目环保措施不当，导致建成后对社区和生态带来严重影响。

⑨ 配套设施。指交通运输、供水、供电等主要外部协作配套条件发生重大变化，给项目建设和运营带来困难。

确定风险因素应根据项目的特点选用适当的方法进行。常用的方法包括问卷调查法、专家调查法和情景分析法等，在此基础上建立项目风险因素调查表。初步清单中应明确列出客观存在的和潜在的各种风险，它是通过对一系列调查表进行深入研究和分析而制定的。

(2) 确立各种风险事件并推测其结果

根据初步风险清单中列出的各种重要的风险来源，推测与其相关联的各种可能的结果，包括收益和损失、时间与成本、人身伤害、自然灾害等。

(3) 进行风险分类

对风险进行分类有两个目的：首先，通过对风险进行分类能加深对风险的认识和理解；其次，通过分类，可以认清风险的性质，从而有助于制定风险控制对策。常见的分类方法是以若干个目录组成框架形式，每个目录中都列出不同种类的风险，并针对各个风险进行全面审查。

(4) 建立风险目录摘要

通过建立风险目录摘要，可将项目可能面临的风险汇总并列出轻重缓急的次序，这样能全面了解项目总体风险。

（二）风险估计

风险估计又称风险衡量、风险测定等。它是在风险识别之后，通过定量分析方法测度风险发生的可能性以及对项目的影响程度。衡量风险时应考虑两个方面的问题：损失发生的频率（或发生的次数）以及这些损失的严重性，而损失的严重性比发生的频率或次数更为重要。

1. 客观概率与主观概率

风险估计分为主观概率估计和客观概率估计两种。在项目评价中，由于不可能获得足够时间与资金对某一可能性做大量的试验，很难计算出该事件发生的客观概率，因此项目前期的风险估计一般都是由决策者和专家对事件出现的可能性做出主观估计。

2. 风险因素概率分布的确定

衡量风险潜在损失最重要的方法是研究风险的概率分布，这也是概率分析的基础。例如，将原材料价格作为概率分析的风险因素时，需要测定原材料价格的可能区间和在可能区间内发生变化的概率。

确定概率分布时，需注意充分利用已获得的各种信息进行估测。在信息获得不够充分的条件下则需要根据主观判断和近似的方法确定概率分布。在项目可行性研究中通常采用历史数据推定法或专家调查法确定变量的概率分布。历史数据推定法是通过调查收集历史数据或类似项目数据，并进行统计分析，最终归纳出变量可能出现的状态及概率分布。专家调查法有很多种，通常采用的是德尔菲法。

3. 评价指标概率分布的确定

评价指标概率分布可采用理论计算方法或者模拟方法。风险因素概率服从离散型分布的，可采用理论计算法，即根据数理统计原理，计算出评价指标的相应数值、概率分布、期望值、方差和标准差等；当随机变化的风险因素较多，或风险因素变化值服从连续分布，不能用理论计算法时，可采用模拟计算方法，如蒙特卡罗模拟法等。

（三）风险评价

风险评价是对项目风险进行的综合分析，是依据风险对项目经济目标的影响程度进行风险分级和排序的过程。它是在项目风险识别和估计的基础上，通过建立项目风险的系统评价模型，列出各种风险因素概率及概率分布，找到项目的关键风险，确定项目的整体风险水平，为如何处置这些风险提供科学依据。风险评价的判别标准有以下两种。

1. 以经济指标的累计概率和标准差为判别标准

以净现值为例，财务或经济净现值大于和等于零的累计概率越大，则项目风险越小；标准差越小，风险越小。

2. 以综合风险等级为判别标准

风险等级的划分既要考虑风险因素出现的可能性，又要考虑风险出现后对项目的影响程度。风险等级的划分标准并不唯一，比如，在《投资项目可行性研究指南》中，风险被划分为一般风险、较大风险、严重风险和灾难性风险四个等级；在《建设项目经济评价方法与参数》中，风险被划分为五个等级。风险等级表述方式也很多样，一般选择矩阵列表法划分风险等级。例如在《建设项目经济评价方法与参数》中推荐的综合风险等级分类表如表 4-13 所示。

表 4-13 综合风险等级分类表

综合风险等级		风险影响的程度			
		严重	较大	适度	低
风险的可能性	高	K	M	R	R
	较高	M	M	R	R
	适度	T	T	R	I
	低	T	T	R	I

表中综合风险等级分为 K、M、T、R、I 五个等级。K 表示项目风险很强，出现这种风险就要放弃项目；M 表示项目风险强，需要通过改变设计或采取补偿措施，修正拟议中的方案；T 表示风险较强，设定某些指标的临界值，指标一旦达到临界值，就要变更设计或对负面的影响因素采取补救措施；R 表示风险适度；I 表示风险弱，可忽略。

（四）风险防范对策

风险分析的目的是研究如何降低风险程度或者规避风险，以减少风险损失。在风险估计和风险评价的基础上，应根据不同风险因素提出相应的规避和防范对策。

在项目评价阶段，风险防范对策主要有以下几种方法。

1. 风险回避

风险回避主要是中断风险源，使其不致发生或遏制其发展，是彻底规避风险的一种做法。对于项目的可行性研究来说，这意味着可能彻底改变方案甚至否定项目。由于在回避风险的同时，也丧失了项目可能获利的机会，因此风险回避一般仅适用于以下两种情况：一是某种风险可能造成相当大的损失；二是风险防范代价过高，得不偿失。

2. 风险分担

当项目风险过大、投资人无法独立承担时，或者为了控制项目的风险源，可采取与其他企业合资或合作等方式共担风险，共享收益。

3. 风险转移

风险转移是将项目可能发生的风险的一部分转移出去的风险防范方式，包括保险转移和非保险转移两种。保险转移是向保险公司投保，将项目部分风险损失转嫁给保险公司承担，使自己免受损失。在项目评价过程中，非保险转移措施主要是通过工程分包或转包，将部分风险转移给承包方。

4. 风险自留

风险自留就是将风险留给自己承担，不予转移。在风险管理中这种手段有时是无意识的，但有时也是主动的，即经营者有意识、有计划地将若干风险主动留给自己。在这种情况下，说明风险承受人已经做好了处理风险的准备。

在项目评价过程中，这种方式适用于以下两个方面。

① 已知有风险存在，但可获得高额回报且甘愿冒险的项目。
② 项目风险损失较小，可自行承担风险损失的项目。

复习思考题

一、选择题（选择正确答案）

1. 国内现行价格有国家定价、国家指导价和市场价格三种价格形式，在多种价格并存的情况下，项目财务价格应采用（　　）。

   A. 国家定价　　　B. 国家指导价　　C. 市场价格　　D. 预计最有可能发生的价格

2. 某建设项目生产单一产品，已知建成后年固定成本为800万元，单位产品的销售价格为1300元，单位产品的材料费用为320元，单位产品的变动加工费和税金分别为115元和65元，则该建设项目产量的盈亏平衡点为（　　）件。

   A. 7143　　　　B. 8163　　　　C. 6154　　　　D. 10000

3. 影子价格是商品或生产要素的任何边际变化对国家的基本社会经济目标所作贡献的价值，因而，影子价格是（　　）。

A. 市场价格 B. 反映市场供求状况和资源稀缺程度的价格
C. 计划价格 D. 理论价格

4. 在对项目进行盈亏平衡分析时，各方案的盈亏平衡点生产能力利用率如下，则抗风险能力较强的是（　　）。

A. 45%　　　　B. 60%　　　　C. 80%　　　　D. 90%

5. 基准折现率是指（　　）。

A. 投资要求达到的最高收益率　　B. 投资要求达到的最低收益率
C. 投资要求达到的适中收益率　　D. 投资要求达到的标准收益率

二、简答题

1. 财务分析应从哪些方面进行？计算哪些财务评价指标？
2. 盈亏平衡分析和敏感性分析的含义是什么？如何进行？

第五章 项目投资的合理估计与控制

第一节 设计阶段投资的合理估计与控制

在工程项目建设过程中,设计阶段是项目投资管理的重要阶段。不同的项目设计方案在项目投资以及交付使用后的经常开支费用(包括经营费用、日常维护修理费用、使用期内大修理和局部更新费用)上存在很大差异。在设计过程中,业主可以通过设计招投标、设计方案的技术经济分析等手段,选择既满足工艺技术要求,又经济合理的方案,达到控制投资的目的。而当设计方案已经确定,并有完整的施工图纸之后,各项控制工作对投资的影响程度就大大降低。特别是在施工合同价确定之后,投资控制的主要任务仅是以合同为依据,按工程进度办理结算,以控制资金的使用。所以,在设计阶段就应采取科学有效的措施,主动影响设计过程,以取得理想的投资效果。

一般工业与民用建设项目设计按初步设计和施工图设计两阶段进行,称为两阶段设计;对于技术上复杂而又缺乏设计经验的项目,可按初步设计、技术设计和施工图设计三个阶段进行,称为三阶段设计。在设计阶段,工程项目投资的表现形式分别为设计概算和施工图预算。

一、设计概算的编制

设计概算是指在初步设计或技术设计阶段,在投资估算的控制下,根据设计要求对工程造价进行的概略计算。设计概算是设计文件的组成部分。采用两阶段设计的建设项目,初步设计阶段必须编制设计概算;采用三阶段设计的项目,技术设计阶段必须编制修正概算。设计概算分为三级概算,即单位工程概算、单项工程综合概算和建设项目总概算。设计概算的编制内容及相互关系如图 5-1 所示。

建设项目总概算 {
 单项工程综合概算 { 各单位建筑工程概算 / 各单位设备及安装工程概算 }
 工程建设其他费用概算
 预备费、建设期贷款利息、投资方向调节税等概算
}

图 5-1 设计概算的编制内容及相互关系

（一）单位工程概算的编制方法

单位工程概算是确定单项工程中的各单位工程建设费用的文件，是编制单项工程综合概算的依据。单位工程概算分为建筑工程概算和设备及安装工程概算两大类。建筑工程概算分为土建工程概算、给排水工程概算、采暖工程概算、通风工程概算、电气照明工程概算、工业管道工程概算、特殊构筑物工程概算。设备及安装工程概算分为机械设备及安装工程概算、电气设备及安装工程概算。

1. 建筑单位工程概算的编制方法

（1）概算定额法

概算定额法也称扩大单价法。当初步设计达到一定深度，建筑结构方案已经确定时，可采用这种方法编制建筑单位工程概算。采用概算定额法编制概算，首先应根据概算定额编制扩大单位估价表（概算定额基价），然后用算出的扩大分部分项工程的工程量乘以扩大单价，进行具体计算。其中工程量的计算是根据定额中规定的各个扩大分部分项工程内容，遵循定额中规定的计量单位、工程量计算规则及方法来进行的。

采用扩大单价法编制建筑工程概算比较准确，但计算比较繁琐。

（2）概算指标法

当初步设计深度不够，不能准确地计算工程量，但工程采用的技术比较成熟而又有类似概算指标可以利用时，可采用概算指标来编制概算。

概算指标是按一定计量单位规定的，比概算定额更综合扩大的分部工程或单位工程的劳动材料和机械台班的消耗量标准和造价指标。在建筑工程中，它往往将完整的建筑物、构筑物用平方米、立方米或座等计量单位来计算。

当设计对象在结构特征、地质及自然条件上与概算指标完全相同时，如基础埋深及形式、层高、墙体、楼板等主要承重构件与概算指标相同，就可直接套用概算指标编制概算。

当设计对象的结构特征与某个概算指标有局部不同时，则需要对该概算指标进行修正，然后用修正后的概算指标进行计算。修正计算公式为

$$\frac{单位造价}{修正指标}=原指标单位-\frac{换出结构}{构件价值}+\frac{换入结构}{构件价值}$$

$$\frac{换出（换入）}{结构单价}=\frac{换出（换入）结构}{构件工程量}\times\frac{相应的概算定额}{地区单价}$$

（3）类似工程预决算法

当工程设计对象与已建或在建工程相类似，结构特征基本相同，或者概算定额和概算指标不全时，就可以采用这种方法编制单位工程概算。

类似工程预决算法是以原有的相似工程的预决算为基础，按编制概算指标的方法，求出单位工程的概算指标，再按概算指标法编制建筑单位工程概算。

利用类似工程预决算法时，应考虑到设计对象与类似预算的设计在结构与建筑上的差异、地区工资的差异、材料预算价格的差异、施工机械使用费的差异和间接费用的差异等。其中，结构设计与建筑设计的差异可参考修正概算指标的方法加以修正，而其他的差异则需编制修正系数。

计算修正系数时，先求类似预算的人工工资、材料费、机械使用费、间接费在全部价格

中所占比例，然后分别求其修正系数，最后求出总的修正系数，用总修正系数乘以类似预算的价值，就可以得到概算价值。计算公式为

$$\text{工资修正系数 } K_1 = \frac{\text{编概算地区人工工资标准}}{\text{类似工程所在地区人工工资标准}}$$

$$\text{材料预算价格修正系数 } K_2 = \frac{\sum(\text{类似工程各主要材料量} \times \text{编概算地区材料预算价格})}{\text{类似工程主要材料费用}}$$

$$\text{机械使用费修正系数 } K_3 = \frac{\sum(\text{类似工程各主要机械台班数} \times \text{编概算地区机械台班单价})}{\text{类似工程主要机械的使用费}}$$

$$\text{总修正系数 } K = \frac{\text{类似预算工资比例}} \times K_1 + \frac{\text{类似预算材料费比例}} \times K_2 + \frac{\text{类似预算机械费比例}} \times K_3$$

当设计对象与类似工程的结构有部分不同时，就应增减工程价值，然后再求出修正后总造价，计算公式为

$$\text{修正后的类似预算总造价} = \left(\text{类似预算直接费} \times \text{总造价修正系数} \pm \text{结构增减值}\right) \times \left(1 + \text{现行间接费率}\right)$$

2. 设备及安装单位工程概算的主要编制方法

（1）设备购置预算的编制方法

设备购置费由设备原价和设备运杂费组成。在编制概算时，国产标准设备原价可根据设备型号、规格、性能、材质、数量及附带的配件向制造厂家询价，或向设备、材料信息部门查询；国产非标准设备原价，可用每台设备估价指标（元/台）乘以设备台数，或每吨设备估价指标（元/吨）乘以设备吨重进行确定。设备运杂费按规定的运杂费率计算。

（2）设备安装工程概算的编制方法

① 预算单价法。当初步设计有详细设备清单时，可直接按预算价编制设备安装单位工程概算。根据计算的设备安装工程量，乘以安装工程预算综合单价，经汇总求得。用预算单价法编制概算，计算比较具体，精确性较高。

② 扩大单价法。当初步设计的设备清单不完备，或仅有成套设备的质量时，可采用主体设备、成套设备或工艺路线的综合扩大安装单价编制概算。

③ 概算指标法。当初步设计的设备清单不完全或安装预算单价及扩大综合单价不全，无法采用预算单价法和扩大单价法时，可采用概算指标编制概算。常用的概算指标形式包括两类：一是按设备费的百分比计算安装工程费用，适用于价格波动不大的定型产品和通用产品；二是按每吨设备安装费指标计算安装工程费用，适用于设备价格波动较大的非标准设备和引进设备的安装工程概算。

（二）单项工程综合概算的编制方法

单项工程综合概算是确定一个单项工程所需建设费用的文件，是根据单项工程内各专业单位工程概算汇总编制而成的。当建设项目只有一个单项工程时，单项工程综合概算实际上就是总概算，这时综合概算中还应包括工程建设其他费用、预备费和建设期贷款利息等概算。单项工程综合概算的组成内容如图5-2所示。

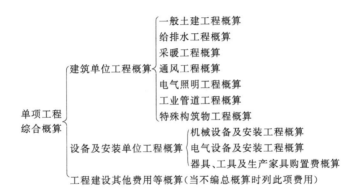

图 5-2　单项工程综合概算的组成内容

单项工程综合概算一般包括编制说明和综合概算表。

(1) 编制说明

编制说明的主要内容包括编制依据、编制方法、主要材料和设备的数量、其他有关问题等。

(2) 综合概算表

综合概算表是根据单项工程内的各个单位工程概算等基本资料，按照统一规定的表格进行编制的。工业建设项目综合概算表由建筑工程和设备及安装工程两大部分组成；民用工程项目综合概算表仅包括建筑工程一项。

(三) 项目总概算的编制方法

项目总概算是确定整个项目从筹建到竣工验收所需全部费用的文件。它是由各个单项工程综合概算以及工程建设其他费用和预备费用概算汇总编制而成的。项目总概算的组成内容如图 5-3 所示。总概算书一般主要包括编制说明和总概算表，有的还列出单项工程综合概算表、单位工程概算表等。

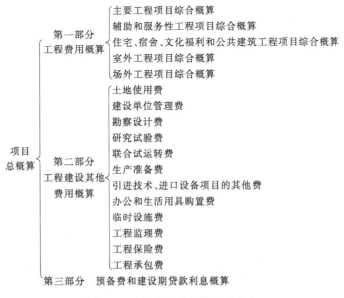

图 5-3　建设项目总概算组成内容

二、施工图预算

施工图预算是确定建筑安装工程预算造价的文件，它是在施工图设计完成后，以施工图为依据，根据预算定额、取费标准以及地区人工、材料、机械台班的预算价格进行编制的。

与设计概算的编制过程相似，施工图预算是由单位工程设计预算、单项工程综合预算和建设项目总预算三级预算逐级汇总组成的。由于施工图预算是以单位工程为单位编制，按单项工程综合而成，所以施工图预算编制的关键在于编好单位工程施工图预算。这里仅就单位工程施工图预算的编制方法作详细介绍。单项工程综合预算和建设项目总预算的编制方法与设计概算相同。

施工图预算的编制方法主要有单价法和实物法两种，其中使用最广泛的是单价法。这里仅就单价法进行介绍。用单价法编制施工图预算，可使用工料单价，也可采用综合单价。这里以工料单价为例说明单价法编制施工图预算的步骤。

用工料单价法编制施工图预算，就是根据地区统一单位估价表中的各项工程工料单价，乘以相应的各分项工程的工程量并相加，得到单位工程的人工费、材料费和机械使用费三者之和（即直接工程费）。再加上措施费、间接费、利润和税金，即可得到单位工程的施工图预算价格。用工料单价法编制施工图预算的主要计算公式为

$$单位工程施工图预算直接工程费 = \sum(工程量 \times 工料单价)$$

用工料单价法编制施工图预算的完整步骤如图5-4所示。

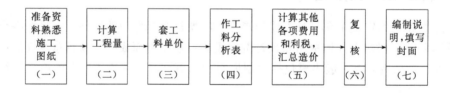

图 5-4　单价法编制施工预算步骤

三、设计方案优选方法

设计方案优选方法主要有设计招投标及设计方案竞选、价值工程方法、限额设计、设计方案的技术经济分析等。本节将主要介绍设计方案的技术经济分析方法和限额设计方法。

（一）设计方案技术经济分析方法

设计方案技术经济分析的目的是按照经济效果评价原则，采用科学的方法，用一个或一组主要指标对设计方案的项目功能、投资、工期和设备、材料、人工消耗等方面进行定量与定性分析相结合的综合评价，从而择优确定技术经济效果好的设计方案。

常用的设计方案技术经济评价方法有多种，主要包括投资回收期法、净现值法、全寿命费用分析法、多因素综合优选法等。投资回收期法和净现值法的介绍详见第三章。这里介绍全寿命费用分析法和多因素综合优选法。

1. 全寿命费用分析法

在设备工程中,监理工程师对设计的直接控制主要表现在工艺管道及附属设施的设计上。这类设计方案往往对设备投产后的产出效益无直接影响,而对设备工程投资及其投产后的经营费用、修理费用影响较大。在这种情况下,设计方案技术经济分析中就应比较各方案的全寿命费用大小。全寿命费用分析方法分为最小费用法、费用现值法、费用年值法三种。

(1) 最小费用法

最小费用法又称计算费用法,是使用最广泛的技术经济分析方法。它是以货币表示的计算费用来反映设计方案对物化劳动和活化劳动量消耗的多少,进而评价设计方法优劣的方法。该方法的计算公式为

年计算费用=投资总额×投资效果系数+年生产成本

项目总计算费用=投资总额+年生产成本×标准投资回收期

式中,投资效果系数是标准投资回收期的倒数。根据计算结果,计算费用最小的设计方案为最佳方案。

例如,某工程项目共有三个设计方案,有关资料见表 5-1。标准投资回收期为 5 年,则计算费用的计算结果如表 5-1 所示。表中计算结果显示,甲方案的计算费用最低,是最佳方案。

最小费用法的计算较为简单,但同时也存在明显的缺陷。该方法是静态分析,没有考虑资金的时间价值;该方法只考虑了投资回收期内的生产成本,忽略了投资回收后的成本,因此不是真正的全寿命分析方法。

表 5-1 最小费用法计算表 单位:万元

设计方案	投资总额	年生产成本	年计算费用	项目总计算费用
甲方案	5000	1600	2600	13000
乙方案	6000	1450	2650	13250
丙方案	5600	1520	2640	13200

(2) 费用现值法

费用现值法是将不同设计方案的投资现值与年运行成本现值相加,比较现值之和的大小。费用现值和最小的方案为最佳方案。这种方法适合于具有相同寿命期的设计方案的比较。费用现值的计算公式为:

$$PC = \sum_{t=0}^{n}(C_t+V_t)(1+i)^{-t} - S \times (1+i)^{-n}$$

式中 PC——方案的费用现值;

C_t——第 t 年的投资;

V_t——第 t 年的运行费用;

S——项目残值;

i——基准收益率;

n——项目计算期。

【例 5-1】某设备工程在进行工艺管道设计时提出两种方案。A 方案的投资额为 1000 万元,年运行成本为 400 万元,预计残值为 200 万元;B 方案的投资额为 1500 万元,年运行成本为 300 万元,预计残值为 100 万元。两种设计方案的设备工程寿命期相同,均为 8 年,

项目的基准收益率为 10%。试问应选择哪个方案。

[解] 两方案的费用现值计算如下

$$PC_A = 1000 + 400 \times (P/A, 10\%, 8) - 200 \times (P/F, 10\%, 8)$$
$$= 1000 + 400 \times 5.3349 - 200 \times 0.4665 = 3040.66(万元)$$
$$PC_B = 1500 + 300 \times (P/A, 10\%, 8) - 100 \times (P/F, 10\%, 8)$$
$$= 1500 + 300 \times 5.3349 - 100 \times 0.4665 = 3053.82(万元)$$

由此可得，A 方案的费用现值较低，故应选择 A 方案。

(3) 费用年值法

费用年值法是将不同设计方案的投资与年运行成本折算成与其等值的各年年末等额成本，费用年值最低的设计方案为最佳方案。无论项目寿命期是否相同，都可以使用这种方法。该方法的计算公式为

$$AC = \left[\sum_{t=0}(C_t + V_t)(1+i)^{-t} - S \times (1+i)^{-n}\right](A/P, i, n)$$

式中　AC——方案的费用年值。

【例 5-2】某设备工程有两个设计方案，甲方案投资为 1800 万元，寿命期为 6 年，年运行成本为 550 万元，预计残值为 200 万元；乙方案投资为 2600 万元，寿命期为 10 年，年运行成本为 400 万元，预计残值为 300 万元。项目的基准收益率为 15%。试问应选择哪个方案。

[解] 两方案的费用年值计算如下

$$AC_甲 = [1800 + 550 \times (P/A, 15\%, 6) - 200 \times (P/F, 15\%, 6)] \times (A/P, 15\%, 6)$$
$$= (1800 + 550 \times 3.784 - 200 \times 0.432) \times \frac{1}{3.784}$$
$$= 1002.85(万元)$$
$$AC_乙 = [2600 + 400 \times (P/A, 15\%, 10) - 300 \times (P/F, 15\%, 10)] \times (A/P, 15\%, 10)$$
$$= (2600 + 400 \times 5.019 - 300 \times 0.247) \times \frac{1}{5.019}$$
$$= 903.27(万元)$$

乙方案的费用年值较低，故应选择乙方案。

2. 多因素综合优选法

多因素综合优选法就是对需要进行分析评价的设计方案设定若干个评价指标，按重要程度确定各指标的权重，然后按评价标准给各指标打分。将各项指标所得分数与其权重相乘并汇总，得出各设计方案的评价总分，总分最高者为最佳方案。该方法应用较广泛，但可靠性需依赖于权重确定的合理性。其计算公式为

$$S = \sum_{i=1}^{n} S_i W_i$$

式中　S——设计方案的总分；

　　　S_i——该设计方案在评价指标 i 的评分；

　　　W_i——评价指标 i 的权重；

　　　n——评价指标个数。

（二）限额设计

限额设计是控制工程项目投资的有效手段，是提高设计经济合理性的重要途径。所谓限额设计就是按照设定的投资管理目标控制设备工程设计过程，确保投资限额不被突破。限额设计体现了设计标准、规模、原则的合理确定及有关概预算基础资料的合理确定，通过层层限额设计，实现了对投资限额的控制与管理，也就同时实现了对设计规范、设计标准、概预算指标等方面的控制。

限额设计是按上一阶段批准的投资控制下一阶段的设计，抓住了控制投资的核心，从而克服了"三超"的弊病。同时，限额设计有利于处理好技术与经济的对立统一关系，提高设计质量。

1. 限额设计的目标设置

限额设计的关键之一是要在各个设计阶段开始前，将上一阶段审定的投资额作为下一设计阶段投资控制的目标，并层层分解后确定各专业、各工种以及各分部分项工程的分项目标。

限额设计总目标是在初步设计开始前，根据批准的可行性研究报告及其投资估算确定的，由设计师提出，经主管院长审批下达，其总额度一般只下达90%，以保留一定的调节指标。专业之间或专业内部节约下来的单项费用，未经批准不能相互平衡，均由总设计师和监理工程师掌握。为了达到限额设计的目的，必须提高投资估算的合理性与准确性，特别是如何对设备工程进行合理划分、各部分的限额如何合理确定、设计指标制定的高低等都将约束项目投资目标的实现。

此外，要想最终实现设计阶段投资控制目标，必须对设计工作的各个环节进行多层次的控制与管理，同时实现对设计规模、设计标准和概算指标等各个方面的多维控制。

2. 限额设计的纵向控制

限额设计的纵向控制就是按照批准的可行性研究报告及投资估算控制初步设计，按照批准的初步设计概算控制技术设计和施工图设计。

初步设计开始时，总设计师应将可行性研究报告的设计原则、建设方针和各项控制经济指标向工作人员交底，对关键设备、工艺流程和各种费用指标提出技术方案比选，要研究实现可行性研究报告中投资限额的可行性，特别要注意对投资影响较大的因素，将设计任务书和投资限额分专业下达给设计人员，促使设计人员进行多方案的比选。在初步设计阶段的限额设计中，各专业设计人员应强化控制投资的意识，严格按照限额设计所分解的投资额进行设计，并事先做好专业内部平衡调节，提出节约投资的措施，力求将投资控制在限额范围内。

在施工图设计阶段必须按照批准的初步设计所确定的原则、范围、内容、项目和投资额进行，严格控制施工图预算。当产品方案流程、工艺流程或设计方案发生重大变更时，应重新编制或修改初步设计和概算。其投资控制限额也应以新批准的修改方案或新编概算为准。

为了做好限额设计工作，必须加强设计变更的管理工作。除非不得不进行的设计变更，任何人无权擅自更改设计。设计变更发生得越早，对投资控制越有利。若在设计阶段变更，只需修改图纸，其他费用尚未发生，因此损失有限；若在采购阶段发生变更，则不仅要修改图纸,还需重新采购;若在制造和安装阶段发生变更,除发生上述费用之外,还会造成更大的损失。因此应尽可能将设计变更控制在设计阶段,由多方人员参加技术经济论证,使得投资得到有效控制。

3. 限额设计的横向控制

限额设计的横向控制是指建立和加强设计单位及其内部的管理制度和经济责任制,明确设计单位及其内部各专业、科室以及设计人员的职责和经济责任,并赋予相应权力,但赋予的决定权要与责任相一致。建立设计部门内各专业的投资分配考核制度;建立在考核各专业完成设计任务质量和实现限额指标的好坏的基础上实行的奖惩制度。

按照国家计划委员会规定,自1991年起,凡因设计单位错误、漏项或扩大规模和提高标准而导致工程投资超支的,要扣减设计费:

① 累计超过原批准概算2%~3%的,扣减全部设计费的3%;
② 累计超过原批准概算3%~5%的,扣减全部设计费的5%;
③ 累计超过原批准概算5%~10%的,扣减全部设计费的10%;
④ 累计超过原批准概算10%以上的,扣减全部设计费的20%。

4. 限额设计的不足

限额设计虽然有利于设备工程投资控制,但在理论与实践中,它尚存在以下不足。

第一,限额设计在某种程度上会抑制设计者的积极性和主动性,使价值工程中提高价值的两条有效途径得不到充分利用,即:造价提高,功能也大幅度提高,从而价值提高;造价不变,而功能提高,从而价值提高。

第二,限额设计中单纯强调投资限额,而对项目的全寿命费用考虑较少,造成某些设计的投资较低,而生产使用中的日常经营费用、维护费用却较高,从整体分析并不经济。

第三,当设计完成后,发现超投资估算或概算时,再要进行设计变更,这会使投资控制处于被动。

基于限额设计的以上不足,在限额设计中,要正确处理好投资限额与项目功能之间对立统一的辩证关系,总结经验教训,对该理论及其操作技术逐步加以完善。

第二节　项目招投标阶段投资的合理确定与控制

一、项目评标方法的选择

评标是招投标过程中的核心环节。依据《评标委员会和评标方法暂行规定》,评标过程应分为评标准备、初步评审和详细评审三个步骤。其中初步评审的内容包括对投标文件的符合性评审、技术性评审和商务性评审。经初步评审合格的投标文件,评标委员会应当根据招标文件确定的评标标准和方法,对其技术部分和商务部分作进一步详细评审。其评标方法包括经评审的最低投标价法、综合评估法,或者法律、行政法规允许的其他评标方法。监理工程师应根据招标工程的特点,协助业主制订科学的评标程序和评标办法。

（一）经评审的最低投标价法

经评审的最低投标价法，也称合理低标价法。该方法要求能够满足招标文件的实质性要求，并且经评审的最低投标价的投标者应当推荐为中标候选人。这种评标方法是按照评审程序，经初审后，以合理低标价作为中标的主要条件。

经评审的最低投标价法一般适用于具有通用技术、性能标准，或者招标人对其技术、性能没有特殊要求的设备招标项目。特别是采购简单商品以及其他性能、质量相同或容易进行比较的货物时，往往仅以投标价格作为评标考虑的唯一因素，选择投标价最低者中标。因为在这种情况下，投标人的竞争主要是价格的竞争，而诸如交货期、质量等其他条件已经在招标文件中作了规定，投标人不得违反，否则将无法构成对招标文件的实质性响应，在初步评审时即会被淘汰。《评标委员会和评标方法暂行规定》也指出，中标人的投标应当符合招标文件规定的技术要求和标准，但评标委员会无需对投标文件的技术部分进行价格折算。

值得注意的是，经评审的最低投标价法并不保证最低的投标价中标，在比较价格时仍需考虑一些修正因素。按照《评标委员会和评标方法暂行规定》的规定，采用经评审的最低投标价法时，评标委员会应当根据招标文件中规定的评标价格调整方法，对所有投标人的投标报价以及投标文件的商务部分做必要的价格调整。需考虑的修正因素包括对一定条件下优惠的修正和提前竣工对报价的修正等，但所有这些修正因素都应当在招标文件中有明确的规定。

根据经评审的最低投标价法完成详细评审后，评标委员会应当拟定一份"标价比较表"，连同书面评标报告提交招标人。"标价比较表"应当载明投标人的投标报价、对商务偏差的价格调整和说明以及经评审的最终投标价。

（二）综合评估法

综合评估法要求最大限度地满足招标文件中规定的各项综合评价标准的投标，应当推荐为中标候选人。衡量投标文件是否最大限度地满足招标文件中规定的各项评价标准，可以采取综合评标价法、评分法或者其他方法。

1. 综合评标价法

综合评标价法是以工程投标价为基础，综合考虑各种评标因素，并将这些因素用货币形式表示，重新计算出各个因素的评标价，综合评标价格最低的投标书为最优。确定评标价时，有关评标因素要逐项研究确定。这个评标价仅仅在评标时作为确定标价排名时使用，以便选择中标人，而在拟订合同时仍以中标人原报价为基础，经过谈判后确定价格。采购机组、车辆等大型设备时，较多采用这种方法。

计算综合评标价是一件比较困难的事情，主要依赖于评标人的经验和水平。要根据具体情况制订标准、计算评标价，评标价最低者中标。

2. 评分法

评分法是按各评分因素的重要性确定得分标准，分别对各投标书的报价和各种服务进行评审打分，得分最高者中标。评审要素确定后，还应确定各要素的权重和评分标准。

评分法的好处是比较简便，可将各种因素量化后进行比较；缺点是各评标人独立给分，对评标人的水平要求高，否则主观随意性成分比较大。如果采用评分法评标，对评分因素和各个因素的分数分配均应在招标文件中说明。

二、工程量清单计价

工程量清单是由建设工程招标人发出的，对招标工程的全部项目按统一的工程量计算规则、项目划分和计量单位算出的工程数量列出的表格，是表现拟建工程的分部分项工程项目、措施项目、其他项目名称和相应数量的明细清单。工程量清单的基本功能是作为信息的载体，为投标人提供必要的信息，为投标人创造一个公开、公平、公正的竞争环境。同时它也是编制工程标底、进行评标的基础，是施工过程中支付工程进度款的依据，还是办理工程结算、竣工结算和处理工程索赔的依据。

为规范建设工程工程量清单计价行为，全部使用国有资金投资或国有资金投资为主的大中型建设工程，均应按照该规范进行建设工程工程量清单计价活动。招标工程如设标底，标底应根据招标文件中的工程量清单和有关要求、施工现场实际情况、合理的施工方法以及按照省、自治区、直辖市建设行政主管部门制定的有关工程造价计价办法进行编制。

（一）工程量清单的编制

工程量清单应由具有编制招标文件能力的招标人或受其委托具有相应资质的中介机构进行编制，并作为招标文件的组成部分。工程量清单主要由分部分项工程量清单、措施项目清单和其他项目清单组成。

1. 分部分项工程量清单的编制

分部分项工程量清单应包括项目编码、项目名称、计量单位和工程数量，格式详见表5-2。

表5-2 分部分项工程量清单

工程名称： 第 页 共 页

序号	项目编码	项目名称	计量单位	工程数量

（1）清单项目的设置

分部分项工程量清单由招标人按照《建设工程工程量清单计价规范》（GB 50500—2013）❶中统一的项目编码、统一的项目名称、统一的计量单位和统一的工程量计算规则进行编制。

① 项目编码。《建设工程工程量清单计价规范》（GB 50500—2013）中对每一个分部分项工程量清单项目给出了一个对应的项目编码。项目编码以五级编码设置，用十二位阿拉伯数字自左至右表示，如图5-5中的范例所示。

② 项目名称和工程内容。清单项目名称一定要按《建设工程工程量清单计价规范》（GB 50500—2013）附录的规定设置，不能自行其是。分部分项工程量清单项目的设置是以形成工程实体为原则。清单项目名称均以工程实体命名。所谓工程实体是指工程项目的主要

---

❶ 2024年11月，住房城乡建设部批准《建设工程工程量清单计价标准》为国家标准，编号为GB/T 50500—2024，自2025年9月1日起实施。原国家标准《建设工程工程量清单计价规范》（GB 50500—2013）同时废止。

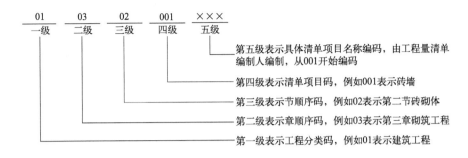

图 5-5 项目编码结构（以建筑工程为例）

部分，对附属或次要部分不设置项目。如工业管道安装工程项目，实体部分指管道，完成这个项目还包括：防腐刷油、绝热保温、管道脱脂、酸洗、试压、探伤检查等。其中刷油、绝热保温等项目也是实体，但对于管道安装而言，它就是附属的次要项目，在综合单价中要予以考虑，但不能另列清单编号项目计价。

工程实体由多个工程子目组合而成。《建设工程工程量清单计价规范》（GB 50500—2013）中对各清单项目可能发生的组合项目均作了提示，并列在"工程内容"一栏中，供清单编制人参考。若发生了在"工程内容"中未列的其他工程，应在清单项目描述中予以补充。

③ 项目特征。工程项目的特征描述是清单项目设置的重要内容，它直接影响综合单价的计算。在设置清单项目时，应对项目的特征作全面的描述。《建设工程工程量清单计价规范》附录中的每一清单条目，都需将描述的项目特征按不同的工程部位、施工工艺或材料品种、规格等分别列项。凡项目特征中未描述到的其他独有特征，由清单编制人视项目具体情况编制。

（2）工程量的计算

清单项目的工程量计算应严格执行《建设工程工程量清单计价规范》（GB 50500—2013）中所规定的计量单位和工程量计量规则，不使用扩大单位（如 $10m^3$、$100kg$ 等），不能同定额工程量计算规则相混淆。

2. 措施项目清单的编制

措施项目是指为完成工程项目施工，发生于该工程施工前和施工过程中技术、生活、安全等方面的非工程实体项目。措施项目清单应根据拟建工程的具体情况，参照措施项目一览表列项。对于表中未列的措施项目，工程量清单编制人可予以补充。

3. 其他项目清单

其他项目清单应根据拟建工程的具体情况，参照下列内容列项。

① 预留金。指招标人为可能发生的工程量变更而预留的金额。工程量变更主要是指工程量清单漏项、有误引起的工程量增加和施工中设计变更引起的标准提高或工程量的增加等。

② 材料购置费。指招标人购置材料预留的费用。

③ 总承包服务费。指为配合协调招标人进行的工程分包和材料采购所需的费用。

④ 零星工作项目费等。指完成招标人提出的，不能以实物量计量的零星工作项目所需的费用。在清单中，应由招标人根据拟建工程的具体情况，列出人工、材料、机械的名称、

计量单位和相应数量。

（二）工程量清单报价

实施工程量清单计价的工程项目，投标报价应根据招标文件中的工程量清单和有关要求、施工现场实际情况及拟定的施工方案或施工组织设计，依据企业定额和市场价格信息，或参照建设行政主管部门发布的社会平均消耗量定额进行编制。

工程量清单计价的工程造价，由分部分项工程费（含利润）、措施项目费、其他项目费、规费和税金组成。

1. 分部分项工程费

分部分项工程费指清单工程量与综合单价的乘积。工程量清单应采用综合单价计价。这里的综合单价是指完成一个规定计量单位工程所需的人工费、材料费、机械使用费、管理费和利润，并考虑风险因素。分部分项工程量清单计价表的格式如表5-3所示。

表5-3　分部分项工程量清单计价表

工程名称：　　　　　　　　　　　　　　　　　　　　　　　　　　　第　页　共　页

序号	项目编码	项目名称	计量单位	工程数量	金额/元	
					综合单价	合价
			本页小计			
			合计			

分部分项工程量清单的综合单价应根据招标文件、工程量清单、设计图纸、施工现场情况以及人工、材料、机械参考价，并参照工程量清单计算规则中的工程内容进行编制，也可参考当地的概预算定额或企业定额进行编制。值得注意的是，由于清单工程量为实体工程量，国家标准规定的工程量计算规则、计量单位和项目划分往往与定额中的规定不一致，为此应按国家标准中规定的计量单位和计算的清单工程量进行折算。

2. 措施项目费

措施项目清单的金额应根据拟建工程的施工方案或施工组织设计，参照综合单价组成确定。投标人可根据施工组织设计采取的措施增加项目。投标报价时，措施项目费中的混凝土、钢筋混凝土模板、施工排水与降水等项目，由投标人根据企业的情况自行报价。而环境保护、文明施工、安全施工等项目可参照有关费用标准计算。

3. 其他项目费

其他项目清单的金额应按下列规定确定。

① 招标人部分的金额（包括预留金和材料购置费等）可按估算金额确定。部分金额虽在工程投标时挤入投标人的报价，但在工程结算时，应按承包人实际完成的工作量计算，剩余部分仍归招标人所有。

② 投标人部分的总承包服务费应根据招标人提出的要求所发生的费用确定。

③ 零星工作项目费应根据"零星工作项目计价表"确定。零星工作项目的综合单价应参照综合单价组成填写。工程竣工后，零星工作费应按实际完成的工程量乘以中标单价进行结算。

工程量清单计价程序见表 5-4。

表 5-4　工程量清单计价程序

序号	名称	计算方法
1	分部分项工程费	∑(清单工程量×综合单价)
2	措施项目费	按规定计算(含利润)
3	其他项目费	按招标文件规定计算
4	规费	(1+2+3)×费率
5	不含税工程造价	1+2+3+4
6	税金	5×综合税率
7	含税工程造价	5+6

三、工程承包合同价格

在工程招投标阶段，投资最终要以合同价形式确定。依照国际惯例，建设工程承包合同的计价方式可分为总价合同、单价合同和成本加酬金合同三种。

（一）总价合同

所谓总价合同是指支付给承包方的款项在合同中是一个规定的金额，即总价。它是以图纸和工程说明书为依据，由承包方与发包方经过商定确定的。总价合同的主要特征：一是价格根据事先确定的由承包方实施的全部任务，按承包方在投标报价中提出的总价确定；二是待实施的工程性质和工程量应在事先明确商定。

一般采用的总价合同形式为固定工程量总价合同，它是指由发包方或其咨询单位将发包工程按图纸和规定、规范分解成若干分项工程量，由承包方标出分项工程单价，然后将分项工程单价与分项工程量相乘，得出分项工程总价，再将各个分项工程总价相加，即得出合同总价。

总价合同按其是否可以调值又可分为以下两种不同形式。

1. 不可调值总价合同

这种合同的价格计算是以图纸及规定、规范为基础，承发包双方就承包项目协商一个固定的总价，由承包方一笔包死，不能变化。

采用这种合同，合同总价只有在设计和工程范围有所变更的情况下才能随之做相应的变更，除此之外，合同总价是不能变动的。这种情况下，承包方承担的风险较大，如遇到物价波动、地质条件不利、气候条件恶劣等，因此价格中应考虑风险因素，合同价格一般会高些，通常适用于工期较短（如1年以内）的项目。

2. 可调值总价合同

这种合同的总价一般也是以图纸及规定、规范为计算基础，但它是按招投标当时的物价水平进行计算的。这是一种相对固定的价格。在合同执行过程中，由于通货膨胀而使所用的工料成本增加达到某一限度时，对合同总价需进行相应的调值。可调值总价合同均明确列出有关调值的特定条款，往往是在合同特别说明书（也称特别条款）中列明。调值工作必须按照这些特定的调值条款进行。

这种合同与不可调值总价合同的不同之处在于，它对合同实施中出现的风险做了分摊，发包方承担了通货膨胀这一不可预测费用因素的风险，而承包方只承担了实施中实物工程量、成本和工期等因素的风险。

可调值总价合同同样适用于工程内容和技术经济指标规定很明确的项目，由于合同中列明调值条款，所以工期在1年以上的项目较适于采用这种合同形式。

（二）单价合同

工程单价合同可分为两种不同形式。

1. 估算工程量单价合同

这种合同是以工程量表和工程单价表为基础和依据来计算合同价格的，也可称为计量估价合同。通常是由发包方委托设计单位或专业估算师提出总工程量估算表，即"工程量概算表"或"暂估工程量清单"，列出分部分项工程量，由承包方以此为基础填报单价。最后工程的总价应按照实际完成工程量计算，由合同中分部分项工程单价乘以实际工程量，得出工程结算的总价。

采用这种合同时，要求实际完成的工程量与原估计的工程量之间不能有实质性的变更。因为承包方给出的单价是以相应的工程量为基础的，如果工程量大幅度增减，可能影响工程成本。不过在实践中往往很难确定工程量究竟多大范围的变更才算实质性变更，这是这种合同形式的一个缺点。有些单价合同规定，如果实际工程量与报价表中的工程量相差超过±20%时，允许承包方调整合同单价。此外，也有些单价合同允许材料价格变动较大时承包方调整单价。

采用估计工程量单价合同可以使承包方对其投标的工程范围有一个明确的概念。这种合同一般适用于工程性质比较清楚，但任务及其要求标准不能完全确定的情况。

采用这种合同时，工程量是统一计算出来的，承包方只要经过复核并填上适当的单价就可以了，承担风险较小；发包方也只要审核单价是否合理即可，对双方都方便。目前国际上采用这种合同形式的比较多。

2. 纯单价合同

采用这种形式的合同时，发包方只向承包方给出发包工程的有关分部分项工程以及工程范围，不需对工程量作任何规定。承包方在投标时只需对这种给定范围的分部分项工程作出报价即可，而工程量则按实际完成的数量结算。这种合同形式主要适用于没有施工图、工程量不明，却急需开工的紧迫工程。

（三）成本加酬金合同

成本加酬金合同是由业主向承包单位支付工程项目的实际成本，并按事先约定的某种方式支付酬金的合同类型。这种合同形式主要适用于工程内容及其技术经济指标尚未全面确定，投标报价的依据尚不充分的情况下，发包方因工期要求紧迫，必须发包的工程；或者发包方与承包方之间具有高度的信任，承包方在某些方面具有独特的技术、特长和经验的工程。成本加酬金合同一般分为以下几种形式。

1. 成本加固定百分比酬金

这种合同价是业主对承包商支付的人工、材料和施工机械使用费和管理费等按实际成本全部据实补偿,同时按照实际直接成本的固定百分比付给承包商一笔酬金,作为承包商的利润。

这种合同价使得工程总造价及付给承包商的酬金随工程成本增加而增加,不利于鼓励承包商降低成本,因此很少被采用。

2. 成本加固定金额酬金

这种合同价与上述成本加固定百分比酬金合同价相似。其不同之处仅在于业主支付给承包商的酬金是一笔固定金额的酬金。

采用上述两种合同价方式时,为了避免承包商企图获得更多的酬金而对工程成本不加控制,往往在承包合同中规定一些"补充条款",以鼓励承包商节约资金,降低成本。

3. 成本加奖罚

采用这种合同价,首先要确定一个目标成本,这个目标成本是根据粗略估算的工程量和单价表编制出来的。在此基础上,根据目标成本来确定酬金的数额,可以是百分数的形式,也可以是一笔固定酬金。然后,根据工程实际成本支出情况另外确定一笔奖金,当实际成本低于目标成本时,承包商除从业主方获得实际成本、酬金支付外,还可根据成本降低额得到一笔奖金。当实际成本高于目标成本时,承包商仅能从发包商得到成本和酬金的支付。此外,视实际成本高出目标成本情况,若超出合同价的限额,还要处以一笔罚金。除此之外,还可设工期奖罚。这种合同价形式可以促使承包商降低成本,缩短工期,而且目标成本随着设计的进展而加以调整,业主和承包商都不会承担太大风险,故应用较多。成本加奖罚合同的表达式为:

$$C = \begin{cases} C_d + F & \text{当 } C_d = C_0 \text{ 时} \\ C_d + F + \Delta F & \text{当 } C_d < C_0 \text{ 时} \\ C_d + F - \Delta F & \text{当 } C_d > C_0 \text{ 时} \end{cases}$$

式中　C——合同价;

　　　C_d——实际成本;

　　　C_0——签订合同时双方约定的目标成本;

　　　F——双方约定的酬金具体数额;

　　　ΔF——奖罚金额,可以是百分数,也可以是绝对数,而且奖和罚可以不是同一计算标准。

4. 最高限额成本加固定最大酬金

在这种合同价中,首先要确定限额成本、报价成本和最低成本,当实际成本没有超过最低成本时,承包商花费的成本费用及应得酬金等都可得到业主的支付,并与业主分享节约额;如果实际工程成本在最低成本和报价成本之间,承包商只能得到成本和酬金;如果实际工程成本在报价成本与最高限额成本之间,则只能得到全部成本;实际工程成本超过最高限额成本时,则超过部分发包方不予支付。这种合同价形式有利于控制工程投资,并能鼓励承包商最大限度地降低工程成本。其表达式为

$$C = \begin{cases} C_d + F + S & \text{当 } C_d \leq C_l \text{ 时} \\ C_d + F & \text{当 } C_l < C_d \leq C_t \text{ 时} \\ C_d & \text{当 } C_t < C_d \leq C_h \text{ 时} \\ C_h & \text{当 } C_h < C_d \text{ 时} \end{cases}$$

式中 C_l——最低成本；
　　C_d——实际成本；
　　C_t——报价成本；
　　C_h——限额成本；
　　S——承包商分享的节约额。

第三节　项目实施阶段投资的合理确定与控制

实施阶段投资的合理确定与控制是投资管理的重要组成内容。在这一阶段，承发包双方要依据工程承包合同和工程施工过程中出现的实际情况办理工程结算，正确计算索赔费用。

一、费用索赔

索赔是在工程承包合同履行过程中，当事人一方由于另一方未履行或未完全履行合同所规定的义务，或者出现了应当由对方承担的风险而遭受损失时，向另一方提出赔偿要求的行为。按索赔主体不同，工程索赔可分为承包商索赔和业主索赔；按索赔目的不同，工程索赔可分为工期索赔和费用索赔。本章主要讨论费用索赔的有关内容。

（一）承包商索赔

由于业主或其他方面的原因，致使承包者在项目施工中付出了额外的费用所造成的损失，承包商通过合法途径和程序，通过谈判、诉讼和仲裁，要求业主偿还其在施工中的费用损失或延长工期。

1. 承包商索赔的原因和内容

（1）不利的自然条件和人为障碍引起的索赔

不利的自然条件引起的索赔，是指在施工中遭遇到的实际自然条件比招标文件中所描述的更为困难和恶劣，增加了施工难度，导致承包商必须花费更多的时间和费用，从而引起的索赔。在工程索赔实践中，这类索赔经常引起争议。

人为障碍引起的索赔是指在施工过程中，承包商遇到了图纸上未说明的地下构筑物或文物等人为障碍，与工程师共同确定的处理方案导致了工程费用的增加，由此引起的索赔。这类索赔一般比较容易成功。

（2）因工程拖期提出的索赔

工程拖期索赔，是指承包商为了完成合同规定的工程花费了比原计划更长的时间和更大的开支，而责任不在承包商时提出的索赔。在施工过程中，当出现业主、监理工程师或其他非承包商原因导致工程拖期时，承包商可以向监理工程师及业主提出延长工期或补偿损失的要求。

值得注意的是，承包商因工程拖期提出的索赔包括两种情况：一是工期的拖延纯属业主和工程师方面的原因造成的，这时不仅应给承包商适当延长工期的权利，还应给予相应的费用补偿；二是工期的拖延属于客观原因造成的。在实践中出现这种情况时，工期索赔和费用索赔不一定能同时成立。如异常恶劣气候等情况，承包商可得到延长工期，但得不到费用补偿。此外，若有些延误并不影响关键路线施工，承包商也得不到延长工期的承诺。

（3）因加速施工引起的索赔

根据工期投资曲线，通过加速施工使工期提前将意味着承包商完成某工程项目必须投入比合理工期更多的人力、物力和财力。而且加速的幅度越大，承包商所投入的加速费用越多。在施工过程中，各种并非是由于承包商原因的意外情况的出现可能导致工期延长，导致工程项目不能按时竣工时，有时业主和监理工程师会发布加速施工指令，要求承包商投入更多资源，加班施工来确保工程按照计划的日期完工，这可能会导致承包商的成本增加，引起承包商索赔，内容包括：人工费用的增加、设备费用的增加、材料费用的增加。

（4）工程变更引起的索赔

当发生工程变更时，若变更价款确定不合理或缺乏说服承包商的依据，承包商有权就此向业主进行索赔。由于工程量的变更，且实际发生了额外费用损失，承包人可提出索赔要求，与发包人协商确认后，给予补偿。

（5）因工程终止或放弃提出的索赔

由于业主不正当地终止或非承包方原因而使工程终止，承包商有权提出以下索赔：

① 盈利损失。其数额是该项工程合同条款与完成遗留工程所需花费的差额。

② 补偿损失。其数额是承包商在被终止工程上的人工、材料、机械设备的全部支出以及各项管理费用、保险费、贷款利息和保函费用的支出等，减去已结算的工程款。

（6）业主拖欠支付工程款引起的索赔

如果业主不按时支付中期工程款，承包商可以在提前通知业主的情况下，暂停施工或减缓工程进度，并有权获得任何误期的补偿和其他额外费用的补偿，比如各项管理费、贷款利息等。

（7）物价上涨引起的索赔

在工程施工过程中，由于物价上涨，会使人工费、材料费不断增长，引起工程成本的增加。承包商可以对由于物价上涨而引起的人工费和材料费的增加价差向业主提出索赔。

（8）国家政策法规、货币及汇率变化引起的索赔

国际咨询工程师联合会（FIDIC）合同条件约定，如果在基准日期（投标截止日期前的28天）以后，由于业主国家或地方的任何法规、法令、政令或其他法律规章发生了变更，导致了承包商成本增加，业主应予以补偿。

如果在基准日期以后，工程施工所在国政府或其授权机构对支付合同价格的一种或几种货币实行货币限制或货币汇兑限制，则业主应补偿承包商因此而受到的损失。

（9）不可抗力

根据 FIDIC 合同条件，不可抗力是指某种特殊事件或情况：一方无法控制的；该方在签订合同前无法对之进行合理准备的；发生后，该方无法合理回避或克服的；不能主要归因于另一方的。

只要满足上述条件，不可抗力可以包括但不限于下列各种特殊事件或情况：

① 战争、敌对行为（不论宣战与否）、入侵、外敌行动；

② 叛乱、恐怖活动、革命、暴动、军事政变或篡夺政权，或内战；

③ 承包商人员以及承包商和分包商的雇员以外的人员造成的骚动、喧闹、混乱、罢工或停工；

④ 军火、爆炸物资、电离辐射或放射性污染，但可能由于承包商使用此类军火、炸药、辐射或放射性物质引起的除外；

⑤ 自然灾害，如地震、飓风、台风或火山活动。

如果承包商由于不可抗力，妨碍其履行合同中规定的任何义务，使其遭受延误和（或）导致增加费用，承包商有权要求延长工期，并对增加的费用向业主提出索赔。

(10) 业主的风险

FIDIC 合同条件对业主风险的定义如下：

① 战争、敌对行为（不论宣战与否）、入侵、外敌行动；

② 工程所在国内的叛乱、恐怖活动、革命、暴动、军事政变或篡夺政权，或内战；

③ 由承包商人员以及承包商和分包商的雇员以外的人员，在工程所在国内造成的骚动、喧闹或混乱；

④ 工程所在国内的战争军火、爆炸物资、电离辐射或放射性污染，但可能因承包商使用此类军火、炸药、辐射或放射性物质引起的除外；

⑤ 由音速或超音速飞机或飞行装置产生的压力波；

⑥ 业主使用或占用除合同可能规定以外的永久工程的任何部分；

⑦ 由业主人员或业主对其负责的其他人员提供的工程任何部分的设计；

⑧ 不可预见的或不能合理预期的一个有经验的承包商应已采取适当预防措施的任何自然力的作用。

如果业主的风险达到对工程、货物或承包商文件造成损失或损害的程度，承包商应立即通知工程师，并应按工程师的要求修正此类损失或损害。如果因修正此类损失或损害使承包商蒙受损失和（或）招致费用增加，承包商有权要求延长工期，并对增加的费用向业主提出索赔。上述费用还可包括合理的利润。

2. 索赔费用的计算方法

索赔费用的计算方法分为分项法和总费用法两大类。

分项法是按每个索赔事件所引起的费用损失项目分别计算索赔值的一种方法，在实践中，绝大多数工程索赔均采用该方法。

总费用法是当发生多次索赔事件后，重新计算出该工程的实际总费用，再从这个实际总费用中减去投标报价总费用，计算出索赔金额。采用这种方法计算出的索赔值往往包含许多不合理因素，因此只有当多个索赔事件混杂在一起，难以准确地进行分项记录和资料收集，不易计算出具体的费用损失时，才采用总费用法进行索赔。为此，实践中往往采用修正的总费用法。修正的总费用法是对总费用法的改进，即在总费用计算的基础上，去掉一些不合理因素，使其合理。修正方法是：将计算索赔款时段和工作项目限定于受影响的部分，并对投标报价费用重新进行核算。按修正后的总费用法计算索赔金额的公式为

索赔金额＝某项工作调整后的实际总费用－该项工作报价费用

（二）业主索赔

由于承包商不履行或不完全履行合同约定的义务，或者由于承包商的行为使业主受到损

失时，业主可以向承包商提出索赔。常见的索赔原因和内容如下。

1. 拖延竣工期限的索赔

由于承包方拖延竣工期限，业主提出的索赔一般有以下两种计算方法。

（1）按清偿损失额计费

清偿损失额等于承包方引起的工期延误日数与日清偿损失额（在承包工程合同中已注明）的乘积。

（2）按实际损失额计费

业主按工期延误的实际损失额向承包方提出的索赔一般包括以下内容：

① 业主盈利和收入的损失；
② 扩大的工程管理费开支；
③ 超额筹资的费用；
④ 使用设施机会的丧失。

2. 施工缺陷索赔

当承包商施工质量不符合合同要求，或在保修期内未完成应该负责修补的工程时，业主有权要求承包商补偿其所承受的经济损失。如果承包商未在规定的时限内完成修补工作，业主有权雇佣他人来完成工作，发生的费用由承包商负担。

3. 不正当地放弃工程或合理地终止工程的索赔

如果业主合理地终止承包商的承包，或者承包商不正当地放弃工程，则业主有权从承包方手中收回由新的承包商完成全部工程所需的工程价款与原合同未付部分的差额。

4. 其他索赔

如承包方未能按合同条款指定的项目投保，业主支付保险的费用可在应付给承包方的款项中扣回；承包方未能向指定的分包企业付款，业主有权从应付给承包方的款项中如数扣回；如果工程量增加很多，使承包方预期收入增多，业主有权收回部分超额利润。

二、建筑安装工程价款的结算

（一）结算方式

建筑安装工程价款结算方式有多种，可以根据工程的不同情况选用。

1. 按月结算

即实行旬末或月中预支，月终结算，竣工后清算的办法。跨年度竣工的工程，在年终进行工程盘点，办理年度结算。我国现行建筑安装工程价款结算中，相当一部分是实行按月结算，这种结算办法是按分部分项工程，即以"假定建筑安装产品"为对象按月结算或预支，待工程竣工后再办理竣工结算，一次结清，找补余款。

2. 竣工后一次结算

建设项目或单项工程全部建筑安装工程建设期在 12 个月以内，或者工程承包合同价值在 100 万元以下的，可以实行工程价款每月月中预支，竣工后一次结算。

3. 分段结算

对于当年开工、当年不能竣工的单项工程或单位工程，可按照工程形象进度，划分不同阶段进行结算。分段结算可以按月预支工程款。分段标准由各部门或省、自治区、直辖市、计划单列市规定。

4. 双方约定的其他方式

除上述几种情况外，还可按双方事先约定的其他方式结算。

（二）工程价款的结算过程

1. 工程预付款

工程预付款是施工合同订立后由业主按照合同约定，在正式开工前预先支付给承包商的工程款，用作施工准备费用和备料周转金（国内习惯上称之为预付备料款）。工程预付款的具体事宜由业主和承包商根据有关规定，结合工程款、工期和包工包料等情况在合同中约定。

《建设工程施工合同（示范文本）》中约定实行工程预付款的双方应当在专用条款内约定发包人向承包人预付工程款的时间和数额，开工后按约定的时间和比例逐次扣回。预付时间应不迟于约定的开工日期前7天。发包人不按约定预付的，承包人在约定预付时间7天后向发包人发出要求预付的通知，若发包人收到通知后仍不能按要求预付，承包人可在发出通知后7天停止施工，发包人应从约定应付之日起向承包人支付应付款的贷款利息，并承担违约责任。

（1）工程预付款的额度

发包人在招标时，应根据工程的特点、工期长短等因素，在合同条件中约定工程预付款百分比。对于预付备料款的限额，可参考下式确定

$$\frac{备料款}{限额} = \frac{全年施工产值 \times 主要材料所占比例}{年度施工日历天数} \times 材料储备天数$$

一般建筑工程（包括水、电、暖）按年计划施工产值的25%左右拨付；安装工程按年计划施工产值的10%拨付；材料占比较大的安装工程按年计划产值的15%左右拨付。

（2）工程预付款的扣回

发包单位拨付给承包单位的预付款属于预支性质。工程开工后，随着工程进度款拨付数量的增加和工程所需主要材料储备的逐步减少，应按照业主和承包商合同条款中约定的时间和数额比例抵扣的方式，将已支付的预付款以抵充工程价款的方式陆续扣回。

在国内，工程预付款的主要部分是预付备料款。因此从理论上讲，扣款的方法应是从未施工工程尚需的主要材料及构件的价值相当于备料款数额时起扣，从每次结算工程价款中按材料占比扣抵工程价款，竣工前全部扣清。起扣点的计算公式为

$$T = P - \frac{M}{N}$$

式中　T——起扣点，即开始扣回预付备料款时的工程价值；

　　　P——年度承包工程总值；

　　　M——预付备料款；

　　　N——主要材料费所占比重。

实践中的情况比较复杂，应由发包人和承包人在合同中商定。一般可在完工前几个月将工程预付款的总计金额按逐次分摊的方法扣回。有些工程工期较短，就无需分期扣回；有些

工程跨年度施工，预付备料款可不扣或少扣，并于次年进行调整。

2. 工程进度款的支付（中间结算）

建筑安装工程发承包双方应当按照合同约定，定期或者按照工程进度分段进行工程款结算。施工企业在工程建设过程中，按结算期内完成的工程数量计算各项费用，向建设单位办理工程进度款的支付（即中间结算）。工程进度款的支付步骤如下。

（1）工程量的确认

《建设工程施工合同（示范文本）》中约定，工程量确认的具体要求如下。

① 承包人应按专用条款约定的时间，向工程师提交已完工程量的报告。工程师接到报告后 7 天内按设计图纸核实已完工程量（以下称计量），并在计量前 24 小时通知承包人，承包人为计量提供便利条件并派人参加。承包人收到通知后不参加计量，计量结果有效，作为工程价款支付的依据。

② 工程师收到承包人报告后 7 天内未进行计量的，从第 8 天起，承包人报告中开列的工程量即视为被确认，作为工程价款支付的依据。工程师不按约定时间通知承包人，致使承包人未能参加计量的，计量结果无效。

③ 对承包人超出设计图纸范围和因承包人原因造成返工的工程量，工程师不予计量。

（2）支付进度款

《建设工程施工合同（示范文本）》中约定，在确认计量结果后 14 天内，发包人应向承包人支付工程进度款。按约定时间发包人应扣回的预付款，与工程进度款同期结算。符合规定范围的合同价款的调整、工程变更调整的合同价款及其他条款中约定的追加合同价款，应与工程进度款同期调整支付。

若发包人超过约定的支付时间不支付工程款（进度款），承包人可向发包人发出要求付款的通知；若发包人收到承包人通知后仍不能按要求付款，则可与承包人协商签订延期付款协议，经承包人同意后可延期支付。协议应明确延期支付的时间和从计量结果确认后第 15 天起应付款的贷款利息。发包人不按合同约定支付工程款（进度款），双方又未达成延期付款协议，导致施工无法进行的，承包人可停止施工，由发包人承担违约责任。

3. 尾留款

在工程承包合同中一般规定，在工程总造价中应预留 3%～5% 的尾留款作为质量保修金，又称为保留金，在工程保修期结束后拨付。在工程实践中，一般可采取两种扣款方式：一是当工程款累计拨付达到工程造价的一定比例时，停止拨付，余款作为尾留款；二是从发包方向承包方第一次支付工程款开始，每次从承包方应得的工程款中扣留规定比例的保留金。

4. 竣工结算

竣工结算是指承包商按照合同规定的内容全部完成所承包的工程，经验收质量合格，并符合合同要求之后，向业主进行的最终工程价款结算。《建设工程施工合同（示范文本）》约定的竣工结算程序如下。

① 工程竣工验收报告经发包人认可后 28 天内，承包人向发包人递交竣工结算报告及完整的结算资料，双方按照协议书约定的合同价款及专用条款约定的合同价款调整内容，进行工程竣工结算。

② 发包人收到承包人递交的竣工结算报告及结算资料后 28 天内进行核实，给予确认或者提出修改意见。发包人确认竣工结算报告，通知经办银行向承包人支付工程竣工结算价款。承包人收到竣工结算价款后 14 天内将竣工工程交付发包人。

③ 发包人收到竣工结算报告及结算资料后 28 天内无正当理由不支付工程竣工结算价款的，从第 29 天起按承包人同期向银行贷款利率支付拖欠工程价款的利息，并承担违约责任。

④ 发包人收到竣工结算报告及结算资料后 28 天内不支付工程竣工结算价款的，承包人可以催告发包人支付结算价款。发包人在收到竣工结算报告及结算资料后 56 天内仍不支付的，承包人可以与发包人协议将该工程折价，也可以由承包人向人民法院申请将该工程依法拍卖，承包人就该工程折价或者拍卖的价款优先受偿。

⑤ 工程竣工验收报告经发包人认可后 28 天内，承包人未能向发包人递交竣工结算报告及完整的结算资料，造成工程竣工结算不能正常进行或工程竣工结算价款不能及时支付，发包人要求交付工程的，承包人应当交付；发包人不要求交付工程的，承包人承担保管责任。

⑥ 发包人和承包人对工程竣工结算价款发生争议时，按关于争议的约定处理。办理工程价款竣工结算的一般公式为：

竣工结算工程款＝概预算或合同价款＋价款调整数额－预付及已结算工程价款－保留金

三、投资偏差分析

在确定了投资控制目标之后，为了有效地进行投资管理，项目管理者必须定期将投资计划值和实际值进行比较。当实际值偏离计划值时，要分析产生偏差的原因，采取适当的纠偏措施，以便使投资超支额尽可能小。

（一）投资偏差的含义

1. 投资偏差的计算公式

投资偏差是指投资计划值与实际值之间存在的差额，计算公式为

投资偏差＝已完工程实际支出－已完工程计划支出

投资偏差为正表示投资增加，为负表示投资节约。此外，进度偏差和投资偏差的关系密切，只有在考虑了进度偏差后才能正确地反映投资偏差的实际情况，因此有必要引入进度偏差的概念。进度偏差的计算公式为

进度偏差＝已完工程实际时间－已完工程计划时间

为了将进度偏差与投资偏差联系起来，进度偏差也可表示为

进度偏差＝拟完工程计划支出－已完工程计划支出

拟完工程计划支出，是指根据进度计划安排，在某一确定时间内所应完成的工程内容的计划支出。进度偏差的结果为正值时，表示工期拖延；结果为负值时，表示工期提前。

【例 5-3】某工程 5 月份拟完工程计划支出 10 万元，已完工程计划支出 8 万元，已完工程实际支出 12 万元，则 5 月份该工程投资和进度完成情况如何？

投资偏差＝已完工程实际支出－已完工程计划支出＝12－8＝4(万元)

表明该工程 5 月份投资超支 4 万元。

进度偏差＝拟完工程计划支出－已完工程计划支出＝10－8＝2(万元)

表明该工程 5 月份进度拖后 2 万元。

2. 投资偏差的几种表示形式

（1）绝对偏差和相对偏差

绝对偏差是指支出计划值与实际值比较所得的差额。相对偏差是指投资偏差的相对数或比例数，通常是用绝对偏差与计划值的比值来表示。相对偏差和绝对偏差的符号相同，正值表示投资增加，负值表示投资节约。

$$绝对偏差＝投资实际值－投资计划值$$

$$相对偏差＝\frac{绝对偏差}{投资计划值}$$

（2）局部偏差和累计偏差

局部偏差是指每一控制周期所发生的投资偏差。累计偏差是项目已实施的时间内累计发生的偏差，是一个动态概念。累计偏差分析以局部偏差分析为基础，需对局部偏差进行综合分析，对投资管理工作在较大范围内有指导作用。根据偏差程度的概念，可以引入投资局部偏差程度和投资累计偏差程度，其表达式分别为：

$$投资局部偏差程度＝\frac{当期投资实际值}{当期投资计划值}$$

$$投资累计偏差程度＝\frac{累计投资实际值}{累计投资计划值}$$

（二）投资偏差的分析方法

常用的偏差分析方法有资源负荷图法、横道图法、表格法和投资偏差曲线法等。这几种方法各自有一定的优点和缺点。这里仅介绍投资偏差曲线法。

投资偏差曲线法是用投资累计曲线来进行投资偏差分析的一种方法。通常需标出三条曲线，即已完工程实际支出曲线 a、已完工程计划支出曲线 b 和拟完工程计划支出曲线 p。图 5-6 中的曲线 a 和曲线 b 的竖向距离表示投资偏差，曲线 b 和曲线 p 的水平距离表示进度偏差。显然，图 5-6 中所示情况是在时间 t 处的超支（$y_A - y_B$），拖延时间为 Δt。曲线 p 和曲线 b 的横向距离即是工期拖延总数。

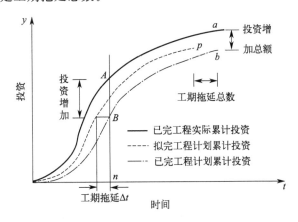

图 5-6 投资偏差分析曲线

复习思考题

一、选择题（选择正确答案）

1. 在下述各项中，列入建筑单位工程概算的是（　　）。
   A. 机械设备概算　　B. 通风工程概算　　C. 电气设备概算　　D. 生产家具购置费概算

2. 在采用概算定额法编制工程概算时，其主要依据是（　　）。
   A. 单位估价表　　B. 扩大单位估价表　　C. 概算指标　　D. 估算指标

3. 在通常采用的合同形式中，承包商承担风险最大的是（　　）。
   A. 可调值总价合同　　　　　　B. 不可调值总价合同
   C. 估计工程量单价合同　　　　D. 纯单价合同

4. 业主按工期延误的实际损失额向承包商提出的索赔应包括（　　）。
   A. 超额筹资费　　　　　　　　B. 窝工费
   C. 工资上涨增加的人工费　　　D. 施工设备闲置费

5. 若业主合理终止工程或承包方不正当放弃工程，业主可提出的索赔费用为（　　）。
   A. 新承包商完成工程所需全部费用与原承包合同中未付部分的差额
   B. 由新承包商完成所余工程需要的全部工程费用
   C. 原建安工程承包合同中未付的费用
   D. 该工程项目所需的全部费用

6. 我国现行建筑安装工程价款按月结算的对象是（　　）。
   A. 分部分项工程　　B. 单位工程　　C. 单项工程　　D. 建设项目

7. 某土建工程2000年1~4月份计划产值为1200万元，材料费占年产值60%，预付备料款占年产值25%，1~4月份实际完成产值分别为200万元、300万元、400万元、300万元。当工程累计完成产值达到（　　）时，开始扣备料款。
   A. 400万元　　B. 800万元　　C. 500万元　　D. 700万元

8. 根据国际惯例，对建设项目已完工程投资费用的结算，一般应采用（　　）。
   A. 竣工调价系数结算法　　　　B. 按实际价格结算法
   C. 调价文件结算法　　　　　　D. 调价公式法

二、简答题

1. 工程承包合同价格的形式有哪些？各有哪些特点？
2. 什么是投资偏差和进度偏差？它们之间存在何种联系？

第六章

项目投资文书规范写作管理

项目投资决策是选择和决定建设项目行动方案的过程,是对拟建项目的必要性和可行性进行技术经济论证,对不同建设方案进行技术经济比较选择及做出判断和决定的过程。项目投资决策是投资行动的准则,正确的建设项目投资行动来源于正确的建设项目投资决策。由此可见,建设项目投资决策正确与否,直接关系到项目建设的成败,关系到工程造价的高低及投资效果的好坏。项目投资决策流程如图6-1所示。

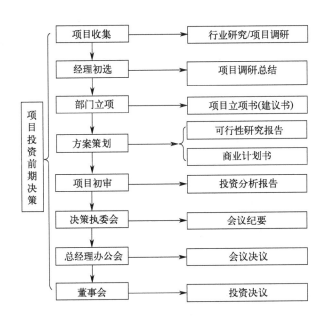

图6-1 投资项目决策流程

项目投资第一阶段主要完成的工作内容有:对项目可行性进行研究和判断,对项目立项与否、规模大小、资源来源情况和利用方式等重大问题的解决。本章研究讨论本阶段需要拟写的重要文书的规范写作问题,包括行业投资分析报告、项目建议书、商业计划书、项目可行性研究报告等投资前期的重要文书材料。本章对于项目投资前期需要拟写的合同协议等文书也做了详细介绍,并且针对每一种合同文书都给出了典型的参考范例。

第一节 行业投资分析报告

一、行业投资分析报告的意义

行业投资分析报告是面向行业投资者、经营管理者和市场营销者的行业调查分析报告。旨在从纷繁复杂、瞬息万变的行业现象和信息中提炼出精确的真正有价值的情报，并结合行业所处的环境，从国内和国外社会环境、宏观与微观经济环境、行业间的关系等多个角度进行研究分析。其结论和观点力求达到前瞻性、实用性和可行性的统一，是投资者及政府和企业领导者投资决策的重要参考，是市场营销者制订销售计划和策略的重要依据。

二、行业投资分析报告的基本结构和内容要求

因为行业投资分析报告的适用对象和发挥的具体作用各有不同，所以行业投资分析报告没有约定俗成的基本结构，但是有比较规范的内容要求。行业投资分析报告一般应该遵循以下结构，包含以下内容要求。

（一）行业概况

行业概况包括行业规模、发展速度、平均利润水平、主要厂商生产经营情况。要求语言简洁、直观、概括性强。

（二）行业外部环境分析

（1）政策法规、行业管理模式

政策法规、行业管理模式包括国内对行业的管理性政策法规、行业促进政策等；国内行业管理、促进政策对行业的影响分析；国外成功的行业管理模式。

（2）技术发展趋势

技术发展趋势包括国际技术走向、发展前景分析；国际技术领先的国家、公司的名称、简介、技术领先之处；国内技术水平、发展趋势与国外的技术差距；国内技术领先公司的名称、简介、技术领先之处。

（三）行业供求分析

1. 行业供给、行业进入者

对行业的供给者和行业的进入者进行分析。

2. 行业业务模式分析

行业企业资产主要存在形式（固定资产、人力资源、流动资金、技术产权）；经营成本、费用主要发生形式（人力、关键原材料）；经营固定成本/可变成本结构；行业利润来源（产品流动差价、技术产品销售、使用权转让）；行业进入/退出壁垒（进入者要具备的主要资

源，包括技术、资金、管理）；行业整体供给情况（供不应求、供给过剩）、增长速度（年度增加的供应商数量、产能、供给发展趋势分析）。

3. 行业集中度、竞争态势

（1）行业内厂商分析

行业厂商总数、最大的3~5家厂商规模占行业规模的比例（销售额、资产、人员）；大厂商盈利模式、竞争优势分析；行业小厂商盈利模式、竞争优势分析；行业中的外国企业竞争模式分析。

行业中的外国企业竞争模式分析（包括合作模式，一般为合资、合作、独资）和原因分析；国家对外资进入该行业的规定；外国企业数量、规模占行业规模的比例，外国企业产品的市场占有率；外国企业竞争优势分析。

（2）行业需求、替代产品分析

对行业产品的需求规模、增长率及原因分析；行业替代品的种类、规模、可替代性分析；行业产品替代品的种类、涉及行业（及行业编号）；替代品替代行业产品的规模、增长率；替代品与行业产品的优劣比较、替代性分析。

（3）对产品需求的变化周期及特点分析

需求细分市场分析；需求市场细分的标准、各细分市场特点；各细分市场的大概规模、变化趋势；针对细分市场可能的创新、现有案例的分析。

（四）产业链、相关行业分析

1. 上游企业分析

供应商行业的名称、简介；供应商行业的讨价能力分析；供应商行业的集中度、最大的厂商分析；本行业对供应商的依赖度分析（行业需要的技能、资源、利润来源是否与供应商关系密切）；供应商对本行业的依赖度分析（供应商成功需要的资源、利润来源是否与本行业关系密切）；供应商的替代性（本行业是否是唯一的采购者）。

2. 下游行业分析

顾客行业的名称、简介；顾客行业的讨价能力分析；顾客行业的集中度、最大的采购商分析；本行业对顾客行业的依赖度分析；顾客行业对本行业的依赖度分析（顾客厂商成功需要的技能、资源、利润来源是否与本行业关系密切，本行业是否是唯一的供应者）。

3. 相关行业分析

相关行业的类别（替代性、补充性、服务性）、名称、简介；行业关系分析；相关行业厂商与本行业厂商关系分析（共同提供服务、协作开发、经销本行业产品、提供增值服务）；行业的规模、主要厂商、竞争力分析；对相关行业的对策分析（联盟、收购、挤压、转型）。

（五）行业厂商行为分析

1. 营销行为

行业典型营销模式介绍；行业新产品出现速度、创新速度；行业定价规则（如按人数和天数、按节点数等）、平均价格水平。

2. 平均单次销售规模

典型广告/促销方式；典型分销方式；将产品送达顾客的方式。

3. 营销创新分析

行业中营销大事记；生产行为；行业典型生产模式介绍；行业平均生产规模；产能变化经常采取的手段：合资、收购、合作开发、行业中产能变化（进入、购并、退出）；行业扩张行为大事记；行业对周围行业的扩张力度分析；是否是强势行业或可能整合的行业；上游、下游、纵向整合、整合后对行业的价值；降低成本、加强服务、减少潜在竞争者、获得关键技术、行业扩张大事记。

（六）行业主要厂商分析

分析第一厂商及第二、第三、第四等厂商的以下情况

1. 基本情况、公司财务分析及近年主要财务指标和财务报表分析

财务状况分析；公司组织结构；公司业务及竞争力分析（公司业务类别、收入结构、各业务利润率水平）；公司业务地理分布，占优势的地区；公司利润来源分析；公司竞争力来源：规模、技术、洞察力、一线管理。

2. 公司人力、业务资源分析

人力资源分析：员工数、人员构成、技术人员比例等。业务资源分析：政府关系、客户关系、关键人物等。

3. 公司战略经验、前景分析

公司成功的战略回顾；公司经典的营销、扩张、并购等案例；公司发展方向、战略前景、战略目标；公司管理模式经验；公司成功的管理模式、经验介绍；公司在营销、生产、研发上的经验教训；公司大事记。

（七）行业发展趋势分析

包括行业发展存在的问题；行业发展国内外趋势；行业投资价值等。

值得说明的是，本书给出一个行业投资分析报告的通用模板，目的并不是要求在实际操作中，所有项目的行业投资分析报告都要或者必须遵守这种模式，读者可以根据项目本身特点和工作要求进行修改，活学活用。以下的典型示例恰好融通和诠释了这种思想。

三、典型示例[①]

2024 年热电行业投资分析报告

第一章　行业季度综述

第一节　经济指标分析

一、热电产业状况

（一）行业规模增长趋势分析（略）

（二）行业效率分析（略）

[①] 典型示例中的章节序号是文书示例中的章节序号，而不是本书章节序号。

二、电力供应业状况

（一）行业规模分析（略）

（二）经济效益分析（略）

（三）行业效率分析（略）

第二节 行业结构分析

一、电力生产业（略）

（一）地区结构分析（略）

（二）所有制结构分析（略）

（三）企业结构分析（略）

二、电力供应业

（一）地区结构分析（略）

（二）所有制结构分析（略）

（三）企业结构分析（略）

第三节 重点企业动态分析

一、A集团公司

2024年×月×日，A集团公司总经理××对外宣布："将煤炭产业确定为××集团公司的主营业务之一，已经获得国资委批准。"今年要着手制订2024～2030年煤炭开发战略，积极寻求和占有煤炭开发资源，与大型煤炭企业建立长期战略合作关系。在其旗下的上百家发电厂看来，自力更生建煤矿，可以不必受制于人，能够从根本上化解"煤电价格之争"造成的困境。

A集团公司在××、××投资建设的×个煤矿已经开始产煤，加起来的产能是每年1200万吨。而××今年的电煤需求总量是8500万吨，仅靠这两家来平抑煤价显然远远不够。

2024年将是A集团公司成功实施"三年跨一步、五年上台阶、八年翻一番"战略计划第一步的决战之年。××表示，在本年度公司将要重点做好以安全生产为基础、燃料管理为重点、加大电力生产工作、进一步降本增效等8项工作。今年A集团公司所有在建的煤矿年产量要预计达到1750万吨。另外，A集团公司今年还将加紧建设煤电基地，以及在煤炭资源紧缺地区、沿海地区和资产集中地区建设储煤配送中心。这些目标将由一个马上成立的专司煤炭业务的经营实体去实现。

二、B集团

（具体分析略）

三、C公司

（具体分析略）

第四节 重点地区动态分析

一、X省

（一）两年投资百亿元，××电网建设实现突飞猛进（略）

（二）X省2004年外送电量总计250亿千瓦时，为我国外送电量最多的省份（略）

二、Y 省

（一）2024 年电力生产和建设再创佳绩（略）

（二）Y 省 2024 年用电将增长 15%（略）

第五节　行业国际发展情况（略）

第二章　行业热点、主要问题及对策

第一节　行业政策热点（略）

第二节　技术动态分析

一、火电技术（略）

二、输变电技术

（一）高温超导技术突破电网安全瓶颈（略）

（二）国内高电压等级电抗器开发成功（略）

（三）新型高压无功补偿装置在仪征投运（略）

第三节　行业市场热点

一、"电荒"的真正原因（略）

二、电力危机催逼电价改革，使电价进入上升通道（略）

三、计划电与市场煤联动难（略）

第四节　行业焦点问题及对策（略）

第三章　行业发展趋势（略）

第四章　行业投资价值

第一节　行业投资环境分析

一、2023 年电力行业利润逐季回落

2023 年电力行业利润一改以往稳定增长的态势，利润增幅从年初开始逐季回落。1~11 月份电力行业实现利润××亿元，同比增长××%，增幅又比前三季度回落了××个百分点。特别是火电行业首次出现负增长，1~11 月份火电行业实现利润××亿元，同比下降××%，而前三季度尚且勉强增长××%。煤炭价格持续上涨成为电力行业利润下滑的主要因素。从煤炭需求情况看，发电用煤占煤炭消费总量的一半以上，2023 年电煤消耗总量达××亿吨，同比增加 1 亿吨以上，在煤炭价格不断上涨的大趋势下，偏低的电煤价格成为煤电企业争议的焦点。另外，由于铁路货运能力的××%以上用于煤炭运输，加之治理公路超载和运输成本上升，煤炭运价和中间环节加价已达煤炭出厂价格一倍以上，发电企业承受了越来越大的成本压力。

二、国家拟对可再生能源发电实行分类上网电价制度

（具体分析略）

第二节　行业投资策略

一、电力"十四五"规划需重点研究的八个问题

电力发展的结构、电力工业的投融资、可再生能源的发展、电价改革、环保与资源节约、电力节能、煤电运行综合平衡、农村电力改革与发展，是制订电力"十四五"规划需要认真研究的关键问题。

2023年初以来，中电联积极配合国家经济部门，制订电力"十四五"规划。在国家发改委能源局的大力支持和指导帮助下，中电联组织行业专家和上下游关心电力发展规划的企业界人士，就"十四五"规划中可能遇到的问题进行了深入探讨和研究。我们认为，以下八个关键问题是制定电力"十四五"规划需要着重研究的。

（一）电力结构调整（略）

（二）电力投融资

电力工业投融资工作中，政府的职能定位有待进一步规范；电力工业投资风险的约束机制不健全，各大发电集团，尤其是大型电网公司的资本金缺口较大；输配电价不到位，电网企业资产负债率高，融资能力严重不足；缺少鼓励新能源与可再生能源的投融资政策，激励措施乏力；节能投资渠道少，资金来源不明确，没有形成稳定的投融资机制。

（三）可再生能源（略）

（四）电价改革（略）

（五）环保与资源节约（略）

（六）电力工业节能（略）

（七）关于煤电运行平衡问题（略）

（八）农村电力改革与发展（略）

二、2024年我国电源电网投资失衡矛盾显现

2024年，我国电网和电源投资失衡的矛盾开始显现。据初步统计分析，2023年，我国将投产机组××万千瓦以上，其中上半年投产××万千瓦以上，年底发电装机将超过××亿千瓦。在近年电力紧缺的背景下，大量资金涌向电源建设领域，新一轮电力过剩苗头、电网电源投资失衡的矛盾开始逐步显现。

据各电网电力电量平衡结果可知，2023年全国电力供需形势主要特征为：一是缺电范围可能缩小，拉限电电网数不会超过24个省级电网；二是缺电程度有所缓解，最大缺口××万～××万千瓦；三是季节性缺电较为明显，四个季度中缺电较为严重的分布在第一和第三季度，第一季度缺口在××万至××万千瓦，主要分布在华东、华北、西北等电网。第三季度缺口在××万至××万千瓦，主要分布在华东、华北、重庆等电网。在安排好跨省区电力电量交换的基础上，第二、四季度电力紧缺状况将得到很大缓解；四是电煤供应等随机性缺电因素明显，若电煤供应得不到保证，缺电程度要加深。

需要特别指出的是，上述分析结论是基于前述项目能够按计划如期投产，电煤供应得到较好解决而得出的，如果项目不能按期投产或电煤供应问题得不到较好解决，缺电则更为严重。2024年电力部门要高度重视电网和电源投资失衡问题，千方百计增加电网投入。

建设强大的网架结构、充裕的跨区跨省交换能力和输配协调的电网是建立竞争开放电力市场、发挥现有发电能力和减少装机、节约资源的客观要求。研究表明，实现前述目标，电网投资应占行业投资的××%～×××%，在电网滞后阶段更要达到××%左右。

2020年以来，电网投资比例逐步接近合理水平，电网瓶颈制约得到初步缓解。随着近些年电力再度紧张，电网投资急剧下降，初步估计2022年电网投资比例下降到××%左右，2023年前三季度为××%。电网建设滞后效应可能在近几年凸显，在电源供应总量满足需要的基础上，也可能因电网滞后造成局部地区继续拉限电。电网滞后表面原因是电网资本金不足，根本原因是没有出台合理的电网环节电价，造成电网收益偏低，这亟待引起政府和社会的高度重视。

当前开始投产电源容量有大幅度增加，其中有相当容量是未经过国家批准而自行开工建设的项目，这些投产项目既对缓解当前缺电、实现供需平衡起到了重要作用，也给优化电源结构带来较大负面影响。

建议国家有关部门妥善处理好自行开工建设电源问题，符合国家电力发展规划的项目，宜加快补办手续并按期达产。对不符合国家规划特别是违反国家产业政策的项目，也要尽早研究对策，及时处理，避免大规模投资浪费。

建议国家有关部门加快研究发挥市场机制基础性作用的项目建设宏观调控机制，尽早建立电网与电源统一规划、协调发展机制。在国家统一规划的前提下，通过市场公开招投标，选择电源项目投资主体，从制度上解决电源无序建设难题。

第三节 行业投资机会

一、了解当前缺电市场下的真实状况

1. 电源投资热潮分析

2023年预计投产电站项目规模超过××万千瓦，2023年末我国总装机容量达到××亿千瓦，按照这样的装机速度，只需要10年左右的时间，我国电力装机容量将达到××亿千瓦，这比计划中的2030年整整提前了5年左右。

大规模电源投资建设热潮将使资金筹集、设备、煤炭等面临重大挑战。

2. 电网建设的难度

我国多年来在投资决策和资金分配上严重地存在着"重发、轻供、不管用"的倾向，导致了电网能力严重不足。2020年国家加大对电源建设的投资，发电能力不足有望得到缓解，但是如果输配电能力没有相应增长，就有可能形成更大程度的"卡脖子"和窝电现象。

按照发达国家发电、输电和配电的投资比例×：×：×来计算，近两年我国的年发电（电源）投资均超过××亿元/年，照此推算，输电和配电（电网）投资应不低于××亿元/年才较为合理。实际上，2023年国家电网公司系统固定资产投资计划仅为××亿元。

由于电网公司自身积累能力弱导致巨大电网投资资金缺口，预计"十四五"期间电网建设资金缺口在××～××亿元，"十五五"期间电网建设资金缺口在××～××亿元。并且，在现有电价体制下，电网投资越多，电网公司还本付息的负担越大，盈利压力也越大，投资的积极性越缺乏。

3. 电价上涨的必然

我国目前主要有两类电价：上网电价和销售电价。上网电价是指独立经营的发电企业向电网输送电力商品的结算价格。销售电价是指电力公司将电力商品销售给用户的到户价，一般是由发改委同当地物价管理部门来确定。

从2025年1月1日起，上网电价上调至××/千瓦时，这是为了缓解电煤价格上涨带来的电源成本压力。近期将对销售电价按全国平均每千瓦时提高××分人民币的水平作出调整，同时取消地方自行出台的优惠电价。本次调整是为了改善电网企业经营状况，配合国家政策抑制部分高耗能行业过度投资。

不合理的终端电价水平使中国电网建设投资长期不足，加剧了当前电力供应紧张的局面。从长期来看，要解决这一问题，电价上调乃大势所趋。按目前终端销售电价和上网电价进行推算，中国目前的输配电价为××元/千瓦时（含增值税）。如果以××％作为电网资产的目标合理回报率，则合理的输配电价应该在××元/千瓦时左右（含税），输配电价的缺口约为××～××元/千瓦时，因此，电价水平仍有一定的调升空间。

二、未来电力市场的严峻形势

2023年中国的电力缺口达到××万千瓦左右,电力投资以××%的高速增长,三年后电力供需将达到基本平衡,2027年可能开始出现过剩。当前我们必须要清醒地认识到,目前这种爆发式的电力投资高增长不是"过热",而是对以前电力投资不足积累下来的"补课"。

发电量持续高速增长,很重要的一个原因就是高耗能产业的推波助澜。目前,国家对高耗能产业进行了多方控制。就在缺电声高起的2019年,我国经济却实现了高达××%的高速增长。2024年中央确定的经济增长速度是××%,这是稳妥务实的目标,显示了中央对经济增长稳中发展的调控结果。

现在电力需求市场很火,但其背景却是以牺牲资源、增加能耗、拖滞其他相关产业发展为代价的。

三、当今国际可再生能源的发展形势

21世纪,人类对生态环境的重视程度越来越高,对实现能源可持续发展的要求越来越迫切,可再生能源(风能、太阳能、生物质能等)便成为解决这些问题的最佳途径。

从世界发达国家来看,无论出于什么发展动机,各国都从立法和政策上给予支持,确保可再生能源(RE)的发展,如:德国、西班牙颁布了购电法,保障风电的发展;美国一些州及澳大利亚实施××,确保××的发展;欧盟在2030年计划RE要占欧盟总能源消耗的××%。

四、我国具备大规模开发可再生能源的市场机遇

1. 巨大的潜在市场

中国人口众多,资源相对不足,能源供应不能充分满足国民经济发展的需要。随着经济的进一步发展和全面小康建设的推进,必将对能源供应提出新的要求。同时,我国又是一个农业大国,××%的人口生活在农村,每年要消耗6亿多吨标准煤的能量,其中一半的能源是靠作物秸秆和砍伐树木获得,这使得生态环境被破坏,荒漠化加剧。

2. 雄厚的资源基础

我国小水电的可开发量为××亿千瓦,目前仅开发了××千瓦;全国陆地每年接受的太阳辐射能相当于××亿吨标准煤量,如果陆地面积按××%、转换效率平均按××%计,一年可提供的能量达××亿吨标准煤量;我国××米高度层的风能总储量为××亿千瓦,实际可开发为××亿千瓦,加上近海(1~15米水深)风力资源,共计可装机容量达××亿千瓦;生物质能资源也十分丰富,秸秆等农业废弃物资源量每年约有××亿吨标准煤,薪柴资源为××亿吨标准煤,加上城市有机垃圾等,资源总量近××亿吨标准煤。

3. 政府的大力支持

目前,我国对资源短缺、环保等问题越来越重视,国家发改委能源局已相继出台了一些可再生能源优惠政策,如《关于加快风力发电技术装备国产化的指导意见》等。另外,《中华人民共和国可再生能源法》的颁布,促进了可再生能源的开发利用,增加能源供应,改善能源结构,保障能源安全,保护环境,实现经济社会的可持续发展。

4. 朝阳产业孕育着巨大的潜在经济利益

太阳能、风能作为新兴产业在国民经济中的作用和影响已越来越大。2023年全世界风电市场产值超过1000亿欧元,电力可以满足××万人的需求。2030年全世界风机发电

> 将达到××吉瓦，年营业额为××亿欧元。光伏发电市场发展前景也很广阔，据欧盟估计，全球光伏市场将从现今的××兆瓦增加到2030年的××Wp，光伏发电将解决非洲××％、经济合作与发展组织（OECD）国家××％的电力需求。
>
> 　　随着国家风电优惠政策的相继出台、各项技术的不断完善，太阳能、风电行业将是未来电力增长的主要亮点之一。
>
> 　　**第四节　重点投资项目分析**
>
> 　　（具体分析略）

四、写作技巧和注意事项

　　① 撰写行业投资分析报告以前，首先要明确以下几个问题：行业投资分析的目的是什么？行业投资分析报告呈送给谁看？行业投资分析报告的读者对行业分析工作有什么要求？最后，根据这些问题，起草行业投资分析工作方案。

　　② 行业投资分析报告建立在对行业情况熟练掌握的基础之上，行业投资分析报告的内容要有真实性，必须是事前经过大量的调查，掌握了大量的、客观真实的材料和数据。而且，在采用这些数据之前，必须对它们的真实性进行科学地分析和判断。

　　③ 行业投资分析报告比较长，遵循从现象到本质、由表及里的分析方法，对大量的数据和文字进行归纳和总结，从而发现行业现状的本质特征，找出有规律性的东西，形成有用的观点。

　　④ 行业投资分析报告采用叙述、议论、说明等语言运用方式。对于行业情况的说明，采用叙述的方式，并借助统计图、统计表等数据说明方式，比较全面、系统、完整地叙述、说明问题。运用议论的方式提出措施以及建议。

　　⑤ 行业投资分析报告讲究时效性，因为行业投资分析报告建立在瞬息万变的市场信息资源之上，所以要求行业投资分析报告在写作、呈送、实施时都应该有时效意识。

第二节　项目建议书

一、项目建议书写作的意义

　　项目建议书是项目建设筹建单位或项目法人，根据国民经济的发展、国家和地方中长期规划、产业政策、生产力布局、国内外市场、所在地的内外部条件，提出的某一具体项目投资建设的建议文件，是对拟建项目提出的框架性的总体设想。对于大中型项目，有的工艺技术复杂、涉及面广、协调量大的项目，还要编制可行性研究报告，作为项目建议书的主要附件之一。项目建议书是项目发展周期的初始阶段，是国家（企业）选择项目的依据，也是可行性研究的依据。涉及利用外资的项目，在项目建议书批准后，方可开展对外工作。

　　项目建议书由政府部门、全国性专业公司以及现有企事业单位或新组成的项目法人提出。其中，跨地区、跨行业的建设项目以及对国计民生有重大影响的项目、国内合资建设项目，应由有关部门和地区联合提出；中外合资、合作经营项目，在中外投资者达成意向性协议书后，再根据国内有关投资政策、产业政策编制项目建议书；大中型和限额以上拟建项目上报项目建议书时，应附初步可行性研究报告。初步可行性研究报告由有资格的设计单位或工程咨询公司编制。

项目建议书一般是由主策划或者项目经理负责编写的，是一个向别人阐述自己观点的过程。一定要非常完善，把所有可能的利弊都分析到位。

二、项目建议书基本结构和内容要求

项目建议书一般应该遵循以下的结构和内容要求书写。

项目建议书

（1）项目概要

简单介绍项目基本情况，包括项目发起人名称、项目名称、建设地点、投资规模等。

（2）项目发起人、股东方、管理和技术支持

① 项目发起方的背景。

② 项目发起方的业务，包括近三年的财务报表。

③ 项目发起方的主要股东和管理人员的简历。

（3）市场和销售安排

① 市场的基本情况：产品用途，本地、国内和出口市场的目前容量、增长率、价格变化等。

② 该项目的生产能力、生产成本、单位销售价格、主要销售对象和预计市场份额。

③ 产品的客户情况、销售渠道的安排。

④ 目前市场竞争情况：其他现有生产厂家，计划新上的类似项目，替代产品的情况。

⑤ 类似产品进口的关税和管制情况。

⑥ 影响产品市场的主要因素。

（4）技术可行性、人员、原材料供应和环境

① 项目计划采用的生产工艺。

② 与其他伙伴公司合作的安排。

③ 项目的人员培训和关键技术的保证。

④ 当地的劳动力和基础设施状况，包括通信、交通、水源、能源和电力供应等。

⑤ 生产成本和费用的分类数据。

⑥ 原材料供应的来源、价格、质量。

⑦ 计划生产设施与原材料供应、市场、基础设施的关系。

⑧ 计划生产设施的规模与现有同类生产设施的比较。

⑨ 生产设施的环境因素和应对措施。

（5）投资预算、融资计划和效益分析

① 项目投资和资金安排。

② 项目的资金结构，包括股东股本投入、股东贷款、银行融资数额。

③ 希望国际金融公司与银团的参与方式：股本、贷款或两者兼有。

④ 项目的财务预测,包括生产、销售、资本和负债、利润、资金流动、效益和回报预测。

⑤ 影响效益的主要因素。

(6) 政府支持、管理和审批

① 当地政府的产业政策和投资方向对项目的影响。

② 当地政府对该项目可以提供的鼓励措施和支持。

③ 该项目对当地经济的贡献。

④ 该项目需经过的审批手续和时间。

(7) 财务报表附件

项目所需的财务报表附件。

三、项目建议书示例

××科技有限责任公司 Y-W 项目建议书

第一章　项目概要

××科技有限责任公司(以下简称"Y-W"),英文名为:××,正式成立于2021年6月8日。

公司注册地址:××省××市××区××路××号楼××座××室

法人代表:××

企业法人营业执照编号:××

公司网站:www.××.com

公司主要方向:××

Y-W项目在2021年8月6日通过××市高新区组织的专家答辩,于2021年9月2日经高新区批准进入××市留学人员创业园,同时进入中国××市高新区软件孵化园孵化器,并享受入园企业相关待遇和优惠政策。

截至2021年××月底,公司现阶段创业团队共××人,其中核心人员××人,拟定的团队管理人员××人,直接从事技术开发人员××人,非技术人员××人。

国内尚无公司通过LY和Wi-Fi局域网热点,为手机提供互联网接入服务与媒体信息的发布服务。为了填补这一空白,Y-W将通过自主研发的手机热点技术来实现手机上网和浏览下载媒体资源,从而开辟基于LY和Wi-Fi的手机上网与媒体交互热点覆盖市场。

Y-W致力于在中国建立覆盖全国主要城市的无线媒体广播网络,通过该网络,Y-W可以给手机用户提供无线媒体内容和服务。在城市热点区域,Y-W通过设置小型LY基站提供LY无线覆盖,每个被覆盖的热点区域均称为"Y-W空间"。每个小型LY基站是一个硬件装置,可以自动发现打开LY模块的手机用户,并可将无线媒体内容和服务推送给手机用户,简称"Y-W基站"。在每个Y-W空间,可以根据覆盖的空间大小和人群规模来设置一个或者多个Y-W基站。Y-W空间主要覆盖城市热点区域,包括商业楼宇、商场、咖啡馆、交通枢纽以及其他具有较大移动手机用户流量的区域。所有的Y-W空间将相互联通,组建成为一个全国性的网络平台。

(以下略)

第二章 项目发起人、公司管理与技术支持

一、Y-W 的创业团队介绍

总经理：××

运营总监：××

技术总监：××

市场总监：××

财务总监：××

办公室主任：××

其中前三位是核心成员，后三位是拟定吸引加入的成员。

团队成员长期共事，凝聚力强，奋斗目标明确，坚持艰苦奋斗，技术与管理两方面较协调。（以下为核心成员履历表，在此略去）

除以上成员外，还有三位辅助技术开发团队成员。Y-W 将适时吸收优秀人才加盟，完善管理和技术研发团队。Y-W 将继续本着艰苦创业、坚持不懈、追求成功的信念来激励团队不断进步。

（一）创业团队

各个成员的简历情况如下（略）。

（二）公司组织结构图

公司组织结构图如图1所示。

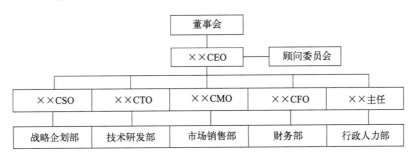

图1　公司组织结构

Y-W 作为国内第一家专门从事手机移动无线热点网络开发运营的公司，将力求在国内达到绝对的市场领袖地位。

① 成为中国第一家提供手机无线媒体发布与手机无线上网接入服务的公司。通过建设 Y-W 空间和架设 Y-W 基站来覆盖全国主要城市的 Y-W 网络。

② 在全国范围内部署 Y-W 空间，形成一个全国规模的 Y-W 网络，并垄断市场，与广告、内容提供商等产业参与者建立合作渠道。

③ 不断追求创新，研发与实现移动技术及应用来服务社会，为大众提供第一流的服务与产品。

二、产品与服务

Y-W 将建立覆盖全国的无限媒体发布网络，通过 Y-W 空间来为移动手机用户提供免费的媒体内容，包括新闻、娱乐、体育、汽车、房地产、科技、时尚、金融与游戏等。

Y-W 空间也将为移动手机用户提供免费与付费的交互服务，包括在线游戏、互联网接入与移动电子商务。Y-W 空间将在具有广告价值的公共局域设置，比如商业楼宇、商场和城市公共地段等。

通过在地点架设 1 个或者多个 Y-W 基站，将覆盖一定的区域，该区域被称为 Y-W 空间。在 Y-W 空间覆盖范围内，每天的内容和服务将通过五大类媒体频道提供给手机用户，包括手机上网频道、交互游戏频道、手机购物频道、手机音频广播频道、手机电视广播频道。

三、Y-W 基站

Y-W 正在研发 LY 与 Wi-Fi 数据存储与发送基站设备原型，该设备称为 Y-W 基站。

多个 Y-W 基站覆盖区域称为 Y-W 空间。Y-W 基站是一个嵌入式软硬件系统，具有体积小、重量轻的特点，方便在室内外安装设置。对于 LY 设备，每个 LY 基站支持超过 7 个用户同时连接一个天线。为了支持超过 7 个用户同时使用，我们通过增加天线数量来解决。数字内容将存储在装置内，一个用户可以通过无线浏览和无线文件传输方式来获取数字信息。

（一）移动上网

通过手机中的浏览器，用户可以方便地访问公司的门户网页，并浏览整个网站。这和计算机用户通过 Windows XP 的 IE 浏览器上网一样。大量手机、PDA、笔记本已有浏览器，所以这些移动设备的使用者可以方便地通过 Y-W 基站来上网。

（二）LY 文件传输

如果一个移动设备没有浏览器或者第三方浏览器无法在上面安装，则用户可以通过激活 LY 功能来访问 Y-W 基站。在基站上用户可以看到文件列表并选择下载。

（以下省略）

第三章 市场分析

一、中国具有最大的手机用户群

中国人口规模为 14 亿，截至 2023 年底，中国手机用户超过十二亿二千五百万，这意味着平民大众都已经开始使用手机。同时，到 2023 年底，中国每年的手机市场投放量将达到 2.8 亿部。

来自中国信息产业部的最新数据显示，2023 年底，共有××亿××千××百万手机用户，其中全年有 6500 万新增用户。手机的渗透率为××％。而固话用户为××亿××千万，渗透率为××％。可见在中国，移动手机的使用已经全面超过固定电话。

二、移动设备、5G 普及率高

移动设备包括手机、笔记本和平板电脑等数码产品。这些移动设备在中国乃至全球都在消费者人群中得到了极大的普及。而且相当部分的产品都具备 5G 和 Wi-Fi 无线通信功能。5G 基站是 5G 网络的核心设备，提供无线覆盖，实现有线通信网络与无线终端之间的无线信号传输。基站的架构、形态直接影响 5G 网络如何部署。由于频率越高，信号传播过程中的衰减也越大，因此 5G 网络的基站密度将更高。

截至 2022 年 5 月，中国已建成 5G 基站近 160 万个，成为全球首个基于独立组网模式规模建设 5G 网络的国家。2022 年，中国 5G 基站新增 88.7 万个。5G 基站已达到 231.2 万个，总量占全球 5G 基站总量的 60％以上。

截至2022年底，建成开通5G基站231.2万个。

截至2023年10月末，中国5G基站总数达321.5万个。

（具体分析略）

三、中国经济与市场强劲

中国经济长期保持高速增长，人民生活水平逐年改善。经过数年超过7%的年经济增长率后，2018～2023年，经济增长率仍然保持每年5.5%的水平。城市化加速，工业化持续发展，14亿人口所形成的巨大市场潜力以及消费结构的不断调整完善，使得中国经济的发展一直保持高速增长。

住房和城乡建设部发布的数据显示，中国城市人口增长迅速，截至2023年，有超过5.02亿的人口居住在660座城市与20600个城镇中。随着中国城市化进程的提速，在2023年底，有超过8亿人口成为城市人口。如此巨大的城市人口蕴藏着巨大的市场机会，而绝大多数城市人口又是移动手机用户，这为中国的移动媒体与移动电子商务市场带来了不可限量的市场机遇。

四、中国的广告市场不断扩大

（一）中国广告市场巨大

在2023年，中国的GDP增长率保持在××%，商品价格增长率为××%，固定投资率为××%，社会消费增长率为××%。汽车、房地产、药品、旅游和通信均保持高速增长。良好的经济环境决定了中国广告媒体产业的巨大市场机会。

中国广告市场自改革开放以来迅速增长，一直保持着××%的高增长率。在2022年，中国公司在广告上的投入达到12000亿元人民币，约合1700亿美元。中国的广告市场在2023年增长率为××%，达到13000亿元人民币。

中国14亿人口是中国广告庞大的受众群，中国广告产业的发展空间巨大，特别是在互联网广告、户外广告、移动广告等新媒体广告产业。

（二）新媒体广告产业潜力巨大

传统媒体方式包括电视、广播、新闻报纸、杂志等。电视依然是主要的媒体形式与广告发布平台。但是随着信息技术的发展，互联网、移动手机、笔记本电脑以及其他电子技术的涌现，新媒体方式在全世界范围内，特别在中国，逐渐成为重要的广告平台。

新媒体是信息技术、移动无线技术与媒体内容的结合产物。新媒体在中国处于快速发展期，其价值立即被广告商所接受。

第一，互联网和移动平台上的新媒体正逐渐吸引大量的广告商关注，成为了传统媒体形式的重要补充，而不是取代传统媒体。第二，新的平台带来了新媒体的多种发展形式，为广告产业提供了广阔的想象创意空间。比如基于互联网的页面广告、无线手机短信、彩信广告、户外广告、LCD电子显示屏广告、移动视频广告等。第三，新媒体已经吸引了大量投资，寻求高额回报。第四，新媒体，在形式上和技术上，比起传统媒体在针对用户的精确投放上更加有效。第五，新媒体，包括在线社区、电子出版物、Blog以及LCD的播放平台已经取得了巨大的发展，并表现出巨大的广告价值和发展潜力。第六，是最重要的发展方向。无线移动媒体将会呈井喷发展，特别是随着无线音乐、无线视频、无线手机电视、手机WEB、手机搜索、手机定位等运行在移动设备上的服务和产品的成熟。

在中国，互联网是最重要的广告媒体渠道之一。2022年互联网广告市场价值已经超过了4000多亿元人民币，增长率为××％。2023年的收入为4100亿元人民币，相对于2022年增长率为××％。中国总的广告市场达到157亿元人民币。根据最新的中国互联网络信息（CNNIC）研究报告，中国的互联网用户已经达到了12.7亿，将近10％的中国人口为网民。2023年的增长率为××％，也就是说在2023年就有1400万新增用户。

户外广告也是中国高速增长的重要广告媒体形式。许多户外媒体公司，比如Focus-Media，已经取得了巨大的成功。Focus-Media公司发展了一种将LCD播放器放置在商务写字楼、商场里为观众播放视频广告内容的经营模式，使得公司得以发展壮大。

（三）移动媒体与移动广告市场巨大

移动手机是非常重要的新颖的广告平台。与传统的媒体相比，移动媒体具有非常多的优点：

① 移动手机用户群巨大，但却可以通过技术手段精确细分用户；
② 非常良好的交互性；
③ 丰富的媒体内容与呈现形式；
④ 快速传播，覆盖面广；
⑤ 能够以Push与Pull的推送方式与手机等移动设备进行交互。

中国的两大移动运营商，中国移动与中国联通都开始在移动媒体方面进行尝试。户外媒体公司——分众传媒也建立了无线广告部门。许多知名品牌已经开始在移动平台，特别是WAP投放广告费用。移动媒体和广告可以以多种呈现形式展现，比如音频、视频、图片、WAP网页与文字短信、彩信等。这些移动广告形式比起互联网广告具有更高的点击率，并且单位广告投放成本很低。移动广告的点击率为3％~4％，而互联网广告的点击率为1％。中国的手机用户数量超过10.7亿，是互联网用户的4倍，可见移动广告市场潜力巨大。近年来，我国互联网广告行业发展迅速，2021年行业市场规模为5435亿元，同比增长9.3％。2022年受国际形势严峻及国内疫情反复等因素影响，行业规模有所下滑，市场规模约为5193亿元，同比下降4.5％。其中电商类、展示类和视频类是我国互联网广告最主要的细分市场，占比分别为38.12％、24.18％和23.03％，但都在不断高速增长中。

中国的手机用户非常习惯于使用WAP类服务。68.7％的用户在无规律的时间段内使用手机浏览网页，其中20.1％的用户在夜间，4.5％的用户在午餐时间，4.1％的用户在工作时间，2.6％的用户在上下班时间。可见中国手机用户喜欢使用手机来娱乐和获取信息，更希望能通过手机来打发闲暇时间。

Y-W的Y-W空间系列服务正可以满足手机用户的这方面需求。

（四）Y-W科技的科技与商业模式在中国具有唯一性

Y-W是现在中国第一家通过构建LY/Wi-Fi无线局域热点进行无线媒体广播服务的公司。Y-W的技术也是唯一的。现在，Y-W正在努力探索规模化经验，从而将先发优势加强，实现市场的领先地位。

Y-W的Y-W空间系列产品与服务的宗旨就是通过设置Y-W基站覆盖公共区域，从而为手机等移动用户提供免费高速的无线数据接入服务，使得用户可以方便地接收各类媒体内容信息并享受服务。在Y-W空间中，通过五类服务形成五类媒体服务频道，包括手机上网频道、手机游戏频道、手机购物频道、手机音频广播频道、手机视频广播频道。这些频道较好地覆盖了手机用户的全部需求，充分挖掘了手机平台的潜力。Y-W 的切入点正是建立一个媒体平台，通过这个平台整合移动媒体、广告资源与移动服务资源，从而为移动用户服务。Y-W 决心做中国的第一家无线媒体热点网络运营商，通过热点网络来提供基于 LY/Wi-Fi 无线媒体广播服务。Y-W 所从事的事业具有巨大的潜力，而现在没有其他公司提供类似解决方案或产品。Y-W 将加速发展，从而使先入优势得以扩大。Y-W 的应用模式和商业具有以下优势：

① 通过无线方式向手机用户发送媒体内容，手机用户数量巨大；

② 在 Y-W 空间覆盖区域内，为用户提供媒体内容；

③ 对于手机用户，无线数据传输是免费、高速的；

④ 媒体内容形式多样，方便手机等设备交互；

⑤ 用户可以玩手机游戏，也可以通过安全支付系统进行购物；

⑥ 可以有选择性和针对性地覆盖重要的公共区域，将正确的媒体内容投放给正确场合中的正确用户；

⑦ 媒体与广告信息可以下载、存储，并可以在用户的社会网络中进行二次扩散，从而扩大目标人群的范围。

五、潜在的中国市场竞争

（分析略）

六、潜在的国际竞争者

1. 国际竞争者现状

现有部分欧美公司正在从事类似的业务，这些国外的公司没有直接与 Y-W 发生竞争。从现在的市场情况看，这些公司并未开展中国业务。我们分析认为有两个原因：第一，由于这些公司本身也是新成立的，处于初创阶段，从而主要专注于本地市场开拓；第二，这些公司不熟悉中国市场。Y-W 一旦形成市场品牌和影响力，以及市场先入者形象形成后，将极大地提升市场的进入门槛。

经过长时间的跟踪比较研究，将国外公司情况与 Y-W 情况总结如下。

① 国外部分公司发展迅速，已经得到了一定的发展。Y-W 的前期准备工作可以追溯到 2023 年中期，从时间和投入上讲，Y-W 稍微落后。

② Y-W 在技术和商业模式上是完全独立提出的，后经详细调查，在国外发现有类似的公司。

③ 技术上与国外公司比较：在现有技术实现上，Y-W 属于中等偏上；在技术总体设计上，Y-W 属于上等。Y-W 完全有能力和信心在技术层面全面赶超国外公司。

④ 商业模式上与国外公司比较：部分类似，但发展的本质不同。Y-W 寻求的是全国性移动媒体平台的终极目标，而国外公司只是单一出售产品。这点上，Y-W 寻求的是一条类似分众传媒的中国发展道路，力图做大做强。

⑤ 从国外公司的发展看：一方面说明移动手机局域热点接入市场的蓬勃发展，市场机会巨大，进入者还不多；另一方面也说明市场竞争即将展开。Y-W 将努力探寻适合中国发展的道路，做中国市场的领头羊。

截至此时，调查到的国外公司包括：（略）。

2. Y-W 的竞争优势

经分析，Y-W 的竞争优势体现在：

① 完全的知识产权；

② 应用模式和商业模式在国内属于首创，创新性强；

③ 市场先动优势，技术研发已经全面启动，关键技术已经得到了深入研究，基本原型即将实现；

④ 管理团队对移动电子商务和移动媒体深入研究，具备艰苦奋斗的作风，人员素质较好，目标明确，勇于创新。

3. Y-W 的竞争劣势

竞争劣势表现在：

① 企业创建时间较短，只有 3 个月，销售和市场力量亟待提高；

② 自身资金严重不足，急需投融资；

③ 市场和品牌尚未形成，亟待加强建设。

七、目标市场

Y-W 的目标用户是移动手机用户、广告商、移动媒体内容提供商、移动服务提供商。

在产业价值链中，Y-W 在广告和内容客户与移动设备用户之间打造一个平台。可以说，Y-W 是一个无线媒体广播网络运营商。广告商、内容和服务提供商可以通过 Y-W 的网络平台将广告信息、内容以及服务发送给最终的用户。

(一) 广告商

广告商是 Y-W 的重要客户。通过与广告商建立合作关系，广告商的广告内容可以通过 Y-W 的无线热点覆盖手机用户，而广告商将付费给 Y-W 来购买 Y-W 5 类频道的广告位置和时间。5 个频道具体如下。

1. 手机上网频道

在手机上网频道上，页面中将划出空间区域来嵌入广告内容。在手机上网频道中，广告的形式与互联网的在线广告呈现方式、收费方式类似。一个完整的手机上网频道将提供两类资源：通过门户，用户直接接入互联网；用户浏览本地的网站和内容。在第二种资源中，针对用户和覆盖区域的个性化定制内容将集中呈现。页面上的空间将对广告商标价出售。

2. 手机游戏频道

在手机游戏频道中，我们将销售广告空间给广告商，同时主要的广告将是游戏主题相关内容。游戏中，也将会加入广告内容，从而提高广告收入。部分游戏也可通过本频道销售。

3. 手机购物频道

手机购物频道将是一个专门的站点，来自广告商的产品和服务信息将被分门别类地展示，方便用户浏览、搜索和进行安全支付，从而实现手机购物。

4. 手机音频广播频道

在手机音频广播频道中，音频广告时间将划分出来进行销售。广告时间将嵌入音频节目之中。这与电台的广告销售类似。

5. 手机视频广播频道

手机视频广播频道中，广告时间将销售给广告客户。这种销售方式与电视台的广告销售类似。

以上 5 类频道中的广告销售方式与已经存在的传统媒体方式类似。所以 Y-W 将寻求与传统广告商的良好合作，特别是从事互联网广告、印刷品广告、电台和电视广告的广告商。

（二）内容商

传统的内容提供商，特别是从事互联网内容、印刷品报刊媒体、电视、电台等的内容提供商将能够非常方便地在 Y-W 的平台上发布内容。在 Y-W 的内容中嵌入适当的广告。

1. 手机上网频道

手机上网频道中将发布多种形式的内容，包括报刊新闻、资讯、时尚、体育、娱乐等。这些传统内容的提供商也将是 Y-W 手机上网频道的内容提供商。

2. 手机游戏频道

手机游戏频道中将提供游戏相关内容，例如游戏新闻、游戏各类资讯等。传统的互联网游戏内容频道的内容提供商是 Y-W 手机游戏频道的重要内容提供商。

3. 手机购物频道

手机购物频道的部分内容将来自 Y-W 自身编辑发布的内容，而大量的内容将由合作的电子商务网站提供。

4. 手机音频广播频道

Y-W 的手机音频广播频道将提供音乐、小品、相声、新闻等各类电台形式的内容。这些内容提供商将包括电台、唱片公司和其他第三方节目制作商。

5. 手机视频广播频道

在手机视频广播频道中，视频内容将包括视频短片、新闻图片、信息、娱乐以及电影预告片等。电视台、视频提供商以及其他第三方视频制作商将是主要的内容提供商。

Y-W 将与内容提供商建立合作关系，从而为内容提供商提供一个发布渠道与平台。内容提供商提供内容给 Y-W。作为回报，Y-W 可以向内容提供商提供一定的广告空间和广告时间。

（三）手机用户

移动设备用户，特别是手机用户，是 Y-W 无线内容发布的最终受众。他们将从 Y-W 的 Y-W 空间中免费获得内容和服务，通过观看 Y-W 的 5 类频道享受信息、新闻、娱乐等内容，并可以打手机游戏和进行手机购物。

对于手机用户，在 Y-W 空间中所进行的无线接入和高速数据传输完全免费，同时大多数内容和服务也是完全免费的。但如果是增值服务和付费内容，手机用户可选是否接受，如果要享受，则将通过 Y-W 的移动支付系统进行费用支付。

（四）销售策略

Y-W 将加强同互联网内容提供商以及具有互联网广告业务经验的广告提供商的合作，并将主要的业务聚焦于年轻的城市消费者，他们具有较强消费能力与较好的手机使用习惯。

Y-W 致力于建立全国范围的无线媒体广播系统，从而为内容提供商、广告提供商和最终消费者提供免费的无线媒体发布服务。因此，对于 Y-W 最重要的工作是尽快开拓市场，扩展网络规模。为了扩大市场覆盖范围，Y-W 将建立全国范围的销售渠道体系。

Y-W将同内容提供商、广告提供商建立战略合作伙伴关系。Y-W将在各个省、市、自治区建立分公司和吸纳代理公司,来扩展Y-W的商业网络。首先要在重要的城市开展业务,包括北京、上海、广州、重庆、天津、武汉、香港、西安和深圳,然后在二线城市开展业务。

八、定价策略

1. 手机上网频道(略)
2. 手机游戏频道(略)
3. 手机购物频道(略)
4. 手机音频广播频道(略)
5. 手机视频广播频道(略)

九、营销策略

(以下略)

第四章 技术可行性、人员、原材料供应和环境

(请参考项目可行性研究报告编写,在此略)

第五章 投资预算、融资计划和效益分析

一、资金需求

(见附表资金需求计划表,此处及附表略)

二、价值评估

Y-W的价值由以下要素组成。

① 应用模式与商业模式的创新、系统研究、技术投入。
② 创业团队的时间成本与实际货币成本。
③ 创业团队的其他无形资产。
④ 潜在的巨大收入。
⑤ 巨大的增长空间。

具体的评估价值将在融资过程中谈判确定。

三、投资机会

(以下略)

四、退出机制

可能的退出机制为:

① Y-W被其他公司收购或投资;
② 在NASDAQ上市。

(以下略)

五、财务分析

Y-W于2017年成立,并将于2018年在中国的主要城市建设Y-W空间网络,预期在2019年建成覆盖全国一线、二线、三线、四线城市及县城的完整的Y-W空间网络。管理团队将按照严格的财务制度来开展工作。从2018年开始,每年的成本支出从2017年的3100万元人民币攀升到2018年的22750万元,2019年的66050万元,2020年的41902万元。Y-W的主要工作就是建设Y-W空间网络,大部分成本将投入到网络的建设,包括基站制造和设置Y-W空间。Y-W空间的部署费用将依赖于市场和销售情况。办公场地、

管理费用、人工费用、研发开销、设备、家具、车辆、运营费用等都需要解决，从而使得公司业务正常开展。

在Y-W的4年扩展计划中，2018年，Y-W将在××运作，并主要关注于××市场，预计部署20000个Y-W空间和40000个Y-W基站；2019年，Y-W将在10个一线、二线城市开展网络部署，预计将在25万个Y-W空间中部署50万个Y-W基站；到2020年，Y-W将拓展三线城市，预计在78万个Y-W空间中部署156万个Y-W基站；一直到2022年，Y-W覆盖四线、五线城市，预计新增31万个Y-W空间和62万个Y-W基站。所以，绝大部分成本将投入到Y-W空间和Y-W基站的部署中。

可见，为了尽快部署Y-W空间网络，形成规模与价值，Y-W需要引入资金支持。

一旦Y-W基站与Y-W空间部署成功，我们将从服务中获取稳定的收入。预计到2024年，Y-W将拥有超过136万个Y-W空间，包括272万个Y-W基站。

（以下具体分析见附件资产负债表、现金流量表、利润表以及分配表等，附表略。）

第六章 政府支持、管理和审批

一、政府支持

××市政府将信息技术产业作为一个重要优先发展产业方向进行扶持，并投入了大量的资金用以建设、完善创业孵化器系统，帮助创业公司发展壮大。在××的高新科技区，政策、政府服务与基础设施相当先进。现在Y-W已经作为一家留学生企业正式进驻软件孵化器并开展工作，并将继续寻求政府支持，包括免税、免房租、融资帮助、创新基金扶持等。Y-W具有很强的研发实力，在高新区的帮助下能够较好地开展科技创新活动。在××年××月后，有望争取到一笔数额为××万元人民币的政府资金。

创业团队正抓紧时间研发Y-W基站的软硬件系统。该项技术完全独立自主研发，Y-W将完整地拥有该项技术的所有权利，与其他公司或个人或组织不会产生任何技术知识产权冲突。一旦研发完成，Y-W将在中国和美国申请专利保护。这不仅将保护Y-W的技术产权，而且将支持Y-W从政府方获得更大的支持。

二、管理和审批

（分析略）

财务报表附件

（具体表格略）

第三节　项目可行性研究报告

一、项目可行性研究报告的意义

项目可行性研究是在投资决策前，对拟建立项目进行全面的技术经济分析的科学方法和工作程序。项目可行性研究通过一系列的调查研究，在市场分析、技术分析和对项目资源条件进行分析的基础上，进行项目的财务评价、经济评价和社会评价，论证项目在技术上的先进性与适用性，经济上的合理性和盈利性，对社会发展目标的作用及其与社会的相互适应性，从而为投资决策提供科学依据。它是投资项目管理中的重要的组成部分，是投资项目决策科学化的必要步骤和手段。

项目可行性研究能帮助我们在一个投资项目尚未实现以前，估算并评价其经济、社会效果，分析其对社会发展目标的影响，论证其是否可行。并在可行的基础上，通过对不同方案的比较，选出最优方案，从而使投资决策建立在科学分析的基础上。

二、项目可行性研究报告的基本形式与内容

我国工业项目可行性研究报告与联合国工业发展组织所规定的内容基本上相似，一般应该包括总论及下面十部分内容以及附件。对于其他的项目，以下内容仍然具有充分的参考价值。值得说明的是，因为每个项目之间是有所区别的，所以不是每一个项目的可行性研究报告都遵循如下的模式，在参考这个通用模式的同时也应进行取舍革新。

（一）第一部分　总论

总论作为可行性研究报告的首要部分，要综合叙述研究报告中各部分的主要问题和研究结论，并对项目的可行与否提出最终建议，为可行性研究的审批提供方便。

1. 项目背景

（1）项目名称

（2）项目的承办单位

（3）项目的主管部门

（4）项目拟建地区和地点

（5）承担可行性研究工作的单位和法人代表

（6）研究工作依据

（7）研究工作概况

① 项目建设的必要性。

② 项目发展及可行性研究工作概况。

2. 可行性研究结论

在可行性研究中，对项目的产品销售、原料供应、生产规模、厂址、技术方案、资金总额及筹措、项目的财务效益和国民经济、社会效益等重大问题，都应得出明确的结论。可行性研究结论包括以下内容。

（1）市场预测和项目规模

（2）原材料、燃料和动力供应

（3）厂址

（4）项目工程技术方案

（5）环境保护措施

（6）工厂组织及劳动定员

（7）项目建设进度

（8）投资估算和资金筹措

(9) 项目财务和经济评价

(10) 项目综合评价结论

3. 主要技术经济指标表

在总论部分中，可将研究报告中各部分的主要技术经济指标汇总，列出主要技术经济指标表，使审批者和决策者对项目全貌有一个综合了解。

4. 存在问题及建议

对可行性研究中提出的项目的主要问题进行说明并提出解决的建议。

（二）第二部分　项目背景和发展概况

这一部分主要应说明项目的发起过程、提出的理由、前期工作的发展过程、投资者的意向、投资的必要性等可行性研究的工作基础。为此，需将项目的提出背景与发展概况作系统叙述，说明项目提出的背景、投资理由，在可行性研究前已经进行的工作情况及其成果，重要问题的决策和决策过程等情况。在叙述项目发展概况的同时，应能清楚地提示出本项目可行性研究的重点和问题。

1. 项目提出的背景

(1) 国家或行业发展规划

(2) 项目发起人以及发起缘由

2. 项目发展概况

项目的发展概况指项目在可行性研究前所进行的工作情况，包括以下内容。

(1) 已进行的调查研究项目及其成果

(2) 试验试制工作（项目）情况

(3) 厂址初勘和初步测量工作情况

(4) 项目建议书（初步可行性研究报告）的编制、提出及审批过程

3. 投资的必要性

（三）第三部分　市场分析与建设规模

市场分析在可行性研究中的重要地位在于，任何一个项目，其生产规模的确定、技术的选择、投资估算甚至厂址的选择，都必须在对市场需求情况有了充分了解以后才能决定。而且市场分析的结果，还可以决定产品的价格、销售收入，最终影响项目的盈利性和可行性。在可行性研究报告中，要详细阐述市场需求预测、价格分析，并确定建设规模。

1. 市场调查

(1) 拟建项目产出物用途调查

(2) 产品现有生产能力调查

(3) 产品产量及销售量调查

(4) 替代产品调查

(5) 产品价格调查

(6) 国外市场调查

2. 市场预测

市场预测是市场调查在时间上和空间上的延续,是利用市场调查所得到的信息资料,根据市场信息资料分析报告的结论,对本项目产品未来市场需求量及相关因素所进行的定量与定性的判断与分析。在可行性研究工作中,市场预测的结论是制订产品方案,确定项目建设规模所必需的依据。

(1) 国内市场需求预测

① 本产品的消费对象;

② 本产品的消费条件;

③ 本产品更新周期的特点;

④ 可能出现的替代产品;

⑤ 本产品使用中可能产生的新用途。

(2) 产品出口或进口替代分析

① 替代出口分析;

② 出口可行性分析;

③ 价格预测。

3. 市场推销战略

在商品经济环境中,企业要根据市场情况制定合格的销售战略,争取扩大市场份额,稳定销售价格,提高产品竞争能力。因此,在可行性研究中要对市场推销战略进行研究。

(1) 推销方式

① 投资者分成;

② 企业自销;

③ 国家部分收购;

④ 经销人代销及代销人情况分析。

(2) 推销措施。

(3) 促销价格制度。

(4) 产品销售费用预测。

4. 产品方案和建设规模

(1) 产品方案

① 列出产品名称;

② 产品规格标准。

(2) 建设规模

5. 产品销售收入预测

根据确定的产品方案、建设方案和建设规模及预测的产品价可以估算产品销售收入。

(四) 第四部分 建设条件与厂址选择

根据前面部分中关于产品方案与建设规模的论证与建议,在这一部分中按建议的产品方案和规模来研究资源、原料、燃料、动力等的需求和供应的可靠性,并对可供选择的厂址作进一步技术和经济分析,从而确定新厂址方案。

1. 资源和原材料

(1) 资源详述

(2) 原材料及主要辅助材料供应

① 原材料、主要辅助材料需要量及供应；

② 燃料动力及其他公用设施的供应；

③ 主要原材料、燃料动力费用估算。

(3) 需要做生产试验的原料

2. 建设地区的选择

选择建厂地区，除需符合行业布局、国土开发整治规划外，还应注意考虑资源、区域地质、交通运输和环境保护四要素。

(1) 自然条件

(2) 基础设施

(3) 社会经济条件

(4) 其他应考虑的因素

3. 厂址选择

(1) 厂址多方案比较

① 地形、地貌、地质的比较；

② 占用土地情况的比较；

③ 拆迁情况的比较；

④ 各项费用的比较。

(2) 厂址推荐方案

① 绘制推荐厂址的位置图；

② 叙述厂址地貌、地理、地形的优缺点和推荐理由；

③ 环境条件的分析；

④ 占用土地种类的分析；

⑤ 推荐厂址的主要技术经济数据。

（五）第五部分　工厂技术方案

技术方案是可行性研究的重要组成部分。主要研究项目应采用的生产方法、工艺和工艺流程，重要设备及其相应的总平面布置，主要车间组成及建筑物形式等技术方案。并在此基础上估算土建工程量和其他工程量。在这一部分中，除文字叙述外，还应将一些重要数据和指标列表说明，并绘制总平面布置图、工艺流程示意图等。

1. 项目组成

凡由本项目投资的厂内、外所有单项工程，配套工程包括生产设施、后勤、运输、生活福利设施等，均属项目组成的范围。

2. 生产技术方案

生产技术方案是指产品生产所采用的工艺技术、生产方法、主要设备、测量自控装备等技术方案。

(1) 产品标准

(2) 生产方法

(3) 技术参数和工艺流程

(4) 主要工艺设备选择

(5) 主要原材料、燃料、动力消耗指标

(6) 主要生产车间布置方案

3. 总平面布置和运输

(1) 总平面布置原则

总平面布置应根据项目各单项工程、工艺流程、物料投入与产出、废弃物排出及原材料贮存、厂内外交通运输等情况，按厂址的自然条件、生产要求与功能以及行业、专业的设计规范进行安排。

(2) 厂内外运输方案

(3) 仓储方案

(4) 占地面积及分析

4. 土建工程

(1) 主要建、构筑物的特征及结构设计

(2) 特殊基础工程的设计

(3) 建筑材料

(4) 土建工程造价估算

5. 其他工程

(1) 给排水工程

(2) 动力及公用工程

(3) 地震设防

(4) 生活福利设施

（六）第六部分　环境保护与劳动安全

在项目建设中，必须贯彻执行国家有关环境保护和职业安全卫生方面的法规、法律，对项目可能对环境造成的近期和远期影响，对影响劳动者健康和安全的因素，都要在可行性研究阶段进行分析，提出防治措施，并对其进行评价，推荐技术可行、经济，且布局合理，对环境的有害影响较小的最佳方案。按照国家现行规定，凡从事对环境有影响的建设项目都必须执行环境影响报告书的审批制度，同时，在可行性研究报告中，对环境保护和劳动安全要有专门论述。

1. 建设地区的环境现状

2. 项目主要污染源和污染物

(1) 主要污染源

(2) 主要污染物

3. 项目拟采用的环境保护标准

4. 治理环境的方案

5. 环境监测制度的建议

6. 环境保护投资估算

7. 环境影响评价结论

8. 劳动保护与安全卫生

（1）生产过程中职业危害因素的分析

（2）职业安全卫生主要设施

（3）劳动安全与职业卫生机构

（4）消防措施和设施方案建议

（七）第七部分　企业组织和劳动定员

在可行性研究报告中，根据项目规模、项目组成和工艺流程，研究提出相应的企业组织机构、劳动定员总数、劳动力来源及相应的人员培训计划。

1. 企业组织

（1）企业组织形式

（2）企业工作制度

2. 劳动定员和人员培训

（1）劳动定员

（2）年总工资和职工年平均工资估算

（3）人员培训及费用估算

（八）第八部分　项目实施进度安排

项目实施时期的进度安排也是可行性研究报告中的一个重要组成部分。项目实施时期也可称为投资时间，是指从正式确定建设项目到项目达到正常生产这段时间。这一时期包括项目实施准备、资金筹集安排、勘察设计和设备订货、施工准备、施工和生产准备，试运转直到竣工验收和交付使用等各工作阶段。这些阶段的各项投资活动和各个工作环节，有些是相互影响、前后紧密衔接的，也有些是同时开展、相互交叉进行的。因此，在可行性研究阶段，需将项目实施时期各个阶段的各个工作环节进行统一规划，综合平衡，做出合理又切实可行的安排。

1. 项目实施的各阶段

（1）建立项目实施管理机构

（2）资金筹集安排

（3）技术获得与转让

（4）勘察设计和设备订货

（5）施工准备

（6）施工和生产准备

（7）竣工验收

2. 项目实施进度表

（1）横道图

(2) 网络图

3. 项目实施费用

(1) 建设单位管理费

(2) 生产筹备费

(3) 生产职工培训费

(4) 办公和生活家具购置费

(5) 勘察设计费

(6) 其他应支出的费用

(九) 第九部分 投资估算与资金筹措

建设项目的投资估算和资金筹措分析，是项目可行性研究内容的重要组成部分。每个项目均需计算所需要的投资总额，分析投资的筹措方式，并制订用款计划。

1. 项目总投资估算

建设项目总投资包括固定资产投资总额和流动资金。

(1) 固定资产总额

(2) 流动资金估算

2. 资金筹措

一个建设项目所需要的投资资金，可以从多个来源渠道获得。在项目可行性研究阶段，资金筹措工作是根据对建设项目固定资产投资估算和流动资金估算的结果，研究落实资金的来源渠道和筹措方式，从中选择条件优惠的资金。

在可行性研究报告中，应对每一种来源渠道的资金及其筹措方式逐一论述，并附有必要的计算表格和附件。在可行性研究中，应对下列内容加以说明。

(1) 资金来源

(2) 项目筹资方案

3. 投资使用计划

(十) 第十部分 财务、经济和社会效益评价

在建设项目的技术路线确定以后，必须对不同的方案进行财务、经济效益评价，判断项目在经济上是否可行，对比选出优秀方案。本部分的评价结论是建议方案取舍的主要依据之一，也是对建设项目进行投资决策的重要依据。

本部分就可行性研究报告中财务、经济与社会效益评价的主要内容做一概要说明。

1. 生产成本和销售收入估算

(1) 生产总成本

(2) 单位成本

(3) 销售收入估算

2. 财务评价

财务评价考察项目建成后的获利能力、债务偿还能力及外汇平衡能力等财务状况，以判断建设项目在财务上的可行性。财务评价多用静态分析与动态分析相结合、以动态分析为主

的办法进行。并用财务评价指标分别和相应的基准参数——财务基准收益率、行业平均投资回收期、平均投资利润率、投资利税率相比较,以判断项目在财务上是否可行。

3. 国民经济评价

国民经济评价是项目经济评价的核心部分,是决策部门考虑项目取舍的重要依据。建设项目国民经济评价采用费用与效益分析的方法,运用影子价格、影子汇率、影子工资和社会折现率等参数,计算项目对国民经济的净贡献,评价项目在经济上的合理性。国民经济评价采用国民经济盈利能力分析和外汇效果分析,以经济内部收益率(EIRR)作为主要的评价指标。根据项目的具体特点和实际需要,也可计算经济净现值(ENPV)指标。涉及产品出口创汇或替代进口节汇的项目,要计算经济外汇净现值(ENPV)、经济换汇成本或经济节汇成本。

4. 不确定性分析

在对建设项目进行评价时,所采用的数据多数来自预测和估算。由于资料和信息的有限性,将来的实际情况可能与此有出入,这会给项目投资决策带来风险。为避免或尽可能减少风险,就要分析不确定性因素对项目经济评价指标的影响,以确定项目的可靠性,这就是不确定性分析。

根据分析内容和侧重面不同,不确定性分析可分为盈亏平衡分析、敏感性分析和概率分析。在可行性研究中,一般要进行的盈亏平衡分析、敏感性分配和概率分析,可视项目情况而定。

5. 社会效益和社会影响分析

在可行性研究中,除对以上各项指标进行计算和分析以外,还应对项目的社会效益和社会影响进行分析,也就是对不能定量的效益影响进行定性描述。

(十一)第十一部分 可行性研究结论与建议

1. 结论与建议

这部分根据前面各节的研究分析结果,对项目在技术上、经济上进行全面的评价,对建设方案进行总结,提出结论性意见和建议,主要内容如下:

① 对推荐的拟建方案建设条件、产品方案、工艺技术、经济效益、社会效益、环境影响的结论性意见;
② 对主要的对比方案进行说明;
③ 对可行性研究中尚未解决的主要问题提出解决办法和建议;
④ 对应修改的主要问题进行说明,提出修改意见;
⑤ 对不可行的项目,提出不可行的主要问题及处理意见;
⑥ 可行性研究中主要争议问题的结论;
⑦ 可行性研究报告附件。

2. 附件

凡属于项目可行性研究范围,但在研究报告以外单独成册的文件,均须列为可行性研究报告的附件,所列附件应注明名称、日期、编号。

附件包括以下内容:

① 项目建议书（初步可行性报告）；
② 项目立项批文；
③ 厂址选择报告书；
④ 资源勘探报告；
⑤ 贷款意向书；
⑥ 环境影响报告；
⑦ 需单独进行可行性研究的单项或配套工程的可行性研究报告；
⑧ 必要的市场调查报告；
⑨ 引进技术项目的考察报告；
⑩ 引进外资的各类协议文件；
⑪ 其他主要对比方案说明；
⑫ 其他。

3. 附图

① 厂址地形或位置图（设有等高线）；
② 总平面布置方案图（设有标高）；
③ 工艺流程图；
④ 主要车间布置方案简图；
⑤ 其他。

三、典型示例

以下是项目可行性研究报告的典型示例。

××（中国）电器项目可行性研究报告

1　项目总论

1.1　项目背景

1.1.1　项目名称及承办单位

项目名称：××（中国）电器有限公司。

承办单位：××电器集团有限公司。

1.1.2　项目性质

外商投资新建（家用电器生产型）。

1.1.3　项目主管部门

××电器集团有限公司中国投资管理小组。

1.1.4　项目申报单位

××电器集团有限公司，注册地：英属××群岛。

1.1.5　项目拟建立地点

办公地点：××市××开发区。

生产基地：××市××开发区。

1.1.6 研究工作依据

①《指导外商投资方向规定》。
②《外商投资产业指导目录》。
③《××(中国)电器有限公司项目建议书》、中华人民共和国以及××市关于外商投资的政策和法规。
④《关于外商投资企业境内投资的暂行规定》。

1.1.7 研究工作概况

可行性研究报告遵照中华人民共和国外商投资的相关法律和政策制订，报告主要包括：项目市场分析与建设规模确定；建设条件与厂址的选择；工厂技术方案；环境保护与劳动安全；项目经济效益和社会效益以及财务敏感性分析。这为项目实施建设投资和环境影响评价提供了依据，为项目建设和经营管理提供了先进合理的工程技术方案、筹资方案和经营方案。

1.1.8 主要的经济指标

项目总投资：3000万美元。

自筹资金：3000万美元，其中现金占30%，实物占70%。

项目内部收益：21.22%。

投资回收期：7年。

投资偿还期：11年。

1.2 项目研究简要结论

经过深刻的分析论证，××（中国）电器有限公司项目，开发建设条件良好，符合外商投资经营在中国内地的政策和法律，项目的建成具有良好的经济效益、社会效益，市场前景乐观，投资收益率高，该项目可行。

2 项目背景和发展概况

2.1 电暖器产业现状

国务院发展研究中心市场经济研究所、中国家用电器协会日前在对去年中国城市家电消费市场联合调查的基础上预测，由于电暖器结构轻巧、价格低、供暖效率高，今年我国城市电暖器市场消费需求总量约在560万台，长江流域地区的消费需求增长较快。

近年来，我国城市市场小家电产品消费需求旺盛，电暖器的高清洁、无污染等优点深受消费者青睐。特别是一些不具备集中供暖条件，或虽然有集中供暖但是难以满足需要的家庭对电暖器的需求更为强烈。这些居民家庭购买电暖器常常作为集中供暖的补充，一些过去以燃煤取暖为主要取暖方式的居民家庭中也有相当一部分改为以电暖器为主要的采暖工具。

正由于电暖器具有广阔的市场需求，因而近年来整个行业的发展以每年10%的速度增长。

统计数据显示，目前我国城市居民家庭电暖器的拥有率已达到18.1%，社会保有量为1286万台左右，表明我国电暖器市场已经进入成长期。

调研组的专家认为，近年我国电暖器销售市场呈现由北方向南方转移的趋势。尤其是长江流域地区的消费需求增长较快。其主要原因是由于这一地区的城市一般缺少集中供暖，而且冬季又较为寒冷潮湿。而我国东北、华北、西北地区由于传统上都是以集中供暖为主，电暖器只是部分居民家庭取暖的补充，所以市场需求受到一定的限制。

调查结果显示，2022年电暖器的消费需求将依然保持平稳增长态势，有6.8%的居民家庭表示要购买电暖器产品，由此可以推算出明年我国城市电暖器市场消费总量在360万台左右。北京、汕头、宁波等城市居民家庭对电暖器的预期需求明显高于我国其他城市。

有关专家认为，影响电暖器消费需求的因素中，首先是集中供暖状况，其次是当地供电条件、消费者家庭成员构成状况，例如是否有老人、病人、幼儿等需要增加采暖保障的人。

此外，电暖器产品虽然属于低值家电产品，但是使用成本较高，因此其拥有率与居民家庭经济收入具有一定的相关性，但是影响并不大。

电暖器属于小型家电，其销售在我国尚未形成规模，目前主要品牌有××电暖器、××电暖器、××电暖器。

2.2 项目发展概况

2.2.1 承办单位概况

××电器集团有限公司成立于××年，是××最大的电暖器制造商之一。其产品范围广泛，跨及电暖器系列、热水器系列、空调系列。所有产品具备节能自动控制系统。××集团公司有着50年制造电暖器的丰富经验，具备50年的市场营销经验和严谨的市场管理模式。××成为家电制造领域的先导，是因为××人有一个始终不变的信念：一直致力于开发先进的制暖制冷技术，为人类创造温暖、舒适、干净的环境！

××公司是面向未来的公司，××产品是面向全球、面向未来的产品。最新的技术、经验丰富的员工确保××产品一直保持优秀的品质。迄今，××公司已成功地将业务范围扩展到全球各大洲，产品在各大市场占据主要份额，同时因其产品精湛的技术、卓越的品质和优质的服务而备受广大用户青睐。

××电器集团有限公司是××电器集团有限公司在英属××群岛注册的分公司。××（中国）电器有限公司隶属××电器集团有限公司，是××电器公司在中国的总代理，具备唯一合法经营资格，授权负责中国市场开发、技术服务和培训服务，并负责授权和管理在中国各地区和城市的经销商和代理商。

2.2.2 项目现有技术装备情况

××电器集团有限公司在中国××省××城设立××电器有限公司。公司的投资总额为50000万美元，注册资本为2600万美元。公司采用了先进实用的技术和科学的经营管理方法，生产节能环保制冷制热产品。促进产品在质量、价格等方面适应中国内地市场，并且在国际市场上具有竞争优势。在实验生产阶段，已经赢得了良好的声誉，必将创造可观的经济效益和社会效益。

2.2.3 ××电器特性分析

（1）安全性

第一，从外形设计上来讲，它的各个角都是圆弧形的人性化设计，这样就避免了划破衣服和擦伤身体等意外发生。第二，装有自动断电保护装置，比如，当电暖器因为某些意外被外物（如衣物、窗帘等）覆盖时，电暖器可自动切断电源。并且，所有的产品都有双绝缘或接地保护装置，确保了电器的使用安全。第三，××电暖器具有IP24级防水保护，因此可以在卫生间、厨房或工厂等潮湿的环境下正常运行。第四，电暖器表面的温度均匀，最高不会超过90℃，可有效地防止火灾的发生。

（2）智能化节能设计

为了抵御北欧寒冷的冬天，××公司多年来致力于电暖器的设计和开发。因此，××电暖器除了具有性能优良、设计美观的散热器以外，还有一个非常重要的特点就是智能化的温控器。所谓智能化是指温控器中有特殊设计的计算机程序，可根据不同的温度需求进行程序设计。例如：如果电暖器安置在办公室里，那么用户可以把早9点至晚5点的时间设置成高温，以确保在工作时的温暖舒适；把下班后至早9点以前的这段时间设置成低温，这样既可以节能又可以保证一定的室内温度，不至于第二天早晨室内过冷。××公司生产的温控器种类繁多，有可以自动编制程序的温控器、双温控器（可设置最高温和最低温）、单温控器（恒温）以及简单的机械式温控器，顾客可根据不同的需要进行选择。

（3）舒适性

电暖器将其周围的空气加热，热空气上升，冷空气补充进来，然后再对冷空气加热，从而使得冷热空气形成循环。这样就可以快速而有效地给整个房间补给热量。风速平缓且不是由风扇吹动（与空调不同），形成空气循环的主要原因是对流（加热时空气上升），从而有效地避免了排风扇的噪声污染。在材料选择上，××电暖器选用了从德国进口的优质钢板，并且进行了特殊的处理。所以××电暖器与某些同类产品不同——在加热时没有金属发出的噪声，运行安静。

（4）美观

它的外形呈具有现代感的流线型；外壳为钢制的，坚固耐用。××产品的整体颜色是象征寒冷北欧的白色，外表光洁平滑，易擦拭。而且，各种型号的××产品与同类产品相比具有体积小、重量轻、非常容易携带等优点。

（5）安装方便

首先，温控单元可以进行拆卸。其次，电暖器配备一套可以直接安装到墙上的支架（上面标有尺寸和高度），所以在安装时不需使用折尺等工具，非常方便快捷。

（6）质量可靠、高效节能

××电暖器可以把电能100%地转化成热能，而且无需维护费用，投放市场几十年来从未收到用户的投诉。直到今天仍然可以看到××公司20世纪50～60年代生产的产品。

在政府高度提倡以电供暖、环保节能的今天，××电暖器就像一阵绿色的风吹进了中国大地。尤其在北京，人们对环保的意识也在加强。××电暖器采用全新的采暖理念，一定会营造一个温暖舒适、节能环保、美丽祥和、高贵典雅的冬季。

2.2.4　厂址初勘工作情况

××电器集团有限公司早在去年8月就已经开始项目的可行性论证工作，对厂址初步勘察并进行了仔细地论证，主要包括交通便利程度、给水和排水情况、环卫设施和供电设施建设、电信设施以及公用设施建设情况。从运筹和最优化规划思想的角度进行深刻论证。

厂址初步确定在××市××区××开发区××厂区，首期总建筑面积是20万平方米，具体用地范围以及建设标准遵循政府土地管理部门和政府规划部门的意见。

2.2.5　项目建议书的编制、提出及审批过程

成立××电器集团有限公司中国投资管理小组──→中国市场考察──→项目立项──→项目名称确定──→项目建议书可行性报告编制──→审批。

2.3 投资的必要性

2.3.1 具备良好的市场前景

经过对中国空调和电暖器市场的深刻分析，认为××电器具备优秀的市场潜力。第一，具备完善的节能设计，并且该技术已经发展得相当成熟，在世界各地赢得了良好的声誉；第二，××电暖器除了满足市场功能和性能需求外，还具备了易操作性、可靠性、可维护性等诸多特点；第三，××电暖器符合国家外商投资鼓励政策以及环保的要求，始终坚持着利国利民的经营理念。

2.3.2 具备良好的经济价值

××公司已经具备了生产此类产品的先进经验和管理思想，公司计划2025年内投产，预计首期生产100万片，按每片4200元计算，××公司年底将有14.2亿元的销售收入。公司具备在短期内建立完备的销售网络的实力。在项目实施以前，××电器公司总部已经在××进行投入式市场调研，取得了良好的效果，产品也赢得了广大消费者的好评。

2.3.3 具备良好的社会价值

公司入驻××开发区，将为当地带来直接经济收入，有利于社会稳定。同时，由于电暖器性价比相对较高，属于政府倡导的节能环保性产品，极大程度上缓解了××以及全国其余各地的能源危机，也极大地推动了现代化经济建设。另外，随着公司逐步完善运营，相关的服务设施和人员必将增多，将会带来许多就业机会。

2.4 项目开发的有利条件

2.4.1 地理位置优越

××（中国）电器集团有限公司所处的××开发区距××市区32千米，紧邻××高速公路，交通便捷，服务设施完善，对于工厂经营和管理、产品市场开发都具有非常重要的价值。

2.4.2 土建工作量小

现有××厂房，基本符合生产要求，交通设施、给排水工程、供电工程、电信工程以及广播电视网络齐备。

2.4.3 具备现成的工作经验

3 市场分析与建设规模

3.1 市场调查

3.1.1 拟建项目产品用途调查

拟生产产品：热水器系列、电暖器系列、家用空调和商用空调系列。

3.1.2 产品现有生产能力调查

2023年上半年为止，国内排名前十位的空调企业产能已达到8000万台，空调行业总体产能突破9500万台，较2022年增长了近1500万台，增长比例为23%，中国空调业进入了产能急剧扩张期。

3.1.3 产品产量及销售量调查

在中国空调企业产能不断扩张的同时，空调产量也保持了高速增长，2018年至2022年间空调产量年均增长率维持在10%以上。

3.2 市场现状与形势预测

在国内空调需求规模稳定增长的情况下，空调产能的急剧扩张导致产能严重过剩，这是目前国内空调市场竞争日趋激烈的根源，对整个空调业的健康发展不利。同时必须注意，产能过剩也是国内空调市场价格提升的直接阻力，引导空调产品的价值回归，必须首先遏制产能的扩张。

3.2.1 出口产品价值提升

2022 年 1～12 月份，中国空调累计出口 2092 万台，出口金额 386.6 亿元。空调出口数量比上年同期增长 12.6%，出口金额比上年同期增长 24.1%，金额增长幅度大于数量增长幅度。

3.2.2 国内市场总量变化不大

受中国房地产业发展和城市居民追求更舒适生活两大因素的影响，中国空调市场需求总量呈现平稳增长趋势，但增长速度在平稳中呈现下降趋势。

3.2.3 国内市场需求影响因素分析

（1）能效是入市门槛

目前，我国所有上市空调必须达到国家能效新标准规定的最低等级，即能效比最低 2.6，否则不允许上市销售。

同时，我们必须认识到，目前实施的空调行业强制性国家能效新标准，仅仅只是空调入市门槛，这就同以往"CCC"认证制度一样，都是国家管理家用电器销售的一种办法，达到新能效标准只是获得了最基本的市场准入资格，但能否在决赛中最终胜出却无法定论。也就是说，高能效的作用只在进场时最有用，能够进入市场的空调都打上了同样的高能效印记。而在激烈的竞争中，能否胜出，能否不被判出局却不是高能效能够决定的。对众多空调厂家来说，当务之急是必须寻求胜出的杀手锏。

值得注意的是，目前的高能效，并不能代表将来仍然是高能效，能效指标要求将随着节能技术的进步而作相应调整，所以，企业需要在节能技术研发方面不断提高，以适应市场形势的变化。

（2）技术决定企业成败

空调技术的提升需要企业有投入、有储备才行。只有那些真正在技术上下功夫的企业才会有优势。对中国的空调行业来说，与中国制造业的出路一样，除了依靠规模及产业链优势外，必须在技术上有所突破，依靠规模及产业链优势，尤其是依靠空调产品的核心技术提升能效。

（3）节能是关键

现在的中国空调市场，节能是整个空调业的共同诉求。在全社会都在大力倡导构建节约经济社会的背景下，空调、冰箱等家电产品的节能已经受到国家的日益重视。与中国国情相近的日本，变频技术在家电产品中得到广泛运用，变频空调的市场份额已超过 90%。

3.2.4 价格预测

空调行业由以前的价格导向正在向以技术和品质为核心的价值导向回归。高端、高档空调成为消费热点，特别是直流变频空调将出现爆发性增长趋势。

2024 年的空调价格仍然出现下降趋势。2024 年空调市场的价格主要取决于两个因素：

一是国际市场拓展的顺利程度；二是企业对规模效应的迫切程度。2023年空调出口量为3000万台左右，已经远超国内市场需求，在空白市场减少、贸易及技术壁垒加强反倾销压力增大的情况下，2024年空调出口量的增长速度将回到正常水平，维持在15%左右。主要的竞争将是国内企业之间的竞争，包括价格、产品性能及渠道的竞争。可以说2022年是空调企业产能扩张年，大幅扩张的产能需要市场消化，因此，在竞争力弱的小品牌退出市场后，大型企业之间的直接竞争在2024年会表现得更为突出。

综合考虑成本及企业战略因素，2024年的空调价格仍然会出现下降趋势，但价格的下降幅度比2023年稍窄。对于非节能空调来说，价格的波动将会非常大，毕竟我们还有很大的库存需要消化。

3.3 市场推销战略与管理

3.3.1 市场体系建设

按照我国地区经济特征、经济消费水平，××电器市场分为华南区、华东区、华中区、华北区、东北区、西南区、西北区七大片区。按照分区启动、分区培训、分区支持、分区督管的原则，各大区的销售策略、管理措施会相应地调整，以适应不同地区的市场管理要求。同时从培养试点区域的原则出发，把大区配送基地一起规划，这样可以确保更好地让××电器的市场销售适应配供、促销、调货、客服的整体需要，为全国市场的推广提供经验和条件。

××电器的市场销售组织分为：市级代理、配货批发中心、经销点。为了规范全国市场，充分发挥产品市场形象，××电器市场营销依靠该产品的独特性与唯一性，采用特许经营的方式向各地代理组织授权销售并统一管理。

各级销售单位均应以批发、零售方式开展业务，严格按区域保护、区域发展、区域管理的原则开展营销工作。

市级代理应迅速展开代理区域内市场销售工作，合理设定经销点，管理好市场配送渠道，做好销售业务的培训、促销、配货、客服和业绩管理。对代理区域内的产品促销做广告宣传，组织授权区域内的社会关系和促销工作。

配货批发中心为非硬性设置销售机构，在未产生市级代理的城市可优先设置配货批发中心；已有市级代理的城市设置配货批发中心的权限归该市级代理管理。

配货批发中心应及时反馈市场信息，掌控分销纪律。

经销点应积极开展产品销售，及时回收货款，搜集客户信息，完善客户服务。

3.3.2 审批、授权、配置、权益

凡认同本管理办法，符合各级代理条件的企业法人，均可向××电器（中国）有限公司提出申请，公司市场部收到申请后，经考察评估，在一周内将回复结果。代理人须满足如下条件。

① 市级代理：具有三年左右的行业经验，良好的车辆配送能力；销售网点活跃，有较强的市场管理经验和良好的资金保障能力；在本市有较好社会关系；交纳特许经营保证金5（10、20）万元，首批进货50（100、200）件。

② 配货批发中心：具有相当数量的分销点销售网络；认同本营销管理办法，热情为分销点服务；交纳特许经营保证金3（5、8）万元，首批进货50件。

③ 分销点：具有固定的销售服务场所；首批进货 10 件；代理申请批准的企业在交纳特许经营加盟保证金后，将与××（中国）电器有限公司签署"××电器特许代理经营合同"，公司将颁发授权特许代理证书，批准其进入市场管理体系。授权内容重点：代理经营区域、时限、级别、进货价格。

为了积极支持经××（中国）电器有限公司授权的代理，较好地开展市场销售工作，统一市场形象，管理区域市场，在代理授权后提供以下设备和资料以及服务。

取得区域代理经营权的销售单位，享有在授权区域批发、配供、零售××电器的权益。即不管用何种方法开发的市场，均由区域代理供货。

严格禁止向授权区域外配供货，在该区域未产生代理之前，鼓励代理跨区域开发市场，但当该区域代理产生后，供货即由该区域代理配送，原代理将享受该地区的销售返点业绩累计。一旦发现并核实代理跨区域配货（该区已有代理），则降低串货代理的代理级别，并不退还特许经营加盟保证金。

在以下条件下，××（中国）电器有限公司不再退还特许经营加盟保证金。

① 市级代理：经营一年以上或者进货 200（500、800）件以后。

② 配送中心：经营半年以上或者进货 100（150、200）件以后。

3.3.3 市场开发与管理

开发：××（中国）电器有限公司将广泛采取各种形式的招商会、展览会、广告等进行市场推广支持，同时也要求各级代理把市场推广作为营销的一项日常工作。

培训：××（中国）电器有限公司根据不同级别的代理情况，给授权代理提供业务说明会、产品使用、技术服务的培训，为市场销售提供相关媒体宣传和广告促销支持。

奖励：××（中国）电器有限公司对市场开发的相关人员给予差旅费补贴、广告费补贴、销售业绩返点奖励等一系列奖励措施。

3.3.4 销售管理

（1）零售价

为了统一规范全国市场，尽可能地照顾地区消费水平差异，本办法只确定管理、结算、批发业务的市场零售指导价，并按季节分为两档，各级代理的市场零售价自定，但最多不得超过统一市场零售指导价格的 120%。

（2）批发规定

市级代理按零售指导价的 78% 进货；配供中心按零售指导价的 82% 进货；分销店按零售指导价的 90% 进货。

（3）批发与零售

各类代理应认真做好批发业务的管理工作，每次批发业务应有详细的进、出货记录，并按代理关系进行业务上报，以防止串货发生，同时也是取得销售返点奖励的依据。

（4）销售返点

为了鼓励调动一切热诚推广××电器的业务人员，××（中国）有限公司提取季节性市场零售指导价格的 5% 作为销售业绩返点奖励基金，具体办法如下：

① 销售业绩按批发与零售两种性质分别统计和计算；

② 各级代理首次提货量不能列入销售返点业绩统计；

③ 批发和销售业务各累计到20万元与10万元的比例关系时，设一个返点计奖段，余额可累计进入下一个返点计奖段；

④ 每半月统计结算一次，得到销售返点奖励后的销售业绩从总的累计业绩中减去；

⑤ 每个计奖段奖励价值2万元的××电器产品，每次最高奖励金额为20万元的××电器产品；

⑥ 对市场开发有积极贡献的销售人员，在获得代理机构资格后，即可按上述规定获得奖励，在取得代理资格前推广市场所产生的销售业绩可累计统计；

⑦ 参加销售返点的奖励产品，如遇特殊原因造成季节性压货时，可向××（中国）电器有限公司申请退货，公司按市场零售指导价的50%回款，运费自理。

(5) 批次管理

各级代理在进货和配货时，均应详细记录商品编号和批次，以控制配供关系和统计业绩。代理如未按要求进行批次管理，××（中国）电器有限公司按违反流程规定性质进行查处。

(6) 串货核查

一旦发现和核实代理有跨区域串货行为，××（中国）电器有限公司将严肃处理违规代理，并降低该代理的销售级别，情节严重的将终止代理合同。

(7) 订货和周转

要求首次提货是为方便各级代理在配货时有周转，所有配供出货单，都应随下次订货单一起传回公司才能补货。

(8) 业绩管理

各代理可以通过网站查询区域内市场体系当月销售业绩，按照公正、透明、公开的原则，一旦代理认为销售记录有出入，均可提供原始订货单向公司提出异议。

(9) 运输与结算

××电器的运输根据产品规格、包装运输条件，代理收货后应及时验货，并向市场部回复收货信息，运输费由××（中国）电器有限公司垫付，在代理下次订货结算时清账。

(10) 发货

所有补货申请均在货款到账后第一个工作日发货。

(11) 客户服务

① 商品管理：每一件××电器均配有带编号的商品标牌和使用手册，作为产品身份证明和客户使用指导，同时也是公司管理市场的凭证。

② 客户投诉：代理和顾客一旦发现和批次与商品编号不符的商品，均有权向××（中国）电器有限公司投诉，客户也可以根据该批号查询网上商品配送记录，并通过网站意见箱和电话反馈商品投诉信息。

3.4 产品销售收入预测

项目测算期为8年，其中建设期为2年，建设期同时为生产期，即经营期为8年。项目基准收益率取30%。

4 建设条件与厂址选择

4.1 原材料及主要辅助材料供应

产品主要原材料供应均采用外国进口方式，产品生产所需要辅助材料均从国内市场选择，全部的生产线采用外国进口设备，全部的产品检测设备采用外国进口设备，所有采购事宜已经达成初步意向。

实验原料由集团公司负责解决。已经达成初步意向。

4.2 建设地区的选择

因为××产品特性明显，所有特性都完全符合社会经济发展近远期规划目标，所以具备一定的市场垄断性。因此，确定在××市建立××（中国）电器有限公司。

4.3 厂址选择

厂址选择遵守以下原则：

（1）交通便利原则

××工业开发区完全具备交通便利的条件。该厂址紧邻××高速公路和××国道。

（2）给水工程完备原则

工业用水、生活饮用水和消防用水符合国家给水设计规范。

（3）排水工程完备原则

由于厂房已经具备必要的排水工程，在厂房改造过程中，设定排水体制为污水、雨水分流制。工业污水和生活污水设置污水处理站，采用地埋式污水二级生物处理，达到污水处理综合排放标准后，作为就近农灌或绿化用水处理，设置雨水排放沟道，就近排入水体。

（4）环卫设施齐备原则

随着业务量和人员数量的不断增大，初步计划设定一个垃圾转运站，垃圾转运站采用框架以及砖混结构，建筑造型力求与开发区的综合规划和环境协调一致，并配套设置起重能力达10吨的机械起吊设备，垃圾转运到××区垃圾处理地点或者开发区指定的垃圾处理中心。

（5）供电设施齐备原则

开发区与既定现有厂区（××）已经具备供电保障条件。

（6）电信设施齐备原则

开发区与既定现有厂区（××）已经具备通信保障条件。

（7）公用设施齐备原则

开发区已经具备通信保障条件。

5 工厂技术方案

5.1 总说明

① 所有项目的建设均执行相应的国标、部标以及规范。

② 厂区建设规划遵从××开发区招商管理中心规定和坚决执行开发区的指导政策。

5.2 项目组成

项目投资分两个阶段，即主要建设期为两年：

一期（2025年）1300万美元；

二期（2026年）1700万美元。

5.3 生产规模

第一年（2025年）：计划在中国生产40万台热水器，20万片电暖器，5万套制热制冷设备。生产线设备采用国内设备，全套检测设备约定从瑞典直接进口，在中国组装。

第二年（2026年）：第二投资期，继续扩大生产规模，拟定生产量翻倍。

5.4 制造工艺

制热制冷设备的生产工艺流程为：

零件→加工→制造→安装→测试→包装。

由××电器集团有限公司总部提供散件及加工技术，控制器从丹麦进口，压缩机从德国直接进口，增发器和冷凝机由瑞典IVT公司提供给北京公司。

6 环境保护与劳动安全

6.1 环境保护的目的

本项目属于环保、节能、大范畴项目，项目本身建设过程中以及建成以后，应防止对周围环境造成不良影响，以保证开发区内生态环境质量，维持开发区生态平衡，合理适度地开发利用周边资源，走可持续发展道路，保护地区的环境现状。

6.2 项目的地理位置

北京市位于北纬39°28′～41°05′，东经115°25′～117°30′，总面积1.68万平方千米。地势西北高、东南低，海拔100米以上的山地、丘陵占62%，最高峰——灵山海拔2303米。海拔100米以下的平原占38%，最低海拔8米。地貌类型多样，地域自然条件复杂，气候、植被、土壤呈有规律的垂直分布，适合多种经济作物生长。

北京属暖温带半湿润大陆性季风气候。全年日照充足，四季分明，春天干旱多风，夏季炎热多雨，秋季秋高气爽，冬季干燥寒冷。年太阳辐射总量为4378～5365兆焦耳，年平均气温为11.8℃，年平均降水量为626.4毫米，地区分布不均。年日照时数2084～2873小时，无霜期180～200天。

6.3 项目主要污染源和污染物

项目主要污染源是生活垃圾、工业垃圾、生活污水、工业污水、施工工程中有可能产生的噪声污染及工业机械和交通工具释放的废气。

6.4 项目拟采用的环境保护标准

6.5 治理环境的方案

（1）废气

××（中国）电器有限公司的原材料或者零配件是直接从集团公司进口的，所以，在整个生产工艺过程中，几乎无工业废气排放。交通工具排放废气符合北京市有关交通工具废气排放的标准。

（2）污水

污水主要包括工业污水、生活污水和降水，排水体制为污水、雨水分流体制，设置污水处理站，采用地埋式污水二级生物处理，达到污水综合排放一级标准后，作为农业灌溉或者绿化用水处理。

（3）土建噪声

遵守开发区意见，避免产生噪声污染源或者实行分时段施工。

（4）生活垃圾和工业垃圾

工业和生活垃圾，尤其是白色污染物，很容易对厂区和开发区的生态环境造成破坏，应加大管理力度，采取强有力的措施，防止生活垃圾对生态环境造成的破坏。

① ××（中国）电器有限公司将设立环境管理办公室，并将环境卫生的好坏与管理办公室的工作绩效挂钩，加大环境卫生的监督力度。

② 随着业务量和人员数量的不断增大，初步计划设定一个垃圾转运站。垃圾转运站

采用框架以及砖混结构,建筑造型力求与开发区的综合规划和环境协调一致。配套设置起重能力达10吨的机械起吊设备,垃圾转运到××区垃圾处理中心或者开发区指定的垃圾处理中心。

③ 厂区规划了充足的绿化区,按绿化率60%的标准设定绿化带,在绿化带广植当地速生树种,把厂区建设成为集工业区和生活区于一体的厂区。

6.6 环境监测制度的建议

建立环境管理办公室,定员四人,由管理专业和环境绿化专业人员组成。

6.7 环境保护投资估算

环境保护投资估算如表1所示。

表1 环境保护投资估算

项目	总投资/万元	备注
绿化	20	绿化工业厂区和生活厂区、绿地林木
垃圾处理	30	自动卸载垃圾站、垃圾转运车、工具、制服
污水	60	生活污水和工业污水
其他	50	机动资金

6.8 劳动保护

① 成立劳动保护措施执行小组(可由综合办公室负责)。
② 现场指导,规范劳动操作。
③ 对新员工安排培训课,让员工认识到劳动保护不仅有助于自身健康,而且有助于产品质量的提高。
④ 工作服装,加强防护。

7 企业组织和劳动定员

7.1 企业组织

7.1.1 企业组织形式

公司设立董事会,实行总经理负责制度。设定董事长1名,董事会成员2名,总经理1名,副总经理2名。总经理、副总经理任期3年,连续任职需要董事会决议通过。总经理为公司的法定代表人。总经理直接对投资方负责,执行投资方各项决议,组织和领导本公司的全面生产,副总经理协助总经理开展工作。

经营机构设定若干部门经理,分别负责企业各部门的工作,办理总经理和副经理交办的事项,并对总经理和副总经理负责。

7.1.2 企业组织结构图

组织结构图(略)。

7.2 劳动定员和人员培训

××(中国)电器有限公司坚持科学的用人理念:职工是企业的主体;职工参与是有效管理的关键;使人性得到最完美的发展是现代管理的核心;服务于人是管理的根本目的。

公司招聘人员的原则:兴趣、专业、能力三者结合的原则。

公司招聘人员的渠道:社会招聘和学校招聘。

公司首期定员:370人。

××(中国)电器有限公司秉承集团总公司的用人理念,为了促成团队人员稳定和提供个人个性发展的机会，公司特别制订了人员培训的具体计划：工作轮换，设置助理职务，设定临时职务和社会培训中心，以达到传递信息、改变态度、更新知识、发展能力四个方面的目的。

7.3 职工年平均工资和年总工资估算

职工月平均工资：7600元。

职工年平均工资：91200元（含）。

年总工资：91200×370＝3374.4（万元）。

工资＝基本工资＋岗位工资＋绩效工资＋效益奖金（在职工平均工资估算中，不包括销售人员的工资估算）。

8 项目实施进度安排

项目实施进度安排如表2所示。

表2 项目实施进度安排

时间	项目进展内容
2025年5月1日	成立项目投资管理小组,并进行前期市场研究
2025年8月10日	项目承办单位和××开发中心就土地问题初步谈判
2025年8月15日	项目名称确定并进行审批准备工作
2025年8月20日	完成项目建议书并制作实施项目审批工作
批复时间	可行性论证及规划设计编制工作
2025年9月15日	项目一期投资(1300万美元),厂房选择,设备选进。完成供电、供水、厕所、大门、服务中心、垃圾处理站等辅助设施的建设工作
同期	进行人员招聘和人员培训,行政管理人员由中国××集团选择抽调。建立完善的××(中国)电器有限公司组织机构
2025年10月10日	实验生产,进行总结和改进,包括人员素质、技术装备等方面
2025年11月30日	产品下线
2026年2月1日	项目二期投资(1700万美元)主要用于扩大生产规模和销售网络再完善、再扩大

甘特图（略）。

9 投资估算与资金筹措

9.1 项目总投资估算

总投资3000万美元，注册资本1000万美元。

资金构成：现金占30%；实物占70%。

资金来源：公司自筹。

一期：1300万美元。二期：1700万美元。

具体细节见附件一：总投资估算表。

9.2 资金使用计划

分两期执行。

一期（1300万美元），其中生产及检测设备占50%；土建占20%；其他营运成本占30%。

二期（1700万美元），其中生产及检测设备占30%；建设占25%；其他占45%。

9.3 流动资金估算

见附件二：流动资金估算表。

9.4 生产成本和销售收入估算

折旧：项目总投资为 3000 万美元，折旧年限为 20 年，残值率为 10%，年折旧分摊 144.64 万美元。

营业成本：营业成本包括营业费用、管理费用、职工福利费等，按营业收入的 40% 计算。

税金：营业税按 5.5% 计算，所得税按 30% 计算。项目经营初期就可以带来 346.30 万美元的税收。

销售估算表见前第三章。

附件

附件一：总投资估算表（略）。

附件二：建设投资估算表（略）。

附件三：流动资金估算表（略）。

附件四：投资计划与资金筹措表（略）。

附件五：设备折旧及推销估算表（略）。

附件六：长期借款还本付息表（略）。

附件七：总成本费用估算表（略）。

附件八：损益表（略）。

附件九：资金来源与运用表（略）。

附件十：资产负债表（略）。

附件十一：财务现金流量表（全部投资）（略）。

附件十二：财务现金流量表（权益资金）（略）。

附件十三：财务现金流量表（甲方投资资金）（略）。

10 可行性研究结论与建议

经过以上可行性研究分析表明，该项目符合开发区总体规划，项目区域位置优越，财务、技术、人员、环境等多方面均可行，是目前中国唯一一家合法经营××电器产品的厂家，产品特性明显，市场前景乐观，投资回收期短，财务效益好，社会效益显著。因此，××（中国）电器有限公司项目可行。

按照资金使用计划，××（中国）电器有限公司将在短期内（1年半）把主要的财力投入到提高产品质量的分项目中去，包括制定操作规范和制定工艺过程工位卡。产品质量是企业的生命，对于××（中国）电器有限公司来说，有两个方面的意义：

第一，迅速拓宽产品市场。以质量求发展，以质量求生存；

第二，为人民谋福利的思想本来就是最好的广告，服务一户，赢得万家。

附件略。

复习思考题

1. 简述行业投资分析报告的主要内容。
2. 简述项目建议书的主要内容。
3. 简述项目可行性研究报告的主要内容。

第七章

项目融资概述

项目融资可以指为项目的融资，也可以指依赖项目而融资，由于其能够帮助改善和提高项目的经济强度，增加项目的债务承受能力，减少项目投资者的自有资金投入，提高项目收益率，项目融资一出现就表现出了很强的生命力，并且经过不断改进和发展，在今天的国际金融市场上也奠定了自己强有力的地位。其应用的领域也十分广泛，涉及了矿业、石油和天然气的开发，化工冶炼加工工业、林业、房地产业的开发，以及医院、电站、水厂、公路和铁路的建设等。本章从项目融资的发展、概念、特征以及组织结构等方面对其基本内容进行概述。

第一节 项目融资的发展

早在 4000 多年前，项目融资的思想就已经存在了。根据《汉谟拉比法典》的记载，当时的船主采用抵押融资的形式为造船筹资，并以商业贸易中产生的收入来偿还造船贷款，如果在贷款偿清之前船只损毁，那么剩余的债务一笔勾销，这就是项目融资的雏形。直到 20 世纪 30 年代，现代意义上的项目融资才开始出现。

项目融资开始受到人们的广泛重视并被视为国际金融的一个独立分支，是以 20 世纪 60 年代中期在英国北海油田开发中使用的有限追索项目贷款作为标志的。在 20 世纪 70 年代第一次石油危机之后能源工业的繁荣时期，项目融资得到了大规模的发展，成为当时大型能源项目进行国际性融资的一种主要手段。

20 世纪 80 年代初开始的世界性经济危机使项目融资的发展进入了一个低潮期。一方面，银行界认为最有利可图的是发展中国家贷款市场，因为一些国家，特别是南美洲国家发生的债务危机，已不可能再承受大量新的债务；另一方面，能源、原材料市场的长期衰退迫使包括工业发达国家在内的公司、财团对这一领域内的新项目投资持非常谨慎的态度，而这一领域又是项目融资的一个主要的传统市场。据统计，1981 年到 1986 年六年间，西方国家在能源、原材料领域投资的新项目比上一时期减少了 60%，投资总额减少了 33%。当时，国际金融界流行着一种悲观的看法，认为正统的项目融资理论，即单纯依靠项目现金流量偿还债务的融资方式，似乎已经被 20 世纪 80 年代前期的金融信用紧张所扼杀了。

但是，1985 年以后，随着世界经济的复苏和若干具有代表性的项目融资运作的完成，项目融资又重新开始在国际金融界活跃起来，并在融资结构、追索形式、贷款期限、风险管理等方面有所创新和发展。到了 20 世纪 90 年代，项目融资在许多国家的电力、交通、城市开发、市政公用设施等领域开始得到广泛应用，并引起发展中国家出口信贷机构的兴趣。

中国工程项目投融资体制的发展大致可分为以下 6 个阶段。

一、从改革开放开始到 20 世纪 80 年代中期

从 1979 年到 1983 年是起步和试点阶段，国家对财政投资实行"拨改贷"。1980 年国家在交通运输等大型工程项目中试行基本建设投资有偿占用制度，基本建设投资由原先的无偿拨款改为有偿贷款。初步改变了计划经济下传统的完全用行政手段分配资金的做法。

二、从 20 世纪 80 年代中期到 20 世纪 80 年代末期

从 1984 年到 1986 年，国家重点对项目建设阶段的管理体制进行改革。1984 年，国务院颁布了《关于改革建筑业和基本建设管理体制若干问题的暂行规定》，推行招投标制度，代替行政分配任务制度，实行工程承包和基建物资与设备供应单位企业化，引进市场竞争机制。投资建设的发包方与承接工程的承包方的经济利益相对地独立了。甲乙双方不再是传统的"家庭内部关系"，而是买卖双方的"市场竞争关系"。

三、从 20 世纪 80 年代末期到 20 世纪 90 年代初期

从 1987 年到 1992 年，该阶段以国务院颁布《关于投资管理体制近期改革方案》（国发〔1988〕45 号文件）为标志，提出对投资活动的管理必须符合发展计划商品经济的要求，把计划和市场有机结合起来，重点对政府投资范围、资金来源和经营方式进行初步改革。

1987 年，国家明文规定，对基本建设项目必须进行国民经济可行性论证，借鉴世界银行等国际组织规范化的建设项目可行性论证经验和程序，凡未进行论证或论证达不到规定标准的，一律不予立项。从而在调整投资结构，运用经济手段管理和引导全社会投资运行上取得了进展。各地分别采用贷款、借款、集资、引进外资等途径来筹集工程项目建设资金。

四、从 20 世纪 90 年代初期到 20 世纪 90 年代中期

从 1993 年到 1996 年，这个阶段以邓小平同志的"南方谈话"精神为指针，各级政府进一步解放思想，大胆创新，因地制宜地探索筹集工程项目建设资金的渠道和方法。积极引进外资，通过发行债券、股票上市等多种形式筹集资金。明晰产权关系，成立股份制公司，向社会发行股票，参与金融市场融资，掀起了经济发展的热潮。

五、从 20 世纪 90 年代中期到 21 世纪初

这一时期主要是对提高工程项目投资决策质量和建立投资约束机制进行了探索。重要措

施包括实行"建设项目法人责任制"和"项目资本金制",推行大型工程项目(尤其是市政公用基础设施)的国有资产授权经营等。

六、从 21 世纪初开始到现在

以上海、深圳、北京等为代表的部分省市在工程项目融资方面正在开创"项目自主决策、政府宏观引导、社会广泛参与、市场有效运作"的健康、有序、稳健的工程项目融资体制的新路。

在我国,项目融资主要应用于电力、公路、桥梁等大型基础设施项目,近年来,一些大型体育场馆的建设也采用了项目融资。进入 21 世纪以来,随着社会经济的发展,项目融资的应用范围也将日益扩大,参与项目融资的民间资金越来越多。

第二节　项目融资的概念

项目融资至今没有一个明确统一的定义。从理论探究角度来讲,有广义和狭义两种理解:广义的项目融资指所有围绕项目的新建、已有项目的收购或债务重组所进行的融资活动。从金融学角度上来看,这种情况下债权人对债务人抵押资产以外的资产具有完全追索、有限追索或无追索权等形式;狭义的项目融资仅仅是上述概念中的一部分,即其中具有有限追索或无追索性质的融资情况,以项目的资产、预期收益或权益为抵押。项目本身的资产、预期收益或权益也往往被称为项目本身的经济性强度。狭义的项目融资的概念是目前较为普遍认可的项目融资概念。本书所探讨的项目融资主要是指这一概念。

项目融资的目的是为项目设计一个满足相关方利益和目标的融资计划或方案。该计划至少应包含的内容为融资结构、资金结构、投资结构和信用保证结构,以及确定其相互之间的关系。其中,投资结构即项目的资产所有权结构,是基础;融资结构是核心,一般需要聘请专门的融资顾问;资金结构取决于投资结构和融资结构;信用保证结构保证项目融资的安全性。信用保证结构与项目自身的经济强度相关,项目经济强度高,信用保证结构就相对简单。四者之间的关系相互独立,实际上是相关方面的反复谈判、分析、调整、妥协的过程,最终得出的是一个在既有条件下能够得到各方认可的最佳方案。

项目融资的概念是通过对大量的融资实践进行抽象总结、提炼出其共性特征而形成的。因而,不同的人对"项目融资"的定义虽有所不同,但都涵盖了项目融资的主要特征。世界银行在为发展中国家提供贷款,推动基础设施项目建设方面一直发挥着重要作用。关于项目融资,世界银行给出的定义是:"应用有限追索或无追索形式的融资。"其中"无追索"指的是:贷款人获得的回报仅仅来自项目自身产生的现金流。当项目失败时贷款人的保障则来自项目自身的资产价值。"有限追索"指的是:贷款人可以从发起项目的母公司资产中获得部分追索。广义地说,为建设一个新项目、收购一个现有项目或者对已有项目进行债务重组所进行的融资活动都可称为项目融资。从金融学角度来看,这种情况下债权人对债务人抵押资产以外的资产具有完全追索、有限追索或无追索权等形式。狭义的项目融资仅仅是上述概念中的一部分,即其中具有有限追索或无追索性质的融资情况,以项目的资产、预期收益或权益为抵押。这与北美地区金融界对项目融资的界定一致。本书所讨论的项目融资概念为后者。

银监会于 2009 年发布的《项目融资业务指引》第三条把项目融资定义为符合以下 3 个特征的贷款。

① 贷款用途通常是用于建造一个或一组大型生产装置、基础设施、房地产项目或其他项目，包括对在建或已建项目的再融资。

② 借款人通常是为建设、经营该项目或为该项目融资而专门组建的企业事业法人，包括主要从事该项目建设、经营或融资的既有企事业法人。

③ 还款资金来源主要依赖该项目产生的销售收入、补贴收入或其他收入，一般不具备其他还款来源。

第三节　项目融资的特点

与传统的融资方式相比较，项目融资具有以下特点。

一、项目导向

主要是依赖于项目自身的现金流量和资产，而不是依赖于项目的投资者或发起人的资信来安排融资，这是项目融资的第一个特点。项目融资，顾名思义，是以项目为主体安排的融资，项目的资产和现金流是单独核算的，项目所需资金来源于外部。贷款银行在项目融资中的关注点主要放在项目在贷款期间能够产生多少现金流量用于还款，贷款的数量、融资成本的高低以及融资结构的设计都是与项目的预期现金流量和项目自身资产价值直接联系在一起的。

由于项目导向，一些投资者以公司为主体很难借到的资金可以利用项目融资来安排。因此，与传统融资方式相比，采用项目融资一般可以获得较高的贷款比例，根据项目经济强度的状况通常可以为项目提供 60%～75% 的资本需求量，在某些项目中甚至可以做到 100% 的融资。进一步说，由于项目导向的特点，项目融资的贷款期限可以根据项目的具体需要和项目的经济生命期来安排设计，可以做到比一般商业贷款期限长。近几年的实例表明，有的项目贷款期限可以长达 20 年之久。

二、有限追索

追索，是指在借款人未按期偿还债务时，贷款人要求借款人用抵押资产之外的其他资产偿还债务的权利。在某种意义上，贷款人对项目借款人的追索形式和程度是区分融资属于项目融资还是属于传统形式融资的重要标志。对于后者，贷款人为项目借款人提供的是完全追索形式的贷款，即贷款人更主要依赖的是借款人自身的全部资产情况，而不是项目的经济强度；而前者，作为有限追索的项目融资，贷款人可以在贷款的某个特定阶段（例如：项目的建设阶段和试生产阶段）对项目借款人实行追索，或者在一个规定的范围内（包括金额和形式的限制）对项目借款人实行追索。除此之外，无论项目出现任何问题，贷款人均不能追索到项目借款人除该项目资产、现金流量以及所承担的义务之外的任何形式的财产。

项目追索融资的极端是"无追索"融资，即融资百分之百地依赖于项目的经济强度。在融资的任何阶段，贷款人均不能追索到项目借款人除该项目之外的任何其他资产。然而，在实际工作中很难获得这样的融资结构。

有限追索融资的实质是出于项目本身的经济强度，还不足以支撑一个"无追索"的结构，因此，还需要项目的借款人在项目的特定阶段提供一定形式的信用支持。追索的程度则是根据项目的性质，现金流量的强度和可预测性，项目借款人在这个行业的经验、信誉以及管理能力，借贷双方对未来风险的分担方式等多方面的综合因素通过谈判确定的。就一个具体项目而言，由于在不同阶段项目风险程度及表现形式会发生变化，因而贷款人对"追索"的要求也会随之相应调整。例如，贷款人通常会要求项目借款人承担项目建设期的全部或大部分风险，而在项目进入正常生产阶段之后，可以同意只将追索局限于项目资产和项目的现金流量。

三、风险分担

为了实现项目融资的有限追索，对于与项目有关的各种风险要素，需要以某种形式在项目投资者（借款人）、与项目开发有直接或间接利益关系的其他参与者和贷款人之间进行分担。一个成功的项目融资结构应该是在项目中，没有任何一方单独承担全部项目债务的风险责任。

在组织项目融资的过程中，项目借款人应该学会如何识别和分析项目的各种风险因素，确定自己、贷款人以及其他参与者所能承受风险的最大能力及可能性。充分利用与项目有关的一切可以利用的优势，设计出对借款人具有最低追索权的融资结构，一旦融资结构建立之后，任何一方都要准备承担任何未能预料到的风险。

四、具有税务收益

所谓税务收益是指在项目所在国税法允许的范围内，通过设计项目投资结构和融资结构，把项目的亏损作为一种资源最大限度地加以利用，由此带来的税收节约。这种节约可以减少项目高负债期的现金流量压力，降低项目的资金成本，从而提高项目的偿债能力和综合收益率。

对于税务收益，可以从三个方面理解。第一，项目债务利息支出的免税效果。项目融资允许高水平的负债结构（70%以上的负债率是很典型的），这在某种程度上意味着资本成本的降低。因为大多数国家贷款利息是免税的，而股权收益必须缴税。第二，新设企业的税收优惠。由于在很多国家新成立企业会享受资本支出的税收优惠和一定的免税期，所以成立项目公司的做法在项目融资中很普遍。甚至在有些情况下，项目融资结构的变化就是出于税收的考虑，如在英国，因为有对机器和设备的税收优惠，经常会采用金融租赁项目融资方式。第三，也是最主要的，是对项目结构性亏损的利用所带来的税收节约。结构性亏损不同于一般意义上的经营性亏损，这种亏损多出现在项目投资的前期，主要是因项目的投入与产出在时间上不匹配所造成的，如固定资产折旧、债务资金的利息成本以及一些特殊的成本摊销等。在大型基础设施项目中，由于其资本密集度高，项目前期资本投入巨大，因此，项目的结构性亏损数额会相当可观。如果不对这种结构性亏损加以有效的利用，无疑是一种资源的浪费。在项目融资中，通过特殊的投资结构和融资结构的设计，可以把这种结构性亏损作为一种潜在收益出售给贷款银行或其他有需求的第三方（使后者的应纳税额减少），并将现金流入全部用来偿还银行债务，以此减轻项目前期直接还本付息的压力，提高项目的可融资性，减少项目股本资金的投入。因此，通常把这种结构性亏损称为结构性税务亏损。

五、非公司负债型融资

公司的资产负债表是反映一个公司在特定日期财务状况的会计报表，所提供的主要财务信息包括公司所掌握的资源、所承担的债务、偿债能力、股东在公司里所持有的权益以及公司未来的财务状况变化趋势。非公司负债型融资（Off-balance Finance），也称为资产负债表之外的融资，是指项目的债务不表现在项目投资者（借款人）公司的资产负债表中的一种融资形式。最多，这种债务只以某种说明的形式反映在公司资产负债表的注释中。

项目融资通过对其投资结构和融资结构的设计，可以帮助投资者（借款人）将贷款安排成为一种非公司负债型的融资。根据项目融资风险分担原则，贷款人对于项目的债务追索权主要被限制在项目公司的资产和现金流量中，项目投资者（借款人）所承担的是有限责任，因而有条件使融资被安排成为一种不需要进入项目投资者（借款人）资产负债表的贷款形式。

六、信用结构多样化

在项目融资中，用于支持贷款的信用结构的安排是灵活和多样化的。一个成功的项目融资，可以将贷款的信用支持分配到与项目有关的各个关键方面，典型的做法包括以下方面。

1. 市场方面

在市场方面，可以要求对项目产品感兴趣的购买者提供一种长期购买合同作为融资的信用支持。资源型项目的开发受国际市场的需求、价格变动影响很大，能否获得一个稳定的、合乎贷款银行要求的项目产品长期销售合同，往往成为项目融资能否成功的关键。

2. 工程建设方面

在工程建设方面，为了减少风险，可以要求工程承包公司提供固定价格、固定工期的合同，或"交钥匙"工程合同，也可以要求项目设计者提供工程技术保证等。

3. 原材料和能源供应方面

在原材料和能源供应方面，可以要求供应方在保证产品供应的同时，在定价上根据项目产品的价格变化设计一定的浮动价格公式，保证项目的最低收益。

上述这些做法，都可以为项目融资提供强有力的信用支持，提高项目的债务承受能力，减少融资对投资者（借款人）资信和其他资产的依赖程度。例如：占世界钻石产量1/3的澳大利亚阿盖尔钻石矿（Argyle Diamond Mine），在开发初期，其中的一个投资者——澳大利亚的阿施顿矿业公司（Ashton Mining Limited）准备采用项目融资的方式筹集所需要的建设资金。由于参与融资的银团对钻石的市场价格和销路没有把握，筹资工作迟迟难以完成。

当该矿与总部设在伦敦的戴比尔斯中央销售组织签订了长期包销协议之后，因该组织具有世界一流的销售能力和信誉，加强了阿施顿矿业公司在与银行谈判中的地位，很快就顺利地完成了项目融资工作。

七、融资成本较高

项目融资涉及面广，结构复杂，需要做大量有关风险分担、税收结构、资产抵押等技术性的工作，筹资文件比公司融资往往要多出好几倍，需要几十个甚至上百个法律文件才能解决问题。这就造成两个后果：一是组织项目融资花费的时间要长一些；二是项目融资的大量前期工作和有限追索性质，致使融资成本要比传统的公司融资成本高。融资成本包括融资的前期费用和利息成本两个主要组成部分。融资的前期费用与项目的规模有直接关系，一般占贷款金额的 0.5%～2%。项目规模越小，前期费用所占融资总额的比例就越大。项目的利息成本一般要高出同等条件公司融资的 0.3%～1.5%，其增加的幅度与贷款银行在融资结构中承担的风险以及对项目投资者（即借款人）的追索程度密切相关。然而，这也不是绝对的。国外的一些案例表明，如果在一个项目中有几个投资者共同组织项目融资，那么合理的融资结构和较强的合作伙伴在管理、技术或市场等方面的强势就可以提高项目的经济强度，从而降低较弱的合作伙伴的相对融资成本。因此，只有项目所需资金巨大时，在规模效应的作用下，才能有效利用项目融资方式解决资金缺口，同时实现一定的投资回报率。

公司融资和项目融资的主要区别如表 7-1 所示。

表 7-1 公司融资和项目融资的主要区别

内容	公司融资	项目融资
融资主体	项目发起人	项目公司
融资基础	发起人和担保人的信誉	项目未来收益和资产
追索程度	完全追索	有限追索或无追索
风险分担	项目发起人	项目参与各方
会计处理	进入项目发起人的资产负债表	不进入项目发起人的资产负债表
融资成本	较低	较高

第四节　项目融资的优势及适用范围

一、项目融资的优势与弊端

1. 项目融资的优势

项目融资主要的优势是：筹资能力强（多方位），能有效解决大型工程项目筹资问题；融资方式灵活多样，能减轻政府财政负担；隔离风险，实现项目风险分散和风险隔离，能够提高项目成功的可能性。另外，与其他筹资方式相比，它还有如下一些明显的优势。

① 实现融资的无追索或有限追索，使项目发起人有更大的空间去从事其他项目。

② 实现资产负债表外融资，有的发起人在项目公司中的股份不超过一定比例，项目融

资不反映在它的负债表上,不影响其资产负债率。

③ 允许较高的债务比例,债务比例可高达 90%~100%,而一般的项目要求在 75%~80%。

④ 实现风险隔离和分散风险的目的,在所有参与者之间分配风险,提高项目成功的可能性。

⑤ 享受税务优惠的好处,因为许多国家贷款利息是免税的,而股权收益需上税。

⑥ 实现多方位的融资,项目资金需求量大,项目融资具有融资渠道多元化的特点。除了向商业银行、世界银行申请贷款外,还可邀请外国政府、国际组织及与工程项目有关的第三方当事人参与融资。

2. 项目融资的弊端

(1) 融资成本高

较高的利息和费用负担,当项目所需资金巨大、规模效应下才能实现一定综合投资回报率。

(2) 风险分配复杂、时间长

风险分配复杂,涉及许多法律合同及参与者,融资谈判复杂、时间长,会增加融资成本。如贷款人与发起人之间分配风险取决于贷款人的追索程度,在工程公司与发起人之间分配风险取决于建设公司提供担保种类等。

(3) 贷款人风险大

贷款人要承担较一般公司融资更大的风险。

(4) 贷款人过分监管

需将项目报告、经营情况等向贷款人通报。

二、项目融资的适用范围

从项目融资产生到发展的进程看,无论是发达国家还是发展中国家,采用项目融资方式都比较谨慎,尽管这种方式具有筹资能力强、风险分散等优点,但毕竟风险较大、融资成本高。各国应用此种融资方式的项目主要有三大类:资源开发项目、基础设施建设项目和大型工业项目。

1. 资源开发项目

资源开发项目包括石油、天然气、煤炭、铀等能源开采,铁、铜、铝、矾土等金属矿产资源的开采等。就一般情况而言,资源开发项目具有两大特点:一是开发投资数额巨大;二是一旦项目运作成功,投资收益丰厚。典型的运用项目融资方式开发资源的项目有英国北海油田的开发、被誉为"开创了澳大利亚铁矿史新时代"的澳大利亚恰那铁矿开采项目等。

2. 基础设施建设项目

从全世界范围看,无论是发达国家还是发展中国家,项目融资应用最多的是基础设施建设项目。此类项目可分为三种:第一种是公共设施项目,如电力、电信、自来水、污水处理等;第二种是公共工程,包括铁路、公路、海底隧道、大坝等;第三种是其他交通工程,包括港口、机场、城市地铁等。

国际上已经成功运作的项目又大多集中在电力、公路、海底隧道等项目上。例如:电力项目有美国霍普威尔火力电站项目、巴基斯坦赫布河燃油发电厂项目、菲律宾大马尼拉汽轮机发电厂项目等；公路项目有马来西亚南北高速公路项目、泰国曼谷二期高速公路项目等；海底隧道项目有英法合作的英吉利海峡隧道项目、澳大利亚悉尼海底隧道项目和土耳其的博斯普鲁斯海底隧道项目等。

我国从 20 世纪 80 年代初开始尝试运用项目融资方式。按照我国政府目前的有关规定，项目融资主要适用于投资规模大、贷款偿还能力强、有长期稳定预期收入的部分基础设施和少数基础产业建设项目，具体包括发电设施、高等级公路、桥梁、隧道、城市供水厂及污水处理厂等基础设施项目以及其他投资规模大且具有长期稳定预期收入的建设项目。从已经运作的项目来看，项目融资多集中在电力、公路、地铁和污水处理厂等基础设施项目。例如：电力项目有广东深圳沙角 B 电厂、广西来宾电厂、山东日照电厂、安徽合肥二电厂、福建福州电厂等；公路项目有广州至深圳高速公路、海南东线高速公路、北京京通高速公路等；地铁项目有重庆地铁、深圳地铁等。近年来，许多城市的自来水厂、污水处理厂等规模不大的基础设施建设项目也越来越多地运用项目融资的方式。

世界各国的项目融资也相对集中于基础设施建设领域，这一方面为政府解决了基础设施领域需要大量资金投入而造成的沉重负担；另一方面，由于这类项目大都可以商业化经营，可以通过项目建成后的收益收回投资，因此可将规范的运作机制引入到政府项目之中。正因为如此，许多发达国家采用项目融资建设的基础设施项目都获得了成功。

3. 大型工业项目

随着项目融资运用范围的扩大，近年来，项目融资在工业领域也有发展。成功的典型如澳大利亚波特兰铝厂项目、加拿大塞尔加纸浆厂项目和中国四川水泥厂项目等。但与运用到资源开发项目、基础设施建设项目的数量相比，工业项目融资还很少。

以上所述是从世界范围看项目融资应用的领域，具体到每个国家如何确定项目融资的范围，要视各国的具体国情而定，如需要考虑国家的经济发展计划、政府的财力、利用外资的政策等。随着时间的推移，项目融资应用的范围也会不断调整、不断发展。例如，在发达国家，随着对基础设施需求的减少，项目融资的重点正转向工业等领域。

复习思考题

1. 什么是项目融资？项目融资与一般公司融资的主要区别是什么？
2. 请分析项目融资是否适用于所有的基础设施项目。
3. 你认为中国开展项目融资的必要性有哪些？在中国的市政公用事业发展中采用项目融资会有什么好处？
4. 既然融资成本较高，为何项目融资还得到广泛应用？
5. 结合实际情况分析在中国成功进行项目融资最需要迫切解决的问题是什么？

第八章 项目融资的组织与框架结构

项目融资有四个基本框架结构:项目的投资结构、项目的融资结构、项目的资金结构以及项目的信用保证结构。项目融资需要合理设计发起人之间的投资关系,为项目安排合适的融资模式,选择合理的资金来源,提供各种切实可行的担保。这是一项复杂的系统工程,也是项目融资中的一个重要问题。

第一节 项目融资的参与者

项目的参与者一般包括项目发起人、项目业主、项目经理和项目承包商等。以项目融资方式筹集资金的项目,通常是工程量较大、资金需求多、涉及面广的项目。同时,这类项目有完善的合同体系和担保体系来分担项目的风险。项目融资的参与者见图 8-1。

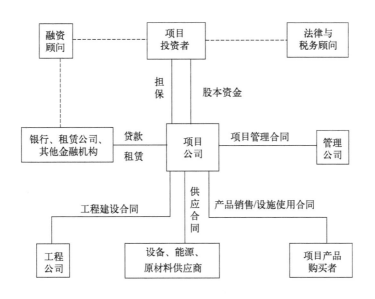

图 8-1 项目融资的参与者

一、项目发起人

项目发起人，也称为项目的实际投资者，持有项目一定份额的股份，可能是单个公司，也可能是几个公司组成的联合体，如跨国公司、当地企业、承包商、运营商、供应商或其他参与人都可能发起项目。根据世界银行提供的数据，项目发起人一般会持有项目资产30%的股份。由于项目融资以项目公司为融资主体，产生的债务为无追索或有限追索，项目的实施将不会给发起人的公司资产带来直接风险。为进一步缓冲风险，很多跨国公司为此在当地设立子公司作为投资主体。一般由项目发起人取得经营项目所必要的许可协议，从组织上负有督导项目落实的责任，并通过项目的投资活动和经营活动，实现投资收益。在有限追索的项目融资中，项目发起人除了拥有项目公司的全部或部分股权外，还需要以直接担保或间接担保的形式为项目公司提供一定的信用支持。因此，项目发起人是项目的真正借款人。项目发起人在项目融资中需要承担的责任和义务以及需要提供的担保性质、金额和时间要求，主要取决于项目的经济强度和贷款银行的要求，是由借贷双方通过谈判决定的。

二、项目公司

项目公司是为了项目建设和项目运营的需要，而由项目发起人组建的独立经营的法律实体。项目公司架起了项目发起人和项目其他参与者之间的桥梁，使无追索权或有限追索权的项目融资得以实现，其主要的法律形式为有限责任公司和股份有限公司。项目发起人是项目公司的股东，仅以投入到项目公司中的股份为限对项目进行控制，并承担有限的偿债责任。项目公司为建设和运营项目，需要进行大量的融资，并以项目本身的资产和未来的现金流作为偿还债务的保证。有些项目公司仅是为项目的融资而成立，并不参与项目的建设和运营，仅起一个资产运营公司的作用。

项目建成后可以由项目公司自己经营也可以委托专门的公司负责项目的运营。如运营公司负责电厂、管道等项目资产的高效运营和维护。一般运营商也会拥有项目公司的一定比例的股份。基于项目运营所需要的技术复杂度不同，运营商可以是跨国公司、本土公司或合资企业。

三、项目的贷款银行

项目融资的参与者中必不可少的是提供贷款的金融机构。为项目融资提供贷款的机构主要有商业银行、非银行金融机构（如租赁公司、财务公司、某种类型的投资基金等）以及一些国家的出口信贷机构。由于项目融资需求的资金量一般很大，一家银行很难独立承担贷款业务。另外，基于对风险的考虑，任何一家银行也不愿意为一个大项目承担全部的贷款，通常情况会由几家银行组成一个银团共同为项目提供贷款。银团贷款可以从一定程度上分散贷款风险，扩大资金的供应量。另外，还有一个优点就是分散东道国的政治风险，避免东道国政府对项目的征用和干涉，因为东道国政府可能不愿意因此破坏与这些国家的经济关系。因此，银团构成应尽可能来自不同国家。根据经验，贷款额超过3000万美元的项目，考虑到贷款规模和项目风险，可以由至少三家银行组成银团来提供资金。

贷款银行通常分为安排行、管理行、代理行、工程银行等。这些银行都提供贷款，但它们又各自承担不同的责任。安排行负责安排融资和银团贷款，通常在贷款条件和担保文件的谈判中起主导作用；管理行负责贷款项目的文件管理；代理行的责任是协调用款，帮助各方交流融资文件，送达通知和传递信息；工程银行的责任是监控技术实施和项目的进程，并负责与项目工程师和独立专家间的联络；工程银行可能是代理行或安排行的分支机构。

四、项目产品的购买者或项目设施的使用者

项目融资中的项目产品很少向市场公开出售，因此，为保证项目建成后有足够的现金流量用于还本付息，在项目谈判阶段，一般都要确定产品及服务的承购商并签订协议，以减少或分散项目的市场风险。这些购买人或产品用户可以是项目发起人本身，对项目产品感兴趣的独立第三方及有关政府机构。购买的可能是产品（电力、开采产出的矿产等）或服务（管道使用权等）。由于他们是项目未来收入与收益的提供者，故成为项目融资的重要参与者之一。他们承担着购买产品或使用设施的合同义务。一般来讲，他们通过与项目公司签订长期购买合同（如"无论提货与否均需付款"合同）来保证项目未来稳定的市场和经济效益，为项目贷款提供重要的还款保证。作为项目融资的一个重要参与者，他们可以直接参与融资谈判，确定项目产品的最小承购数量和价格公式，同时，他们的资信状况也是能否取得银行贷款的重要因素。

五、项目建设承包商或工程公司

项目承包商受项目公司委托，负责项目的具体实施，是项目建设成败的关键因素，他们的技术水平和声誉是能否取得贷款的重要因素。至少在项目的建设期，工程公司构成项目融资的重要当事人之一。这些工程公司或承包公司的工程技术能力和以往的经营历史记录，可以在很大程度上影响项目贷款银行对项目建设期风险的判断。一般来说，如果由信用卓著的工程公司来承建项目，有较为有利的合同安排（如签订固定价格的"一揽子承包合同"），可以帮助项目投资者减少在项目建设期间所承担的义务和责任，可以在建设期间就将项目融资安排成为有限追索的形式。同时，由于工程公司或承包公司在同贷款银行、项目发起方和各级政府机构打交道方面十分有经验，因此，它们可以在如何进行项目融资方面向项目发起人提供十分宝贵的建议，从而成为项目融资中的重要参与者之一。

六、项目设备、能源及原材料供应商

项目供应商为项目提供必要的投入要素（如电厂项目，供应商是煤炭等燃料的提供者），但供应商不一定提供有形产品。在煤矿项目中，供应商可能就是政府，提供的是煤炭开采权。对于收费公路或管道敷设项目，必要的投入要素是国家或地方政府授予的收费权或建设权。

项目能源、原材料生产者为了寻找长期稳定的市场，在一定条件下愿意以长期的优惠价格为条件为项目供应能源和原材料。这种安排有助于减少项目初期以至项目经营期间的许多不确定因素，为项目投资者安排项目融资提供了便利条件。

项目设备供应者通过延期付款或者低息优惠出口信贷的安排，可以构成项目资金的一个重要来源。这种做法为许多国家在鼓励本国设备出口时所采用。

七、咨询专家和顾问

咨询专家和顾问包括工程技术咨询专家、环境专家、财务顾问和法律顾问。项目融资是一个非常复杂的结构化融资，涉及工程、环境、金融、法律等领域，虽然项目发起人可能在某一个或几个领域具有丰富的经验，但很少能通晓所有的相关领域，特别是当地的法律等。因此，聘用相应领域的专家和顾问是一个明智的选择。

项目发起人可以聘用工程顾问进行可行性研究，对项目进行管理、监督和验收。在项目的设计和施工中有些技术问题，也需要专家提供咨询意见。例如：在英法海底隧道项目中，项目发起人就大跨度洞室的施工，广泛地咨询了国际上该领域的知名专家。收费公路项目的交通流量预测也常常由有关专家提供。项目贷款人一般缺少工程技术专家，因此，也常常聘用工程顾问对项目进行评估，从而做出是否贷款的决定。

聘用熟知国际、国内金融市场操作规则的财务顾问，为项目设计合适的融资结构，可降低成本和减少风险。通常，项目公司选择商业银行或投资银行作为其财务顾问。

项目融资涉及的参与者众多，合同文件多，关系复杂，而且各国的法律有所不同。因此，通常在项目一开始，就需要相应的律师介入，其职责包括制定相关的合同，保证合同的有效性（如出具法律意见书），避免日后的法律纠纷。

八、有关政府机构

项目所在地的政府机构能够在项目融资中发挥非常重要的作用。微观方面，政府机构可以为项目的开发提供土地、良好的基础设施、长期稳定的能源供应、某种形式的经营特许权，减少项目的建设风险和经营风险。同时，有关政府机构可以为项目提供条件优惠的出口信贷和其他类型的贷款或贷款担保，这种贷款或贷款担保可以作为一种准股本资金进入项目，促进项目融资的完成。宏观方面，有关政府机构可以为项目建设提供一种良好的投资环境。例如，利用批准特殊外汇政策或特殊税务结构等优惠政策降低项目的综合债务成本，提高项目的经济强度和可融资性。

九、保险公司

项目融资的巨大资金数额以及未来难以预料的许多风险，使得项目参与方为其投保，因此保险公司成为项目融资中必不可少的参与者。保险公司收取保费，并为项目分担风险。

第二节　项目融资的运作阶段

项目融资作为项目周期中的一个重要环节，自身也有一定的阶段和步骤，每一个阶段都有其特定的内容和值得注意的问题。从项目的提出到采用项目融资的方式为项目筹集资金，一直到最后完成项目融资，整个过程分为五个阶段：投资决策阶段、融资决策阶段、融资结构设计阶段、融资谈判阶段和融资执行阶段。项目融资的阶段和步骤如图 8-2 所示。

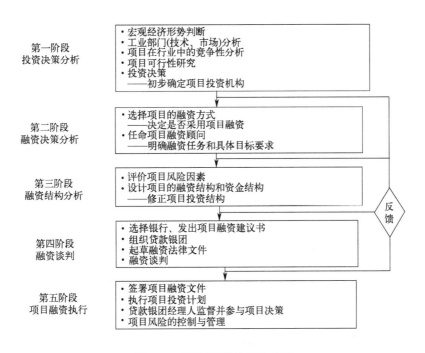

图 8-2　项目融资的阶段和步骤

1. 投资决策分析阶段

任何一个投资项目，在决策者下决心之前，都需要经过相当周密的投资决策分析。这些分析包括宏观经济形势的判断、工业部门的发展以及项目在工业部门中的竞争性分析、项目的可行性研究等内容。一旦作出投资决策，接下来的一个重要工作就是确定项目的投资结构。项目的投资结构与将要选择的融资结构和资金来源有着密切的关系。同时，在很多情况下项目投资决策也是与项目能否融资以及如何融资紧密联系在一起的。投资者在决定项目投资结构时需要考虑的因素很多，其中主要包括项目的产权形式、产品分配形式、决策程序、债务责任、现金流量控制、税务结构和会计处理等方面的内容。

2. 融资决策分析阶段

在这个阶段，项目投资者将决定采用何种融资方式为项目开发筹集资金。是否采用项目融资，取决于投资者对债务责任分担、贷款资金数量、时间、融资费用以及债务会计处理等方面的要求。如果决定选择采用项目融资作为筹资手段，投资者就需要选择和任命融资顾问，开始研究和设计项目的融资结构。

3. 融资结构分析阶段

设计项目融资结构的一个重要步骤是完成对项目风险的分析和评估。项目融资的信用结构基础是由项目本身的经济强度，以及与之有关的各个利益主体与项目的契约关系和信用保证构成的。能否采用以及如何设计项目融资结构的关键点之一就是要求项目融资顾问和项目投资者一起对项目有关的风险因素进行全面分析和判断，确定项目的债务承受能力和风险，设计出切实可行的融资方案。项目融资结构以及相应的资金结构设计和选择必须全面反映投资者的融资战略要求和考虑。

4. 融资谈判阶段

在初步确定了项目融资方案以后，融资顾问将有选择地向商业银行或其他投资机构发出参与项目融资的建议书，组织贷款银团，策划债券发行，着手起草有关文件。与银行的谈判会经过很多次的反复，这些反复可能是对相关法律文件进行修改，也可能涉及融资结构或资金来源的调整，甚至可能是对项目的投资结构及相应的法律文件作出修改，来满足债权人的要求。

在谈判过程中，强有力的顾问可以帮助加强投资者的谈判地位，保护其利益，并能够灵活、及时地找出方法解决问题，打破谈判僵局。因此，在谈判阶段，融资顾问的作用是非常重要的。

5. 项目融资执行阶段

在正式签署项目融资的法律文件之后，融资的组织安排工作就结束了，项目融资进入执行阶段。在这期间，贷款人通过融资顾问经常性地对项目的进展情况进行监督，根据融资文件的规定，参与部分项目的决策、管理，控制项目的贷款资金投入和部分现金流量。贷款人的参与可以按项目的进展划分为三个阶段：项目建设期、试生产期和正常运行期。

第三节　项目融资的结构框架

各个项目的融资活动千差万别，找不到两个完全相同的项目融资。在项目融资理论中，通常将项目的投资结构、融资结构、资金结构和信用保证结构称为项目融资的结构框架，具体见图8-3。项目融资的四种结构不是孤立的，而是相互联系、相互影响的。在进行项目融资结构整体设计时，必须把这四大结构综合在一起考虑。

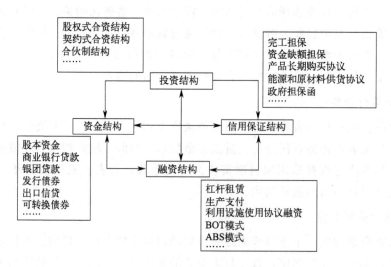

图8-3　项目融资的结构框架

一、项目的投资结构

项目的投资结构，即项目的资产所有权结构，主要是指项目发起人对项目资产权益的法律拥有形式和发起人之间的法律合作关系。项目的投资结构对项目融资的组织和运行方式有着重要的影响。项目发起人在项目融资之前必须明确采用何种投资结构，尤其是存在多个发起人的情况下，必须选择合理的项目投资结构。对于基础设施建设项目和资源开发项目，由于需要投入巨额的资金，项目周期也很长，单一的投资者难以承担项目的风险，因此有必要由多个主体共同投资建设，共同承担风险，形成互补性效益，利用不同投资者的信用等级和所在国的优惠政策吸引项目贷款。此时，各个发起人需要考虑投资结构的影响因素，确定是采用股权式投资结构、契约式投资结构还是合伙制投资结构。目前，较常用的结构有单一项目子公司、公司型合资结构、合伙制或有限合伙制结构、非公司型合资结构等。

二、项目的融资结构

项目的融资结构是项目融资的核心部分，其主要内容是设计和选择合适的融资结构以实现目标和要求，具体指组成项目融资的各部分的搭配和安排。每个项目都有其独特性，项目融资在具体实施过程中有很多模式，不同模式的融资结构和实施过程差异很大。因此，要依据项目自身的特点选取适合的项目融资结构。通常采用的项目的融资模式主要有 BOT 项目融资、ABS 项目融资、产品支付和远期购买的融资、融资租赁、设施使用协议融资等。

项目投资结构和融资结构是关系极为密切的两大模块，彼此互相制约、互相影响。总地来说，投资结构决定融资结构，而融资结构又反过来影响投资结构。所以，对项目投资模式和融资模式的设计应同时考虑，交叉进行，科学协调二者的关系。

三、项目的资金结构

项目的资金结构是项目融资结构设计中的一个重要问题，是指在项目中股本资金、准股本资金和债务资金相互之间的比例关系。要确定项目的资金结构，首先就要选择项目融资的资金来源。项目融资的资金来源主要有：股本和准股本、商业银行贷款和国际银行贷款、国际债券、租赁融资、发展中国家的债务资产转换等。由于各种资金来源在成本和风险等方面存在差异，因此这一问题往往会影响到项目融资的成败及效果。

项目融资重点解决的一个问题就是项目的债务资金来源，在整个结构中也需要适当形式的股本资金和准股本资金作为结构的信用支持。项目的资金结构很大程度上受制于项目的投资结构、融资模式和信用保证结构。通过恰当地安排项目的资金构成比例，选择适当的资金形式，可以达到减少项目投资者自身资金的直接投入和提高项目综合经济效益的双重目的，达到项目融资资金成本和风险的合理平衡。

确定项目的资金结构实质上就是要确定股本和贷款的比例。在项目融资中，债务资金通常是最重要的资金构成，这也正是项目融资区别于传统融资的一个重要特点。同时，项目融资在不同的行业中，项目的贷款占到总资金的比例从 30%～80%不等。并且在大部分的行业中，项目的贷款占了很大的比例，一般都在 50%以上。当然不同项目存在较大差别，股本金比例最低甚至可以为 0，这种情况也被称为 100％项目融资。

四、项目的信用保证结构

信用担保是项目融资的安全性来源，它依赖于项目本身的经济强度和项目之外的直接或间接担保。项目的信用保证结构是指项目融资中所采用的一切担保形式的组合。项目本身的经济强度与项目的信用保证结构是相辅相成的。项目的经济强度高，融资所要求的信用保证结构就相对简单，保证条件就相对宽松；反之，要求的信用保证就相对复杂和严格。

项目融资的信用结构是以各种担保关系为主体结构的。这些担保关系有的属于法律意义上的担保范畴，如项目资产抵押；有的则是非法律意义上的担保，如长期供货协议、政府安慰函等意向性担保。项目融资的信用保证种类繁多，体系庞杂。这些担保可以是直接的财务保证，如完工担保、成本超支担保、不可预见费用担保；也可以是间接的或非财务性的担保，如长期购买项目产品协议、技术服务协议、以某种定价公式为基础的长期供货协议等。所有这一切担保形式的组合，就构成了项目的信用保证结构。值得注意的是，在以我国为代表的发展中国家进行的项目融资的保证结构中，有时政府对项目某些事项的支持起着非常重要的作用。

项目的投资结构确定了项目投资者与项目资产之间的法律关系，合理的投资结构设计能够比较好地满足不同投资者的要求，为项目平稳运作提供组织保证。在确定投资结构的基础上，就可以选择适当的融资结构。融资结构主要是指项目融资模式的选择，是项目融资结构设计中的核心，项目的其他结构都将围绕此结构展开。

一旦确定了项目的投资结构和融资模式，就可以确定项目的资金结构和信用保证结构。项目融资的资金结构是指权益资本与债务资金的比例关系及其来源渠道。项目融资中通常发起人的投入只占总投资的一小部分，其余需要通过各种融资渠道筹集。不同渠道的资金成本、风险及期限都是不一样的。因此，需要对融资渠道有一个很好的认识。而资本结构的确定可能会对融资及项目未来的运作产生影响。由于项目融资的有限追索特性，除了项目本身的经济强度之外，项目的信用保证结构有助于降低相关投资者的风险，进而增强项目的吸引力。

有关四个结构的具体内容，此处只需把握这些结构的基本含义和相互关系即可，具体内容在后续的章节中再详细介绍。

> **案例**：分析深圳沙角 B 电厂项目融资的四个框架结构
> **项目简介**
> "深圳沙角 B 电厂"是中国最早的有限追索项目融资案例，采用 BOT 模式（Build-Operate-Transfer），被认为是中国第一次使用 BOT 融资概念兴建的基础设施项目。项目总装机容量为 70 万千瓦，由两台 35 万千瓦的发电机组组成。项目总投资为 42 亿港币（5.4 亿美元，按 1986 年汇率计算）。项目于 1984 年签署合资协议，1986 年完成融资安排并动工兴建，并在 1988 年建成投入使用，1999 年正式移交给中方政府。深圳沙角 B 电厂的融资安排是我国企业在国际市场举借外债开始走向成熟的一个标志。
> **项目投资结构**
> 深圳沙角 B 电厂采用中外合作经营方式兴建。合作经营是我国改革开放前期比较常用的一种中外合资形式。合资中方为深圳特区电力开发公司（A 方），合资外方是一家在

香港注册专门为该项目成立的项目公司——合和电力（中国）有限公司（B方）。项目合作期为10年。合和电力（中国）有限公司是该项目的实际投资者，其中的股份分配为：香港合和公司占50％股份；日本兼松商社占5％股份；中资公司占45％股份。

在合作期间，B方负责：安排提供项目全部的外汇资金；组织项目建设；经营电厂10年（合作期）；合作期满时，B方将深圳沙角B电厂的资产所有权和控制权无偿地转让给A方，退出该项目。B方权利是：获得扣除项目经营成本、煤炭成本和支付给A方的管理费后的项目收益。

在合作期间，A方主要承担的义务包括：提供项目使用的土地、工厂的操作人员；为项目安排优惠的税收政策；为项目提供一个具有"供货或付款"性质的煤炭供应协议；为项目提供一个具有"提货或付款"性质的电力购买协议；为B方提供一个具有"资金缺额担保"性质的贷款协议，同意在一定的条件下，如果项目支出大于项目收入则为B方提供一定数额的贷款。

项目资金结构

深圳沙角B电厂的资金结构包括股本资金、准股本资金（从属性项目贷款）和债务资金三种形式，其具体的资金构成如下（以1986年汇率换算为美元）。

① 股本资金：股本资金/股东从属性贷款3850万美元；人民币延期付款1670万美元。

② 准股本资金：A方的人民币贷款（从属性项目贷款）9240万美元（A方安排）。

③ 债务资金：日本进出口银行出口信贷26140万美元（B方安排）；欧洲日元贷款5560万美元（B方）；港币贷款7500万美元（B方）。

④ 资金总计：53960万美元（约5.4亿美元）。

项目融资结构

根据合作协议安排，在深圳沙角B电厂项目中，除人民币资金之外的全部外汇资金安排由B方负责，项目合资B方——合和电力（中国）有限公司，利用项目合资A方提供的信用保证，为项目安排了一个有限追索的项目融资结构股本资金，见图1。

B方融资安排主要有以下几个方面。

（1）完工风险的转移

B方与日本几个主要公司组成的电厂设备供应商和承包财团签订"交钥匙"合同。在融资结构中，首先，B方与以日本三井公司等几个主要日本公司组成的电厂设备供应和工程承包财团谈判，获得了一个固定价格的"交钥匙"合同。这个财团在一个固定日期（1988年4月1日）和一个"交钥匙"合同的基础上，负责项目的设计、建设和试运行，并且同意为项目在试运行和初期生产阶段提供技术操作人员。通过这种方式，项目的一个主要风险即完工风险被成功地从项目投资者身上转移出去。

（2）债务资金来源

① 日本进出口银行为债务资金主要来源，国际银团提供项目风险担保。

② 国际贷款银团提供欧洲日元贷款和港币贷款，电力购买、煤炭供应协议作担保。融资结构使用了日本政府进出口银行的出口信贷作为债务资金的主要来源，用以支持日本公司在项目中的设备出口。但是，日本进出口银行并不承担项目的风险，一个由大约50家

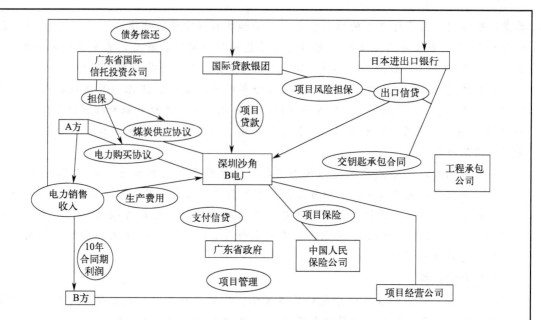

图 1 深圳沙角 B 电厂项目融资结构

银行组成的国际贷款银团为日本进出口银行提供了一个项目风险担保,并且为项目提供欧洲日元贷款和港币贷款。

(3) A 方对项目的承诺

电力购买协议、煤炭供应协议、广东国际信托投资公司对 A 方的承诺。

A 方对项目的主要承诺(对 B 方的承诺)是电力购买协议和煤炭供应协议,以及广东省国际信托投资公司对 A 方承诺的担保。B 方在安排项目融资时将两个协议的权益以及有关担保转让给项目融资的贷款银团,作为项目融资结构的主要信用保证。

(4) 对外汇问题的安排

① 收入的 50% 支付外汇,以偿还贷款及 B 方利润;

② 收入的另外 50% 支付人民币以购买成本等;

③ A 方承担全部汇率风险。

A 方与 B 方,对项目现金流量中的外汇总量也做了适当的安排。在合作期间,项目电力销售收入的 50% 支付人民币,50% 支付外汇。人民币收入部分用以支付项目煤炭的购买成本,以及人民币形式发生的项目经营费用;外汇收入部分支付以外汇形式发生的项目经营费用,包括项目贷款债务偿还和支付 B 方的利润。A 方承担项目经营费用以及外汇贷款债务偿还部分的全部汇率风险,但是,B 方利润收入部分的汇率风险则由双方共同分担,30% 由 A 方承担,70% 由 B 方承担。

项目信用保证结构

项目的信用保证结构由以下六个部分组成。

① A 方的电力购买协议。这是一个具有"提货与付款"性质的协议,规定 A 方在项目生产期间按照事先规定的价格从项目中购买一个确定的最低数量的发电量,从而排除了项目的主要市场风险。

② A方的煤炭供应协议。这是一个具有"供货或付款"性质的合同，规定A方负责按照一个固定的价格提供项目发电所需的全部煤炭，这个安排实际上排除了项目的能源价格及供应风险以及大部分的生产成本超支风险。

③ 广东省国际信托投资公司为A方的电力购买协议和煤炭供应协议所提供的担保。

④ 广东省政府为上述三项安排所出具的支持信。虽然支持信并不具备法律约束力，但是，正如前面所指出的，一个有信誉的机构出具的支持信，作为一种意向性担保，在项目融资安排中具有相当的分量。

⑤ 设备供应及工程承包财团所提供的"交钥匙"工程建设合约，以及为其提供担保的银行安排的履约担保，构成了项目的完工担保，排除了项目融资贷款银团对项目完工风险的顾虑。

⑥ 中国人民保险公司安排的项目保险。项目保险是电站项目融资中不可缺少的一个组成部分，这种保险通常包括对出现资产损害、机械设备故障以及相应发生的损失的保险，在有些情况下也包括对项目不能按期投产情况的保险。

以上六点可以清楚地勾画出深圳沙角B电厂项目的种种风险要素，是如何在与项目建设有关的各个方面之间进行分配的。这种项目风险的分担是一个成功的项目融资结构所不可缺少的条件。

复习思考题

1. 项目融资的主要参与者有哪些？这些主要参与者各自的权责是什么？
2. 什么是项目融资的框架结构？各个结构之间有什么关系？
3. 东道国政府在项目融资中起什么作用？
4. 项目融资的运作分哪几个阶段？各自有什么内容？请分析每个阶段最为关键的工作有哪些。
5. 对于BOT项目，你认为在项目融资中最为重要的是哪些阶段？在这些阶段需要特别注意的问题是什么？
6. 你认为深圳沙角B电厂项目融资成功的经验是什么？

第九章 项目融资方式与渠道

项目能够获得足够的资金支持，是项目得以建设的前提条件。同时，项目获取资金的来源和方式，不仅会影响项目的建设成本和运营效益，而且可能会影响项目的成败。不同融资渠道筹得的资金具有不同的融资成本，一个成功的项目融资应该使融资成本控制在合理的范围内，为此就必须要明确项目融资的资金来源和资金构成。

第一节 权益资本的融资方式

所谓权益资本，是指项目投资主体投入项目中的资本。这里所说的项目投资主体既包括国家授权的机构或部门、企业法人、自然人、外国投资者等直接将资金投入到项目中的投资主体，也包括通过购买项目股票的形式向项目中注入资金的公众投资主体。权益资本体现了投资人对企业或者项目资产和收益的所有权。在企业或者项目满足所有权后，投资人有权分享利润，同时也要承担企业或者项目亏损的风险。所有者有权对企业或者项目的重大事项进行表决，从而实现对公司的控制。

一、吸收直接投资

吸收直接投资是企业按照"共同投资、共同经营、共担风险、共享利润"的原则直接吸收国家、法人、个人投入资金的一种筹集方式。

1. 吸收直接投资的种类

（1）吸收国家投资

对注册的国有资本除依法转让外，不得抽回，并以出资额为限承担责任。产权归属国家，资金的运用和处置受国家约束较大，在国有企业中采用广泛。目前，国家财政拨款一般用于国防、教育、文化、科学及卫生等事业。原来拨给工业、农业基本建设项目的国家预算内资金从1980年起已经逐步改成了贷款。但对于国计民生影响重大，或者以扶贫解困为目标的项目，仍然可以得到国家拨款。这样，中央和地方政府可以把国家财政资金投入到最迫切需要的地方。但是由于财政拨款无偿无息，因此常常得不到合理的使用，很多项目浪费严重，效益相对较差。

(2) 吸收法人投资

① 项目发起人自有资金投入，以参与企业利润分配为目的，出资方式灵活多样。

② 外国资本直接投资，有中外合资（股权式）和中外合作（契约式）两种。中外合资经营企业是股权式合营企业，组织形式为有限责任公司或股份有限公司，其特点是合营各方共同投资、共同经营、按各自的出资比例分担风险和盈亏，合营各方的出资额构成各自的股权；中外合作经营企业是契约式合营企业，合营各方的投资不折算成出资比例，利润也不按出资比例分配，各方的权利和义务，包括投资额、合作条件和方式、利润分配和风险承担等都在合同中明确规定。

③ 企业利润留存。企业在税后利润中提取的公积金和未分配的利润可投资在项目中，成为项目的资本金。

(3) 吸收个人投资

参加投资的人较多，每人投资额较少，以参与企业分配为目的。

2. 吸收直接投资的出资方式

① 以现金出资。现金额在资本总额中的比例由双方协商（国外有规定）。

② 以实物出资。以厂房、建筑物、设备等固定资产和原材料、商品等流动资产所进行的投资。

③ 以工业产权出资。以专有技术、商标权、专利权等无形资产进行的投资。

④ 以土地使用权出资。以有关法规和合同的规定使用土地权利进行的投资。

二、发行股票

发行股票是向全社会公开为项目筹集资金的一种融资方式。经政府批准的股份有限公司可以申请发行公司股票。向社会公开发行股票有利于扩大股东范围，筹集大量资本金，是现代企业和项目筹集权益资本的主要方式。

1. 股票的性质与特点

股票是一种主要的有价证券，是由股份有限公司公开发行，用以证明投资者的股东身份和权益，并据以获得股息和红利的凭证。股票是股份有限公司的产物，它随股份有限公司的产生而出现，是股份公司向其出资者签发的出资证明或股份凭证。从本质上说，股票是一种所有权证书，表明它的持有者对公司资本的相应部分拥有所有权，并因此取得股东资格。从形式上说，股票是一种书面证件，其票面一般载有公司名称、股票种类、票面金额、股票编号、董事长签名及公司盖章等事项。

股票是最古老的投资工具之一，也是证券市场的基础工具之一。但是，股东投入公司的资本取得股票这种形式后，便与这部分资本的直接支配权完全分离了。股东对公司资本的所有权实际上表现为对股票这种虚拟资本的所有权。

股票的特点主要如下。

① 无期性。与债券不同，股票没有到期期限，股票的生命与发行股票的公司相始终，购买股票的资金一经投入，任何人都不能要求公司将资金退回。

② 流通性。由于股票不能退股，公司一旦经营失败，投资者就势必遭受损失。这种可

能性的存在及投资者持股意愿的不断变化，逻辑地规定了股票必须能够流通，即可以在二级市场上转让。

③ 风险性。股票流通只能实现股票持有者的转换，而不可能保证公司不会出现经营失败，如亏损、破产等，因此只要公司经营失败，就会有人遭到损失；同时，股票的交易价格是经常变动的，如果价格下跌，就有可能给股票持有人带来损失。

④ 趋利性。如果只有风险而没有相对称的收益预期，股票就不会有吸引力。投资股票的收益主要来自两个方面：一是公司税后利润的分红派息；二是股票市场价差带来的收益。与债券及其他一些投资方式相比，股票的预期收益更高，因而从理论上说，股票投资是一种高回报投资。

⑤ 投机性。由于股票的收益及其市场价格具有极大的不确定性，因而股票的投机性更强。

2. 股票的分类

(1) 普通股和优先股

依据股东享有的权益及承担风险的大小与方式，股票分为普通股和优先股，这是股票最基本的两种类型。普通股是股份公司最基本、最大量、最重要的股票种类，是构成股份公司资本的基础。它比优先股享有的权益广泛得多，也因此成为风险的主要承担者。优先股比普通股享有优先权，表现在两方面：一是优先以事前确定的股息率分配公司税后利润；二是在公司清算时优先于普通股分配剩余资产。由于股息固定并享有这两项优先权，优先股的风险比普通股相应地要小得多。但优先股没有参与决策的投票表决权、认购新股的优先权等权利。

(2) 记名股和无记名股

根据股票票面上和公司股东名册上是否记载持有人姓名，股票分为记名股和无记名股。记名股票是指在股票票面上载明持股人姓名并同时在公司股东名册上登记持股人有关事项的股票。记名股在转让时，必须办理过户手续，否则，受让人无法行使股东权利。无记名股是指在股票票面及发行公司，都不记载持有人任何资料的股票，持股人仅凭股票所附息票即可领取股利，且可以任意转让而无须过户，凡持有股票者即取得股东资格。记名股和无记名股在股东权益上没有任何区别。一般来说，无记名股可以请求改换为记名股，但反之则不行。

(3) 有面值股和无面值股

按股票票面上是否载明每股票面金额，股票分为有面值股和无面值股。有面值股的票面明确载有每股金额，这个金额称为票面价值或票面价格。票面价是公司股本的基本构成单位，是计算公司股本的依据，同时可依此确定每股所代表的股权比例，也是公司分红派息的依据。但是票面值是一个基本固定的数额，而每股代表的净资产和股票的市场价格则处于经常变动之中，因而面值既无法反映每股净资产的真实价值，也与股票市价毫无关联。无面值股票又称份额股票，它虽无票面金额，但需注明每股占总股本的比例，并在发行公司的账面上记有账面价值。

(4) A股、B股、H股和N股

按发行对象和上市地区，股票分为：A股——人民币认购；B股——以外币认购和交易，在境外记名或作为股东；H股——香港上市的股票，外币认购；N股——在纽约上市的股票。

3. 股票的发行（资本市场股票融资的方式）

利用资本市场进行股票融资的主要方式有两种：直接上市融资和间接上市融资。直接上市融资是企业严格按照《公司法》《证券法》等有关股票发行法规，根据企业自身所具备的条件，按照股票发行程序申请发行股票，获得批准后发行股票，并在证券交易所上市交易。间接上市有两种形式：买壳上市和造壳上市。买壳上市也是根据《公司法》《证券法》等法规购买上市公司的部分股份，以获得上市公司的控制权，而后将原有企业的优质资产置换到上市公司的资产中去，再以配股、增发新股等形式进行新一轮的融资。造壳上市是根据相关法律，在拟上市海外证券市场所允许的地点，注册一家控股公司，而后通过资产置换，将企业原有的优质资产置换到新注册的控股公司里，再以控股公司的名义在海外证券市场直接上市融资。

4. 普通股融资的优缺点

（1）普通股融资的优点

① 普通股融资支付股利灵活，没有固定利息负担。采用普通股融资，公司没有盈利，就不必支付股利；公司有盈利，并认为适合分配股利，就可以分给股东；公司盈利较少，或虽有盈利但资金短缺或有更有利的投资机会，就可以少支付或不支付股利。

② 普通股没有固定到期日，一般不用偿还股本。利用普通股筹集的是永久性的资金，除非公司清算才需要偿还。

③ 普通股融资的风险小，不存在不能偿付的风险。因为普通股股本没有固定的到期日，也不用支付固定的股利。

④ 普通股融资限制比优先股和债券筹资限制少。

⑤ 能增加公司信誉。因为普通股本与留存收益成为债务的基础，可为债权人提供较大损失保障。

（2）普通股融资的缺点

① 不能获得财务杠杆带来的利益。

② 资金成本较债券高，因为发行费高，而且股利从净利润中支出，不可减免所得税。

③ 容易分散控制权，增加普通股票发行量，将导致现有股东对公司控制权的削弱。

5. 优先股融资的优缺点

（1）优先股融资的优点

① 财务负担较发行债券要轻。由于优先股的股利不是发行公司必须偿付的一项法定债务，如果公司财务状况恶化，则这种股利就可以不付，从而减轻了企业的财务负担。

② 财务上灵活机动。由于优先股没有规定最终到期日，它实质上是一种永续性借款。优先股的收回由企业决定，企业可在有利条件下收回优先股，具有较大的灵活性。

③ 保持普通股股东对公司的控制权。因优先股一般没有表决权，通过发行优先股，公司普通股股东可避免与新投资者一起分享公司的盈余和控制权。当公司既想向外筹措自有资金，又想保持原有股东的控制权时，利用优先股融资尤为恰当。

④ 有利于增强公司信誉。从法律上讲，优先股股本属于公司的自有资金，发行优先股能增强公司的自有资本基础，可适当增强公司的信誉，提高公司的借款举债能力。

(2) 优先股融资的缺点

① 融资成本高。优先股必须以高于债券利率的股利支付，其成本虽低于普通股，但一般高于债券，加之优先股支付的股利要从税后利润中支付，使得优先股融资成本较高。

② 融资限制多。发行优先股，通常有许多限制条款。

③ 财务负担重。优先股需要支付固定股利，但又不能在税前扣除，当公司盈利下降时，优先股的股利可能成为公司一项较重的财务负担，有时不得不延期支付，会影响公司的形象。如果依靠负债融资会过多增加企业风险，而又不愿发行普通股票削弱企业的控制权和丧失风险收益，那么最佳的融资方案就只能是发行优先股融资。

三、准股本资金

准股本资金是相对于股本资金而言的，是指项目投资者或者与项目利益有关的第三方提供的一种从属性债务。

准股本资金在法律结构设计和资金安排上具有较大的灵活性，其债务的偿还具有一定的灵活性（不规定在某一特定期间强制性地要求项目公司偿还）。准股本资金在项目资金优先序列中低于其他债务资金，但高于股本资金，这样项目公司破产时，准股本金债务优先于股本资金得到偿还。所以从贷款银行的角度来看，准股本资金可以当作股本资金的一部分。有时，与项目有关的一些政府机构和公司，出于其政治利益或经济利益等方面的考虑，也会为项目提供准股本资金。

准股本资金的投资优点为：第一，投入资金的回报率相对稳定（作为一种从属性债务，包含了较为具体的利息和本金的偿还计划，会较股本资金更稳定地得到利息收益）；第二，投资者在利益分配上所受限制减少（可通过谈判减少还清债务下才能分配股东红利的限制）；第三，可使项目公司形成优良的税务结构。准股本资金作为债务、利息支付可抵税，还可以不考虑缴税。

准股本金作为项目的从属性债务，主要投入形式有：无担保贷款、与股本有关的债券（可转换债券和附有认股权证债券）、零息债券、以贷款担保形式作为准股本资金投入。

1. 无担保贷款

无担保贷款指没有任何项目资产作为抵押和担保的贷款，而且本息的支付也带有一定的附加限制条件。取得无担保贷款需要借款人具有良好的信用记录，且财务状况也一直较好。

多数情况下，股东贷款属无担保贷款，是项目发起人为吸引融资而进行的贷款。因项目融资数额巨大，发起人往往只能筹集到有限的权益资本，为使主要贷款人放心，项目发起人提供无担保贷款作为发起人投入的资金，支持商业贷款。而且，发起人使用无担保贷款可以享受利息免税的利好，所以项目发起人乐于接受无担保贷款来代替权益投资。对于发展中国家，无担保贷款经常由政府提供。此外，项目的其他利益相关者也可以提供无担保贷款，设备供应商以商业信用方式为公司提供的货物也属于无担保贷款。

无担保贷款是贷款中最简单的一种形式，这种贷款形式上与商业贷款相似，贷款协议中包括贷款金额、期限、利率、利息支付、本金偿还等主要条款，但是贷款没有任何项目资产作为抵押和担保，本息的支付也通常带有一定的附加限制条件，如以下的特殊条款。

① 负担保条款：当项目公司抵押资产会降低贷款人贷款回收的安全性时，不得抵押其

资产。

② 加速还款条款：以某比例还款，在财务状况恶化时，提高比例，甚至全部现金流用于还款。

③ 限制新债务条款：为保证无担保贷款的资金安全，一般规定限制项目公司筹措新债务。

这些条款可在一定程度上保护贷款人利益。

2. 与股本有关的债券

（1）可转换债券

这种债券在有效期内只支付利息，在债券到期日或某一时间内，债券持有人有权选择将债券按照规定的价格转换成为公司的普通股。如不执行期权，则公司在债券到期日兑现本金。它属于与股本有关的债务。可转换债券的发行不需要公司资产或项目资产的担保，债券利息一般低于同类贷款利息。债券持有人可以根据项目经济效益的好坏，选择最终投资的方式：如公司经营良好，公司股票价格会高于已规定的转换价格，从而获得资本增值；如经营不好，可收回债券面值，易于吸引投资。对于项目发起人来说，发行可转换债券与贷款相比，成本更低。国外一些项目融资结构中的投资者，出于法律上或税务上的考虑，希望推迟在法律上拥有项目的时间，常常采用可转换债券形式安排项目的股本资金。

（2）附有认股权证债券

这种债券给予其持有者以特定价格（一般比股票市场价格高15％以上）购买股票的权利，可用债券支付股票的购买费用。债券持有者可单独出售认股权证，也可买入股票。它的投资优点是较灵活，债券持有者可单独出售认股权证，也可买入股票，持有者可得到比可转换债券更高的利息。

3. 零息债券

零息债券是只计算利息但不支付利息的一种债券。它是用贴现的方式发行债券，到期按照债券面值支付，债券有效期内也不用支付利息。债券的收益主要来自贴现而不是来自利息收入，即在发行时，根据债券面值、贴现率和到期日贴现计算出债券的发行价格，债券持有人按发行价格认购，发行价与面值的差额就是债券持有人的收益。这种融资安排的优点是：既带有一定债务资金的特点（每年的名义利息可取得税务扣减），同时又不需支付利息，减轻了对项目现金流量的压力，利于保持项目建设经营期间的现金流量，提高项目的经济强度，给项目发起人提供了一种优于普通债务资金的选择。

零息债券作为一种准股本资金形式，在项目融资结构中获得了较为普遍的应用。如果由于种种原因，项目投资者没有在项目中投入足够的股本资金，贷款银行则通常会要求投资者以零息债券或深贴现债券形式，为项目提供一定数额的从属性债务作为投资者在项目中的股本资金。债券的期限原则上等于或略长于项目融资期限。

4. 以贷款担保形式作为准股本资金投入

投资者不直接投入资金作为项目公司的股本资金，而是以贷款银行接受的方式提供固定金额的贷款担保作为替代。以贷款担保形式作为项目股本资金的投入，是项目融资中具有特色的一种资金投入方式。作为项目的投资者，这是利用资金的最好形式，由于项目中没有实际的股本资金占用，项目资金成本最低。然而，从贷款银行的角度来看，这是一种项目风险高于投资者直接投入股本资金的形式，因为银行在项目的风险因素之外，又增加了投资者自身的风险因素。因此，采用贷款担保形式作为替代投资者全部股本资金投入的项目融资结构是较少见的，多数情况是贷款担保作为项目实际投入的股本资金或者准股本资金的一种补充。只有在项目具备很好的经济强度，同时承诺担保责任方本身具有很高的政治、商业信誉的双重条件下的项目融资结构，才有可能以贷款担保形式百分之百或者接近百分之百地替代项目投资者实际的股本资金投入。中国国际信托投资公司在澳大利亚波特兰铝厂和加拿大塞尔加纸浆厂两个项目的融资，就是采用贷款担保形式作为替代投资者全部股本资金投入的，从而实现了100%项目融资。

以贷款担保作为股本资金有以下两种主要形式。

（1）担保存款（Security Deposit）

担保存款是指投资者在银团指定的银行中存入一笔固定数额的定期存款，存款资金与利息属于投资者，但存款使用权属银团，如项目出现资金不足等情况，银团可调用担保存款来弥补。

（2）备用信用证（Standby Letter of Credit）

备用信用证是指投资者不动用公司资金，而是利用本身的资信作为担保，项目出现资本不足等情况，将由开出信用证的银行设法解决。备用信用证担保是比担保存款对项目投资者更为有利的一种形式。投资者可以根本不用动用公司的任何资金，而只是利用本身的资信作为担保。由于这种方式贷款银团要承担投资者的信用风险（如投资者出现财务危机或投资者不履行担保协议等情况），所以一般坚持要求备用信用证由一家被接受的独立银行开出，将风险转移。

贷款担保在项目融资结构中的作用同样也分为两种形式：一种形式是一般性贷款担保，即如果项目出现资金短缺，或者出现项目到期债务无法偿还的情况，则运用贷款担保弥补资金短缺或偿还债务，从贷款担保中获取的资金将按比例在贷款银行之间分摊；另一种形式是针对性贷款担保，即该贷款担保只针对于项目资金中的某一家银行或某一部分资金，而这家银行或这部分资金将在整个融资结构中扮演从属性债务的角色。

四、产业投资基金

产业投资基金（Industry Investment Fund）是一大类概念，国外通常称为风险投资基金（Venture Capital）和私募股权投资基金（Private Equity Investment Fund），一般是指向具有高增长潜力的未上市企业进行股权或准股权投资，并参与被投资企业的经营管理，以期所投资企业发育成熟后通过股权转让实现资本增值。根据目标企业所处阶段不同，可以将产业基金分为种子期或早期基金、成长期基金、重组基金等。产业基金涉及多个当事人，具体包括基金股东、基金管理人、基金托管人以及会计师、律师等中介服务机构。其中，基金管理人是负责基金具体投资操作和日常管理的机构。

产业投资基金与贷款等传统的债权投资方式相比，一个重要的差异为基金投资是权益性的，着眼点不在于投资对象当前的盈亏，而在于它们的发展前景和资产增值，以便能通过上市或出售获得高额的资本利得回报。

产业投资基金是专业投资机构集合社会公众资金，将其投向非上市公司，持有其股权或购买其他形态财产，以获取的收益向投资者分配。产业投资基金以特定的产业或企业为投资对象。

产业投资基金具有以下主要特点：

① 投资对象主要为非上市企业；

② 投资期限通常为3~7年；

③ 积极参与被投资企业的经营管理；

④ 投资的目的是基于企业的潜在价值，通过投资推动企业发展，并在合适的时机通过各类退出方式实现资本增值收益。

产业投资基金在所投资企业发展到一定程度后，最终都要退出所投资企业。它可通过投资企业的上市，将所持股份获利抛出，或通过其他途径转让所投资企业股权，或者在所投资企业发展壮大后回购股份三种方式退出所投资企业。

第二节　债务资本的融资方式

项目融资最典型的作用在于为基础设施项目或者资源开发类项目筹集大量的债务资本。通常在这类项目中，债务资本所占的比例为70%~80%，甚至更高。因此，项目债务资金的筹集是解决项目融资的资金结构问题的核心。

应该如何选择适合具体项目融资需要的债务资金呢？这个问题的解决需要分为两个步骤：第一步，根据融资要求确定债务资金的基本结构框架。债务资金形式多种多样，并且每种形式均具有一些与其他形式不同的特征。借款人只有在众多的资金形式中抽象出具有共性的主要特征，才能根据项目的结构特点和项目融资的特殊要求，在一个共同的基础上对各种形式的债务资金加以分析和判断，确定和选择出债务资金的基本框架。第二步，根据市场条件确定债务资金的基本形式。在确定了债务资金的基本框架之后，还需要根据融资安排当时当地的市场条件（这些条件包括借款人条件、项目条件以及当时当地金融市场的条件等），进一步确定几种可供选择的资金形式，针对这些资金形式的特点（如融资成本、市场进入时间、税务结构等），从中选择出一种或几种可以保证项目融资获得最大利益的债务资金形式。

项目投资者所面对的债务资金市场可以分为本国资金市场和外国资金市场两大部分，其中外国资金市场又可以进一步划分为某个国家的金融市场、国际金融市场，以及外国政府出口信贷、世界银行、地区开发银行的政策性信贷。除了一些规模较小的融资案例之外，发展中国家多数大型项目的融资，其债务资金几乎全部或者很高比例是来自国外的资金市场。即使像加拿大、澳大利亚这样的工业国家，在资源性项目和公共基础设施项目等方面的融资中，外国资金也占有相当大的比重。因此，讨论项目融资债务资金问题的重点，无疑应该放在国外金融市场。债务资金形式多种多样，在本书中不可能详细叙述所有的债务资金形式。接下来将重点介绍几种在项目融资中被广泛应用的债务资金形式。

一、商业银行贷款

商业银行贷款是公司融资和项目融资中最基本和最简单的债务资金形式。商业银行贷款可以由一家银行提供，也可以由几家银行联合提供。贷款形式可以根据借款人的要求来设计，包括定期贷款、建设贷款、流动资金贷款等。

1. 商业银行贷款的形式

按贷款形式来分，贷款可分为项目长期贷款、项目流动资金贷款、过桥贷款。

按贷款银行参与数来分，贷款可分为单一银行贷款、多家银行双边贷款（由多家银行分别签署贷款合同）、银团贷款（参加银行共同签署贷款文本、共担风险、共享利益，大多数大型项目融资都是通过银团贷款筹集到所需资金的）。

2. 国际国内商业贷款概述

（1）国内商业贷款

我国国家政策性银行及商业银行对项目的贷款一般按期限分为长、中和短期贷款。一年以内偿还的为短期贷款，中期贷款偿还期为1～5年，偿还期5年以上的为长期贷款。

① 长期贷款。银行通常把超过5年的贷款归入长期贷款。我国国有银行长期贷款在总贷款额中的比例较高。这是由于我国经济发展快、项目投资规模大。长期贷款主要有几种用途：基本建设贷款、技术改造贷款、城市建设综合开发企业贷款、农业基础设施及农业资源开发贷款。

② 短期贷款。短期贷款主要是流动资金贷款，用作存货、应收账款的周转资金，期限在一年之内。它也可以是在短期内见效的小额设备贷款。

（2）国际商业贷款

国际商业贷款是指我国在国际金融市场上以借款方式筹集的资金，主要指国外商业银行和除国际金融组织以外的其他国外金融机构贷款。因为项目融资中大量采用国际商业贷款，所以这部分的贷款将在后面章节详细讲述。

国际商业贷款这类贷款方式灵活、手续简便，使用不受限制。其贷款利率有固定利率和浮动利率两种。中长期贷款一般采用浮动利率，通常是在伦敦银行同业拆借利率（Libor）的基础上，根据国际金融市场上资金的供求、期限长短、贷款金额大小、货币币种风险和客户资信高低分别加上一定的利差。利差一般在 $0.25\% \sim 1.25\%$。

国外商业银行和金融机构贷款包括两种形式：单个银行贷款和国际银团贷款。国际银团贷款（也称为辛迪加贷款）是由一家银行牵头，多家银行和金融机构组成银团，联合向借款人提供金额较大的长期贷款。贷款多用于购买需要巨额资金的成套设备、飞机和船舶等。银团贷款的借款人通常是各国中央或地方政府、开发银行、进出口银行或国有金融机构及大型跨国公司。国际商业贷款利率完全由国际金融市场资金供求关系决定，不能享受各种非商业贷款的优惠条件。由于利率高、还款期短（中长期贷款期一般为5～10年），故国际商业贷款风险比较大。若项目经济效益不高、偿债能力不强，就会发生债务危机。我国通常是在项目使用政府贷款和国际金融组织贷款仍不能满足项目的外汇需要时，再借入一部分国外的商业贷款，或者在项目的短期资金缺乏时借入国外银行的短期贷款以弥补资金不足。

3. 商业银行贷款的具体类型

（1）工程贷款（Construction Loan）

工程贷款是对建筑工程发放的短期不动产贷款。这种贷款按实际需要事先拟定的计划分期支付。工程完工后，用抵押贷款的资金偿还这种贷款。其利率一般较高。

（2）定期贷款（Term Loan）

定期贷款是发放的中长期（2～10年）有担保贷款。定期贷款用于购买资本设备或营运资金，按协议分期偿还。

(3) 转换贷款（Bridge Loan）

转换贷款俗称桥梁贷款或过桥贷款。这是借款人希望得到中长期资金而暂时使用的一种贷款种类，以满足借款人对资金的临时需求。其期限不长，具有过渡性。

(4) 抵押贷款（Mortgage Loan）

抵押贷款是以某项财产的留置权作为还款抵押而取得的银行贷款。项目融资中，常以项目公司的资产和现金流量作为抵押而取得银行的贷款安排。

(5) 运营资金贷款（Working Capital Loan）

运营资金贷款也称流动资金贷款，是短期贷款，为了补充借款人运营资金不足。这种贷款由项目公司根据需要灵活进行提款和还款，一般由长期贷款银行一并提供，避免了贷款法律地位、监管等纠纷。

(6) 双货币贷款（Dual Currency Loan）

双货币贷款利息的计算和支付采用一种货币，本金的计算和支付采用另一种货币。

(7) 商品关联贷款（Commodity-linked Loan）

① 贷款本金的商品价格参与。本金的偿还额部分或全部取决于当时该种商品的价格，如低于预定价格，则偿还本金原值；如高于预定价格，需按预定公式增加银行贷款本金的偿还数额。

② 贷款利息的商品价格参与。利息水平与商品价格在同一时期内的变化水平联系。如实际的商品价格与预期的相接近，只需支付较低利率；反之借款人将承担较高的贷款利率。

4. 与银行贷款有关的信用条件

(1) 借贷限额

贷款限额是借款人与银行在协议中规定的允许借款人借款的最高限额。

(2) 周转信贷协定

银行从法律上承诺向企业提供不超过某一最高限额的贷款协定。在协定的有效期内，只要企业借款总额未超过最高限额，银行必须满足企业任何时候提出的贷款要求。企业享用周转协定，通常要对借款限额的未使用部分付给银行一笔承诺费。

【例 9-1】 某企业与银行商定的周转信贷额为 2000 万元，承诺费率为 0.5%，借款企业年度内使用了 1400 万元，余额为 600 万元。则借款企业应向银行支付承诺费的金额是多少？

[解] 承诺费 = 600 × 0.5% = 3(万元)

(3) 补偿性余额（余额补偿）

银行要求借款人在银行中保持按借款限额或实际借用额的一定百分比（通常为 10%~20%）计算的最低存款余额，以补偿其可能遭受的风险。但对借款企业，补偿性余额提高了贷款的实际利率。

【例 9-2】 某企业按年利率 8% 向银行借款 100 万元人民币，银行要求保留 20% 的补偿性余额，企业实际可动用的借款只有 80 万元人民币。则该项借款的实际利率为多少？

[解] 名义利率/(1 − 补偿性余额比率) × 100% = 8%/(1 − 20%) × 100% = 10%

(4) 借款利息支付方式

利随本清法（收款法）：在借款到期时向银行支付利息的方法。该法中，贷款的名义利率（约定利率）等于实际利率（有效利率）。

贴现法：银行向企业发放借款时，先从本金中扣除利息部分，而到期时借款企业再偿还全部本金的一种计息方法。该法中,企业可利用的借款额只有本金扣除利息后的差额部分,实际利率高于名义利率。

【例 9-3】 某企业从银行取得借款 200 万元人民币,期限 1 年,名义利率 10％,利息 20 万元人民币。按贴现法付息,求该项借款的实际利率。

[解] 按贴现法付息,企业实际可动用的贷款为:200－20＝180(万元)

该项借款的实际利率为:

利息/(贷款金额－利息)×100％＝20/(200－20)×100％＝11.11％

名义利率/(1－名义利率)×100％＝10％/(1－10％)×100％＝11.11％

二、银团贷款

银团贷款也是商业贷款的一种,但因为项目融资中大量采用,所以本部分专门对其进行阐述。

银团贷款又称为辛迪加贷款(Syndicated Loan),是由获准经营贷款业务的一家或数家银行牵头,多家银行与非银行金融机构参加而组成的银行集团(Banking Group)采用同一贷款协议,按商定的期限和条件向同一个借款人提供融资的贷款方式。国际银团是由不同国家的多家银行组成的银行集团,通常会选定一家银行作为代理行,代表银团成员负责管理贷款事宜。

银团贷款是国际银行业中一种重要的信贷模式。

银团贷款是商业银行贷款概念在国际融资实践中的合理延伸。国际上大多数大型项目融资案例,其资金需求规模大、结构复杂,只有大型跨国银行和金融机构联合组织起来,才能承担得起融资的任务。

1. 在项目融资中使用银团贷款的优点

(1) 有能力筹集到数额很大的资金

银团贷款可以满足借款人长期、大额的资金需求。辛迪加贷款市场是国际金融市场中规模最大、竞争最激烈的一个组成部分,同样的项目风险条件下,在这个市场上可以筹集到数量较大、成本较低的资金。从项目融资的借贷实践来看,发展中国家超过 3000 万美元、工业国家超过 1 亿美元数额的债务资金考虑采用国际辛迪加银团贷款的方式。

(2) 贷款货币的选择余地和对贷款银行的选择范围大

这一点为借款人提供了很大的方便,借款人可以根据项目的性质、现金流量的来源和货币种类来组织最适当的资金结构。

(3) 银团贷款操作形式多样

在同一银团贷款内,可根据借款人需要提供多种形式贷款,如定期贷款、周转贷款、备用信用证额度等。同时,还可根据借款人需要,选择人民币、美元、欧元、英镑等不同的货币或货币组合。

(4) 融资所花费的时间和精力较少

借款人与安排行商定贷款条件后,由安排行负责银团的组建。在贷款的执行阶段,借款人无须面对所有的银团成员,相关的提款、还本付息等贷款管理工作由代理行完成。

(5) 能够理解和参与复杂项目并承担信用风险能力

参与辛迪加银团贷款的银行通常是国际上具有一定声望和经验的银行,具有理解和参与复杂项目融资结构和承担其中信用风险的能力。基于各参与行对借款人财务和经营情况的充分认可成功地组建银团，借款人可以借此业务机会扩大声誉。

（6）提、还款方式灵活

提款方式灵活，还款方式也比较灵活。

2. 银团主要角色

贷款银行通常分为安排行、参与行、代理行、工程银行、中介机构等。这些银行都提供贷款，但它们又各自承担不同的责任。

（1）安排行（Arranged Bank）

牵头银行，通常在贷款条件和担保文件的谈判中起主导作用，它签订贷款协议并承购全部或部分贷款，风险较大，须是有丰富经验的大银行。

（2）参与行（Participating Bank）

参加银团并按各自承诺份额提供贷款的银行。

（3）代理行（Facility Agent）

主管项目贷款的日常事务，并收取管理费。它的责任是协调用款，帮助各方交流融资文件，送达通知和传递信息。

（4）工程银行（Engineering Bank）

其责任是监控技术进程和项目的业绩，并负责与项目工程师和独立的专家间的联络。工程银行可能是代理行或安排行的分支机构。

（5）中介机构（Intermediary Organ）

主要包括银团法律顾问或律师。结构复杂的项目，银团要求聘请保险顾问、技术顾问、会计顾问、工程顾问、商业顾问、税务顾问、环境顾问等，费用由借款人支付。

（6）管理行（Lead Manager）

在项目的文件和围绕项目的公开场合中，可能指定项目的管理行或主要管理行。管理行的身份反映了对项目相当程度的参与，但管理行通常不对借款人或贷款人承担任何特殊的责任。

3. 银团贷款的基本要点

辛迪加银团贷款的一个基本原则是每个贷款银行应该按其贷款比例分配从借款人方面取得的任何偿债资金，借款人不能歧视其中任何一家银行。所有借款人的偿债资金都支付给代理行，然后由代理行再按比例分配给每一家贷款银行。其基本要点如下。

① 利益共享。银团的成员按照融资协议规定的份额比例享有贷款利息，以及其他保证、抵押物、质押物或担保等权利。

② 风险共担。银团的成员按照贷款份额，承担贷款本息无法获得清偿的风险。

③ 统一管理。牵头行负责组建银团，并与项目公司谈判。组建完成后，由借款代理行负责审查并管理借款人对提款先决条件的满足，负责召集银团会议，代表银团向贷款人违约求偿等。

④ 份额表决。贷款银行根据各自承诺贷款额所占的比例或全额所占的比例，对银团重大事宜进行表决。对个别特殊事宜（事先约定），允许任何单个银行行使否决权。银行必须服从银团表决结果，放弃绝对的独立判断及行为能力。

辛迪加银团贷款作出这样的规定是为了限制银团中某一家银行行使其债务抵消权（Offset）或者合并借款人银行账户的权利而损害其他贷款银行的利益。因为持有借款人存款的贷款银行有可能利用该存款抵消借款人在银团贷款中所欠债务，而其他银行则未必有此便利，故而得不到相同比例的补偿，尤其是在借款人发生还款困难的情况下。

4. 银团借款的组建流程

辛迪加银团贷款由于涉及的银行数目较多，有时这些银行又分别在不同的国家，因此，无论是在谈判上、准备法律文件的具体程序上，还是在贷款的管理上均要比商业银行贷款复杂。银团借款的组建流程包括前期准备、银团组建、银团管理三个阶段，其中前期准备和银团组建是关键。具体完成一个银团贷款的典型步骤说明如图9-1所示。

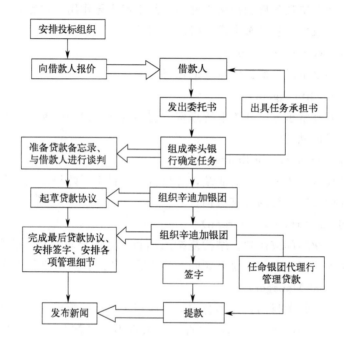

图 9-1 组织银团贷款的步骤

5. 银团贷款的费用

在国际银团贷款中，借款人除了支付贷款利息以外，还要承担一些费用，如承诺费、管理费、代理费、参加费及杂费等。

（1）承诺费

也称为承担费。借款人在用款期间，对已用金额要支付利息，未提用部分因为银行要准备出一定的资金以备借款人的提款，所以借款人应按未提贷款金额向贷款人支付承诺费，作为贷款人承担贷款责任而受利息损失的补偿。

（2）管理费

此项费用是借款人向组织银团的牵头行支付的。由于牵头行负责组织银团、起草文件、与借款人谈判等，所以要额外收取一笔贷款管理费，作为提供附加服务的补偿。该费用通常在签订贷款协议后的30天内支付。

（3）参加费

参加费按出贷份额在各参加行中按比例分配。参加贷款金额较大银行的管理费和参加费可稍高于参加贷款较少的银行。

(4) 代理费

代理费是借款人向代理行支付的报酬,作为对代理行在整个贷款期间管理贷款、计算利息、调拨款项等工作的补偿。

(5) 杂费

杂费是借款人向牵头银行支付的费用,用于其在组织银团、安排签字仪式等工作时间所作的支出,如通信费、印刷费、律师费等。其具体费率标准根据人民银行及各商业银行有关规定执行。

6. 银团代理行

辛迪加银团贷款任命一家银行作为银团代理行,并在贷款协议中详细规定代理行的权利和义务。代理行负责监管借款人的财务活动、管理贷款和保持银团与借款人之间的联系。银团代理行的主要工作包括以下五个方面。

① 建立和保持贷款活动的历史记录。

② 监管借款人的经营活动,特别是查看贷款协议中规定的贷款条件和借款人的各种保证性条款是否得到满足。

③ 代表银团收取贷款的利息和本金偿还,并按出资比例在银团成员中进行分配。

④ 负责向银团通报有关借款人执行贷款协议的情况,向银团提供有关借款人的财务信息。如果是项目融资,银团代理行也需要向银团及时通报项目的建设、经营情况以及出现的重大问题。

⑤ 在出现违约情况时处理有关事宜。

三、出口信贷

1. 出口信贷概述

出口信贷是一国政府为支持和扩大本国大型设备等产品的出口、增强国际竞争力,对出口产品给予利息补贴,提供出口信用保险及信贷担保,鼓励本国的银行或非银行金融机构对本国的出口商或外国的进口商(或其银行)提供利率较低的贷款,以解决本国出口商资金周转的困难,或满足国外进口商对本国出口商支付货款需要的一种国际信贷方式。特别是对工业成套设备,许多国家都提供出口信贷。出口信贷可分为买方信贷和卖方信贷。

(1) 买方信贷

买方信贷是给予国外进口商的贷款,是出口商所在地银行为促进本国商品出口发放的贷款。买方信贷是给外国进口商以满足支付货款(对本国出口商)需要的贷款,有了此种贷款,进口方就可以用现汇购买商品和设备。因此,出口方可及时收回货款。买方信贷的金额一般不超过合同金额的85%。贷款通常是在卖方交货完毕或工厂建成投产后分期偿还,每半年还本付息一次,期限不超过10年。买方信贷除了支付利息外,还需支付管理费、保险费和承诺费。

(2) 卖方信贷

卖方信贷是出口方银行向本国出口商提供的商业信贷,是出口商所在地银行为便于该国出口商以延期付款形式出口商品而给的贷款。卖方信贷是为本国出口商提供资金周转困难的贷款，出口商以此贷款为垫付资金，允许买方赊购自己的产品，分期支付货款。使用卖方信贷，进口商一般先付合同金额的15％作为定金，其余货款可在项目投产后陆续支付。出口商收到货款后向银行归还贷款。出口商除支付利息外，也要承担保险费、管理费和承诺费，一般将这些费用计入出口货价中，把贷款成本转移到进口方。

出口信贷由于有出口国政府的政策性补贴，利率比国际金融市场相同期限的利率略低，这对于购置我国经济建设亟需的成套设备和大型专用设备的项目来说，是获得巨额资金的重要渠道。由于有多个国家出口商彼此竞争，所以我国的进口和借款单位可在他们中间进行选择，降低设备进口价格和筹资成本。但另一方面，由于出口信贷和出口货物一般绑在一起，有时某国出口信贷条件虽然优惠，但该国设备并不适合我国；有时设备虽然适用，但价格却高于公开招标的价格，故使用出口信贷也会受到一定的限制。

2. 出口信贷的特点

（1）利率较低

对外贸易中长期信贷的利率一般低于相同条件资金贷放的市场利率，由国家补贴利差。大型机械设备制造业在西方国家的经济中占有重要地位，其产品价值和交易金额都巨大。为了加强该国设备的竞争力，削弱竞争对手，许多国家的银行竞相以低于市场的利率为外国进口商或该国出口商提供中长期贷款，即给予信贷支持，以扩大该国资本货物的国外销路。银行提供的低利率贷款与市场利率的差额由国家补贴。

（2）与信贷保险相结合

由于中长期对外贸易信贷偿还期限长、金额大，发放贷款的银行存在着较大的风险。为了减缓出口国国家银行的后顾之忧，保证其贷款资金的安全发放，国家一般设有信贷保险机构，对银行发放的中长期贷款给予担保。

（3）由专门机构进行管理

发达国家提供的对外贸易中长期信贷，一般直接由商业银行发放，若因为金额巨大，商业银行资金不足时，则由国家专设的出口信贷机构给予支持。不少国家还对一定类型的对外贸易中长期贷款，直接规定由出口信贷机构承担发放的责任。它的好处是利用国家资金支持对外贸易中长期信贷，可弥补私人商业银行资金的不足，改善该国的出口信贷条件，加强该国出口商夺取国外销售市场的力量。

3. 出口信贷方式

（1）直接贷款

由进出口银行直接向国外进口商提供贷款，一般地，贷款只能用于购买进出口银行所在国的资本品和设备等。

（2）间接贷款

也叫银行转贷款。在这种结构下，进出口银行贷款给一家商业银行，由其将款项再发放给进口单位。

（3）利率补贴

在这种结构下，先由一家商业银行在以低于市场利率的基础上向借款人发放贷款，然后由进出口银行对市场利率与贷款人发放该笔贷款的利率差给予补贴。

4. 出口信贷的优缺点

(1) 优点

① 协议有效期内利率固定，有利于成本核算；
② 出口卖方信贷的利率一般比较优惠；
③ 可购买机械设备和技术，符合工程融资的要求；
④ 出口国竞争激烈，项目单位可选择对自己有利的方案。

(2) 缺点

① 只能从提供的国家进口设备，质量不一定一流；
② 设备价款可能高于国际招标购买价。

四、国际金融组织贷款

1. 国际货币基金组织贷款

国际货币基金组织的宗旨是促进国际货币合作、支持国际贸易的发展和均衡增长、稳定国际汇兑并提供临时性融资、帮助成员国调整国际收支的暂时失调。它不向成员国提供一般性的项目贷款，而只是在成员国国际收支暂时不平衡时提供贷款，帮助他们克服国际收支逆差。国际货币基金组织贷款的条件比较严格，主要是按照成员国在基金中所占的份额、面临的国际收支困难程度以及解决这些困难的政策能否奏效等条件来确定贷款的数额。

2. 世界银行贷款

世界银行贷款包括国际开发协会贷款（称为"软贷款"）和国际复兴开发银行贷款（称为"硬贷款"）。

(1) 国际开发协会贷款——软贷款

国际开发协会（International Development Association，IDA），主要向成员国中最贫穷的国家提供经济开发所需资金。它贷款的资金来源是富有成员国提供的捐款和世界银行的拨款。贷款不考虑借款国的信誉，不着重考虑贷款的偿还。国际开发协会贷款又称为"软贷款"，主要贷给人均国民收入低于一定数量的发展中国家，贷款偿还期为 35 年，比世界银行长。其中，宽限期 10 年，不收利息，每年只对贷款未偿还部分征收 0.75% 的手续费。另外，再对借款人未支取的贷款征收 0.5% 的承诺费。因此，软贷款条件十分优惠。

(2) 国际复兴与开发银行——硬贷款

国际复兴与开发银行（International Bank for Reconstruction and Development，IBRD），简称世界银行，专门向会员国发放能源、交通、公用事业、农村发展、环境保护等重点基础工程项目开发建设贷款或提供保证。这种贷款称为硬贷款，是世界银行向发展中国家提供的低于国际金融市场利率的长期贷款。其贷款期限为 20 年，含 5 年宽限期，承诺费为 0.75%。利率每半年进行一次调整，主要视其筹资成本的变化情况而定。

世界银行贷款一般对项目发放。贷款发放的主要对象为：农业和农村发展、环境保护、交通、能源、基础工业及社会事业。针对项目的具体情况，世界银行按照其贷款程序和项目评估方法选择项目，并监督项目的实施。对于贷款项目的实施，世界银行要求在所有成员国间实行国际竞争性招标，对项目的评审也比较严格，其目的是使发放的贷款对借款国真正发挥作用，促进发展中国家经济的平衡发展。

世界银行贷款发放条件为：项目为重点基础工程，有政府部门担保；贷款作为开发建设贷款；可针对不能以合理条件从其他方面取得贷款的贷款人（称"最后贷款人"）；项目在经济、技术上可行，有偿还能力。世界银行贷款有固定发放程序，需经历项目选定、项目准备、项目评估、项目谈判、项目执行、项目总评价几个步骤。

世界银行贷款的优点为：利率低于市场利率；采用国际招标方式，压低项目建设成本；贷款的项目利于东道国发展，且能按计划完成；有利于其他机构贷款，降低成本和风险；世界银行与东道国有接触，利于项目有关法律、管理准备工作；世界银行可提供项目的政治风险和货币风险的担保。

世界银行贷款的缺点为：有严格限制条件；借款方需获得该国政府的担保；需经严格的环境评估，并实现一定经济效益；贷款是直接给项目中标的外国生产商，不易进行费用核算（货币换算预先不知）；贷款手续繁杂，历时长，需3～5年。

（3）国际金融公司

国际金融公司（International Finance Corporation，IFC），主要向发展中国家的私人部门提供无须政府担保的贷款和投资。它对成员国的私人部门进行股本和准股本投资，如购买私人部门的优先股、可转换债券等。

五、外国政府贷款

政府贷款，又称政府信贷，是一国政府利用财政或国库资金向另一国政府提供的长期优惠性贷款，是工程项目筹资的优良品种。它是经济发达国家为促进本国商品出口和外交需要向外国提供的，其性质属于政府间的开发援助。它的偿还期长，一般为20～30年；而且利率低，年利率只有2%～3%。故政府贷款中赠予成分较高，一般为50%～70%。含有赠予成分的贷款称为软贷款，不含赠予成分而按市场利率发放的为硬贷款。

此类贷款一般投入借款国非营利的开发项目，如城市基础设施、交通、能源等项目，或者是贷款国的优势行业，有利于该国出口设备。目前，美国、法国、意大利、丹麦、加拿大、澳大利亚、西班牙、比利时、阿根廷等国家向我国提供政府贷款。

政府贷款一般采取这样的形式：直接给予借款国的某一特定项目。该国在提供买方信贷的同时，再提供部分政府贷款与买方信贷混合使用，又称混合信贷。

政府贷款是工程项目筹资的优良品种，但它也有其缺点：

① 贷款政治性强，受外交关系及贷款国预算与国内政策影响大，会中断；

② 贷款使用方向受限，限于从发放国向援助的国家购买商品和劳务，不能用投标竞争。

六、债券融资

债券融资也是项目融资较大的资金来源，越来越多的项目通过债券融资，特别是通过美国、欧洲债券市场融资。

债券是一种有价证券，是债务人为筹措资金而向债券投资者出具的、承诺按一定利率向债权人定期支付利息，并到期偿还本金的债权债务凭证。

发行债券进行项目筹集资金，相对于股票筹资，其主要优点是资金成本低。因为债券利息在税前支付，企业或项目实体可得到利息免税的好处。对投资者而言，债券风险比股票小，因此债券的发行比股票容易，发行成本也低。企业或项目实体通过债务筹资还可以发挥财务杠杆的作用，进一步提高资金收益率。但债券筹资需签订严格的债券合同，这是一个具有法律效力的文件，规定了债权人和发行者双方的权利和义务。债券合同中保护债权人的条款对发行人资产流动性、证券销售、红利支付、投资及兼并等的限制，降低了企业经营灵活性，这是债券筹资不利的一面。而债券合同中的提前兑回条款则允许企业在市场利率降低时兑回已发行的高利率债券，继而发行低利率债券，以此减少债券利息支出。

1. 债券的特点

(1) 时间上的有期限性

发债人在发行债券时，就必须向投资者作出具有法律效力的承诺，债券便因此具有期限性。不同债券之间的区别之一在于期限的长短不同。

(2) 收益的相对固定性

投资债券的收益表现为债券的利息，而利息是发债时便已确定的，因而不受发债人的经营业绩及市场利率变动的影响，其收益是固定的。

(3) 较强的流动性

债券是一种社会化、标准化的投资工具，在证券市场健全的情况下，债券持有人可以随时在证券交易市场将债券出售变现。因而，债券具有较好的流动性。

(4) 较高的安全性

债券投资也有一定的风险，但相对于其他资本证券而言，债券的风险相对较小，因而具有较高的安全性。因为：①债券的利率是事先确定的，除非发债企业因资不抵债而宣告破产，否则投资者一般都可以获得固定的利息收益并收回本金；②债券本息的偿还和支付有法律保障；③债券的发行需符合一定的资信条件，只有资信级别较高的企业方被允许发债（也有例外情况，如垃圾债券）。至于政府发行的债券，一般不用担心还本付息的问题。

(5) 权益的单一性

一般而言，债券的持有人只有获取债息、索偿本金以及转让债券的权利。除此外，投资者既无权过问发债企业的决策及管理事务，也无权在应得利息之外参与企业的利润分配。发债人与投资者之间是一种很简单的债权债务关系。

2. 债券分类

(1) 按发行主体分类

公债券、金融债券、公司债券。公债券是国家发行的，也称为国债、政府债券或国库券；公司债券是公司依照法定程序发行的，约定在一定期限内还本付息的有价证券；金融债券是银行或其他非银行性金融机构发行的债券。

(2) 按期限长短分类

短期债券、中期债券、长期债券、永久债券。短期债券的偿还期限一般在一年以下。政府发行短期债券多是为了平衡预算开支，企业发行短期债券则主要是为了筹集临时性周转资金。中期债券的偿还期限为1～10年，发行中期债券的目的是获得较长期的稳定资金。长期债券的偿还期限为10年以上，发行长期债券的目的是筹集可供长期使用的资金。

(3) 利息支付方式分类

附息债券、贴现债券。附息债券是券面上附有各种息票的债券，到期时凭剪下的息票领取本期利息；贴现债券又称贴水债券，发行时按规定的折扣率（贴水率）以低于券面价值的价格发行，到期时按券面价值偿还本金的债券，发行价与券面价值的差价即为利息。

(4) 按发行方式（是否公开发行）分类

公募债券、私募债券。公募债券是证券主管机构批准在市场上公开发行的债券，它是面向社会不特定的多数投资者公开发行，这种方式的证券发行的标准比较严格，并采取公示制度；私募债券是向少数投资者发行的债券，投资者多为银行或金融机构，其审查条件相对宽松，也不采取公示制度。

(5) 按有无担保分类

信用债券、抵押债券、担保债券。信用债券又称无担保债券，凭发行者的信用发行，是无任何担保，只凭企业信誉发行的债券，通常只有信誉强的大企业才能发行这种债券；抵押债券是凭发行者的不动产或有价证券作抵押品的债券；担保债券是由第三者担保偿还本息的债券。

(6) 按是否记名分类

记名债券、不记名债券。记名债券是指在债券券面上记载持有人姓名的债券。由于记名，支取本息时必须凭券面载明的持有人的印鉴，转让时必须背书并办理过户手续；另外，可以挂失并防止冒领。但这类债券也因此流通性较差。无记名债券是指券面上不记载持有人姓名的债券。这类债券只凭债券本身支取本息而不管持有人的身份，转让时不需背书、过户，只需把债券交付给受让方即可，因而流通较方便。但这类债券不能挂失，一旦遗失或被窃，容易被冒领，因而存在风险。

(7) 按债券票面利率是否变动分类

固定利率债券、浮动利率债券、变动利率债券。固定利率债券是偿还期内利率固定不变的债券；浮动利率债券是利率随市场利率定期变动的债券；变动利率债券是随债券期限的增加，利率累进的债券。

(8) 按发行人是否给予投资者选择权分类

附有选择权的企业债券（可与债券发行者进行其他交易，这种权利可剥离单独买卖）、不附有选择权的债券。附有其他权力债券有可转让公司债券、可退还的债券，有认股权证、认债权证、货币转换权、产品购买权的债券。可转换公司债券的持有者，能够在一定时间内按照规定的价格将债券转换成企业发行的股票；有认股权证的债券持有者，可凭认股权证购买所约定公司的股票；可退还的企业债券，在规定的期限内可以退还。反之，债券持有人没有上述选择权的债券，即是不附有选择权的企业债券。

(9) 按发行地的不同分类

国内债券（本国债券）、国际债券（又分为外国债券和欧洲债券两种）。本国债券是发行人国家与发行地一致的债券；外国债券是发行人国家与发行地不一致的债券；欧洲债券是在国际金融市场柜台交易的债券。

(10) 按是否与商品的价格联系分类

商品关联债券（与商品的价格联系在一起的债券）。

(11) 按债券的货币种类分类

双货币债券（以一种货币支付利息，而以另一种货币支付本金的债券，可选利率较低的货币作为计算利息的货币,以项目所在国货币或与项目现金流量密切相关的货币作为偿还债券本金货币)。

3. 债券融资的优缺点

(1) 债券融资的优点

① 融资成本较低。发行债券融资的成本要比股票融资的成本低。这是因为债券发行费用较低,其利息允许在所得税前支付,可以享受扣减所得税的优惠,所以企业实际上负担的债券成本一般低于股票成本。

② 保障股东控制权。债券持有人无权干涉企业的管理事务,因此,发行企业债券不会像增发股票那样可能会分散股东对企业的控制权。

③ 发挥财务杠杆作用。不论企业盈利水平如何,债券持有人只收取固定的利息,而更多的收益可用于分配给股东,或留归企业以扩大经营。

④ 便于调整资本结构。企业通过发行可转换债券,或在发行债券时规定可提前赎回债券,有利于企业主动地、合理地调整资本结构,确定负债与资本的合理比率。

(2) 债券融资的缺点

① 可能产生财务杠杆负效应。债券必须还本付息,是企业固定的支付费用。随着这种固定支出的增加,企业的财务负担和破产可能性增大,一旦企业资产收益率下降到债券利息率之下,就会产生财务杠杆的负效应。

② 可能使企业总资金成本增大。企业财务风险和破产风险会因其债务的增加而上升,这些风险的上升又导致企业债务成本、权益资金成本上升,因此,增大了企业总资金成本。

③ 经营灵活性降低。在债券合同中,各种保护性条款使企业在股息策略融资方式和资金调度等多方面受到制约,经营灵活性降低。

4. 公司债券融资

我国的公司债券是指公司依照法定程序发行的,约定在一定期限内还本付息的有价证券。

公司债券是公司债的表现形式,基于公司债券的发行,在债券的持有人和发行人之间形成了以还本付息为内容的债权债务法律关系。因此,公司债券是公司向债券持有人出具的债务凭证。

(1) 我国发行公司债券的基本条件

① 股份有限公司的净资产额不低于人民币 3000 万元,有限责任公司的净资产额不低于人民币 6000 万元;

② 累计债券余额总额不超过净资产额的 40%;

③ 最近三年平均可分配利润足以支付公司债券一年的利息;

④ 筹集的资金投向符合国家产业政策;

⑤ 债券的利率不得超过国务院限定的利率水平;

⑥ 国务院规定的其他条件。

如需上市,除以上条件外,还要满足公司债券的期限为一年以上,及公司债券实际发行额不少于人民币 5000 万元两个条件。

(2) 公司债券的发行和评级

公司债券发行时一般由投资银行等金融中介机构承购包销。它们帮助企业或项目实体确定发行规模、发行价格、发行方式及发行费用,并把债券推销给投资者。公司债券的等级对发行者和投资者都十分重要,是债券倒账风险的衡量指标。债券等级越高,其债务的偿还越有保证,因而风险越小,其债券利率越低,筹资成本也越低。故企业或项目实体应力争评上较高的等级,在这种条件下发行债券,对企业或项目实体最有利。

(3) 公司债券筹资的优点

① 资金成本较低,债券筹资比股票筹资成本低;

② 保证控制权,不会因发行公司债券而分散控制权;

③ 可发挥财务杠杆作用,在公司收益好时,债券持有人只收取固定的利息,而更多收益可分配给股东。

(4) 公司债券筹资的缺点

① 筹资风险高,有固定到期日,并定期支付利息;

② 限制条件多,限制比发行优先股和短期债务严得多;

③ 筹资额有限,当公司的负债比率超过一定程度后,筹资成本会快速上升,有时甚至发不出去。

5. 境外债券融资

越来越多的项目通过债券融资,特别是通过美国、欧洲债券市场融资。境外债券有外国债券和欧洲债券两种。外国债券是发行人国家与发行地不一致的债券,欧洲债券是在国际金融市场柜台交易的债券,其区别见表 9-1。

表 9-1 欧洲债券、本国债券、外国债券的主要区别

债券特征		欧洲债券	外国债券	本国债券
发行地	发行人国家与发行地一致		√	
	发行人国家与发行地不一致			√
	在国际金融市场柜台交易	√		
法规控制	遵守发行地法律		√	√
	可不遵守发行地法律	√		
市场交易	证券交易市场	√	√	√
	柜台交易	√		

发行境外债券前,发行人首先经过评级机构的评级,然后委托承销团确定发行条件,包括金额、偿还期、利率、发行价格、发行费用等。发行后的债券可在二级市场上流通。目前,世界上主要的国际债券市场有:美国美元债券市场(纽约)、亚洲美元债券市场(新加坡、中国香港)、欧洲美元债券市场(伦敦、卢森堡)、德国马克债券市场(法兰克福)、日本日元债券市场(东京)、英国英镑债券市场(伦敦)、瑞士法郎债券市场(苏黎世)等。境外债券在国际金融市场上的价格,随着该种债券在市场上的需求情况而变动。如果债券在二级市场上表现不佳,则会影响发债人的信誉和今后的债券发行。在境外债券中,欧洲债券是最常见的资金筹集手段,以下就其稍作介绍。

欧洲债券是为借款人提供从欧洲货币市场为数众多的金融机构投资者和个人投资者手中获得的相对成本较低的债务资金的一种有效形式。与一般国家发行的本国债券或外国债券不同,欧洲债券的发行和交易超出了国家的界线,不受任何一个国家的国内金融市场的法律法规限制。

(1) 发行欧洲债券筹集债务资金的优点

① 筹资成本相对比较低。对于在国际金融市场上具有良好资信的借款人来说，利用欧洲债券市场融资有可能获得比其他借款方式更低的融资成本。

② 通过发行欧洲债券，可以接触到范围非常广泛的投资者，这是其他债务资金形式无法比拟的。

③ 集资时间比较短。一旦发行系统建立起来，每次发行债券所需要的时间便非常短，这样就可以有效地抓住机会，迅速进入市场。

④ 借款可以采用多种货币形式。

⑤ 在还款日期安排上比辛迪加银团贷款灵活。

⑥ 在一些国家，采用欧洲债券方式融资可以获得不用支付利息预提税的优惠。

(2) 发行欧洲债券筹集债务资金的缺点

① 由于欧洲债券市场上的投资者组成非常分散，所以投资者很难掌握一个复杂的项目融资结构和愿意购买与之有关的债券。这个问题是利用欧洲债券市场为项目筹集债务资金的主要障碍。只有很少一部分已经被这个市场所接受的借款人可以比较容易地利用该市场筹资。对于多数的融资项目（特别是在发展中国家的项目），则需要有类似辛迪加银团贷款那样的银团组织作为发行债券的后盾（由该银团承担项目的风险）。例如，作为债券发行的担保人或者直接以银团名义发行，该银团收取一定的费用作为提供项目信用保证的代价，然而这样一来也就相对减少了利用欧洲债券市场融资的成本优势。

② 由于组织欧洲债券发行的程序比较复杂，因而要求具有一定的发行金额才能具备规模经济效益。对于长期债券，一般要求有至少不低于 5000 万美元的价值；对于中短期债券，一般也要求不能低于 2000 万美元。

七、融资租赁

融资租赁起源于 20 世纪 50 年代的美国。中国的现代融资租赁业起步较晚，开始于 20 世纪 80 年代的改革开放时期，当时是为了解决资金不足和引进先进技术、设备、管理理念，作为增加引进外资的渠道。截至 2022 年 6 月，全国融资租赁公司（下称"租赁公司"）总数约 11603 家。其中受银保监会监管的境内注册金融租赁公司（下称"金租公司"）共 71 家，其余为受各地金融局监管的境内或境外融资租赁公司（下称"融租公司"）。据国际租赁联盟组委会、中国租赁联盟、南开大学当代中国问题研究院和天津自贸试验区租赁联合研究院组织编写的《2022 年世界租赁业发展报告》，2022 年世界租赁业务总量约为 36600 亿美元；中国业务总量约为 58500 亿元人民币，折合 8478 亿美元，中国租赁业约占世界租赁业务总量的 23.2%。我国融资租赁行业保持了良好的发展态势，融资租赁行业在整个经济发展中的作用愈加明显。

项目融资的租赁安排可以来自以下三个方面。

① 专业租赁公司、银行和财务公司。这些机构可以为项目安排融资租赁，包括直接租赁和作为股本参加者安排杠杆租赁。

② 设备制造商和一部分专业化租赁公司。这些机构可以为项目安排经营租赁。

③ 项目的投资者以及与项目发展有利益关系的第三方，也可以采取租赁融资形式将资金投入到项目中，包括经营租赁、直接租赁和杠杆租赁等。

1. 融资租赁的概念

融资租赁是指出租人在承租人给予一定报酬的条件下,授予承租人在约定的期限内占有和使用财产权利的一种契约性行为。融资租赁以租赁的方式筹集资金,是指当企业或项目实体需要设备时,不是通过筹资自行购买,而是以付租金的方式向租赁公司借入设备。租赁公司(出租人)有设备的所有权,企业(承租人)只有设备的使用权。以租赁的方式为项目提供所需的设备,为项目提供大量资金。

融资租赁的主要特征是:由于租赁物件的所有权只是出租人为了控制承租人偿还租金的风险而采取的一种形式所有权,在合同结束时最终有可能转移给承租人,因此租赁物件的购买由承租人选择,维修保养也由承租人负责,出租人只提供金融服务。租金计算原则是:出租人以租赁物件的购买价格为基础,按承租人占用出租人资金的时间为计算依据,根据双方商定的利率计算租金。它实质是依附于传统租赁上的金融交易,是一种特殊的金融工具。

融资租赁是一种租赁期限相对较长、承租人不能随意提前终止的租赁协议。在财务租赁期内,资产的使用价值在该资产的全部使用价值中占有较高的比重,有时可以高达90%。在财务租赁期间,出租人虽然拥有被出租的资产,但是实质责任只限于提供一种融资,占有和使用被出租资产所需要的一切费用和成本,包括维修、保养、保险,以至有关税收(出租人本身的公司所得税除外)均需要由承租人负担。承租人按照租赁协议定期支付租金,并且向出租人保证在租赁期满时支付一笔资金购进所租赁资产。融资租赁的应用范围十分广泛,小到一个机械设备,大到一个完整的工程项目,都可以成为租赁的对象。

2. 融资租赁与经营租赁的区别

租赁是一种其使用者(即承租人)可以获得某一设备或某一工厂的使用权用以增加生产,而不需要在使用初期支付该设备或工厂全部资本开支的一种融资手段。任何一个租赁协议都包括两个方面:承租人和出租人。在西方工业国家,根据在租赁协议中承租人和出租人双方所承担的责任以及租赁期间资产的使用价值占该资产全部使用价值的比重,将租赁分为经营租赁和融资租赁两种基本类型。两种租赁类型在项目融资的债务安排中都占有重要的位置,其区别见表9-2。

表9-2 融资租赁与经营租赁的区别

项目	融资租赁	经营租赁
租赁程序	由承租人向出租人提出正式申请,由出租人融通资金引进承租人所需设备,然后再租给承租人使用	承租人可随时向出租人提出租赁资产要求
租赁期限	租期一般为租赁资产寿命的一半以上	租赁期短,不涉及长期而固定的义务
合同约束	租赁合同稳定。租期内承租人必须连续支付租金,非经双方同意,中途不得退租	租赁合同灵活,在合理限制条件范围内,可解除租赁契约
租赁期期满的资产处置	租赁期满后,租赁资产的处置有三种方法可供选择:将设备作价转让给承租人;由出租人收回;延长租期续租	租赁期满后,租赁资产一般要归还给出租人
租赁资产的维修保养	租赁期内,出租人一般不提供维修和保养设备方面的服务	租赁期内,出租人提供设备保养、维修、保险等服务

3. 融资租赁的形式

(1) 售后租回

企业将资产卖给出租人再租回使用,出租人是租赁公司等金融机构。

(2) 直接租赁

直接向出租人租入资产并付租金,指只有出租人和承租人两方参与的简单租赁形式。出租人自己安排资金购买被出租资产,然后将其租赁给承租人。

(3) 杠杆租赁

出租人出部分租金(30%),其余以该资产担保来借款(70%),购买资产出租,并收租金。杠杆租赁不仅可以作为一种完整的项目融资模式,而且也可以作为一种债务资金形式用作大型项目融资结构中的一个组成部分。

4. 融资租赁筹资的优缺点

(1) 融资租赁筹资的优点

① 筹资速度快,租赁与设备购置同时进行。筹资企业或项目实体不必预先筹集一笔相当于设备价格的资金即可取得设备并投入使用。

② 增加投资者运用资金的灵活性。租赁具有百分之百融资的特性,采用这种方式可以使项目投资者保留较高的自有资金和银行信用额度,用于其他的投资和业务发展机会。

③ 限制条款少。相比债券和长期借款而言,租赁合同条款中对承租人的限制比债券合同少,方式也更灵活。

④ 设备淘汰风险小。租赁期限为资产使用年限的75%,租赁可使企业或项目实体避免设备过时的风险,大型设备、飞机、轮船、建筑机械和电子计算机等均采用租赁的方式。

⑤ 财务风险小,会计安排较灵活。租金在整个租期内分摊,而且在租赁期间,租赁费用可以比一般债务资金更灵活地根据项目的现金流量和利润情况加以设计和调整,可以使公司的收益处于一个相对平稳的发展水平。

⑥ 税收负担轻,税务安排灵活。承租人的租金支出是在缴纳所得税之前扣除的,具有抵免所得税的效用;项目公司能将税务好处直接转移给投资者。资产出租人可利用项目在建设期和生产期拥有的大量税务亏损,并将一部分利益以降低租赁费用的方式转让给承租人,可以较为有效地降低投资成本,提高项目的综合经济效益。

⑦ 对公司的负债状况不会产生影响。大多数国家的财务规定都将租金作为一项固定费用支出在公司资产负债表中以注脚的形式加以说明,从而使其成为一种非公司负债型融资。

(2) 融资租赁筹资的缺点

租赁筹资成本较高。租金包括了设备价格、租赁公司为购买设备的借款利息及投资收益,比银行借款或发行债券所负担的利息高得多。

八、商业信用融资

1. 商业信用融资的概念和融资方式

商业信用是指商品交易中的延期付款或延期交货所形成的借贷关系,是企业之间的直接信用关系。商业信用融资利用商业信用,是一种形式多样、适用范围很广的短期资金筹措方式。商业信用融资有以下三种方式。

(1) 应付账款融资

应付账款是指企业购买货物未付款而形成的对供货方的欠账，即卖方允许买方在购货后的一定时间内支付货款的一种商品交易形式。在规范的商业信用行为中，债权人（供货商）为了控制应付账款期限和额度，往往向债务人（购货商）提出信用政策。信用政策包括信用期限和给买方的购货折扣与折扣期，如"$2/10, n/30$"，表示客户若在 10 天内付款，可享受 2% 的货款折扣，若 10 天后付款，则不享受购货折扣优惠，应付账款的商业信用期限最长不超过 30 天。应付账款融资最大的特点在于易于取得，无须办理筹资手续和支付筹资费用，而且它在一些情况下是不承担资金成本的。其缺点在于期限较短，放弃现金折扣的机会成本很高。应付账款融资对于融资企业而言，意味着放弃了现金交易的折扣，同时还需要负担一定的成本，因为往往付款越早，折扣越多。

(2) 预收货款融资

预收货款是指销货企业按照合同或协议约定，在交付货物之前向购货企业预先收取部分或全部货物价款的信用形式。它相当于销货企业向购货企业先借一笔款项，然后再用货物抵偿。这是买方向卖方提供的商业信用，是卖方的一种短期资金来源，信用形式应用非常有限，仅限于市场紧缺商品、买方急需或必需商品、生产周期较长且投入较大的建筑业、重型制造业等。

(3) 商业票据融资

商业票据融资是由金融公司或某些企业签发，无条件约定自己或要求他人支付一定金额可流通转让的有价证券，其持有人具有一定权力，如汇票、本票、支票等。它是企业在延期付款交易时开具的债权债务票据。对于一些财力和声誉良好的企业，其发行的商业票据可以直接从货币市场上筹集到短期货币资金。

一般来说，企业商业票据融资有一定条件：

① 信誉卓著，财力雄厚，有支付期票金额的可靠资金来源，并保证支付；

② 非新设立公司，发行商业票据的必须是原有旧公司，新开办的公司不能用此方式筹集资金，如专为项目融资组织起来的项目公司进行融资，则信用保证结构复杂；

③ 在某一大型银行享有最优惠利率的借款；

④ 在银行有一定的信用额度可供利用；

⑤ 短期资金需求量大、筹资数额大，资金需求量不大的企业不宜采用此方式筹集资金。

2. 商业票据融资的概念和优缺点

商业票据融资是指通过商业票据进行融通资金。商业票据是一种商业信用工具，指由债务人向债权人开出的、承诺在一定时期内支付一定款项的支付保证书，即由无担保、可转让的短期期票组成。

(1) 商业票据融资的优点

① 公司获取的资金成本低。一些大公司发行商业票据，融资成本通常低于银行的短期借款成本，因为它直接从投资者处获得资金，节省了部分利润。

② 公司筹资的灵活性强。公司在发行商业票据筹资时，可以根据自己某段时间对资金的需求确定发行量、利率、次数。只要发行人和交易商达成书面协议，在约定时期内，发行人可不限次数及不定期发行，以满足自身短期资金的需求。

③ 有利于提高公司的信誉。公司有能力发行兑付票据，表明公司有较高信誉，发行后

也有利于提高公司形象。公司也可借此来向银行争取较好的借贷条件。

④ 投资者投资可享有盈利性、流动性、安全性之利。投资者购买公司票据后，可以获取比银行更高的利息收入，票据如经信用评级，银行担保也比较安全。需要资金时也可以把持有的未到期票据到二级市场出售，可以取得流动性之便。

(2) 商业票据融资的缺点

① 无担保。无实体财产作抵押担保品，只以发行公司的声誉、实力地位作担保；如果专为项目融资组织起来的项目公司进行融资，则信用保证结构复杂。

② 资金使用期限较短。

3. 美国商业票据

商业票据是美国国内金融市场上主要的也是最古老的金融工具之一。美国商业票据市场为借款人提供了一种成本低、可靠性高，而且可以通过不断展期来满足长期资金需求的短期债务资金形式。最早的商业票据是美国的公司、银行和金融机构用来筹集流动资金的。自20世纪70年代以来，美国商业票据开始逐渐成为非美国公司的一种重要资金来源，成为国际辛迪加银团贷款、欧洲债券市场的一种具有竞争力的替代方式。但是，和在欧洲债券市场上安排融资一样，对于缺乏知名度的外国公司以及为项目安排融资来说，利用商业票据市场多数情况下也需要某种形式的银行信用作为后盾。

(1) 美国商业票据市场融资的优点

① 低成本。追求降低融资成本是大批美国公司和许多大型项目融资进入美国商业票据市场的最大原动力。同时，能够获得低成本的资金也是美国商业票据市场能够和欧洲货币市场竞争的一个主要原因。一般来说，在同等条件下，从美国商业票据市场上获得的资金可以比银团贷款的利息成本低。但是对于外国公司来说，由于要加上外国风险因素，其优惠就没有这样明显了。

② 资金来源多元化。这一优点与使用欧洲债券市场是一样的。借款人通过使用商业票据市场获得广泛的资金来源，从而避免过分依赖少数商业银行和投资银行。对于偶尔组织一次项目融资活动的公司来说，这一优点似乎并不明显，但是对于任何跨国公司或者希望积极介入国际金融市场的公司来说，资金来源多元化是分散风险的一项重要措施。

③ 资金使用灵活。美国商业票据市场为票据发行人在票据期限和发行时间上提供了很大的灵活性，从而可以满足票据发行人的各种具体需要。一般的辛迪加银团贷款要求提款必须预先通知，提前量在5~30天不等。但是，使用商业票据市场可以做到在同一天发行票据并获得资金，不需要任何提前通知。

(2) 美国商业票据市场融资存在的问题

美国商业票据是一种无担保可转让的短期票据，票据投资人的投资决策主要取决于发行人的资信评级。这一特征对于希望利用该市场作为项目融资主要债务资金来源的项目投资者来说，面临着两个必须解决的问题：一是项目公司的资信和在市场上的知名度问题。专为项目融资组织起来的项目公司没有经营历史，信用保证结构复杂，无论是公司资信还是知名度都是比较弱的，如果单独以项目公司作为发行人，在市场上将很难找到踊跃的票据投资人；二是项目融资寻求的主要是长期债务资金。虽然可以利用市场的流动性，通过不断发行新商业票据偿还到期债务，以达到循环使用资金的目的，但是，过分依赖市场的流动性来满足项目长期债务资金的需求具有潜在的风险。

复习思考题

1. 在项目融资中常用的权益融资方式有哪些？
2. 在项目融资中常用的债务融资方式有哪些？
3. 什么是准股本资金？其投入方式有哪些？
4. 试分析项目融资中商业银行贷款的操作方式及利弊。
5. 请分析出口信贷在项目融资中的作用及局限性。
6. 试分析项目融资中通过发行普通股融资的利弊。
7. 如何理解利用融资租赁来为项目筹集资金？
8. 试分析项目融资中通过发行债券融资的利弊。

第十章 项目融资的资金成本与资本结构决策

第一节 项目融资的资金构成及资金结构

一、项目融资的资金构成

从项目资金的来源及其性质上看,项目融资的资金构成有三个部分:股本资金、准股本资金(也称为从属性债务或初级债务资金)和债务资金(也称为高级债务资金)。虽然相对于贷款银行提供的债务资金而言,股本资金与准股本资金在项目融资中没有本质上的区别,承担的风险也是相同的,只是在形式上有所不同,但是对于项目投资者来说,准股本资金相对于股本资金在安排上具有较高的灵活性,并在资金序列上享有较为优先的地位。

1. 股本资金

股本资金是投资者投入的风险资金,是项目融资的基础。在资金偿还序列中排在最后一位。项目投资中的股本资金在收益分配和风险承担上的特殊性,往往使项目的股本投入具有风险资本的性质。由于债务资金相对股本资金来说具有优先清偿权,因此贷款银行往往把股本资金看作其融资的安全保障。然而,对于项目投资者来说,股本资金不仅有其承担风险的一面,更重要的是由于项目具有良好的发展前景,能够为其带来相应的投资收益。增加股本资金的投入实际上并不能改变或提高项目的经济效益,但是可以增加项目的经济强度,提高项目的风险承受能力。

(1) 股本资金的作用

① 提高融资项目的抗风险能力。项目资金总额中股本资金所占比例往往影响项目债务资金的风险程度。由于项目预期的现金流量(在偿还债务之前)在某种意义上是固定的,贷款银行通常希望项目的现金流量能够按照计划支付项目的生产成本、资本开支、管理费用,并按计划偿还债务,同时为各种可能发生的不可预见风险提供充分的资金余地。项目承受的债务越高,现金流量中用于偿还债务的资金占用的比例就越大,贷款银行所面对的潜在风险也就越大;相反,在项目中股本资金投入越多,项目的抗风险能力就越强,贷款银行的风险也就越小。

② 决定投资者对项目的关心程度。投资者在项目中投入资金的多少与其对项目管理和前途的关心程度是成正比的。贷款银行总是希望项目投资者能够全力以赴地管理项目，尤其是在项目遇到困难的时候能够千方百计地渡过难关。从贷款银行的角度，要求项目投资者投入一定数量的股本资本，无疑是约束项目投资的经营行为，可提高项目投资者在项目经营中的责任心和积极性，保证项目经营的稳定性和经营效率。

③ 对项目融资具有良好的心理鼓励作用。投资者在项目中的股本资金代表着投资者对项目的承诺和对项目未来发展前景的信心，对于组织项目融资可以起到很好的心理鼓励作用。

(2) 股本资金的来源

① 投资者直接投入的股本资金，被称为投资者自有资金。

② 安排项目融资的同时，直接安排项目公司上市，通过发行项目公司股票和债券的方式来筹集项目融资所需要的股本资金和准股本资金，这类股本资金被称为公募股本资金。

③ 政府机构和公司出于政治利益或经济利益等方面的考虑，也会为项目提供类似股本资金或准股本资金的资金，这类资金被称为"第三方资金"。这些机构包括愿意购买项目产品的公司、愿意为项目提供原材料的公司、工程承包公司、政府机构以及世界银行和地区开发银行等。这些机构为了促使项目的开发，有可能提供一定的股本资金、软贷款或贷款担保。

在项目融资的结构中，应用最普遍的股本资金形式是认购项目公司的普通股和优先股。

(3) 股本资金投入比例的惯例与规定

① 一定地区、特定行业会逐渐形成一种"惯例"，如电力行业等能源和基础设施项目要求较高，上海电力行业股本资金投入比例在50%以上。

② 国家对项目资本金有原则性规定：交通运输、煤炭项目，资本金比例为35%及以上；钢铁、邮电、化肥项目为25%及以上；电力、机电、建材、化工、石油加工、有色、轻工、纺织、商贸及其他行业项目为20%及以上；房地产开发项目，项目资本金在35%以上（经济适用房30%）。具体比例由项目审批单位根据投资项目的经济效益以及银行贷款意愿和评估意见等情况，审批可行性研究报告时核定。

2. 准股本资金

(1) 准股本资金的定义及性质

准股本资金是指投资者或者与项目利益有关的第三方所提供的债务资金。其债务地位从属于银行贷款，即清偿程序在银行贷款之后，但高于股本金，也称从属贷款资金，从另一角度可看作股本资金的一部分。准股本资金是相对股本资金而言的，准股本资金需要具备的性质包括：

① 债务本金的偿还需要具有灵活性，不能规定在某一特定期间强制性地要求项目公司偿还从属性债务；

② 从属性债务在项目资金优先序列中优先级要低于其他的债务资金，但是高于股本资金；

③ 当项目公司破产时，在偿还所有的项目融资贷款和其他的高级债务之前，从属性债务将不能被偿还。从项目融资银行的角度，准股本资金将被看作股本资金的一部分。

准股本资金可作为一种与股本资金和债务资金平行的形式进入项目，也可作为一种准备金形式，用来支付项目建设成本超支、生产费用超支以及其他贷款银行要求投资者承担的资金责任。根据资金的从属性质，准股本资金又可以分为一般从属性债务和特殊从属性债务两大类。一般从属性债务是指该种资金在项目资金序列中低于一切其他债务资金形式，而特殊从属性债务则在其从属性定义中明确规定该种资金相对于某种其他形式债务（典型的是项目融资中的长期债务）的从属性，但是针对另外的一些项目债务，则具有平等的性质。

（2）准股本资金投资的优点

对于项目投资者来说，与提供股本资金相比，为项目提供从属性债务具有以下几个方面的优点。

① 投资者在安排资金时具有较大的灵活性。作为一个投资者，任何资金的使用都是有成本的，特别是如果在项目中投入的股本资金是投资者通过其他渠道安排的债务资金，投资者就会希望利用项目的收入承担部分或全部的融资成本。从属性债务一般包含了比较具体的利息和本金的偿还计划，而股本资金的红利分配则带有较大的随机性和不确定性。

② 在项目融资安排中，项目公司的红利分配通常有着十分严格的限制，但是可以通过谈判减少对从属债务在这方面的限制，尤其是对债务利息支付的限制。然而为了保护贷款银行的利益，一般要求投资者在从属性债务协议中加上有关债务和股本资金转换的条款，用以减轻在项目经济状况不好时的债务负担。

③ 从属性债务为投资者设计项目的法律结构提供了较大的灵活性。首先，作为债务，利息的支付是可以抵税的；其次，债务资金的偿还还可以不用考虑项目的税务结构，而股本资金的偿还则会受到项目投资结构和税务结构的各种限制，其法律程序要复杂很多。

（3）准股本资金的形式

项目融资中最常见的准股本资金有无担保贷款、可转换债券、零息债券和以贷款担保形式出现的股本资金。

① 无担保贷款是贷款中最简单的一种形式。这种贷款形式上与商业贷款相似，贷款协议中包括贷款金额、期限、利率、利息支付、本金偿还等主要条款，但是贷款没有任何项目资产作为抵押和担保，本息的支付也通常带有一定的附加限制条件。无担保贷款指没有任何项目资产作为抵押和担保的贷款，多数情况下股东贷款属无担保贷款，设备供应商以商业信用方式为公司提供的货物也属无担保贷款。无担保贷款的作用：一是项目发起人为吸引融资而贷款，因融资巨大，发起人为使主要贷款人放心而用担保贷款作为发起人投入的资金，以支持商业贷款；二是项目发起人可享受税务优惠的好处，所以项目发起人乐于接受无担保贷款来代替权益投资。

② 可转换债券是从属性债务的另一种形式。可转换债券在其有效期内只需支付利息，但是在特定时期（通常为债券到期日或者某一段时间）内，债券持有人有权选择将债券按照规定的价格转换成为公司的普通股。如果债券持有人选择不执行期权，则公司需要在债券到期日兑现本金。可转换债券的履行没有任何公司资产或项目资产作为担保，债券利息一般也比同类贷款利息要略低一点。这种形式对于债券持有人的吸引力在于，如果公司或项目经营良好，公司股票价格或项目资产价值高于现已规定的转换价格，则债券持有人通过转换可以获得资本增值；相反，如果公司或项目经营结果较预期差，债券持有人仍可以在债券到期日收回债券面值。国外一些项目融资结构中的投资者，出于法律上或税务上的考虑，希望推迟在法律上拥有项目的时间，常常采用可转换债券形式安排项目的股本资金。

③ 零息债券也是项目融资中常用的一种从属性债务形式。零息债券计算利息，但是不

支付利息。在债券发行时，根据债券的面值、贴现率（即利率）和到期日贴现计算出其发行价格，债券持有人按发行价格认购债券。零息债券持有人的收益来自债券购买价格与面值的差额，而不是利息收入。深贴现债券是零息债券的一种变通形式。深贴现债券需要定期支付很低的利息，同时在发行时也采用贴现的方法计算价格，因而这种债券的收益也主要是来自贴现而不是来自利息收入。零息债券作为一种准股本资金形式，在项目融资结构中获得了较为普遍的应用，其主要原因是这种资金安排既带有一定的债务资金特点（如每年的名义利息可以取得税务扣减），同时又不需要实际支付利息，减轻了对项目现金流量的压力。因而，如果由于种种原因，项目投资者没有在项目中投入足够的股本资金，贷款银行则通常会要求投资者以零息债券或深贴现债券形式，为项目提供一定数额的从属性债务，作为投资者在项目中的股本资金。债券的期限原则上等于或略长于项目融资期限。

④ 以贷款担保形式出现的股本资金。以贷款担保形式作为项目股本资金的投入，是项目融资中具有特色的一种资金投入方式。在项目融资结构中，投资者不直接投入资金作为项目公司的股本资金或准股本资金，而是以贷款银行接受的方式提供固定金额的贷款担保作为替代。作为项目的投资者，这是利用资金的最好形式，由于项目中没有实际的股本资金占用，项目资金成本最低。然而，从贷款银行的角度来看，这是一种项目风险高于投资者直接投入股本资金的形式，因为银行在项目的风险因素之外，又增加了投资者自身的风险因素。因此，采用贷款担保形式作为替代投资者全部股本资金投入的项目融资结构是较少见的，多数情况是贷款担保作为项目实际投入的股本资金或者准股本资金的一种补充。只有在项目具备很好的经济强度，同时承诺担保责任方本身具有很高的政治、商业信誉的双重条件下的项目融资结构，才有可能以贷款担保形式百分之百或者接近百分之百地替代项目投资者实际的股本资金投入。中国国际信托投资公司在澳大利亚波特兰铝厂和加拿大塞尔加纸浆厂两个项目的融资，成功地做到了这一点。贷款担保作为股本资金有两种主要形式：担保存款和备用信用证担保。担保存款是项目投资者在一家由贷款银团指定的一流银行中存入一笔固定数额的定期存款，存款账户属于项目投资者，存款的利息也属于投资者，但是存款资金的使用权却掌握在贷款银团的手中。如果项目出现资金短缺，贷款银团可以调用担保存款。备用信用证担保是比担保存款对项目投资者更为有利的一种形式。投资者可以根本不用动用公司的任何资金，而只是利用本身的资信作为担保。由于这种方式贷款银团要承担投资者的信用风险（如投资者出现财务危机或投资者不履行担保协议等情况），所以一般坚持要求备用信用证由一家被接受的独立银行开出，将风险转移。贷款担保在项目融资结构中的作用同样也分为两种形式：一种形式是一般性贷款担保，即如果项目出现资金短缺，或者出现项目到期债务无法偿还的情况时，运用贷款担保弥补资金短缺或偿还债务，从贷款担保中获取的资金将按比例在贷款银行之间分摊；另一种形式是针对性贷款担保，即该贷款担保只针对于项目资金中的某一家银行或某一部分资金，而这家银行或这部分资金将在整个融资结构中扮演从属性债务的角色。

3. 债务资金

债务资金是项目资金来源的重要组成部分，在资金偿还序列中排在第一位。

项目融资最典型的作用在于为基础设施项目或者资源开发类项目筹集大量的债务资金，通常在这类项目中债务资金所占的比例为 70%～80%，甚至更高。因此，项目债务资金的筹集是解决项目融资的资金结构问题的核心。在债务资金的筹集中需注意以下问题。

(1) 债务期限

债务的到期时间是区别长期债务和短期债务的一个重要界限。在资产负债表中，短于一年的债务被作为流动负债，超过一年的债务则被作为非流动负债，即长期债务。

项目融资结构中的债务资金基本上是长期性的资金，即便是项目的流动资金，多数情况下也是在长期资金框架内的短期资金安排。有的资金形式，如商业银行贷款、辛迪加银团贷款、融资租赁等可以根据项目的需要较灵活地安排债务的期限。但是如果使用一些短期资金形式，如欧洲期票、美国商业票据等作为项目融资的主要债务资金来源，如何解决债务的合理展期就会成为资金结构设计的一个重要问题。

(2) 债务偿还

长期债务需要根据一个事先确定下来的比较稳定的还款计划表来还本付息。对于从建设期开始的项目融资，债务安排中一般带有一定的宽限期，在宽限期内，贷款的利息可以资本化。由于项目融资的有限追索性，还款需要通过建立一个由贷款银团经理人控制的偿债基金的方式来完成。每年项目公司按照规定支付一定数量的资金到偿债基金中，然后由经理人定期按比例分配给贷款银团成员。如果资金形式是来自金融市场上公开发行的债券，则偿债基金的作用就会变得更为重要。

项目融资的借款人通常希望保留提前还款的权利，即在最后还款期限之前偿还全部的债务。这种安排可以为借款人提供较大的融资灵活性，根据金融市场的变化或者项目风险的变化，对债务进行重组，获得成本节约。但是，某些类型的债务资金安排对提前还款有所限制，如一些债券形式要求至少在一定年限内借款人不能提前还款。又如，对于固定利率的银团贷款来说，因为银行安排固定利率的成本，如果提前还款，借款人可能会被要求承担一定的罚款或分担银行的成本。

(3) 债务序列

无论是公司融资还是项目融资，债务安排都可以根据其依赖于公司（或项目）资产抵押的程度或者依赖于有关外部信用担保的程度而划分为由高到低不同等级的序列。所谓高级债务，是指由全部公司（或项目）资产作为抵押的债务，或者是得到相应强有力信用保证的债务；所谓低级债务，则是相对于高级债务而言的，一般是指无担保的债务。低级债务也称为初级债务或从属性债务，项目融资中的准股本资金就属于这一类型。在公司（或项目）出现违约的情况下，公司（或项目）资产和其他抵押、担保权益的分割将严格地按照债务序列进行。从属性债权人的位置排在有抵押权和担保权的高级债权人之后，只有在这些债务获得清偿之后，从属性债权人才有权从公司（或项目）资产和其他来源获得补偿。

项目融资中的银团贷款（或类似性质的债务资金）是最高级的债务资金形式，这是因为有限追索的性质决定了贷款银团在项目融资中要求拥有最高的债权保证。投资者在项目中的贷款或其他类似性质的贷款是项目公司的从属性债务，对于贷款银团来说具有股本资金的性质。因此，已经安排了项目融资的项目，基本上不可能再以该项目资产为基础从其他渠道获得相似性质的融资了。

(4) 债权保证

债权保证是债务资金的提供者最为关心的一个问题。项目融资的债权保证在形式上和内容上都与公司融资有一定程度的区别。公司债务可以分为有债权保证和无债权保证两类。有债权保证的债务多以公司的资产（如工厂设备、房地产、有价证券等）作为抵押，形式比较简单；无债权保证的债务则主要依赖于公司的资信、经营能力，有时也依赖于公司提供的消极担保条款作为保证。

项目融资的债权保证在含义上要广泛得多,除了包括以项目资产作为抵押外,还包括:对项目现金流量使用和分配权的控制;对项目公司银行往来账户的控制;对有关项目的一切重要商业合同(包括工程合同、市场销售合同、原材料供应合同等)权益的控制;对项目投资者给予项目的担保或来自第三方给予项目的担保及其权益转让的控制等。项目融资中的债权保证是项目信用保证结构需要重点解决的问题。

(5) 违约风险

一种债务在公司(或项目)债务中的序列及债权保证,并不能确保该项债务是无风险的。一种债务资金形式可以是高序列并且是有保证的,但是仍然会具有一定的风险。在公司融资中,人们可以比较容易地划分出股本资金风险和债务资金风险。但是在项目融资中,这种划分有时就不是很容易了,因为如果项目失败,贷款银行就可能会发现它们的地位与股本投资者没有太大的区别,这是由项目融资的特点所决定的。

项目融资出现借款人违约而债务无法获得偿还的可能性主要有三种情况:项目的现金流量不足以支付债务的偿还;项目投资者或独立第三方不执行所承担的具有债权保证性质的项目义务;在项目公司违约时,项目资产的价值不足以偿还剩余的未偿还债务。

(6) 利率结构

项目融资中的债务资金利率主要有浮动利率、固定利率以及浮动/固定利率三种机制。使用较为普遍的债务资金形式,如辛迪加银团贷款、欧洲期票、美国商业票据等,采用的多为浮动利率,计算利率的基础(以美元贷款为例)一般为伦敦同业拆借利率(London InterBank Offered Rate,LIBOR)、美国银行的优惠利率,有时也使用美国财政部发行的证券收益率,然后根据项目的风险情况、金融市场上的资金供应状况等因素在这个基础上加上一个百分数,形成借款人的实际利息率。浮动利率债务一般的利率变动期间为 3 个月和 6 个月,在此期间利率是固定的。

采用固定利率机制的债务资金有两种可能性:一种可能性是贷款银团所提供的资金本身就具有固定利率的结构,如一些长期债券和财务租赁;另一种可能性是通过在金融掉期市场上将浮动利率转换成固定利率而获得的,利率被固定的期间可以是整个融资期,也可以是其中的一个部分。

评价项目融资中应该采用何种利率结构,需要综合考虑三方面的因素:项目现金流量的特征;金融市场上利率的走向;借款人对控制融资风险的要求。

首先,项目现金流量的特征起着决定性的作用。有一种类型的项目,如一些火力发电厂项目、一些专门为发电站供应煤炭的煤矿项目和一些运输系统项目等,由于政府部门作为项目产品(或服务)的承购方,将产品(或服务)的价格以固定价格加通货膨胀因素的公式确定,因而项目的现金流量相对稳定,可预测性很强。对于这类项目,采用固定利率机制有许多优点,有利于项目现金流量的预测,减少项目风险。另一种类型的项目,如资源和原材料项目,虽然可以有"无论提货与否均需付款"或"提货与付款"性质的产品销售安排,但是产品价格是由国际市场价格规定的。这类项目的现金流量极不稳定,价格好时,项目现金流量就很好;价格坏时,项目现金流量就很差。对于这类项目,采用固定利率就有一定的缺点,在产品价格不好时将会增加项目的风险。而国际金融市场的浮动利率,其基本趋势是跟随各主要工业国家的经济情况和政府金融政策而变化的,国际市场上的资源和原材料价格的变化趋势与世界经济的繁荣和衰退趋势也基本吻合,因此,此类项目采用浮动利率较为合适。在经济衰退期，各工业国家为了刺激经济的发展，多将降低利率作为一种主要手段。因此，采用浮动利率机制，当产品价格不好时，虽然项目现金流量较差，但是由于利率也较低，相应地也降低了项目的风险。

其次，对金融市场中利率的趋向分析，在决定债务资金利率结构时也起着很重要的作用。在利率达到或接近谷底时，如果能够将部分或全部浮动利率债务转化为固定利率债务，无疑对借款人来说是一种有利的安排。这样可以在较低成本条件下将一部分融资成本固定下来。

最后，任何一种利率结构都有可能为借款人带来一定的利益，但也会相应地增加一定的成本，最终取决于借款人如何在控制融资风险和减少融资成本之间权衡。如果借款人将控制融资风险放在第一位，在适当时机将利率固定下来是有利的，然而短期内可能要承受较高的利息成本；如果借款人更趋向于减少融资成本，问题就会变得相对复杂得多，从而要更多地依赖于对金融市场上利率趋向的分析。因此，近几年来在上述两种利率机制上派生出了几种具有固定利率特征的浮动利率机制，以满足借款人的不同需要。

简单地说，具有固定利率特征的浮动利率机制是相对浮动利率加以封顶的。对于借款人来说，在某个固定利率水平之下，利率可以自由变化，但是利率如果超过该固定水平，借款人只按照该固定利率支付利息，这种利率安排同样是需要成本的。

(7) 货币结构与国家风险

项目融资债务资金的货币结构可以依据项目现金流量的货币结构加以设计，以减少项目的外汇风险。另外，为了减少国家风险和其他不可预见因素的影响，国际上大型项目的融资安排往往不局限于在一个国家的金融市场上融资，也不局限于一种货币融资。事实证明，资金来源多样化是减少国家风险的一种有效措施。

二、项目融资的资金结构

1. 资金结构的概念

现代项目融资是多渠道的，如何将多渠道的资金按照一定的资金结构结合起来，是制定项目融资方案的主要任务。项目资金结构是指构成项目的各种资金的比例。它包括债务资金与权益资金的比例、资金的期限结构、资金的倾向结构、债务资金的利率结构。在分析融资方案的组合结构时，最重要的是考虑债务资金与股本资金的比例。

(1) 债务资金与股本资金的比例

债务资金与股本资金的比例是项目资金结构的一个基本比例，也称为资金结构。一个项目中的资本结构与项目的投资结构、融资模式和信用担保结构有着密切的关系。合理、灵活、巧妙地安排资本结构，选择适当的资金形式，可以有效地降低资金成本和项目风险，提高项目的综合经济效益。

债务资金、股本资金和税收政策是确定资本结构主要考虑的三个因素。国际上多数国家税法都规定贷款利息支出可以计入企业的成本冲抵所得税，债务资金成本相对要低于权益资金成本。理论上，如果一个项目使用债务资金比例较高，它的资金成本相对较低，但是其财务状况和抗风险能力会由于承担较高的债务而变得相对脆弱；相反，如果一个项目使用权益资金比例较高，其会有一个非常稳固的财务基础和较强的抗风险能力，但是这却增加了资金使用的"机会成本"，使得项目的综合成本变得十分昂贵。从投资者的角度考虑，项目融资的资本结构追求以较低的权益投资争取较多的债务融资，同时还要尽可能低地对股东追索；而对于提供债务融资的债权人，则希望债权得到有效的风险控制。通常条件下，项目的股本资金比例越高，债务的风险越低；反之，债务利率越高。当股本资金比例降低到债权人不能接受的水平时，企业不会取得债务资金，特别是低息的银行贷款。

(2) 期限结构

项目资金的期限结构是指构成项目资金的各种资金使用期限的结构比例。合理的项目资金期限结构是保证项目顺利建成和正常运行的重要条件，同时也为债权人能按期收回贷款本息奠定基础。通过项目融资获得的各种资金使用期限是不同的。通常，投资者投入的权益资金比债务资金的使用期限更为久远，只要项目和项目公司能够正常运行，股本资金可以被永续地使用。在项目融资中的债务资金，如贷款、债券、融资租赁等，基本上都属于超过一年的长期债务，其与短期债务、商业票据等比较，优点是融资成本低，但如果项目公司的财务流动性不足，会产生较高的财务风险。

(3) 利率结构

利率结构是各种债务资金利率的结构比例关系。利率的形式多种多样，在利率结构分析中，主要是研究债务资金的固定利率、浮动利率以及由浮动形式演变出来的其他形式利率的结构关系。固定利率在借贷期限内不随借贷资金的供求状况而变动，具有简便易行、计算方便的优点，但在市场利率变化较频繁的情况下，借贷双方须承担一定的风险损失。相反，浮动利率在借贷期内随着市场利率的变化而定期调整利率，计算烦琐，不可避免地增加了资金成本，但它能使借贷双方承担的风险损失降低到最低水平。债务利率结构的确定需要考虑以下三个因素。

① 项目现金流量的特征。对于收入相对稳定的项目来说，比如煤电项目、交通基础设施项目，由于政府部门是项目产品的承购者，项目产品通常以固定价格加上通货膨胀因素的方式定价，现金流量相对稳定，采用固定利率有利于项目现金流量的预测，减少项目风险。而对于资源、原材料类项目，其产品价格主要由国际市场供求关系确定，价格波动比较大，采用浮动利率能够在价格降低的情况下，有效降低项目风险。

② 金融市场利率的走向。金融市场上利率的趋势分析对于确定债务资金的利率结构起着非常重要的作用。在利率到达或接近低谷时，选择固定利率对借款人是一种有利的安排，可以较低的资金成本取得项目建设资金。

③ 借款对控制融资风险的要求。任何一种利率安排既可能为借款人带来一定的利益，也会相应地增加一定的成本。利率结构的确定与借款人在控制金融风险和减少融资成本之间的权衡有着密切的关系。如果借款人将控制融资风险放在第一位，固定利率的比例可能会相对高一些，在短期内可能要承担较高的债务成本；如果借款人更趋向于降低融资成本，其更多要依赖于金融市场上利率趋势的分析。

(4) 货币结构

项目的货币结构包括货币的品种结构和货币市场来源结构，主要体现在外汇币种选择和境内外借贷占比。不同币种的外汇汇率总是在不断地变化，如果条件许可，项目使用外汇贷款需要仔细选择外汇币种。外汇贷款的借款币种与还款币种有时不一致，特别要注意对还款币种的选择。为了降低还款成本，一般选择币值较为软弱的币种为还款币种。这样，当这种外汇币值下降时，还款金额相对降低。当然，币值软弱的外汇贷款利率通常较高，这需要在汇率变化与利率差异之间作出预测、权衡和抉择。境内外借贷的占比主要取决于项目使用外汇的额度，同时主要由借款取得的可能性及方便程度决定。项目投资中如果有国外采购，可以附带寻求国外的政府贷款、出口信贷等优惠融资。项目融资结构分析中主要是分析各种融资方案债务资金与权益资金的比例，并讨论其实现条件。

2. 最佳资金结构

股本资金、准股本资金和债务资金这三部分资金在一个项目中的构成以及相互之间的比例关系在很大程度上受制于项目的投资结构、融资模式和项目的信用保证结构，但是也不能忽略资金结构安排和资金来源选择在项目融资中可能起到的特殊作用。通过灵活巧妙地安排项目的资金构成比例，选择恰当的资金形式，可以达到既减少项目投资者自身资金的直接投入，又能够提高项目综合经济效益的双重目的。

项目中债务资金和股本资金的比例、项目资金的合理使用结构以及税务安排对融资成本的影响，是确定项目资金结构和资金形式的三个主要考虑因素。

(1) 债务资金和股本资金的比例

由于项目的债务资本和权益资本在资金成本和风险程度上存在差异，因此项目资本结构的确定事实上是项目资金成本和可承受风险的权衡问题。由于按照各国的相关法律，债务资金本金和利息的偿付可以在税前进行，因此项目贷款的实际利息成本得以降低。

由于在考虑税收影响的情况下，债务资金的成本通常要低于股本资金的成本，因此理论上如果一个项目的资金全部是债务资金，此时项目的资金成本是最低的。然而项目的财务状况和抗风险能力则会由于承受过高的债务而变得相对脆弱起来；相反，如果一个项目使用的资金全部是股本资金，则项目将会有一个非常稳固的财务基础，而且项目的抗风险能力也会由于减少了金融成本而得以加强。但是，这样一来却大大提高了资金使用的"机会成本"，使得综合资金成本变得很高。因而对于绝大多数的项目来说，实际的资金构成和比例是在以上两个极端中间加以选择的。项目融资没有标准的"债务/股本资金比率"可供参照，确定一个项目资金比例的主要依据是该项目的经济强度，而且这个比例也会随着工业部门、投资者情况、融资模式等诸因素的不同而发生变化，并在一定程度上也反映出安排资金当时当地的借贷双方在谈判中的地位、金融市场上的资金供求关系、竞争状况以及贷款银行承受风险的能力。

项目融资的一个重要特点是可以提高项目的债务承受能力。在项目融资中，贷款银行所面对的是一个相对简单的独立项目，通过对项目的全面风险分析，可以确定项目最小现金流量水平和债务承受能力；通过对整体结构（包括投资结构、融资结构、资金结构、信用保证结构四个方面）的综合设计，可以减少和排除许多风险因素和不确定因素，对潜在的风险会有较为清楚的认识。因此，与传统的公司融资相比较，采用项目融资方式可以获得较高的债务资金比例。但是，项目融资的这一特点并不意味着项目融资可以不需要或很少需要股本资金投入，而完全依靠贷款来解决项目的全部资金需求。事实上，项目融资所做到的只是使股本资金的投入形式多样化，最大限度地利用项目的信用保证结构来支持项目的经济强度。而且，由于20世纪80年代末90年代初期的世界经济萧条、银行业不景气，一些项目融资即使在具备强有力的担保结构作为支持的情况下，贷款银行仍会要求投资者在项目中注入相当数量的股本资金，以确保投资者有足够的经济利益来激励他们以最有效的方式建设项目、经营项目，保证项目获得成功。债务覆盖率是决定债务资金在全部项目资金中所占比例的一个重要指标。

(2) 项目资金的合理使用结构

统筹考虑项目资金的合理使用结构无论是对于项目投资者还是对于提供融资的贷款银行来说都是十分重要的。确定项目资金的合理使用结构，除了需要建立合理的债务资金和股本资金的比例关系之外，至少还需要考虑以下四方面的内容。

① 项目的总资金需求量。在项目融资中为了确定合理的资本结构及筹资规模，一个重要的前提条件是能够准确地制订出项目的资金使用计划及总资金需求量。如果资金需求量和资金使用计划测算得不够准确，往往导致资金筹集和资金使用之间出现不一致的现象，增加项目资金筹集成本和运行风险，甚至导致项目失败。国际上存在大量因为资金使用计划不周而造成失败的案例。

通常在进行一个新建项目的资金预算时，主要应考虑三个方面的资金需求：项目资本投资（包括土地、基础设施、厂房、机器设备、工程设计和工程建设等费用）；投资费用超支准备金，即不可预见费用（一般为项目总投资的10%～30%）；项目流动资金。

为避免在项目运行中出现资金不足的现象而影响项目的运行，同时也为了避免项目融资规模过大造成项目成本过高的局面出现，做好项目总资金预算以及项目各阶段的资金需求量和现金流量预算是重要的一环。

② 资金使用期限。项目的权益资本和债务资本在使用期限上也存在差异。理论上，项目资本中由投资者所投入的股本资金是项目中使用期限最长的资金，其回收只能依靠项目的投资收益。但是项目中的任何债务资金都是有固定期限的，如果能够针对具体项目的现金流量特点，根据不同项目阶段的资金需求采用不同的融资手段，安排不同期限的贷款，就可以起到优化项目债务结构、降低项目债务风险的作用。例如，利用短期贷款为项目安排长期资金是不经济的，然而对于流动资金的贷款则可以采用较灵活的方式，如银行信用额度、银行透支、商业票据等，根据项目的实际生产资金需求安排提款和还款。项目长期贷款应根据项目的经济生命期和项目现金流量状况来决定。项目融资贷款期限通常比公司融资要长，根据项目情况可以达到8～10年，有些项目贷款期限甚至可以达到20年。

③ 资金成本和构成。项目资本中由投资者投入的股本资金成本是一种相对的成本概念，因而在有些情况下也被称为是一种"机会成本"。在评价股本资金成本时，除了要参照投资者获取该部分资金时的实际成本、当时当地的资本市场利率因素和在可供选择的投资机会之间的比较利益及比较成本等客观因素之外，投资者的长期发展战略以及一些潜在的相关投资利益也是十分重要的考虑因素。然而，项目的债务资金成本则是一种绝对的成本，这就是项目贷款的利息成本（或者以其他名目出现的同样性质的成本）。尽管在考虑到公司所得税因素以后债务资金成本可能要比股本资金成本低，但对于项目直接投资者来说，无论项目经营情况和现金流量情况如何，项目债务资金的利息通常是必须按期偿还的。项目债务资金的利率风险是项目融资的主要金融风险之一，项目融资可以选用固定利率、浮动利率或者两种利率的结合，也可以选用利率封顶、限底等手段降低利率风险。利率结构的选择首先需要考虑项目现金流量的性质，对于收入相对稳定的项目来说，选择固定利率有利于较准确地作出项目资金预算，减少金融风险；其次，选择利率结构应考虑利率的发展变化趋势。采用固定利率，可以准确计算出一定年限内的利息支出，并且在利率上升时期起到保护项目利益的作用。然而，若将项目贷款的全部或大部分利率完全固定，则在利率下降阶段会增加项目的机会成本，降低项目产品在市场上的竞争能力。另外，选用固定利率将限制项目重新融资的灵活性。

④ 混合结构融资。混合结构融资是指不同利率结构、不同贷款形式或者不同货币种类的贷款的结合。混合结构融资如果安排得当，可以起到降低项目融资成本、减少项目风险的作用。例如，根据项目产品的市场分布和销售收入的货币币种比例，相应地安排对应货币种类的融资，可以起到自然保值的作用，减少项目的汇率风险。

(3) 利息预提税的考虑

预提税（Withholding Tax）是一个主权国家对外国资金的一种管理方式。预提税可以分为红利预提税和利息预提税两大类，其中以利息预提税应用最为广泛。利息预提税率通常为贷款利息的10%～30%，是世界多数国家对非居民在其司法管辖地获取的利息收入进行征税的有效手段。利息预提税一般由借款人交纳，其应付税款金额可以从向境外支付的利息总额中扣减，也可以在应付利息总额之上附加成本，这取决于借贷双方之间的安排。但是，项目贷款人所关心的问题是如何保证所获取的利息收入不受到或者尽可能少地受到利息预提税的影响，从而使利息预提税成本最终以不同的形式转嫁到借款人身上。

对于以国际债务资金作为重要资金来源的项目融资来说，利息预提税无疑增加了项目的资金成本，因此在考虑项目的资金结构时，也应将利息预提税问题作为一个重要课题加以研究。

国际金融界存在着一些比较成熟和比较常用的合法减免利息预提税的做法。在这里选择两种较有代表性的方法作简单介绍，以供在安排融资时参考。需要说明的是，各国法律背景不同，在一个国家适用的方法在另一个国家未必适用，然而这两种方法的基本思路则是具有一定的启发和借鉴作用的。

第一种方法建立在一些国家之间的避免双重征税条约的基础上。借款人通过向条约国的金融机构贷款，或者在借款人与国际银团之间安排一家条约国的金融机构作为中介，实现避免征收利息预提税，从而降低贷款的综合成本。例如，中国和美国、加拿大等国的双边征税条约规定，一方政府对另一方金融机构在本国的贷款活动不征收利息预提税。按照这一规定，中国在美国、加拿大等地的海外企业从中国的金融机构安排融资在成本上就会明显优于没有这种优惠条件的另外一些国家的金融机构。又如，在塞浦路斯，从英国安排贷款需要支付10%的利息预提税，但是根据双边条约，塞浦路斯与爱尔兰、爱尔兰与英国之间则不征收利息预提税，从而理论上如果将塞浦路斯与英国的直接贷款安排成为塞浦路斯与爱尔兰、英国之间的贷款关系，就可以节约10%的利息预提税成本。当然，这种安排需要具有一定的商业理由，否则有可能被项目所在国政府认为是一种单纯的"逃税"行为。

针对国际金融市场上对减免利息预提税的需求，一些国家的金融机构经常利用本国政府与其他国家政府之间的税务条约，为一些大型国际项目融资提供上述性质的服务，并在提供服务时收取一定的费用。

减免利息预提税的另一种方法是将境外融资转化成为境内融资，或者采用不需要支付利息预提税的融资方法。例如，按照一些国家的法律，如果外汇债务不是来自境外的银行或其他金融机构，而是来自"公众"（如通过发行欧洲债券、欧洲期票、美国商业票据等方式筹集的资金），则其利息可以不用交纳利息预提税。还有一些国家规定，本国公司向本国银行支付利息不用交纳利息预提税，而本国银行向外国银行支付利息时也不需要交纳利息预提税。在这种情况下，借款人通过本国银行安排外汇资金贷款，就可以将境外融资转为境内融资，降低项目的融资成本。

第二节 资金成本

一、资金成本概述

1. 资金成本的含义

资金成本（The Cost of Capital）又称融资成本，是指企业为完成某项目筹集和使用资金而付出的代价。从广义上讲，企业筹集和使用任何资金，不论短期还是长期，都要付出代价。

狭义的资金成本仅指筹集和使用长期资金的成本。由于多数工程项目特许期均超过1年，甚至长达数十年，因此，本章研究对象——资金成本，为狭义资金成本。

在现代经济条件下，权益人和债权人是企业为项目筹集资金的两大途径，前者称为权益资金，后者称为债务资金。投资者或权益人将资金投入企业，其目的是取得一定的投资报酬，而债务人将资金借贷出去的目的也是能获得一定的利息。由此可见，企业作为资金的使用人，必须付出代价，这个代价就是资金成本。资金成本可能是企业一定时期内实际支付的利息和股利等实际成本，是企业事后核算的成本，也可能是按照一定市场利率等计算的机会成本，是企业因项目筹集资金可能会发生的事前预期成本。在项目融资中，企业主要关注的是对于未来筹资的安排和规划，因此更多考虑的是资金的预期成本。

资金成本与资金的时间价值这两个概念既有区别又有联系。资金的时间价值与资金成本都基于同一个前提，即资金或资本参与任何交易活动都有代价。具体地说，资金的时间价值是资本所有者在一定时期内从资本使用者那里获得的报酬，资金成本则是资金的使用者由于使用他人的资金而付出的代价。它们都以利息、股利等作为表现形式，是资金运动分别在其所有者和使用者方面的体现。两者的区别主要表现在两个方面：第一，资金的时间价值表现为资金所有者的利息收入，而资金成本是资金使用人的筹资费用及利息费用；第二，资金的时间价值一般表现为时间的函数，而资金成本则表现为资金占用额的函数。

2. 资金成本的构成

资金成本由资金筹集费用和资金占用费用两部分组成，资金筹集费用是指企业在资金筹集过程中发生的各项费用，如发行股票、债券支付的印刷费、发行手续费、律师费、资信评估费、公证费、担保费、广告费等。资金占用费是指企业作为资金的使用者支付给资金所有者的资金报酬，如股票的股息、银行贷款和债券利息等。资金筹集费用一般属于一次性发生，在计算资金成本时通常作为筹资金额的一项扣除。资金占用费是筹资企业经常发生的，是资金成本的主体部分，也是降低资金成本的主要方向。

为了便于比较分析，通常用项目占用资金所负担的费用与筹集资金净额的比值来表示资金成本的大小。用公式表示为

$$K = \frac{D}{P-F} \text{ 或 } K = \frac{D}{P(1-f)}$$

式中 　K——资金成本率（一般也称为资金成本），以百分数表示；

　　　D——资金占用费用；

P——筹集资金总额；
F——资金筹集费用；
f——融资费用率。

公式中 D 由筹集资金的渠道或方式决定。若资金为债务资金，如银行贷款、发行债券、融资租赁等，则 D 为利息费用；若资金为权益资金，则 D 表示预计的投资利润或股利。

3. 资金成本的作用

资金成本是企业筹资和投资决策的主要依据，分析资金成本的作用在于：

① 资金成本是选择资金来源、确定筹资方案的重要依据，企业力求选择资金成本最低的筹资方式；

② 资金成本是评价投资项目、决定投资取舍的重要标准。国际上通常将资金成本视为项目投资的"最低成本率"或是否采用投资项目的取舍率，是比较投资方案的主要标准；

③ 资金成本是衡量企业经营成果的尺度，经营利润应高于资金成本，否则表明业绩不佳。

4. 影响资金成本的主要因素

在市场经济环境中，多方面的因素综合作用决定着企业资金成本的高低，其中主要有以下几个因素。

（1）总体经济环境

总体经济环境决定了整个经济中资金的供给与需求，以及预期通货膨胀的水平。如果货币需求增加，而供给没有相应增加，投资人便会提高投资收益率，企业的资金成本就会上升；反之，则会降低其要求的投资收益率，使成本下降。如果预期通货膨胀水平上升，货币购买能力下降，投资者也会提出更高的收益率来补偿预期的投资损失，导致企业资金成本上升。

（2）证券市场条件

证券市场条件影响证券投资的风险。证券市场条件包括证券的市场流动难易程度和价格波动程度。如果证券市场流动性不好，投资者想买进或者卖出证券相对困难，变现风险加大，要求的收益率就会提高；或者虽然存在对证券的需求，但其价格波动较大，投资风险大，要求的收益率也会提高。

（3）企业内部的经营和融资状况

企业内部的经营和融资状况指经营风险和财务风险的大小。经营风险是企业投资决策的结果，表现在资产收益率的变动上；财务风险是企业筹资决策的结果，表现在普通股收益率的变动上。如果企业的经营风险和财务风险太大，投资者便会有较高的收益率要求。

（4）融资规模

企业融资规模大，资金成本较高。例如，企业发行的证券金额很大，资金筹集费和资金占用费都会上升，而证券发行规模的增加还会降低其发行价格，由此会增加企业的资金成本。

二、个别资金成本计算

个别资金成本是指使用各种长期资金的成本。根据长期资金的来源，个别资金成本可以分为长期借款成本、债券成本、优先股成本、普通股成本、留存收益成本。前两者为债务资金成本，后三者为权益资金成本。

1. 优先股成本

企业发行优先股筹资，既要支付筹资费用，又要定期支付股息。它与债务成本不同的是股息在税后支付，且没有固定到期日。企业破产时，优先股持有人求偿权在债务持有人之后，其风险大于债券。因此优先股成本通常高于债券成本。公司发行优先股融资时，需支付发行费用和优先股股利，而优先股股利通常是固定的。测算优先股成本时，优先股融资额就按优先股的发行价格确定。其计算公式为

$$K_p = \frac{D_p}{P_p(1-F_p)}$$

式中　K_p——优先股成本；
　　　D_p——优先股股息；
　　　P_p——优先股发行价格；
　　　F_p——优先股筹资费用率。

【例 10-1】某工程公司发行优先股总面额为 1000 万元，总发行价为 1250 万元，融资费用率为 6%，规定年股利率为 14%。计算优先股成本。

[解]　　$K_p = 1000 \times 14\% / [1250 \times (1-6\%)] = 11.91\%$

2. 普通股成本

普通股成本是普通股东预期的、要求达到的或实际的在赚得后可使股票的市场价值保持不变的报酬率。普通股成本的计算基本上与优先股相同，但是普通股的股利是不固定的，与优先股相比，普通股股东承担的风险比债权人和优先股股东大，因此，普通股股东要求的收益也较高，且通常要求逐年增长。普通股成本的测算方法有股利折现模型、资本资产定价模型和风险溢价模型三种常见方法。

（1）股利折现模型

① 如果预期企业每期的股利相等，则普通股成本的计算公式为

$$K_c = \frac{D_c}{P_c(1-F_c)}$$

式中　K_c——普通股成本；
　　　D_c——每年固定股利；
　　　P_c——普通股发行价格；
　　　F_c——普通股筹资费用率。

【例 10-2】某企业采用发行普通股的方式筹集项目建设资金，发行价格为 15 元，每股筹资费用 3 元，预计每年分派现金股利 1.6 元。计算普通股成本。

[解]　　$K_c = 1.6 \times 100\% / [15 \times (1-3/15)] = 13.33\%$

② 如企业预期股利是不断增加的，假设年增长率为 G，则普通股成本的计算公式为

$$K_c = \frac{D_1}{P_c(1-F_c)} + G$$

式中　D_1——第一年普通股年股利；
　　　P_c——普通股发行价格；
　　　F_c——普通股融资费用率；
　　　G——股利固定增比率；

K_c——普通股成本。

【例 10-3】 某工程公司发行普通股总价格为 5000 万元，融资费用率为 4%，第一年股利率为 12%，以后每年增长 5%。计算普通股成本。

[解] $K_c=5000\times12\%/[5000\times(1-4\%)]+5\%=17.5\%$

(2) 资本资产定价模型

普通股成本或必要报酬率＝无风险报酬率＋风险报酬率。计算公式为

$$K_c=R_f+\beta(R_m-R_f)$$

【例 10-4】 某期间市场无风险报酬率为 12%，平均风险股票必要报酬率为 14%，某企业普通股 β 值为 1.4。计算普通股的成本。

[解] $K_c=12\%+1.4\times(14\%-12\%)=14.8\%$

(3) 风险溢价模型

从投资者的角度看，股本投资的风险高于债券。因此，股本投资的必要报酬率可以在债券利率的基础上再加上股本投资高于债券投资的风险报酬率。普通股股东对企业的投资风险大于债券投资者，因而会在债券投资者要求的收益率上再要求一定的风险溢价。债务成本比较容易计算，难点在于确定风险溢价。风险溢价可以凭借经验估计：企业普通股风险溢价对其自己发行的债券来讲，大约为 3%～5%，当市场利率达到历史性最高点时，风险溢价通常较低，在 3%左右；当市场利率处于历史性最低点时，风险溢价通常较高，在 5%左右；通常情况下，常常采用 4%的平均风险溢价。

例如，对于债券成本为 9%的企业来讲，其留存收益成本 K_s 为

$$K_s=9\%+4\%=13\%$$

而对于债券成本为 13%的另一家企业，其留存收益成本 K_s 为

$$K_s=13\%+4\%=17\%$$

3. 留存收益成本

留存收益是企业缴纳税后形成的，由公司税后净利润形成，其所有权属于股东。股东将这一部分未分配的税后利润留存于企业，实质上是对企业追加投资。如果企业将留存收益用于再投资，所获得的收益率低于股东自己进行另一项风险相似的投资收益率，企业就不应该保留留存收益而应将其分派给股东。股东将留用利润用于公司而不作为股利取出投资于他处，总是要求得到与普通股等价的报酬。因此，留用利润也有成本，不过是一种机会成本。它的成本确定方法与普通股成本基本相同，只是不考虑融资费用。

$$K_r=\frac{D_c}{P_c}+G$$

式中 K_r——普通股成本；

D_c——预期年股利；

P_c——普通股融资额；

G——股利固定增比率。

以下是用股利增长模型来计算留存收益成本的例题。

【例 10-5】 某企业普通股目前市价为 32 元，估计增长率为 12%，本年发放股利 2 元。计算留存收益成本。

[解] $K_r=2\times(1+12\%)/32+12\%=19\%$

4. 长期借款成本

长期借款成本一般由借款利息和借款手续费两部分组成。按照国际惯例和各国税法的规定，借款利息可以计入税前成本费用，起到抵税的作用。按国际惯例，债务的利息允许在所得税前支付，项目实际利息为：利息×(1－所得税率)。由此，一次还本、分期付息借款的成本计算公式为

$$K_l = \frac{I_l(1-T)}{L(1-F_t)}$$

式中　K_l——长期借款成本；

　　　I_l——长期借款年利息；

　　　T——所得税率；

　　　L——长期借款筹资额；

　　　F_t——长期借款筹资费用率。

长期借款利息等于长期借款本金与借款利率的乘积，公式可以简化为：

$$K_l = \frac{R_l(1-T)}{L(1-F_t)}$$

式中，R_l 表示长期借款利率。当长期借款的筹资费（主要是借款的手续费）很小时，可以忽略不计。

【例10-6】某项目公司取得长期借款1500万元，年利率8%，期限5年，每年付息一次，到期一次还本。筹措这笔借款的费用率为0.5%，所得税率为25%，计算该企业长期借款成本率。

[解]　　　K_l＝1500×8%×(1－25%)/[1500×(1－0.5%)]＝6.03%

5. 债券成本

债券的成本主要是指债券利息和筹资费用。债券利息的处理和长期借款利息的处理相同，应以税后的债务成本为计算依据，债券的筹资费用一般比较高，包括申请发行债券的手续费、债券注册费、印刷费、上市费及推销费等，不可以在计算资金成本时省略。债券成本中的利息应在税前列支，所以实际利息（即用资成本）为：利息×(1－所得税率)。同时，由于债券的发行价格受发行市场利率的影响，致使债券发行价格出现等价、溢价、折价等情况，因此在计算债券成本时，债券的利息按票面利率确定，但债券的筹资金额按照发行价格计算。债券成本的计算公式为

$$K_b = \frac{I_b(1-T)}{B(1-F_b)}$$

式中　K_b——债券资金成本；

　　　I_b——债券年利息；

　　　T——所得税税率；

　　　B——债券筹资额；

　　　F_b——债券筹资费用率。

提示：在实际中，由于债券利率水平通常高于长期借款，同时债券发行费用较多，因此，债券成本一般高于长期借款成本。

【例10-7】某工程公司发行总面额为4000万元的债券8000张，票面利率12%，发行费

用占发行价值的5%，公司所得税税率为25%。计算该债券成本。

[解] $K_b = 4000 \times 12\% \times (1-25\%) / [4000 \times (1-5\%)] = 9.47\%$

【例10-8】某工程公司发行总面额为4000万元的债券8000张，发行价格4500万元，票面利率12%，发行费用占发行价值的5%，公司所得税税率为25%。计算该债券成本。

[解] $K_b = 4000 \times 12\% \times (1-25\%) / [4500 \times (1-5\%)] = 8.42\%$

【例10-9】某工程公司发行总面额为4000万元的债券8000张，发行价格3500万元，票面利率12%，发行费用占发行价值的5%，公司所得税税率为25%。计算该债券成本。

[解] $K_b = 4000 \times 12\% \times (1-25\%) / [3500 \times (1-5\%)] = 10.83\%$

三、综合资金成本

企业在筹资过程中，由于受到多种因素的制约，不可能只使用某种单一的筹资方式，往往需要通过多种方式筹集所需要的资金。为了进行筹资决策，就要计算确定企业全部长期资金的总成本——综合资金成本。综合资金成本是指项目全部长期资金的总成本，通常是以各种资金占全部资金的比重为权数，对个别资金成本进行加权平均确定，也称为加权平均资金成本。

$$K_w = \sum_{j=1}^{n} K_j W_j$$

式中 K_w——综合资金成本；

K_j——第 j 种个别资本成本；

W_j——第 j 种个别资本占全部资本的比重（权数）。

【例10-10】工程的开发建设需要初始投资10000万元，其融资方案中借款1500万元、债券2000万元、优先股1000万元、普通股3000万元、留用利润2500万元，其中成本分别为5%、6%、10%、14%、15%。求该融资方案的综合资金成本。

[解]（1）权重计算

长期借款：$W_t = 1500/10000 = 0.15$

债券：$W_b = 2000/10000 = 0.20$

优先股：$W_p = 1000/10000 = 0.10$

普通股：$W_c = 3000/10000 = 0.30$

留用利润：$W_r = 2500/10000 = 0.25$

（2）加权平均资金成本计算

$K_w = 5\% \times 0.15 + 6\% \times 0.20 + 10\% \times 0.10 + 14\% \times 0.30 + 15\% \times 0.25 = 10.9\%$

注意：通常情况下，个别资本占全部资本的比重可以按照账面价值确定，其资料容易取得。如果债券和股票的市场价值已脱离账面价值许多（股票、债券的市场价格发生较大变动），则应以市场价值或项目的目标价值确定为宜。

四、边际资金成本

1. 边际资金成本的含义

企业的个别资金成本和综合资金成本是企业过去或目前使用资金的成本。然而，随着时间推移或筹资条件的变化，个别资金成本会随之变化，综合资金成本也会变化。因此，企业在未来追加筹资时，不能仅仅考虑目前所使用的资金成本，还要考虑新筹资金的成本，即边际资金成本。边际资金成本是项目公司追加融资的成本。

项目追加融资，有时可能采取某种融资方式。但如所筹资金数额较大，则需通过多种融资方式的组合来实现，这时，边际资金成本需按加权平均法来计算，其权数必须为市场价值的权数，不应采用账面价值权数。

边际资金成本是指资金每增加一个单位而增加的成本。边际资金成本也是按加权平均法计算的，是追加筹资使用的加权平均成本。

2. 边际资金成本计算

比较各筹资范围内新增筹资总额的边际资金成本与项目的内含报酬率，进行投资与筹资方案的选择。

(1) 追加融资额确定的边际成本计算

【例 10-11】 某公司目标资金结构为：债务 0.2、优先股 0.05、普通股权益（包括普通股和留存收益）0.75。现拟追加融资 3000 万元，仍按此资金结构来筹资。个别资金成本预计分别为债务 7.5%、优先股 11.5%、普通股权益 14.5%。试按加权平均法计算追加融资 3000 万元的边际资金成本。

[解] 用表 10-1 进行计算。

表 10-1 某公司追加融资额确定的边际成本

资金种类	目标资金结构 W	追加筹资（市场价值）/万元	个别资金成本 $K/\%$	加权平均边际资金成本/%
债务	0.2	600	7.5	1.500
优先股	0.05	150	11.5	0.575
普通股权益	0.75	2250	14.5	10.875
合计	1	3000	33.5	12.95

(2) 追加融资额不确定的边际资金成本计算

计算步骤如下：

① 确定公司的目标资金结构。
② 测算各种资金的成本率。
③ 估计资金成本分界点。
④ 计算筹资总额分界点。计算筹资总额分界点的公式为：

筹资总额分界点＝可用某一特定成本筹资到的某种资金额/该种资金在此结构中所占的比例

⑤ 计算边际资金成本。
⑥ 选择有利的投资及融资机会。

【例 10-12】 某项目公司目前拥有长期资本 10000 万元，其中：长期债务 2000 万元，优先股 500 万元，普通股权益 7500 万元。为了适应扩大投资的需要，公司准备筹措新资。测算建立追加融资的边际资本成本率。

[解] 第一步：确定目标资本结构。

因为要求在今后增资时保持公司目前的资本结构，所以目标资本结构如下。

长期债务：

2000/10000＝0.2

优先股：500/10000＝0.05

普通股权益：7500/10000＝0.75

第二步：测算各种资金的成本率，见表10-2。

表10-2　某项目公司资金成本率

资本种类	目标资本结构	追加融资数额范围/元	个别资本成本率/%
长期债务	0.20	10000 以下	6
		10000～40000	7
		40000 以上	8
优先股	0.05	2500 以下	10
		2500 以上	12
普通股权益	0.75	22500 以下	14
		22500～75000	15
		75000 以上	16

第三步：测算融资总额分界点。

根据公司目标资金结构和各种资金的成本率变动测算分界点，见表10-3。

表10-3　某项目公司成本率变动的分界点测算

资本种类	个别资本成本率/%	各种资金融资范围/元	融资总额分界点/元	融资总额范围/元
长期债务	6	10000 以下	1000/0.2＝50000	50000 以下
	7	10000～40000	40000/0.2＝200000	50000～200000
	8	40000 以上		200000 以上
优先股	10	2500 以下	2500/0.05＝50000	50000 以下
	12	2500 以上		50000 以上
普通股权益	14	22500 以下	22500/0.75＝30000	30000 以下
	15	22500～75000	75000/0.75＝100000	30000～100000
	16	75000 以上		100000 以上

第四步：测算边际资金成本率，见表10-4。

表10-4　某项目公司边际资金成本率测算

序号	融资总额范围/元	资金种类	目标资金结构/%	个别资金成本率/%	边际资金成本率/%
1	30000 以内	长期债务	0.20	6	1.20
		优先股	0.05	10	0.50
		普通股权益	0.75	14	10.50
第一个融资总额范围的边际资金成本率＝12.20%					
2	30000～50000	长期债务	0.20	6	1.20
		优先股	0.05	10	0.50
		普通股权益	0.75	15	11.25
第二个融资总额范围的边际资金成本率＝12.95%					
3	50000～100000	长期债务	0.20	7	1.40
		优先股	0.05	12	0.60
		普通股权益	0.75	15	11.25
第三个融资总额范围的边际资金成本率＝13.25%					
4	100000～200000	长期债务	0.20	7	1.40
		优先股	0.05	12	0.60
		普通股权益	0.75	16	12.00
第四个融资总额范围的边际资金成本率＝14.00%					

续表

序号	融资总额范围/元	资金种类	目标资金结构/%	个别资金成本率/%	边际资金成本率/%
5	200000 以上	长期债务	0.20	8	1.60
		优先股	0.05	12	0.60
		普通股权益	0.75	16	12.00
第五个融资总额范围的边际资金成本率=14.20%					

第五步：选择有利的投资及融资机会。

根据上步的计算结果：

融资总额在 30000 元以内的边际资金成本率=12.20%

融资总额在 30000～50000 元的边际资金成本率=12.95%

融资总额在 50000～100000 元的边际资金成本率=13.25%

融资总额在 100000～200000 元的边际资金成本率=14.00%

融资总额在 200000 元以上的边际资金成本率=14.20%

根据上述各个融资方案的融资总量、边际资本成本率及其预计的边际投资报酬率的比较，判断及选择有利的投资及融资机会。

如果仅以边际资金成本率为评判指标的话，那么我们选择边际资金成本最低的，即第一个融资方案。

第三节 资金结构的优化选择

一、最佳资金结构概述

不同的资金结构会给项目带来不同的经济后果。适当利用负债，可以降低项目资金成本，但当项目负债比率太高时，也会带来较大的财务风险。

最佳资金结构是指在适度财务风险条件下，使其预期的加权平均资金成本率最低，同时使其收益及项目价值最大的资金结构。

最佳资金结构的确定有定性和定量两种方法。其中，定性方法就是分析影响资金结构因素，来确定最佳资金结构。定量分析有两种定量方法：每股利润分析法（无差异点法）和比较资金成本法。下面就具体讲述这两种定量方法。

二、每股利润分析法

每股利润分析法，又称无差异点法，是利用每股利润无差别点来进行资金结构方案的决策。每股收益无差异点是指两种或两种以上融资方案下普通股每股收益相等时的息税前利润（EBIT）点，也称息税前利润平衡点。根据每股收益无差异点，分析判断在什么情况下可以利用什么方式融资来安排及调整资金结构，进行资金结构决策，即通过比较相同息税前利润情况下的每股利润值大小，来选择最佳的融资方案。

【例10-13】某工程公司拥有长期资金17000万元，其资金结构为：长期债务2000万元，普通股15000万元。现准备追加融资3000万元，有三种融资方案可供选择：增发普通股、增加债务、发行优先股。其资金结构资料表及追加融资后的资金结构如表10-5所示。

表10-5 某工程公司资金结构及追加融资后的资金结构资料表

资本种类	目前资本结构		追加融资后的资金结构					
			增发普通股		增加长期债务		发行优先股	
	金额/万元	比例/%	金额/万元	比例/%	金额/万元	比例/%	金额/万元	比例/%
长期债务	2000	0.12	2000	0.10	5000	0.25	2000	0.10
优先股	—	—	—	—	—	—	3000	0.15
普通股	15000	0.88	18000	0.90	15000	0.75	15000	0.75
资金总额	17000	1.00	20000	1.00	20000	1.00	20000	1.00
其他资料								
年债务利息额(万元)	180		180		540		180	
年优先股股利额	—		—		—		300	
普通股数(万股)	2000		2600		2000		2000	

当息税前利润为3200万元时，所得税为25%，下面测算这三种融资方式追加融资后的普通股每股利润，如表10-6所示。

表10-6 三种融资方案追加融资后每股利润测算表

项目	增发普通股	增加长期债务	发行优先股
息税前利润/万元	3200	3200	3200
减：长期债务利息/万元	180	540	180
所得税前利润/万元	3020	2660	3020
减：公司所得税(40%)/万元	1208	1064	1208
所得税后利润/万元	1812	1596	1812
减：优先股股利/万元	—	—	300
普通股可分配利润/万元	1812	1596	1512
普通股股数/万股	2600	2000	2000
普通股每股利润/万元	0.70	0.80	0.76

由表的测算结果可知，采用不同融资方式追加融资后，普通股每股利润是不相等的。当息税前利润为3200万元时，增发普通股，则普通股每股利润最低，为每股0.70元；增加长期债务时最高，普通股每股利润为0.80元；增发优先股居中，普通股每股利润为0.76元。这说明在息税前利润一定的条件下，不同资金结构对普通股每股利润有影响。

当息税前利润为多少时，采用何种融资方式更为有利呢？

用每股利润无差别点测算：

(1) 增发普通股与增加长期债务两种增资方式下的每股利润无差异点（图10-1）。

$$[(EBIT-180)\times(1-40\%)]/2600=[(EBIT-540)\times(1-40\%)]/2000$$
$$EBIT=1740(万元)$$

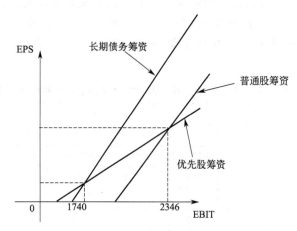

图 10-1 无差异点与筹资方式

说明当息税前利润为 1740 万元时,增发普通股和增加长期债务的每股利润相等。

(2) 增发普通股与发行优先股两种增资方式下的每股利润无差异点。

$$(EBIT-180)\times(1-40\%)/2600=[(EBIT-180)\times(1-40\%)-300]/2000$$
$$EBIT=2347(万元)$$

说明当息税前利润为 2347 万元时,增发普通股和发行优先股的每股利润相等。

根据以上方法计算出不同融资方案间的无差别点之后,通过比较不同息税前利润情况下的每股收益值大小,分析各种每股收益值与临界点之间的距离及其发生的可能性,来选择最佳融资方案。这种分析方法的实质是寻求不同融资方案之间的每股收益无差别点,以使项目能够获得对股东最为有利的最佳资金结构。

三、比较资金成本法

比较资金成本法是指通过计算不同资金组合的综合资金成本,并以其中综合资金成本最低的组合为最佳资金结构的一种方法。它以资金成本的高低作为确定最佳资金结构的唯一标准。在适度财务风险的条件下,测算可供选择的不同资金结构或融资组合方案的加权平均资金成本率,并以此为标准相互比较确定最佳资金结构的方法。

其操作过程为:

第一步,确定不同筹资方案的资金结构;

第二步,计算不同方案的综合资金成本;

第三步,选择资金成本最低的资金组合,即最佳资金结构。

1. 初始融资的资金结构决策

初始融资的资金结构决策是通过测算和比较各融资方案加权平均融资成本率来实现的。

【**例 10-14**】某工程的开发建设需要初始投资 6000 万元,经融资顾问的精心设计和安排,有 3 个方案可供选择,其相关资料见表 10-7。假设这 3 个融资方案的财务风险相当,请确定该工程初始融资的最佳资金结构。

表 10-7　某工程公司初始融资方案

筹资方式	融资方案 1		融资方案 2		融资方案 3	
	初始融资额/万元	资金成本率/%	初始融资额/万元	资金成本率/%	初始融资额/万元	资金成本率/%
长期借款	480	5	600	5.5	960	6
长期债券	1200	6	1800	7	1440	6.5
优先股	720	11	1200	11	600	11
普通股	3600	14	2400	14	3000	14
合计	6000	—	6000	—	6000	—

第一步：分别计算 3 个融资方案中不同筹资方式下融资额占融资总额的比例，详见表 10-8。

表 10-8　某工程公司不同筹资方式下融资额占融资总额的比例

筹资方式	不同筹资方式下的融资额占融资总额的比例/%		
	融资方案 1	融资方案 2	融资方案 3
长期借款	8	10	16
长期债券	20	30	24
优先股	12	20	10
普通股	60	40	50

第二步：分别求出 3 个融资方案的综合资金成本。

方案 1 的综合资金成本为：

$$8\% \times 5\% + 20\% \times 6\% + 12\% \times 11\% + 60\% \times 14\% = 11.32\%$$

方案 2 的综合资金成本为：

$$10\% \times 5.5\% + 30\% \times 7\% + 20\% \times 11\% + 40\% \times 14\% = 10.45\%$$

方案 3 的综合资金成本为：

$$16\% \times 6\% + 24\% \times 6.5\% + 10\% \times 11\% + 50\% \times 14\% = 10.62\%$$

第三步：比较各个融资方案的综合资金成本，并确定该工程融资的最佳资金结构。

通过计算可知，融资方案 1、2、3 的综合资金成本分别为 11.32%、10.45% 和 10.62%。显然，融资方案 2 的综合资金成本最低，该方案为最佳融资组合方案。由此形成的资金结构为最佳资金结构，即长期借款 600 万元，长期债券 1800 万元，优先股 1200 万元，普通股 2400 万元。

2. 追加融资的资金结构决策

追加融资方案的选择可以有两种方法：一种是直接计算各备选追加融资方案的边际资金平均成本，以边际资金平均成本为标准选择最佳融资方案组合；另一种是分别将各追加融资方案与原有资金结构合并考虑，计算合并后各个方案的综合资金成本，然后以综合资金成本为标准选择最佳融资方案。分别将各备选追加融资方案与原有最佳资金结构汇总，测算比较各个追加融资方案下汇总资金结构的加权资金成本率。

四、影响资金结构因素的定性分析

在决定项目资金结构时，要综合考虑各种因素造成的影响，选取能使项目融资成本最低、收益率最高的最佳资金结构。除了定量分析以外,还应考虑以下各种影响因素,进行定性分析。

1. 项目投资和管理人员的影响

项目投资和管理人员是项目资金结构的最终决策者。项目投资与管理人员很关心控制权问题,如果股票由众多投资者持有,不担心控制权旁落,则可选择发行股票筹集资金;如股票由少数股东控制,项目投资与管理人员会重视控制权的问题,则会考虑采用借贷筹资。

另外,经营管理者的财务风险意识也很大程度决定了项目的资金结构:如投资者是风险追求型,则追求较高的负债水平;如是风险回避型、中立型,则较少使用债务融资。

2. 金融机构及评信机构的影响

大型工程项目或大企业集团,其信誉较高,获取资本能力强,融资成本低,负债比例可增加;中小型项目资本获取能力低,银行不会接受大额贷款的要求,或只有抵押担保或相当高的利率条件才可行,其融资成本高,负债比例不宜过大。

3. 税收政策的影响

债务的利息可以抵税,而股票的股利不能抵税,如项目的所得税越高,利息免税的效应越显著,则更能采用借款来达到节约成本的目的。

4. 资金结构的行业差别

所处行业的特点及行业资金的一般水准对资金结构有重要影响。如基础设施、公用设施和能源工业,资产可抵押,则借债较多;如电子、电器和医药行业正常利润较高,有足够的资本金,则借债较少。

5. 企业经营状况的影响

公司财务状况和发展能力强,获利较多,可把留存收益用于再投资。投资收益高的项目一般较少使用债务资金;经营状况良好的公司较易获得债务资金。公司需保持较好的借债储备能力(控制债务比例),使其有较好的财务状况。

6. 投资者动机的影响

债权投资者的动机是在按期收回投资本金的条件下获取一定的利息收益,但在高债务比例时,风险增加,银行不会同意增加贷款;股权投资者的动机是在保证投资资本金的基础上,获得一定的投资收益并使投资价值不断增值。

7. 项目资产结构的影响

有大量固定资产的项目主要通过长期负债和发行股票来筹集资金;而拥有较多流动资金资产的项目主要通过流动负债来筹集资金;资产适于抵押的一般负债较多;而以技术研究开发为主的项目公司则负债很少。

8. 利率水平变动趋势的影响

如利率水平较低,不久有可能上升,项目公司会大量发行长期债券,将债权资金成本固定在较低水平上。

复习思考题

1. 项目资金成本的概念是什么?

2. 什么是项目的资金结构？

3. 项目的资金构成有哪些？

4. 某项目公司发行普通股 100 万股，每股面值 1 元，发行价格为每股 10 元，筹资费率为 4%，预计第一年年末每股发放股利 0.25 元，以后每年增长 5%，计算普通股的资金成本。

5. 某项目公司发行长期债券筹集建设资金，债券面值为 1000 元，发行价格为 1000 元，期限为 5 年，票面利率为 8%，每年付息一次，5 年后一次还本，发行费率为 4%，所得税率为 25%，计算债券的资金成本。若发行价格分别为 800 元和 1200 元，债券的资金成本如何计算？

6. 某项目公司留存收益 800 万元，公司对外发行普通股的每股市价为 18 元，预计第 1 年年末每股盈利 25 元，每股拟发放 1 元股利，以后股利年增长 4%，计算留存收益资金成本。

第十一章 项目融资的风险及保险

第一节 项目融资风险的分类

风险是指对某一事件的全过程的预期目标,可能产生的不利因素发生的概率及后果。项目融资时间长、涉及面广,潜在风险巨大,研究融资中的风险及其分配与管理是项目融资过程中最重要的环节。项目融资的全过程就是风险识别、风险评价、风险分摊和风险控制的过程。

为了更好地认识和判断项目的风险,我们可以从不同角度对项目风险进行分类。在风险分类的基础上,投资者可以根据项目及环境的特点进行项目风险因素的识别和评估。本节将从项目的发展阶段、项目风险的表现形式、项目投入的资源组成以及项目风险的可控制性四个不同的角度,对项目风险的识别作出全面的说明。这当中必然存在着一部分内容的重叠,有些风险只发生在项目某个特定阶段,而其他一些风险则可能贯穿于整个项目的始终。

项目的建设和经营过程可以按照时间顺序分为三个阶段,即项目建设开发阶段、项目试生产阶段、项目生产经营阶段。在项目的这三个阶段里,银行的债务资金拨付和项目的债务资金偿还具有明显的时间特性。对于贷款银行来说,其在建设期和试生产期的风险随着未偿还贷款数额的增加而不断加大,因此,在这两个阶段,银行一般要求较高的追索权和较完善的融资信用保证体系。而进入正式生产经营期以后,融资风险迅速降低,银行一般会放松对投资者的追索权限制。项目各个阶段风险特性的差异除表现为风险的大小不同以外,还表现在风险的表现形式不同。

一、按建设进展阶段

按照项目建设进展阶段,风险可以划分为三个阶段,即项目建设开发阶段风险、项目试生产阶段风险和项目生产经营阶段风险。每个阶段的项目风险都有不同的特点。

1. 项目建设开发阶段风险

项目在正式建设之前通常会有一个较长的预开发阶段,包括项目的规划、可行性研究、工程设计,对于资源项目还会包括地质勘探、储量确定、矿石金属性试验等一系列工作。在这一时期，项目有许多未知的和不确定的因素，这时期的投资也带有风险投资的性质。这一阶段的风险通常由项目投资者承担，银行不会通过项目融资的形式为此阶段的项目提供债务资金，其风险不包括在项目融资风险之中。

项目建设开发阶段的风险是从项目正式动工建设开始计算的。项目动工建设之后，大量的资金投入到购买工程用地、购买工程设备、支付工程施工费用当中，贷款的利息也由于项目还未产生任何收入而计入资金成本。从贷款银行的角度看，在这一阶段，随着贷款资金的不断投入，项目的风险也随之增加，在项目建设完工时项目的风险也达到或接近最高点。这时，如果因为任何不可控制或不可预见的因素造成项目建设成本超支，不能按预定时间完工甚至项目无法完成，贷款银行所承受的损失也是最大的。因此，在这一阶段，银行要求投资者提供强有力的信用支持以保证项目的顺利完成。只有在对项目建设有百分之百把握的前提下，贷款银行才会取消对投资者提供附加信用支持的要求。

投资者利用不同形式的工程建设合同，实现对项目建设期风险的合理分配，并有可能将部分项目建设期风险转移给工程承包公司。这类合同的一个极端是固定价格、固定工期的"交钥匙"合同，另一个极端是"实报实销"合同。在两者之间又有多种中间类型的合同形式。在"交钥匙"合同中，项目建设的控制权和建设期风险全部由工程公司承担；而在"实报实销"合同中，项目建设期风险全部落在项目的投资者身上。

贷款银行在这一阶段往往要着重考虑以下因素的可能性和影响：第一，由于工程、设计或技术方面的缺陷，或由于不可预见因素的影响，造成项目生产能力不足或产量和效率低于计划指标；第二，由于能源、机器设备、原材料及承建商等因素造成项目建设成本超支，不能按预定时间完工甚至项目无法完成；第三，石油、天然气或其他矿藏资源的储量达不到预计的开采数量；第四，由于各种因素造成的竣工延期而导致的附加利息支出；第五，土地、建筑材料、燃料、原材料、运输、劳动和管理人员以及可靠的承包商的可获得性；第六，其他不可抗力因素引发的风险。

2. 项目试生产阶段风险

项目融资在试生产阶段的风险仍然是很高的，即使这时项目建成投产了，如果项目不能按照原定的成本计划生产出符合"商业完工"条件的产品和服务，也就无法达到项目预期的现金流目标。这必然危及贷款的偿还，给项目投资者带来相应的风险。贷款银行一般不把项目建设的结束作为项目完工的标志。在项目融资中，引入一个"商业完工"的概念来判断项目是否进入正式生产经营期。根据这一概念，在融资文件中具体规定项目产品的产量和质量、原材料、能源消耗定额以及其他一些技术经济指标作为完工指标，并且将项目达到这些指标的时间下限也作为一项指标，只有项目在规定的时间范围内满足这些指标时，才被贷款银行接受为正式完工。

3. 项目生产经营阶段风险

项目试生产满足了"商业完工"的具体指标，即进入项目的生产经营阶段。在这一阶段，项目进入正常的运转，如果项目可行性研究报告中的假设条件符合实际情况的话，项目应该具有足够的现金流量支付生产经营费用、偿还债务，并为投资者提供理想的收益。

从这一阶段起，贷款银行的项目风险随着债务的偿还逐步降低，融资结构基本上依赖于项目自身的现金流量和资产，成为一种"无追索"的结构。这一阶段的项目风险主要表现在生产、市场、金融以及其他一些不可预见的因素方面。

二、按项目风险的可控制性

从项目投资者是否能够直接控制的角度,又可以将风险划分为两类:系统风险、非系统风险。前者指与市场客观环境有关、超出了项目自身的风险;后者指可由项目实体自行控制和管理的风险。然而,这两种风险的划分并不绝对。有时候不可控风险也可以通过一定的手段予以消减,而另外一些时候可控风险却无法避免。

1. 系统风险

项目的系统风险是指项目的生产经营由于受到超出企业控制范围的经济环境变化的影响,而遭受到损失的风险。这类风险企业无法控制,与宏观市场环境有关,超出了自己控制范围,并在很大程度上也无法准确预测。

系统性风险不能通过增加不同类型的投资数目而排除,因为造成这种风险的要素将会影响整体资本市场的运动和所有的投资活动。系统性风险的典型例子有政府经济政策(如税收、货币政策等)的调整、经济衰退、世界性能源危机、中长期资本市场利率激增等。这种风险包括国家风险和金融风险。一般用项目保险的方式来控制系统风险,使贷款银行和投资者一起去管理和控制这部分风险。

该风险主要包括:项目的金融风险(利率风险和汇率风险)、部分项目的市场风险、项目的政治风险、项目的法律风险。

2. 非系统风险

非系统风险是指一个项目所特有的风险,是指与项目建设和生产经营管理直接有关的风险,包括完工风险、生产风险、技术风险和部分市场风险。这类风险是项目投资者在项目建设或生产经营过程中无法避免,而且必须承担的风险,同时也是投资者可自行管理和控制的风险。

非系统风险一般可以通过多样化、分散化投资战略加以避免或降低。它包括信用风险、完工风险、经营风险、市场风险、环保风险等类型。对于非系统性风险,投资者只能作出定性的判断,而不可能取得统一的定量分析标准。非系统风险项目常采用担保的方式来控制非系统风险,即可用各种合同契约的形式将风险转让给项目投资者或其他项目参与者来管理和控制风险。

在项目融资中,将项目的风险按照可控制性加以分类,是希望能够按照不同的风险性质对其加以控制与管理。作为项目融资的贷款银行,对于不同性质风险的处理方式是不一样的。对于项目的非系统风险,贷款银行总是尽可能地以各种合同契约的形式,将其转移给项目的投资者或其他项目参与者;但是对于项目的系统风险,在一定程度上,贷款银行是可以接受的,并且愿意和项目的投资者一起来管理和控制这类风险。

这两种基本的风险种类以不同的方式存在于项目的开发、建设、试运营及正常运营阶段,如何识别这些风险,在各参与者之间分配风险并进行必要的管理,是决定项目融资成功与否的一个重要因素。

三、按项目的投入要素

项目在开发和经营的过程中需要投入的要素可以划分为五大类:人员、时间、资金、技术和其他要素。因此，从项目投入要素的角度，风险可以划分为以下几类。

1. 人员风险

人员风险指人员来源的可靠性、技术熟练程度、流动性、生产效率、工业关系、劳动保护立法及实施、管理素质、技术水平、市场销售能力、质量控制、对市场信息的敏感性及反应灵活程度、公司内部政策、工作关系协调等因素带来的风险。

2. 时间风险

时间风险指生产计划及执行、决策程序及时间、原材料运输问题、原材料短缺的可能性、在建设期购买项目土地及设备延期的可能性、工程建设延期的可能性、达到设计生产水平的时间、单位生产效率等因素带来的风险。

3. 资金风险

资金风险指由产品销售价格及变化、汇率变化、通货膨胀因素、项目产品购买者或项目设备使用者的信用、年度项目资本开支预算、现金流量、原材料及人工成本、融资成本及变化、税收及可利用的税务优惠、管理费用和项目生产运行成本、土地价值、项目破产以及与破产有关的法律规定等带来的风险。

4. 技术风险

技术风险指由项目风险的技术要素包括综合项目技术评价（选择成熟技术是减少项目融资风险的一个原则）、设备可靠性及生产效率、产品的设计或生产标准等带来的风险。

5. 其他风险

其他风险指由其他一些因素可能给项目带来的风险，如产品需求、产品替代可能性、市场竞争能力、投资环境（立法、外资政治环境、外汇管制）、环境保护立法、项目的法律结构和融资结构、知识产权、自然环境、其他不可抗拒因素等造成的风险。

以上几种要素无论哪一种要素（不仅仅是资金要素）出现问题，都会对项目的经济强度产生影响。

四、按项目风险的表现形式

按照项目风险在各个阶段的表现形式，可以将风险划分为十种基本类型：信用风险、完工风险、生产风险、市场风险、金融风险、政治风险、法律风险、不可抗力风险、环境保护风险及国家风险。

第二节 项目融资风险的管理

项目风险管理是由风险规划、风险识别、风险估计、风险评价、风险应对、风险监控等环节组成的，即通过计划、组织、协调、控制等过程，综合、合理地运用各种科学方法对风险进行识别、估计和评价，提出应对方法，随时监视项目进展，注意风险动态，妥善地处理风险事件造成的各种后果。

在项目融资中，风险的划分已经形成了一套较为完整的体系。然而，对于如何认识具体风险因素对项目融资的影响，仍然缺乏统一的标准，大量的工作仍处于定性分析而非定量分析的阶段。

项目风险管理是指项目管理组织通过风险识别、风险估计和风险评价等活动，运用各种风险管理技术，对可能发生的项目风险实施有效的控制并妥善处理风险所致损失的后果，期望以最小的项目成本实现最大的项目目标的一种管理活动。项目风险管理是项目管理活动的重要内容，对于保证项目目标的完成起重要作用，项目风险管理活动往往贯穿项目全过程。

项目融资的风险管理是指有目的地通过计划、组织、协调和控制等管理活动来防止风险损失发生、减少损失发生的可能性以及削弱损失的大小和影响程度，同时采取各种方法促使有利后果的出现和扩大，以获取最大利益的过程。项目融资风险管理有以下步骤。

(1) 正确判断项目可能产生的风险

正确地判断项目可能产生的风险是项目风险管理决策的基础，而项目风险管理决策对于项目融资结构中的借贷双方都是十分重要的，直接影响项目融资的成功与否。作为项目风险管理决策的起点，首先，需对关键性风险要素进行必要的预测，进行风险的识别和预测；然后确定出现预测状态的概率、严重程度和大小，进行风险的估量。分析及识别项目融资中的项目风险，以便按照不同的风险性质对其加以控制与管理。

(2) 风险管理的实施

识别、预测和估量风险之后，就应考虑对各种风险采取对策，即针对各种类型的风险及其可能的影响程度，寻找和制订相应的风险应对方案，按照一定的标准选择最佳的应对措施或是应对措施的组合，制订具体的风险管理计划并付诸实施。风险管理的实施是风险管理过程的最后阶段，它涉及面较广，而且在项目融资的各个阶段都存在风险管理。

对于项目参与各方而言，他们各自所愿意承担的风险种类以及程度不一。风险分担不是将风险平均地分给各参与方，而是采用"将某类风险分配给最适合承担它的一方"的基本原则。为减少项目融资中的种种风险因素，国际上参与项目融资的主要银行在实践中逐渐积累了一系列的方法和经验。其核心就是通过各种类型的法律契约和合同将项目有关各方的利益结合起来，共同承担风险。

在项目融资中，项目参与各方谈判的核心问题之一，就是各方对风险的合理分担和严格管理，这也是项目融资能否成功的关键。由于项目融资具有有限追索或无追索的特点，对于借款方而言，风险降低了。但是就项目而言，其风险依然存在。所以识别、评估项目中存在的风险，制订相应的措施，编制风险管理计划并付诸实施是十分必要的。下面针对项目融资中的不同风险进行识别，并探讨其防范方法和措施。

一、政治风险管理

1. 政治风险的类型

在项目融资中，往往遇到由于战争、国际关系变化、政权更迭、政策变化而导致项目资产和利益受到损害的风险。凡是投资者与所投资项目不在同一个国家，或者贷款银行与所贷款项目不在同一个国家的，都有可能面临由于项目所在国的政治条件发生变化，而导致项目失败、项目信用结构改变、项目债务偿还能力改变等方面的风险。这类风险统称为项目的政治风险。

在国际项目融资中，投资者很关心政治风险。如果项目本身开发建设需要东道国政府的许可或授权，或项目对东道国的经济基础或经济安全非常重要，政府不得不加以管理和限制（如没收或征收较高税收），或依赖于特定税收政策、价格政策、外汇政策等因素，并以这些政策和特许权作为重要的信用支持来安排有限追索的项目贷款，那么政治风险对于项目融资将变得更加敏感和突出。

项目的政治风险可分为两大类：一类表现为国家风险，即项目所在国政府由于某种政治原因或外交政策上的原因，对项目实行征用、没收，或者对项目产品实行禁运、联合抵制、中止债务偿还的潜在可能性；另一类表现为国家政治稳定性风险，即项目所在国在外汇管理、税收制度、劳资关系、环境保护、资源主权等与项目有关的敏感性问题方面的立法是否健全，管理是否完善，是否经常变动。项目的政治风险可以涉及项目的各个方面和各个阶段，即从项目的选址、建设，一直到生产经营、市场销售、现金流量及利润回收等项目的全过程。

2. 政治风险的表现形式

政治风险的表现形式有以下几种。

（1）主权风险

包括政变、领导人变更、政治体制等变动给项目造成的损失或影响。

（2）没收或国有化风险

即项目资产被没收，股份被国有化的风险。如项目本身可能对国家的基础设施或安全有重要影响，因此更容易受到国有化或兼并的威胁。例如能源、机场、海港、公路、铁路、桥梁、隧道等方面的项目，所在国政府可能对政治上的考虑大于经济上的考虑。

（3）获准风险

项目可能需要政府许可证、特许经营权或其他形式的批准。政府因各种原因（如项目设计有缺陷、不符合环保要求、地方民众的反对、政府内部斗争等）迟发、拒发或吊销项目的许可，即产生获准风险。例如电站、交通基础设施和国家自然资源的开发项目，一般都需要政府的经营特许才能正常建设和运营，任何有关政策上的负面变化都有可能造成项目的损失，引发项目的政治风险。

（4）税收风险

东道国政府对项目产品征收较高税或取消应有的减免税待遇，如英国政府对开采北海油田征收附加税，对经济强度产生了重大影响。

（5）利润不能汇出国外的风险

汇出利润和偿债可能被征税或有其他限制，尤其在将投资所得进行再投资的国家更明显。

（6）法律政策变更风险

东道国变更与项目有关的法律、法规及条例等影响，举例如下。

① 在项目建设和经营期，增加原材料的进口关税。

② 对项目产品的出口征税、规定配额，甚至禁止出口；项目所在国有可能改变进出口政策，增加关税或限制项目设备、原材料的进口，增加关税或限制项目产品的出口。

③ 实行生产和消费控制，限制对自然资源的消费，影响项目的生产能力。由于国内经

济原因或国际政治原因，政府可能采取控制措施来限制生产速度或项目蕴藏量的消耗速度（如石油输出国组织成员国对国内石油生产的限制，以及近几年东南亚和南太平洋岛国对森林采伐和原木出口的限制）。

④ 在项目经济生命期中引入更严厉的环境保护立法，增加项目的生产成本或影响项目的生产计划。

⑤ 项目是根据一定的假设条件安排融资的，例如固定价格或政府控制价格、政府对市场的管理与控制、一定的税收规定或外汇控制。这些条件的变化将对项目的可行性产生较大的影响。

3. 政治风险的评估

（1）政治风险表现程度

政治风险表现程度受以下几种因素影响。

① 与项目的性质有关：影响福利的公共设施项目（如水厂项目）对国家风险不太敏感，而对资源开发敏感。

② 与世界银行或地区开发银行参与的程度有关，如有它们的参与，将给东道国以信心和动力来支持该项目。

③ 与当事人参与程度有关，如当地银行或当地投资者参加会降低风险。

（2）预测政治风险发生的概率

预测政治风险发生的概率是非常复杂的，但可从以下两方面入手。

① 政局的稳定性，即当局政府是否有绝对控制力、是否有战争可能、是否有政变可能。

② 政策的稳定性，如土地政策、税收政策、关税政策和价格政策。例如：为吸引外资，在土地政策上提供各种优惠政策，而后再取消；优惠的税收政策只会在若干年内提供；对进口设备、原材料征收额外关税甚至禁止进口；对国内供应不足的出口物征收关税，或禁止出口。一个国家的政策稳定性也将是决定政治风险大小的重要因素。

4. 政治风险管理措施

降低政治风险的办法之一是政治风险保险，包括纯商业性质的保险和政府机构的保险。政府机构的保险往往是主要工业国家政府为保护本国企业在海外的投资而常采用的一种措施。除了政治风险保险之外，投资者在投资或安排项目融资时寻求项目所在国政府、中央银行、税收部门或其他有关政府机构的书面保证也是行之有效的办法。政府的保证包括政府对一些特许项目权利或许可证的有效性及可转移性的保证、对外汇管制的承诺、对特殊税收结构的批准认可等一系列措施。另外，在一些外汇短缺或管制严格的国家，如果项目本身的收入是国际流通货币，贷款银行愿意通过项目融资结构在海外控制和保留相当部分的外汇用以偿还债务，以达到减少政治风险以及外汇管制风险的目的。管理政治风险的一些具体操作方法可归纳如下。

（1）与世界银行等共同发放贷款

贷款银行与世界银行等多边金融机构和地区开发银行共同对项目发放贷款，东道国政府通常不愿激怒这些金融机构，以免失去这些机构的支持。

（2）国际投资集团共同投资

形成一个国际投资和贷款者的集团共同投资，如果东道国违约会危及该国的国家信用。

(3) 政治风险投保

向某些私人保险机构和政府保险机构投保政治风险，尤其是政府保险机构，如英国进出口信贷担保局、德国赫尔梅斯保险公司、美国的进出口银行。世界银行的多边投资也提供机构担保政治风险。

(4) 获得特殊许可

获得在固定期限内自由利用特定部分资产许可，如得到一国央行的外汇长期保证。

(5) 东道国外担保

担保合同置于东道国外，避免政府的干预，如要求东道国外的担保人提供担保，要求项目公司与东道国外的买方订立产品买卖合同，并要求买方将货款存入东道国外的银行信托账户上。

(6) 选用东道国外法律法院

借贷法律选择东道国外法律为准据法，选择东道国外法院为管辖法院，以便不受东道国影响。

(7) 风险发生时政府补贴

与政府谈判，当发生政治波动时，政府给予补贴。但中国政府机构目前不准对项目作任何形式的担保或承诺，也不得对外出具借款担保。

二、金融风险管理

1. 金融风险的种类及其表现形式

金融风险指项目发起人不能控制的金融市场的可能变化而对项目产生的负面影响。在项目融资中，项目发起人与贷款人必须对自身难以控制的金融市场上可能出现的变化加以认真分析和预测，如汇率波动、利率波动、通货膨胀、国际贸易政策的趋向（国际市场商品价格上涨、项目产品价格在国际市场下跌、国际贸易、贸易保护主义和关税壁垒的趋势）等。这些因素会引发项目的金融风险。

项目的金融风险表现在利率风险、外汇风险和货币贬值风险三个主要方面。

(1) 外汇风险

外汇风险即外汇不可获得、不可转移风险。该风险涉及东道国通货的自由兑换、经营收益的自由汇出以及汇率波动所造成的货币贬值问题。东道国外汇短缺可能使其当地货币不能转换成所需的外国货币。外汇管制使项目公司所得不能转换成需要的外汇汇出，境外的项目发起人一般希望将项目产生的利润以本国货币或者硬通货汇往本国，以避免因为东道国的通货膨胀而蒙受损失。而资金投入与利润汇出两个时点上汇率的波动，可能对项目发起方的投资收益产生较大的影响。总之，外汇风险是项目融资中各参与方都十分关心的问题。

(2) 货币贬值风险

货币贬值风险即通货膨胀风险，是国家宏观经济的变化引起货币贬值，从而使投资者在协议确定的项目收费标准下，无法按期收回投资所带来的风险。另外，如项目产品的收入基本是当地货币，而项目贷款基本是外国货币，就容易使项目暴露在货币风险下。境外投资方希望项目产生的利润以所在国的货币汇回，贷款方也希望项目能以同种货币偿还贷款，避免因东道国货币贬值而蒙受损失。

(3) 利率风险

利率风险是指项目在经营过程中，由于利率变动会直接或间接地造成项目价值降低或收益受到损失的风险。实际利率是项目借贷款人的机会成本的参照系数。如投资方利用活动利率融资，一旦利率上升，项目生产成本就会升高；而如果采用固定利率融资，当市场利率下降时便会造成机会成本的提高，此时就要付出比市场行情更高的代价去做同样一件事。而对于借款者而言，则反之。

2. 金融风险的管理措施

(1) 外汇风险的管理

在项目融资中，一般通过以下方法来进行外汇风险的管理。

① 同东道国政府或结算银行签订远期兑换合同，事先把利率锁定在一个双方都可以接受的价位上。这种方法主要适用于软硬通货之间。

② 外汇风险均担法。首先，双方洽谈商定一个基本利率，然后确定一个中性地带，在中性地带内，双方各自承担外汇风险和利益。但是一旦外汇汇率变化过大，超过了中性地带，则双方按一定百分比来分担风险。

③ 当地筹集债务。项目公司可以通过在当地举债的办法来减少货币贬值风险，因为项目的收入多以当地货币取得，债务偿还就不存在货币兑换问题。但在当地借债会受诸多因素制约。

④ 项目收入以硬货币支付。将项目收入尽量以硬货币支付，尤其当合同的一方是政府部门时，则意味着政府以合同的方式为项目提供硬货币担保。

⑤ 优先获得外汇的协议。与东道国政府谈判，取得东道国政府保证项目公司优先获得外汇的协议或出具外汇可获得担保。

⑥ 利用政治风险保险降低外汇不可得风险。如美国海外私人投资局和世行的多边投资担保局等的保险都涵盖了外汇不可得风险。

⑦ 利用掉期等衍生金融工具减少货币贬值风险。如远期合同、货币期权和其他货币市场套期工具。这种方法主要适用于硬通货之间，在发展中国家不是很普遍。

(2) 货币贬值风险的管理

① 收入货币与支出货币匹配。通过构造不同的合同结构，使项目的收入与债务支出货币相匹配，以防货币贬值风险。

② 在协议中规定相应条款，将项目产品和服务的价格与东道国的通货膨胀率和当地货币与贷款货币的利率挂钩，采用包含通货膨胀率与利率因素在内的价格调整公式，作为以后对价格进行核查的依据。在通货膨胀率与利率波动超出一定范围时调整价格，或相应增加收费，或延长特许期限，以保证项目产生的现金流足以偿付债务，保证投资收益。

③ 在产品购买协议中规定逐步提高价格条款。

(3) 利率风险的管理

对于利率变化风险，可采取以下管理控制方法。

① 以某种浮动利率（如伦敦银行同业拆借利率）作为基数，加上一个利差作为项目的贷款利率。

② 固定利率的贷款担保。

③ 理想的多种货币组合方式。
④ 银团及其他金融机构密切合作。
⑤ 运用封顶、利率区间、保底等套期保值技术以减小利率变化的影响。
⑥ 寻求政府的利息率保证。由东道国政府为项目发起人提供利率保证，在项目期内利率增长超过规定的百分比时，发起人可以得到补偿。如在马来西亚南北高速公路项目中，项目公司就得到了政府提供的利息率保证，如利率增加超过 20%，项目公司在偿还费用中将得到差额补偿。

三、信用风险管理

1. 信用风险及其表现形式

信用风险也称合作风险（Counter-Part Risk）。组成信用保证结构的各个项目参与者是否愿意并且能够按照法律文件的规定，在需要时履行其所承担的对项目融资的信用保证责任，就构成项目融资所面临的信用风险。在法制不够健全的发展中国家，信用风险发生的概率更大。

有限追索的项目融资是依靠有效的信用担保结构支撑起来的。组成信用保证结构的各参与方是否有能力执行其职责就构成项目的信用风险。

信用风险贯穿于项目的各个阶段。项目信用保证的项目参与者（包括项目投资者、工程公司、产品购买者、原材料的供应者等）的资信状况、技术和资金能力、以往的表现和管理水平等，都是评价项目信用风险程度的重要指标，如：考核项目发起人是否在项目中起重要作用，是否有股权资本和其他形式的支持；项目承包商是否提供保函来保证赔偿未能履约造成的损失；项目运营方是否有先进的管理技术和方法；项目购买方是否已提供照付不议（take or pay contract）性质的合同等。因此，对项目融资中各参与方的资信状况、技术和资金能力、以往的表现和管理水平等进行评估和分析是非常重要的。

2. 信用风险的管理措施

（1）政府对于信用风险的防范方法

① 政府确保发起人完成项目的最有效办法，是对保证的条件给予实质性的落实。例如，土地划拨或出让、原材料供应、价格保证、在或取或付合同条款下的产品的最低购买量以及保证外币兑换等。

② 政府委派法律专家或财务顾问与债权人和发起人接触并协助其工作，要求其将有关财务信息、担保手续公开化，以便确保届时项目将有足够的资金到位。

（2）债权人管理和控制信用风险的方法

① 项目公司提供担保合同或其他现金差额补偿协议，一旦出现资金不足，能筹措到应急资金以渡过难关。

② 建筑承包商提供保证，赔偿因其未能履约造成损失的担保银行的保函。

③ 项目发起人提供股权资本或其他形式的支持。

④ 产品购买者提供或取或付合同或其他形式的长期购买合同。

⑤ 项目供应商提供或供或付合同或其他形式的长期供货合同，以保证原材料的来源。

⑥ 项目运营方提供具备先进的管理技术和管理方法的证明。

⑦ 评估保险公司、再保险公司按保单支付的能力和保险经纪人的责任。

四、完工风险管理

1. 完工风险及其表现形式

完工风险是指项目无法完工、延期完工或完工后无法达到商业完工标准的风险，是项目融资的主要非系统风险。完工风险是项目融资的主要核心风险之一。因为如果项目不能按照预定计划建设投产，项目融资所赖以依存的基础就受到了根本的破坏。完工风险对项目公司而言意味着项目现金流量不能按计划获得，利息支出增加、贷款偿还期延长或错过市场机会。

如一条公路，由于规划阶段没有顺利购买到关键土地的使用权，从而使夏季、秋季进行的混凝土工程不得不推迟，由于冬季、春季无法进行混凝土室外施工，所以只有推迟到第二年的夏季、秋季。工程开始推迟2个月，导致公路开通推迟了9个月，由于间接和直接的作用，成本增加了50%。

项目的完工风险存在于项目建设阶段。其主要表现形式为：项目建设延期；项目建设成本超支；由于种种原因，项目迟迟达不到设计规定的技术经济指标；在极端情况下，由于技术和其他方面的问题，项目完全停工放弃。

项目建设期出现完工风险的概率是比较高的。根据已有统计资料，无论是在发展中国家还是在发达国家，均有大量的项目不能按照规定的时间或者预算建成投产，导致项目融资成本大幅度上升乃至失败。完工风险的大小取决于四个因素：项目设计技术要素、承建商的建设开发能力、资金运筹能力、政府节外生枝的干预。

项目的"商业完工"标准是贷款银行检验项目是否达到完工条件的依据。商业完工标准包括一系列经专家确定的技术经济指标。根据贷款银行对具体项目完工风险的评价，项目融资中实际采用的"商业完工"标准可以有很大的差别。总的原则是，对于完工风险越大的项目，贷款银行会要求项目投资者承担越大的"商业完工"责任。一些典型的"商业完工"标准如下：

（1）完工和运行标准

项目需要在规定的时间内达到商业完工的标准，并且在一定时期内（通常为3~6个月）保持在这个水平上运行。

（2）技术完工标准

这一标准比完工和运行标准约束性要差一些。因为在条件中没有规定对项目运行时间的检验。采用这一标准，贷款银行实际上承担了一部分项目生产的技术风险。

（3）现金流量完工标准

这是另一种类型的完工标准，贷款银行不考虑项目的技术完工和实际运行情况，只要求项目在一定时期内（一般为3~6个月）达到预期的最低现金流量水平，即认为项目通过了完工检验。

（4）其他形式的完工标准

有些项目，由于时间关系，在项目融资还没有完全安排好之前就需要进行提款。在这种情况下，贷款银行为了减少项目风险，往往会要求确定一些特殊的完工标准。例如，如果产品销售合同在提款前还未能最后确定下来，贷款银行就有可能规定以某种价格条件，销售最低数量的产品作为项目完工标准的一部分；又如，如果在提款前矿山的最终储量还不能最后确定下来，则最小储量会被包括在项目的完工标准中。

为了限制及转移项目的完工风险，贷款银行通常要求投资者或工程公司等其他项目参与者提供相应的"完工担保"作为保证。

2. 完工风险的管理措施

贷款银行是项目完工风险的主要承担者之一，为了限制和转移项目的完工风险，贷款银行通常要求工程承建公司提供相应的"完工担保"作为保证，同时也可以聘请项目管理代表，代表贷款方监督项目的建设进展和完工情况。项目公司也可以通过投保来寻求完工保证。几种常用的完工保证形式如下。

（1）提供无条件完工担保

即投资者提供无条件资金支持，以确保项目可以达到项目融资所规定的"商业完工"条件。

（2）提供债务收购保证

即在项目不能达到完工标准的情况下，由项目投资者将项目债务收购或转化为负债。如达不到完工标准，发起人收购项目债务，由有限追索转化为完全追索融资。

（3）建立完工保证基金

贷款银行要求项目发起人提供固定数额的资金作为保证基金。这样，投资者不再承担任何超出保证基金的项目建设费用。

（4）单纯技术完工保证

要求施工方使用成熟技术，并按进度完成；要求承包商提供项目完工担保和工程建成后的性能担保，提供完工保证基金和最佳努力承诺等。

五、生产经营风险管理

1. 生产经营风险及其表现形式

项目的生产经营风险，是对项目在试生产阶段和生产运行阶段存在的技术、资源储量、能源和原材料供应、生产经营、劳动力状况等风险因素的总称，是项目融资的另一个主要的核心风险。生产经营风险是由于经营者的疏忽，发生重大经营问题，使项目不能按计划运营，影响项目获利能力的风险。项目的生产经营风险直接关系着项目是否能够按照预定的计划正常运转，是否具有足够的现金流量支付生产费用和偿还债务。

（1）技术风险

技术风险指存在于生产技术及生产过程中的风险，如：生产工艺的先进性、成熟性，厂址是否合适，原料是否有保证，工程造价是否合理，技术人员的专业水平和职业道德是否达到要求。贷款银行的原则是：只为采用经市场证实的成熟生产技术的项目安排有限追索性质的项目融资；对于任何采用新技术的项目，如果不能获得投资者强有力的技术保证和资金支持，是不可能得到项目融资的。贷款银行对项目技术风险的估价，与银行是否曾经参加过类似项目的融资有很大关系。然而，有时尽管银行曾经参加过该类项目的融资，但是由于新的融资项目在设备规模上或在技术上有较大的改进，银行将仍然认为项目的技术风险是较高的。

(2) 生产条件风险

生产条件风险指原材料、能源供应是否可靠，通信及公用设施条件是否便利。包括自然资源风险、能源和原材料供应风险。

① 自然资源风险。对于依赖某种自然资源（如石油、天然气、煤矿、金属矿等）的生产型项目，在项目的生产阶段有无足够的资源保证，是一个很大的风险因素。因此，对于这类项目的融资，一个先决条件是要求项目可供开采的已证实资源总储量与项目融资期间所计划采掘或消耗的资源量之比保持在风险警戒线之下。例如，生产成本的增加、产品价格的下跌（在周期性波动的世界能源和原材料市场上，这是经常发生的）等因素都会大大减少项目的现金流量，推迟债务偿还计划的执行。只有获得足够的资源储量保证，才有可能在项目生命期内偿还全部的贷款。

最低资源覆盖比率是根据具体项目的技术条件和贷款银行在这一工业部门融资的经验确定的。一般要求资源覆盖比率应在2以上。如果资源覆盖比率小于1.5，则贷款银行就可能认为项目的资源风险过高，要求投资者提供相应的最低资源储量担保，或者要求在安排融资前做进一步的勘探工作以落实资源情况。

② 能源和原材料供应风险。一些重工业部门（如电解铝厂和铜冶炼厂）和能源工业部门（如火力发电站）对能源和原材料的稳定供应依赖性很大，能源和原材料成本在整个生产成本中占有很大的比重，价格波动和供应可靠性成为影响项目经济强度的一个主要因素。对于这类项目，没有能源和原材料供应的恰当安排，项目融资基本上是不可能的。长期的能源和原材料供应协议，是减少项目能源和原材料供应风险的一种有效方法。这种安排可以保证项目按照一定的价格，稳定地得到重要能源和原材料供应，在一些特殊情况下（如原材料市场不景气），甚至有可能进一步将供应协议设计成"供货或付款"类型的合同。这样，项目的经济强度就能够得到更强有力的支持。

(3) 经营管理风险

经营管理风险指投资者是否有能力经营管理好所开发项目的风险。经营管理风险主要用来评价项目投资者对于所开发项目的经营管理能力，而这种能力是决定项目质量控制、成本控制和生产效率的一个重要因素。

项目的投资者在同一领域是否具有成功的经验，是贷款银行衡量项目经营管理风险的一项重要指标。经验证明，在一个由多个投资者组成的合资项目中，如果项目经理（负责项目日常生产管理的公司）由几个在这一领域具有良好资信的投资者承担（或经营），那么无论是整个项目进行融资，还是其中个别投资者单独进行融资，都会成为项目很好的信用支持。

评价项目的经营管理风险主要从以下几个方面考虑：第一，项目经理（无论是否为项目投资者）在同一领域的工作经验和资信；第二，项目经理是否为项目投资者之一，如果是投资者，则要看其在项目中占有多大比例，一般经验是如果项目经理同时又是项目最大投资者之一（40%以上），这对于项目融资是很有帮助的；第三，除项目经理的直接投资外，项目经理是否具有利润分成或成本控制奖励等鼓励机制。

2. 生产经营风险的管理措施

生产经营风险主要是通过一系列的融资文件和信用担保协议来防范。生产经营风险种类不同，可以设计不同的合同文件。一般通过以下一些方式来实现：项目公司应与信用好且可靠的伙伴就供应、燃料和运输问题签订有约束力的、长期的、固定价格的合同；项目公司拥有自己的供给来源和基本设施（如建设项目专用运输网络或发电厂）；在项目文件中订立严格的条款，涉及承包商和供应商的包括延期惩罚、固定成本，以及项目效益和效率的标准等。另外，提高项目经营者的经营管理水平，也是降低生产经营风险的有效途径。项目融资风险管理的主要原则是让利益相关者承担风险，通过各种合同文件实现项目风险在项目参与各方之间的合理、有效分担，将风险带来的冲击降至最低。

可以采取以下管理措施来降低生产经营风险。

① 签订无条件的供应合同，如原材料供应、设备供应合同，保证项目的运营成本相对稳定。

② 签订无条件的销售合同，如照付不议（take or pay）合同，来保证项目的现金收入。

③ 建立储备基金账户，保证有足够的收入来应付经营成本、特别设备检修费和偿还债务。基金来源可以从项目收入或部分银行贷款中扣取。

六、市场风险管理

1. 市场风险及其表现形式

市场风险是指产品在市场上销售的不确定性和其他情况的不确定性。市场风险主要有价格风险、竞争风险和需求风险。黄金、白银、石油等只有价格风险而没有需求风险，但一般产品几种风险共存。

（1）价格风险

价格风险主要体现在两个阶段：一是生产建设阶段，生产投入要素价格变化引起的项目成本不确定性，其造成的影响将直接关系到项目的成本控制；二是运营阶段，项目提供的产品或服务价格的不确定性，是影响产品或服务市场竞争力和盈利能力的重要决定因素。

（2）竞争风险

竞争风险主要包括以下几个方面：一是现有竞争者风险，同业竞争越多，企业获得利润就越困难，进而加剧竞争；二是潜在竞争者风险，如果有新企业进入，就意味着该行业的供应量会增加，一般情况下新企业提供产品的价格会更低，更具竞争力；三是替代品竞争风险，替代品会使企业产品的竞争力减弱甚至消失，因此替代品增多会加剧竞争并加大市场风险。

（3）需求风险

需求风险，项目的市场需求受各种不确定性因素的影响，如产品和服务本身的价格、消费者收入水平及收入分配平等程度、人口数量与结构的变动、政府的消费政策、消费者的预期等。这些不确定性因素难以进行准确的预测和把握。

2. 市场风险的管理措施

市场风险能否降低取决于项目初期是否做好充分的可行性研究。在项目的建设和运营过程中，签订在固定价格或是可预测价格基础上的长期原材料及燃料供应协议和"无论提货与否均需付款"产品销售协议，可以在很大程度上降低项目的市场风险。

项目融资要求项目必须具有长期的产品销售协议作为融资的支持。这种协议的合同买方可以是项目投资者本身，也可以是对项目产品有兴趣的具有一定资信的任何第三方。通过这种协议安排，合同买方对项目融资承担了一种间接的财务保证义务。前面涉及的"无论提货与否均需付款"和"提货与付款"合同，是这种协议的典型形式。长期销售协议的期限要求与融资期限相一致。销售数量通常是这一时期项目所生产的全部产品或者至少大部分产品，在销售价格上则根据产品的性质分为浮动定价和固定定价两大类型。

在有关降低项目市场风险的谈判过程中，如何建立一个合理的价格体系，对于投资者和贷款银行双方都是一个重要的问题。双方均需要对市场的结构和运作方式有清楚的认识，对各方承受项目市场风险的能力有正确的判断。过去有的融资安排曾出现过投资者对市场结构不是十分了解，而接受过高定价公式的情况，实际上是由投资者为项目提供了附加的财务保证。

总体说来，对于市场风险的管理控制有以下方法。

(1) 做好国内外市场调研分析

项目初期做好充分的市场调查，认真做好项目的可行性研究。市场调研主要应研究分析以下问题：

① 项目的需求量有多大，是否存在该项目产品的国内国际市场；

② 可能的竞争程度，是否有相似项目竣工，即还有多少家公司提供这种产品或服务；

③ 产品的国际价格、市场准入情况、项目自身的市场占有率和市场渗透力如何；

④ 项目产品或服务有无其他替代品；

⑤ 顾客或用户的消费习惯是否会有新变化；

⑥ 未来的通货膨胀率大致是多少。

(2) 合同保证

通过签订或取或付的产品购买合同、或供或付的长期供货合同，锁定产品的价格，确定好产品定价策略，确保项目收益。其中，产品购买合同是项目融资能力的基础，合同中规定的产品购买价格要涵盖产品的固定成本，而且合同必须在整个项目贷款期内都有效。

(3) 政府或其公共部门保证

该保证主要是要求政府或其公共部门，在协议中明确承诺在项目运营的头几年内，保证最低需求量以确保项目的成功。在BOT高速公路、隧道、桥梁、发电项目中经常采用这种方式来分散风险。比如发电项目，消费者常常是唯一的一个国家或地区的电网，在这种情况下，通常由相关的使用机构来提供最低使用量和价格的保证。

(4) 建立独立账户

针对现金流量时高时低的情况，通过设立独立账户，优先支付项目债务利息。政府在项目建设期提供附属贷款，保证偿还债务利息。

七、环保风险管理

1. 环保风险及其表现形式

环保风险指项目投资者可能因为严格的环境保护立法而迫使项目降低生产效率、增加生产成本,或增加新的资本投入来改善项目的生产环境,更为严重的甚至迫使项目无法继续生产下去。

随着人们生活水平的提高,世界对有关环境保护方面的立法变得越来越严格。对于项目融资的贷款银行,环境保护风险不仅表现在由于增加生产成本或资本投入而造成项目经济强度降低甚至丧失原有的经济强度,而且表现在一旦项目投资者无法偿还债务时,贷款银行取得项目的所有权和经营权之后,也必须承担同样的环境保护的压力和责任。进一步讲,由于存在环境保护方面的问题,项目本身的价值降低了。因此,在项目融资期内有可能出现的任何环境保护方面的风险应该和上述其他风险一样得到充分的重视。

由于环境保护问题造成的项目成本增加,最主要的表现形式首先是对所造成的环境污染所缴纳的罚款以及为改正错误所需要的资本投入。其次,还需要考虑到由于为了满足更严格的环境保护要求所增加的环境评价费用、保护费用以及其他的一些成本。我们将遵守环境保护法规可能会增加的项目生产成本与环境保护的成本,称之为环境成本。环境成本包括:付给管理机构和批准机构的费用;为获得计划部门的批准而对大型项目进行环境影响评估的费用;购买环境损害保险和遵守保险商要求采取的管理措施的费用;遵守新的包装和标签要求所需要的费用;实行良好的环境管理战略,使用可获得的最好的技术来防止或减少工业过程的污染所需的费用;因被迫关闭而带来的利润损失;污染现场的清洁费用和环境损害而负有的公共债务;被污染的土地价值降低;不断增加的废物处置、处理和运输费用;对使用不可再生资源或生产有污染的产品的征税等。

例如,香港 1997 年的两个 BOT 项目,在第三条海底隧道(西区海底隧道)及连接香港与广东省的南北高速公路的建设上,挖掘建设工地发现了"受污染的泥土",必须将受污染的泥土转运到指定地点以免周围海洋生态环境受污染,因而付出了额外开支。

国际社会奉行"污染者负担费用",如违反,损失更大。如英国一家公司因污染梅斯河而被罚款 100 万英镑,另外还需承受清除污染、支付第三方索赔、安装新设备等在内 700 万英镑的损失。

在项目融资中,环境保护风险通常被要求由项目的投资者或借款人承担,因为投资者被认为对项目的技术条件和生产条件的了解比贷款银行要多得多。并且,环境保护问题也通常被列为贷款银行对项目进行经常性监督的一项重要内容。

2. 环保风险的管理措施

环保风险的管理主要依赖于详细的可行性研究,并进行相应的保险。除此之外,还应做到:熟悉所在国与环境保护有关的法律,并纳入可行性研究中;估计项目的环境责任风险。

具体环境风险的管理控制方法如下。

① 投保。这是项目发起人和债权人通常的做法,当然保险不可能面面俱到,它很难包括事故以外的连锁效应的风险损失,何况重大环境损害的潜在责任是无限的。

② 把项目的法律可行性研究(特别是环保方面)作为项目总的可行性研究的一个重点来对待。

③ 作为债权人一方,可要求将令人满意的环境保护计划作为融资的一个特殊前提条件,该计划应留有一定余地,确保将来能适用加强的环保管制。

④ 制定好项目文件。该项目文件应包括项目公司的陈述、保证和约定,确保项目公司

自身重视环保，遵守东道国的有关法律、法规等。
⑤ 运营商不断提高生产效率，努力研发符合环保标准的新技术和新产品。

第三节　项目保险

保险是一种财务安排，是为了分摊意外损失、提供经济保障的财务安排。投保人交纳少量的钱购买保险，实际上是将其面临的不确定的损失转化为确定的支出。保险是风险管理的一种方法，是风险转移的一种机制。

在项目面临的无数风险中，有许多可以以合同的形式分配给各方。但项目融资中的有些风险，通常指的是不可抗力风险，是不可能通过合同来分配的。有两种不可抗力风险，一种直接影响项目，比如火灾和地震；另一种间接影响项目，比如自然灾害使得供应商不能完成他对项目承诺的义务。不可抗力风险是不可能通过合同来分配的。如火灾和自然灾害等，只能通过购买保险来避险。

在大多数项目融资中，经常通过保险来降低项目风险。项目保险是项目发起人和贷款人都关注的一个非常重要的方面。尤其是贷款人，他们将项目保险视为项目担保组合中的一个重要和关键的部分。

项目保险的范围依项目不同而不同，一般可分为商业风险保险和政治风险保险。

一、商业风险保险

1. 商业风险保险的范围
商业风险的保险范围分别体现在项目的建设和经营两个阶段中。
（1）建设阶段
项目保险覆盖以下内容：
① 项目建设过程中给项目单位带来的物质损失；
② 项目其他资产如办公楼、汽车等造成的物质损失；
③ 运输过程中造成的损失；
④ 对工人、职员及第三者造成的责任损失；
⑤ 对环境造成的破坏；
⑥ 保险事故造成成本增加而导致的工期延误。
（2）经营阶段
保险的覆盖范围是：
① 经营过程中给项目单位带来的物质损失；
② 对其他资产等造成的物质损失；
③ 产品销售以前运输过程中的损失；
④ 对工人及第三者造成的责任损失；
⑤ 环境破坏造成的损失；
⑥ 商业受阻、利润下降等损失。

2. 商业风险保险的种类

项目融资中，各个国家的法律框架不同，保险种类也有很大不同。常见的保险险种有以下几种。

（1）建筑安装工程一切险

这是针对工程项目在建设或安装过程中，为可能出现的自然灾害和意外事故造成的物质损失，和对依法应对第三者的人身伤亡和财产损失承担的经济赔偿责任提供保障的一种综合性保险。

这种保险针对的是建筑施工中"意料之外的"、突发性的或不可预料的因素导致的物质损失或灭失。例如：自然气候影响工程的进度，但如果是正常气候条件下导致的延误，保险公司不赔。

① 责任范围分为物质损失部分和第三者责任部分。这里所说的物质是指与项目相关的所有永久或临时的工程，包括机器设备（不包括施工机具）、建筑物、办公室以及所有工地上或者在保单规定的地域范围内被保险人拥有的或应负责的财产，包括已经完工的财产。其保险责任为不可预测及突然的有形损失（自然灾害、意外事故）和相关费用。第三者责任部分是指在执行被保险合同的过程中造成的第三者人身伤害及财产损失，依法应由被保险人承担赔偿责任。

② 除外责任。保险人对由下列各项所直接或间接引起、引发或扩大的损失及责任，不负责赔偿，包括：战争、侵略、外敌入侵行为、敌对行为（无论宣战与否）、内战、暴乱、革命、兵变、叛乱、暴动、罢工、停工、民众骚乱、军事政变，恶意的群体或代表任何政治组织或与其有关群体的阴谋，在法律上被政府命令或公共权力机关征收、破坏或损坏；核反应、核辐射或放射性污染；被保险人或其代表的故意行为或重大过失；工程全部或部分停工。

（2）施工机具设备保险

施工机具设备保险承保施工机具、设备在施工场所于保险期间因突发的不可预料的意外事故而导致的损失或损坏。

由于承包商所拥有或租借的用于工程的施工机具和设备多不含在工程造价之内，因而建筑工程保险通常不赔偿用于施工的机器和设备。一般情况而言，这类机器和设备的风险是比较大的，尤其是施工现场情况复杂、机械化作业程度较高的工程项目。同时，多数承包商往往同时承揽多项工程，施工机具和设备在不同工程之间来回调用，机动性高，使用强度大，风险较大。

责任范围：不承保领有公共运输执照的运输工具，包括不外出作业的车辆和偶尔外出作业的车辆及其他机动车辆。后续进场的施工机具需第一时间向保险公司提交清单。

（3）货物运输保险

货物运输保险承保：在水路、陆路和联合运输中，由于运输工具发生碰撞、搁浅、触礁、沉没、出轨，或隧道、码头坍塌所造成的损失；在装货、卸货或转载时，因遭受不属于包装质量不善或装卸人员违反规程所造成的损失。大型项目的建设经常涉及超限超重设备，有的还要考虑二次搬运的问题，应考虑供货合同中的运输条款与保险安排的衔接问题。

(4) 施工人员意外伤害保险

施工人员意外伤害保险是对于导致项目员工死亡而由雇主承担的法律责任提供的保险。承保在工程项目建设期内，施工人员从事与本项目相关的业务工作时，遭受意外而致伤、致残、死亡等。被保险人须负担的经济赔偿责任包括治疗费用等。

例如：某海外高速公路项目，当地工人驾驶的自卸车，未将车斗放下，即直冲过桥下。司机及副驾当场死亡，桥梁受损，自卸车损毁。启动建筑工程一切险、人员意外伤害保险保单，并向自卸车责任方进行追偿。

(5) 第三者责任险

第三者责任险是对因施工而造成的对第三者的身体伤害和财产损失所导致的法律责任进行保险。

(6) 经营一切险

经营一切险是指为商业经营过程中引起的损失和损坏提供的保障。

二、政治风险保险

1. 海外投资保证制度

海外投资保证制度仅针对政治风险。所谓政治风险，是指东道国现行社会政治状况及法律政策发展趋向的不确定性。它包括两方面的内容：一是东道国未来政治环境变化的不确定性；二是东道国社会和政府影响外国投资者利益的未来行为的不确定性。可以说，政治风险大多源于东道国政府行为，如法律政策变化、外汇管制措施变化等。但也有些风险属于政府无法预见或控制的行为，如内乱、反政府行为等。各国国内法规通常认为政治风险包括以下三类。

(1) 汇兑险

包括货币兑换险和汇出险，是指东道国通过颁布法律或采取其他措施，禁止或限制外国投资者将其投资资本或利润兑换成可自由使用的货币，并转移出东道国境外，致使该投资者受损的风险。

(2) 征收险

指东道国政府采取征收、征用、国有化、没收或类似措施，致使外国投资者的投资以及有关权益遭受损害的风险，例如强制国有化、强制股权转让、强制转让经营权、不适当提高税率等。美国、英国、德国等采取"直接征收"与"间接征收"的立法模式，但范围各有不同。美国《对外援助法》所规定的"征收"含义较为广泛，它规定征收包括但不限于外国政府的废弃、拒绝履行以及损害其与投资者订立的合同，使该投资项目实际上难以继续经营。但东道国政府的上述行为必须是由不可归责于投资者本人的过错或不当行为引起的。日本《输出保险法》规定，凡在外国投资的资产为外国政府（或地方公共团体）所"夺取"者，均在征收险之列。该"夺取"是指征收、征用、没收、国有化、剥夺所有权。

(3) 战乱险（战争险）

包括战争险与内乱险，是指外国投资者在东道国的投资因当地发生战争等军事行动或内乱而导致损失的风险。"战争等军事行动"是指不同国家、军队或团体、武装部队之间的战争或武装冲突。"内乱"是指革命、骚乱、暴动，旨在推翻东道国现任政府在全国或部分地区统治的暴力行为，但不包括罢工、学潮等运动。一般恐怖主义活动或国内骚乱所致的损失，也不属于战乱险，除非是出于国内或国际有组织的武装力量的敌对行动对该财产的蓄意破坏。美国将战乱险限于"个人或集团主要是为了实现某种政治目的而采取的破坏活动所造成的损失"。

除上述三种险别外，英国还承保"其他非商业性风险"，美国承保"营业中断险"。根据美国 1985 年《海外私人投资公司修订法案》，"营业中断险"的基本含义是：不论发生禁兑保险事故，或征收保险事故，还是战乱保险事故，致使海外私人投资者投保的投资企业的营业中断，从而遭受损害者，应由承保人给予赔偿。将"营业中断险"作为单独险别，其目的在于对海外美国私人投资给予更大的投资保证，以鼓励资本向海外输出。

根据各国立法与实践，负责实施海外投资保险业务的有政府机构、政府公司或公营公司等。美国是采用政府公司作为保险人的典型国家，由兼具公、私性质的海外私人投资公司主管海外投资保险业务：公司董事会由总统遴选的 13 名董事组成，国际开发署署长兼任董事长；行政机构由总统委任的总经理和副总经理组成，公司在财政年度末须向国会提交经营报告。澳大利亚也属此类。日本、新西兰和瑞典等国是由政府机构承保海外投资政治风险。如日本，法定保险人是通产省大臣，具体业务由通产省贸易局输出保险科承办。还有的国家由政府与国营公司共同负责承保海外投资政治风险，如联邦德国，财政部是法定保险人，具体海外投资保险业务由黑姆斯信用保险和信托与监察公司两家国营公司经营，但只负责执行投资保证业务，而主管审查与批准保险的机关为由经济部、财政部及外交部代表所组成的有决议权的部际委员会及由会计审核院和联邦银行代表组成的咨询委员会。其主要审查该投资项目是否值得鼓励，以及对加强联邦德国同发展中国家经济关系有无积极贡献。因此，联邦政府是法定保险人，执行则由两个国营公司负责。

法国的做法类似于联邦德国。法国的法定保险人为经济与财政部，实行海外工业投资与商业投资保证并行的"双轨制"，由法国外贸银行、法国外贸保险公司承担业务。法国外贸保险公司提供优惠保险措施，其投保条件限于可带动一定数量出口的海外投资，即在投保时应附交一份出口计划，并须兑现。否则，该公司可单方撤销该保险合同。这是适用于出口者出口投资担保的专门体制，凡不符合出口投保条件的投资可申请法国外贸银行承保。它属于海外工业投资保证体制，是适用于所有法国海外投资的基本体制。

2. 政治保险机构

政治风险的保险范围一般较窄，且保险条款较繁。以下是常见的提供政治保险的机构及承保的范围。

（1）多边投资担保机构

多边投资担保机构（Multilateral Investment Guarantee Agency，MIGA）成立于 1988 年，是世界银行集团里成立时间最短的机构，于 1990 年签署第一笔担保合同。多边投资担保机构的宗旨是向外国私人投资者提供政治风险担保，包括征收风险，货币转移限制，违约、战争和内乱风险担保，并向成员国政府提供投资促进服务，加强成员国吸引外资的能力，从而推动外商直接投资流入发展中国家。作为担保业务的一部分，多边投资担保机构也帮助投资者和政府解决可能对其担保的投资项目造成不利影响的争端，防止潜在索赔要求升级，使项目得以继续。多边投资担保机构还帮助各国制定、实施吸引和保持外国直接投资的战略，并以在线服务的形式免费提供有关投资商机、商业运营环境和政治风险担保的信息。

该机构可为合格的投资因以下几种风险而产生的损失作担保。

① 外汇的不可获得和外汇的不能转移风险（货币汇兑险）

指东道国政府采取新的措施，限制其货币兑换成可自由兑换货币或投保人可接受的另一种货币，并移出东道国境外的风险。这类风险还包括消极的不作为，如东道国政府未能在合理的时间内对投保人提出的汇兑申请作出行动。根据免责条款，对在担保合同签订时即已存在的外汇管制的法律、法令不予以担保。

② 没收风险（征用险）

即东道国政府采取立法或行政措施，或懈怠行为，实际上剥夺了投保人对其投资的所有权或控制权，或其应从该投资中得到的大量收益，但政府为管理其境内的经济活动而通常采取的普遍适用的非歧视性措施不在此列。除了通过颁布法令直接取得财产、把财产所有权从原投资者手中转到国家名下这类直接国有化措施外，发展中国家还经常采取各种"间接国有化"措施，如妨碍投资者作为股东或债权人行使其基本权利，妨碍投资者转让证券和其他权利，妨碍投资者对其财产主要部分行使有效的控制权、使用权和处置权，或妨碍投资者投资项目的建设和经营。对上述"间接国有化"措施，机构也予以承保。

③ 东道国政府违约风险

指东道国政府不履行或违反与投保人签订的合同，并且投保人无法求助于司法或仲裁机关对毁约或违约的索赔作出裁决，或该司法或仲裁机关未能根据机构的条例在担保合同规定的合理期限内作出裁决，或虽有这样的裁决但未能执行。

④ 战争或暴乱风险（由政治原因引起）

指因公约适用的东道国境内任何地区的任何军事行动或内乱给投保人造成损失的风险。这里的军事行动既包括不同国家之间的军事行动，也包括同一国家不同政府、党派之间的军事行动，既包括经过宣战的战争，也包括未经宣战的军事行动。内乱则指针对政府的有组织的暴力行为。那些针对投保者私人的恐怖主义行为，均不在此风险之列。由于战争和内乱险不受东道国政府控制，因此机构在向投保者赔付后，一般不能向东道国索赔。

⑤ 其他非商业性风险

指由投资者与东道国联合申请，经董事会特别多数票通过，机构可以承保的其他特定的非商业性风险，但在任何情况下都不包括货币贬值的风险。

此外，机构对下列原因造成的损失不予担保。

原因一，投保人认可或负有责任的东道国政府的任何行为或懈怠，包括：东道国法律所禁止的行为；投保者自己的行为；以投保者名义所为的行为；投保者可以行使权利制止的投资企业的行为。

原因二，发生在担保合同缔结之前的东道国政府的任何行为、懈怠或其他任何事件。

(2) 中国出口信用保险公司

中国出口信用保险公司，简称"中国信保"。中国信保承保国家风险和买方风险。国家风险包括买方国家收汇管制、政府征收、国有化和战争等；买方风险包括买方信用风险（拖欠货款、拒付货款及破产等）和买方银行风险（开证行或保兑行风险）。中国信保的主要任务是积极配合国家外交、外贸、产业、财政、金融等政策，通过政策性出口信用保险手段，支持货物、技术和服务等出口，支持中国企业向海外投资，为企业开拓海外市场提供收汇风险保障，并在出口融资、信息咨询、应收账款管理等方面为对外经贸企业提供快捷、完善的服务。

① 短期出口信用。买方或开证行所在国家、地区禁止或限制买方或开证行向被保险人支付货款或信用证款项；禁止买方购买的货物进口或撤销已颁布发给买方的进口许可证；发生战争、内战或者暴动，导致买方无法履行合同或开证行不能履行信用证项下的付款义务；买方支付货款须经过第三国颁布的延期付款令。

② 中长期出口信用保险。中长期出口信用保险通过承担保单列明的商业风险和政治风险，使被保险人得以有效规避出口企业收回延期付款的风险和融资机构收回贷款本金和利息的风险。

③ 投资保险通过向跨境投资者提供中长期政治风险保险及相关投资风险咨询服务，积极配合本国外交、外贸、产业、财政、金融等政策，为跨境投资活动提供风险保障，对保单项下规定的损失进行赔偿，支持和鼓励本国投资者积极开拓海外市场、更好地利用国外的资源优势，以促进本国经济的发展。其海外投资保险是针对中国投资者进行海外投资，保障投资者的海外投资免受征收、汇兑限制、战争和政府违约等事件造成损失进行承保的保险产品。

（3）海外私人投资公司

海外私人投资公司（Overseas Private Investment Corporation，OPIC）于1971年开始运营。作为美国同时也是世界上首家海外投资保险机构，它具有公、私两方面性质：一方面，法律明文规定该公司是在美国国务院政策指导下的一个机构，其法定资本由国库拨款；另一方面，该公司作为法人，完全按照公司的体制和章程经营管理，即支持私人海外投资的联邦机构。在承保险别上，美国起初仅承保货币禁兑险，后来逐渐扩大到战乱险、征收险等政治风险，主要有政治风险保险、项目融资、投资基金等业务。担保对象是美国人或美国公民控股至少95%的公司。

（4）国际复兴开发银行、国际金融公司

国际复兴开发银行（International Bank for Reconstruction and Development，IBRD），是世界银行下属机构之一。它是一个国际组织，其任务是资助发展中国家克服贫困，各机构在减轻贫困和提高生活水平的使命中发挥独特的作用。它的宗旨是：对用于生产目的的投资提供便利，以协助会员国的复兴与开发，鼓励不发达国家的生产及其资源的开发；保证或参与私人贷款和私人投资，促进私人对外投资；鼓励国际投资以开发会员国生产资源，促进国际贸易的长期平衡发展，维持国际收支的平衡；在提供贷款保证时，应同其他方面的国际贷款配合。

国际金融公司（International Finance Corporation，IFC）也是世界银行下属机构之一。它是首个将推动私营企业发展作为其主要目标的政府间组织。但与世行只给成员国贷款不同，它向私人部门贷款，甚至投资于私人企业。

以上两个机构对项目或企业的投资目的在于吸引其他的贷款和股本投资，这种方式称作联合融资。它们主要担保的范围重点是外汇的不可获得和外汇的不能转移风险，及东道国政府违约风险。但这些机构不是直接对这种风险提供某种损失赔偿，而是通过联合融资的方式来间接担保这种风险。由于它的参与，东道国政府会愿意支持该项目，因此发生外汇不可得的风险会大大降低。

（5）其他机构的保险

① 亚洲开发银行（Asian Development Bank），主要担保的范围是外汇的不可获得和外汇的不能转移风险、东道国政府违约风险。

② 美洲开发银行（Inter-American Development Bank）。其担保的主要风险是：外汇的不可获得和外汇的不能转移风险，但不包括货币贬值、东道国违约、没收、战乱等风险。

第四节　项目融资对政治风险管理的例证

本节以"1971年智利接管了所有外国人拥有的铜矿"的事件为证，讲述从项目融资的角度如何进行政治风险管理。

一、美国肯尼科特铜公司（K公司）

K公司在智利的铜产量占其全球产量的30%，1964年又扩展，公司将51%的股权（8000万美元）出售给智利政府，换取10年的管理合同。智利政府成为第一大股东，重估公司财产，从6900万美元增值到2.86亿美元；利润部分的税率从80%降到44%。

美国进出口银行取得1.8亿美元贷款，期限为10～15年。

智利铜业公司也提供了2400万美元的资金。

通过与欧洲和亚洲客户签订长期合同，由智利政府提供无条件担保。为此筹集了4500万美元的资金。这些合同的收款权又以3000万美元卖给了欧洲集团和以1500万美元卖给了三井物产株式会社。

1. 政治风险担保措施

将股权卖给智利政府，取得由智利政府重新投入的保证，为此，向美国国际发展机构（AID）投保。

要求智利政府对美国进出口银行的贷款提供无条件担保。

公司与智利政府的争端适用纽约州的法律。

2. 1971年没收股权后

K公司收到了美国国际发展机构（AID）的8000万美元的赔偿和一笔利息，其数额超过了1964年股权的市面价值。

根据纽约州的法律条款，美国联邦法院取得了该管辖权，对所有的智利财产采取扣押，包括智利航空公司降落在纽约的飞机。

由于以上扣押，智利政府承认了合资企业与美国进出口银行、欧洲集团及三井物产公司原先签订的所有债务责任。K公司被免除了任何进一步的国际责任。

3. K公司项目融资机构对国家风险的规划分析

K公司从项目业主智利政府处取得了担保，形成了一个国际性的投资和贷款方集团，签订了美国进出口银行、智利铜业公司、欧洲和亚洲的客户、欧洲集团、三井物产株式会社等的投资合同，如果该项目设施被没收，将导致该国对一批国际贷款违约，危及国家的信用。

政府机构提供海外投资的政治风险：由美国海外私人投资公司（美国国际发展机构的后机构）对处于政治风险区域的资产给予保险。

与主权政府谈判得到融资的承诺：K 公司将其 51% 的股权出售给智利政府，使得智利政府成为主要债务人和融资责任者。

与智利政府谈判争取到对自己有利的争端解决方案。

二、安纳康达铜公司（A 公司）

A 公司对智利持乐观态度，虽进行了大量投资，但却并没有采取措施，在 1969 年迫于同样的原因将其在智利 51% 的股权售给政府，从而在合资企业中也只持有了少量股份。

担保措施：先在 AID 对股权进行了部分保险，但是在 1969 年终止了这种保险。

1971 年没收股权后，没有从智利政府和美国国际发展机构得到任何补偿。

从这个案例可以看出，项目融资中的政治风险不是无法管理的，只要考虑详细，运用正确的方法，采取恰当的措施，就可将它合理规避。

复习思考题

1. 按照项目风险的表现形式，项目风险都有哪些种类？
2. 什么是项目的系统风险，系统风险有哪些？什么是项目的非系统风险，哪些风险属于非系统风险？
3. 项目融资风险的特征是什么？分配项目风险的基本原则又是什么？
4. 什么是项目的完工风险？判断完工风险的标志是什么？
5. 什么是项目的政治风险？如何进行政治风险的管理？
6. 项目融资中的金融风险有哪些特点及表现形式？金融风险的管理措施有哪些？
7. 试分析项目融资中进行保险的重要性。

第十二章

项目融资的担保

第一节 项目融资担保及项目担保人

一、项目融资担保

担保指以确保债务或其他经济合同项下的履行或清偿为目的的保证行为,是债务人对债权人提供履行债务的特殊保证,是保证债权实现的一种法律手段。项目融资担保指借款方或第三方以自己的信用或资产向境内外贷款人作出的还款保证。

1. 项目融资担保的分类

担保可以分为两大类:一类是物的担保,指借款人或担保人以自己的有形财产或权益财产来履行债务而设定的担保物权,如抵押权、质押权、留置权等,包括对不动产、有形资产的抵押,对无形资产设置担保物权等;另一类是人的信用担保,即担保人以自己的资信向债权人保证对债务人履行债务承担责任,如担保保证书、安慰信等。

项目融资担保具体分为物权担保和信用担保,即前面提到的物和人的担保。

2. 项目融资担保的目标

鉴于项目融资的最大特点是"无追索权或有限追索权",因此,项目融资中的担保和一般商业贷款的担保有着明显的不同,不能混为一谈。项目融资担保与一般商业担保的目的和操作不同:项目融资贷款者关注的重点是项目的成功与否,而不是现有担保资产的价值。

一般贷款的担保目标是担保人有足够的资产弥补借款人不能按期还款时可能带来的损失,而项目融资的担保目标是保证项目按期完工、正常运营,获取足够的现金流来收回贷款。

3. 项目融资担保的功能

担保在项目融资中有特殊的作用。它能把项目融资的某些风险转嫁给本来不想直接参与经营,或直接为项目提供资金的有关方面。通常的情况是,第三方担保人如果愿意出力帮助建成项目,但是不想在自己的资产负债表上有所反映的话,可以不贷款或出资,而以提供担保承担商业风险的方式为项目做出贡献。鉴于项目融资中的担保和一般商业贷款的担保有很大的不同,它的主要功能如下。

(1) 防御功能

项目融资担保可防范其他未担保贷款人对该担保贷款人贷款的项目资产行使处置权。在贷款人通过出售项目资产收回贷款本息前，其他贷款人不能对该资产有任何处理。

（2）为贷款者监督管理提供方便

所有的担保权益最终都要转让给贷款人，如项目经营失败，贷款人有权接管项目，让其产生足够的现金流量收回贷款。当然，这种权利在有的国家不一定能得到保证，因法律不允许本国项目或资产被外国银行控制和拥有。

（3）在所有参与者之间分配风险

项目融资风险不是由发起人独自承担的，是参与者共同承担的，但不是平均分配，而是根据取得利益的不同及对风险的控制程度来分配风险，以合同形式确定下来，这就是项目担保中的各种合同。

二、项目担保人

项目担保人可以分为三种：项目发起人、与项目有关的第三方当事人和商业担保人。

1. 项目发起人（Sponsor）

发起人（项目直接投资者）作为担保人是项目融资结构中最主要和最常见的形式。对提供资金但又不愿较深介入项目中的发起人，提供项目担保是较普遍的形式。

项目融资结构中，发起人通过项目公司建设拥有和经营项目。但项目公司在资金、经营历史上不足以支持融资，所以贷款人要求作为项目公司股东的发起人提供担保。因而，除非项目投资者可以提供其他的能够被贷款银行接受的担保人，否则在大多数情况下必须自己提供一定的项目担保，如"项目完工担保""无论提货与否均需付款协议"和"提货与付款协议"等。

运用项目投资者提供的非直接的和以预防不可预见因素为主体的项目担保，加上来自其他方面的担保，同样可以安排成为贷款银行所能接受的信用保证结构，这是项目融资的主要优点之一。

发起人担保可以有各种不同的形式，但最常见的是完工担保。完工担保能够保证项目建设阶段按计划完工，它是时间上有限的担保责任。一旦项目商业完工，担保协议就终止，发起人的责任就消除了。

2. 第三方当事人（Third Party）

在项目融资结构中，所谓利用第三方作为担保人，是指在项目的直接投资者之外寻找其他与项目开发有直接或间接利益关系的机构，为项目的建设或者项目的生产经营提供担保。这些机构的参与在不同程度上分担了一部分项目的风险，为项目融资设计一个强有力的信用保证结构创造了有利的条件，对项目的投资者具有很大的吸引力。

一般情况下，借款人认为项目发起人提供的担保不充足时，要参与者担保。而第三方担保人一般不愿在项目融资中承担直接的无条件责任，所以，它多为有限责任的间接担保。这些第三方担保人的目的是通过为项目融资提供担保而换取自己在项目中的长期商业利益。

能够提供第三方担保的机构大致可以分为以下三种类型。

（1）政府机构

政府机构作为担保人在项目融资中是极为普遍的。政府机构为项目提供担保多从发展本国（或本地）经济、促进就业、增加出口、改善基础设施建设、改善经济环境等目的出发。这种担保对于大型工程项目的建设十分重要，尤其是对于发展中国家的大型项目，政府的介入可以减少政治风险和经济政策风险（如外汇管制），增强投资者的信心，而这类担保是从其他途径得不到的。常见的担保形式有政府的特许权协议、提供贷款担保、项目长期购买协议等。

《中华人民共和国担保法》第八条明确规定"国家机关不得为担保人，但除经国务院批准，为使用外国政府或者国际经济组织贷款进行转贷的除外"。最高人民法院《关于贯彻执行〈中华人民共和国民法通则〉若干问题的意见（试行）》第106条也规定"国家机关不能担任保证人"，故认为我国政府在项目融资中不能提供担保。

(2) 与项目开发有直接利益关系的商业机构

这类商业机构作为担保人，其目的是通过为项目融资提供担保而换取自己的长期商业利益。这些利益包括：获得项目的建设合同；获得项目设备的供应、安装合同；保证担保人自身产品的长期稳定市场（如果被担保项目是担保人自身产品的主要消费者）；保证担保人自身可以获得长期稳定的原材料、能源供应（如果被担保项目的产品是担保人所需要的主要原材料或能源）；保证担保人对项目设施的长期使用权（如被担保项目是码头、铁路等公用设施项目，虽然项目是由其他机构所拥有，但是项目的建成投入使用对担保人至关重要）。

因此，能够提供这种第三方项目担保的商业机构可以归纳为以下三类。

① 工程承包公司。工程承包公司为了在激烈的竞争中获得大型工程项目的承包合同，很多情况下愿意提供项目的完工担保（如"交钥匙"工程）。

② 供应商。项目设备或主要原材料的供应商急于推销自己的产品或副产品，为获得项目设备的供应安装合同，往往成为担保人。设备供应商通常提供卖方信贷以及项目设备质量（运营）形式担保。原材料供应商则主要以出口信贷、"无论供货与否均需付款"合同、"供货或付款"合同等长期、稳定、价格优惠的供应协议作为对项目的支持。

③ 产品购买者或用户。为获取某种产品或服务，项目用户以长期合同或预付款的形式提供担保，从保障项目市场的角度为项目融资提供一定的担保或财务支持。其目的是保证自身获得长期稳定的原材料、能源供应，以保证自身产品的长期稳定市场，或保证其对项目设施的长期使用权。这类担保机构多集中在能源、原材料工业和基础设施项目中。

(3) 世界银行、地区开发银行等国际性金融机构

这类机构虽然与项目的开发并没有直接的利益关系，但是为了促进发展中国家的经济建设，对于一些重要的项目，有时可以寻求到这类机构的贷款担保。这类机构在项目中的参与同样可以起到政府机构的作用，可减少项目的政治、商业风险，增强商业银行对项目融资的信心。

3. 商业担保人

商业担保人以提供担保作为一种盈利的手段，承担项目的风险并收取担保服务费用。商业担保人通过分散化经营降低自己的风险。商业银行、保险公司和其他的一些专营商业担保的金融机构是主要的商业担保人。

商业担保人提供的担保服务有两种基本类型。

一种是担保项目投资者在项目中或项目融资中所必须承担的义务。这类担保人一般为商业银行、投资公司和一些专业化的金融机构，所提供的担保一般为银行信用证或银行担保。这种类型担保的第一个作用是担保一个资金不足或者资产不足的项目公司对其贷款所承担的义务。这种类型担保的第二个作用是担保项目公司在项目中对其他投资者所承担的义务。这种担保在有两个以上的投资者参加的非公司型合资结构中较为常见。这种类型担保的第三个作用是在担保人和担保受益人之间起到一个中介作用，这种作用类似于国际贸易中银行信用证的作用。

商业担保的另一个基本类型是为防止项目意外事件的发生提供担保。这类担保人一般为各种类型的保险公司。项目保险是项目融资文件中不可缺少的一项内容。保险公司提供的项目保险包括广泛的内容，除项目资产保险外，项目的政治风险保险在有些国家也是不可缺少的。项目保险在性质上等同于其他类型的担保。

常见的商业担保方式有：①银行信用证或银行保函，如贷款银行要求对资金不足或资产不足的项目公司需提供专业化金融机构的商业担保；②备用信用证方式，非公司型结构中资本不足的公司需提供由国际商业银行签发的备用信用证作担保；③保险，为防止项目意外事件发生而提供的保险服务，这类商业担保人一般是各类保险公司。

第二节 项目融资的物权担保

项目融资的物权担保是指项目公司或第三方以自身资产为履行贷款债务提供担保。当借款人违约时，贷款人有权出售担保物及其与之相关的权利，从出售所得中优先于其他债权人得到补偿。

国内信贷活动虽然广泛使用物权担保，但在项目融资这种国际融资活动中，却较少使用物权担保，其作用也不明显。这是因为贷款方不易控制跨国担保物，而更重要的是因为项目融资追索权有限。项目公司自身的资产一般不能使贷款方放心，贷款方看重的是项目本身，而非项目公司目前的资产。虽然物权担保对于借款方没有特别大的压力，但是它仍然能够约束项目有关参与方认真履行合同，保证项目顺利建成和运营。此外，在项目融资中，借款方以项目资产作担保，使贷款方能够控制项目的经营，进而顺利地收回贷款。

项目融资物权担保按担保标的物的性质可分为不动产物权担保和动产物权担保；按担保方式可分为固定设押和浮动设押。

一、不动产物权担保

不动产指土地、建筑物等难以移动的财产。在项目融资中，项目公司一般以项目资产作为不动产担保，但其不动产仅限于项目公司的不动产范围，而不包括或仅包括很少部分项目发起方的不动产。在一般情况下，如果借款方违约或者项目失败，贷款方往往接管项目公司，或者重新经营，或者拍卖项目资产，弥补其贷款损失。但这种弥补对于大额的贷款来说，往往是微不足道的。因为项目的失败往往导致项目资产，特别是不动产本身价值的下降，难以弥补最初的贷款额。例如管道项目，如果管道流量很小，那么管道设施本身只是废铁一堆。

二、动产物权担保

动产物权担保指借款方（一般为项目公司）以自己或第三方的动产作为履约的保证。动产可以分为有形和无形动产两种，前者如船舶、设备、商品等，后者如合同、特许权、股份和其他证券、应收账、保险单、银行账户等。由于处理动产物权担保在技术上比不动产物权担保方便，故在项目融资中使用较多。

在项目融资中，无形动产担保的意义更大一些。一方面，有形动产的价值往往因为项目的失败而大减;另一方面,也因为有形动产涉及多个项目参与方,其权力具有可追溯性,而且这种追溯是有合同等文件作为书面保证的。

可以说,项目融资中的许多信用担保最后都作为无形动产担保而成为对贷款方的一种可靠担保,因此,信用担保与无形动产担保往往具有同样的作用。

例如:"无论供货与否均需付款(Take or Pay Contract)"合同本身是一种信用担保,但当该合同作为无形资产担保掌握在贷款方手中时,贷款方就享受了该合同中的权利。这时,合同又成为无形动产担保。

1. 无形动产担保的具体担保物

① 发起人取得的协议和合同,包括经营、购买、供应、运输、收费合同等。
② 特许权协议,但注意有的国家不允许将特许权协议转让给外国人。
③ 股份和其他保函,如发起人的股份或承包商的完工保函。
④ 保险单,如将项目保险单的受益人转让给贷款人。
⑤ 银行账户,如项目融资中的支出账户和收入账户,从账户中提取资金的能力将受到贷款人的监督和管理。

2. 有形动产物权担保的担保物

有形动产包括船舶、设备、商品,但其价值往往因为项目的失败而大减。

(1) 生产中的仪器、机械设备

有些国家不允许该物权担保,如法国,只有贷款人贷款购买的机器设备才能作为对该贷款人的权益担保。

(2) 项目产品

项目产品操作起来较复杂,因项目性质和国家的不同而不同。许多国家,煤炭或矿产品只有在开采出来后才能作为担保资产,未开采的是国家财产,不能抵押给任何企业和个人。

三、固定设押和浮动设押

设押(Charge)是指不需要资产和权益占有的移转或所有权的转移,而是签署一项协议,根据协议,债权人有权使用该项担保条件下资产的收入来清偿债务人对其的责任。设押又分为固定设押(Fixed Charge)和浮动设押(Floating Charge)。

固定设押(固定担保)指与担保人的某一特定资产相关联的一种担保。在解除担保或担保受益人同意之前不能出售或者以其他形式处置该项资产。借款方作为还款保证的资产是固定的,如特定的土地、厂房或特定的股份、特许权、商品等。当借款方违约或项目失败时,贷款方一般只能从这些担保物中受偿。固定担保一般是在固定资产上设定,即固定担保的财产必须特定化,即设定抵押时就固定在具体的财产上,且必须遵守设定担保的必要手续。固定担保也可以在未收资金及流动资产上设定,但是在未经担保权人同意的情况下,不允许公司出售抵押的资产。

浮动设押(浮动担保)指不与担保人某项特定资产相关联,借款人(即担保人)对浮动担保物享有占有、使用和处分权,在借款人违约或破产之前,借款人有权在其正常的业务活动中自由使用和处分担保物,只有在特定事件发生时才能最后确定受偿资产。浮动担保无须转移担保物的占有,直到违约事件发生促使担保受益人行使担保权时,置于浮动设押下的资产才被置于担保受益人的控制之下。而之前，担保人可自主地运用该项资产，包括出售，经借款人处分后的担保物自动退出担保物范围；反之，借款人在设定浮动担保后所取得的一切财产（或某一类财产）也自动进入担保范围。可见在贷款人实际行使浮动担保权之前，担保物一直处于不确定的浮动状态，所以一旦项目的经营者在经营中有恶意地处分财产的情况，对贷款人而言，其担保权的实现就有相当大的风险。

固定设押下的标的处置是受很大限制的，而浮动设押的处置则几乎不受任何限制。对项目公司来说，其不愿设立较多的固定担保，因为这样会对其自主经营施加一定的限制，对资产的处理会束手束脚；对贷款人而言，固定担保则对其比较有利，便于其实现抵押权。因此，为了保证项目公司（或项目经营者）的利益，不宜设立较多的固定担保；为了保证贷款人的利益，又要设定一定的固定担保。或者从另一角度来说，就对两种担保的选择而言，项目公司愿意使用浮动担保，而贷款人则愿意使用固定担保。

四、物权担保的局限性

项目融资所设定的物权担保，其作用主要是消极的、防御性的，而不是积极的、进攻性的，即贷款人主要是用它来防止借款人的其他债权人在项目资产上取得对其不利的利益。

但实际操作中，它有许多不足之处。

① 项目资产很难出售。

② 大陆法系国家，要以公开拍卖方式强制执行担保物权，而不像英美法系那样允许由借款人指定的接管人占有财产继续经营该项目。

③ 贷款人即使能接管，也难取得项目成功。

④ 由于政治上的原因，要强制执行东道国的项目资产或出售特许协议，是很难办到的。

第三节　项目融资的信用担保

项目融资中的信用担保，即我们通常所说的项目担保，又称为人的担保，是当事人之间的一种合同关系，它是在贷款银行认为项目自身物的担保不够充分时要求借款人提供的一种人的担保。其主要作用是：由担保人为某一项目参与方向贷款人提供担保，当该项目参与方无法履行合同义务时，由担保人负责代其履行义务或承担赔偿责任。信用担保为项目的运作提供了一种附加的保障，从而降低了贷款银行在项目融资中的风险，是项目融资结构的生命线。

在信用担保中，担保人的信用是至关重要的，往往是贷款人决定是否给予贷款所要考虑的关键性因素。在项目融资中，担保人通常是法人，包括借款人以外的其他公司、商业银行、政府、官方信贷机构等。

根据信用担保在项目融资中承担的经济责任不同，可将其划分为三种基本类型：直接担保、间接担保和意向性担保。

一、直接担保

直接担保（Direct Guarantee）是直接担保人以直接的财务担保形式为项目公司按期还

本付息向贷款银行提供的担保。

直接担保是担保人代替第三方贷款人承担所有的义务，是担保中的传统方式。直接担保具有直接性和无条件性，在时间或数量上是有限的。

直接担保的主要操作方式有完工担保和资金缺额担保两种。

1. 完工担保

在项目的建设期和试产期，贷款银行所承受的风险最大。项目能否按期建成投产并按照其设计指标进行生产经营，是以项目现金流量为融资基础的项目融资的核心。贷款银行只愿意在建设成本和生产成本均已知的条件下安排有限的项目融资。为了防止出现因资金短缺而导致项目失败，需要有人承担建设成本和生产成本超支的风险，并提供相应的担保，这就是完工担保。项目完工担保是项目融资结构中一个主要的担保。

完工担保是一种有限责任的直接担保形式。完工担保所针对的项目完工风险包括：由于工程或技术上的原因造成的项目拖期或成本超支；由于外部纠纷或其他外部因素造成的项目拖期或成本超支；由于上述任何原因造成的项目停建以致最终放弃。

大多数的项目完工担保属于仅仅在时间上有所限制的担保形式，即在一定的时间范围内（通常在项目的建设期和试生产或试运行期间），项目完工担保人对贷款银行承担着全面追索的经济责任。在这一期间，项目完工担保人需要尽一切方法去促使项目达到"商业完工"的标准并支付所有的成本超支费用。

项目完工担保的提供者主要由两类公司组成：一类是项目的投资者（发起人）；另一类是承建项目的工程公司或有关保险公司。

（1）由项目投资者（发起人）提供的完工担保

由直接投资者作为项目完工担保人是最常用的，也是最容易被贷款银行所接受的方式。因为项目的投资者不仅是项目的最终受益人，而且由于股本资金的投入使其与项目的建设和运行成功与否有着最直接的经济利益关系，所以如果项目的投资者作为担保人，就会想方设法使项目按照预定的计划完成，同时由项目投资者作为完工担保人也可以增加贷款银行对项目前途的信心。

在项目融资结构中，完工担保可以是一个独立协议，也可以是贷款协议的一个组成部分。无论以哪种形式出现，完工担保应包括以下几个方面的基本内容。

① 完工担保的责任。完工担保的中心责任是项目投资者向贷款银行作出保证。在计划内的资金安排之外，项目投资者必须能够提供使项目按照预定工期完工的或按照预定"商业完工"标准完工的、超过原定计划资金安排之外的任何所需资金。如果项目投资者不履行其提供资金的担保义务而导致该项目不能完工，则需要偿还贷款银行的贷款。

② 项目投资者履行完工担保义务的方式。一旦项目出现工期延误和成本超支，需要项目投资者按照完工担保义务支付项目所必要的资金时，通常采用的方式主要有两种：一种是要求项目投资者追加对项目公司的股本资金投入；另一种是由项目投资者自己或通过其他金融机构向项目公司提供初级无担保贷款（即准股本资金），这种贷款必须在高级债务被偿还后才有权要求清偿。

③ 保证项目投资者履行担保义务的措施。国际上大型项目融资经常会出现贷款银团与项目投资者分散在不同国家的情况。这种状况使得一旦项目担保人不履行其完工担保义务时，就会给贷款银团采取法律行动造成许多不便。即使贷款银团与项目担保人同属于一个法

律管辖区域，为了能够在需要时顺利及时地启动项目完工担保，贷款银团也需要在完工担保协议中规定出具体的确保担保人履行担保义务的措施。

除原计划融资外，在必要时，发起人将进一步提供资金，使项目在预定日期完工。如不能完工，发起人将代替借款人偿还贷款人的贷款。项目完工期间，贷款人实际拥有完全追索权。

这种担保比较通行的做法是，项目投资者（担保人）被要求在指定银行的账户上存入一笔预订的担保存款，或者从指定的金融机构中开出一张以贷款银行为受益人的、相当于上述金额的备用信用证，以此作为贷款银行支付第一期贷款的先决条件。一旦出现需要动用项目完工担保资金的情况，贷款银行将直接从上述担保存款或备用信用证中提取资金。在这种情况下，根据完工担保协议，如果项目投资者（担保人）在建设期承担的是完全追索责任，则会被要求随时用其担保存款或备用信用证补足原来的金额。

(2) 由承建项目的工程承包公司及金融保险机构相结合提供的完工担保

由工程承包公司以及其背后的金融机构提供的项目完工担保，是包括在工程承包合同中的附加条件，这种担保条件的引入可以减少项目投资者所需承担的完工担保责任。它作为项目发起人完工担保的一种补充来减少项目发起人完工担保方面承担的压力，保护项目发起人自身利益。其主要内容是建设合同违约时，支付建设合同价格的一部分（5%～30%）给担保受益人。

当项目是由具有较高资信和丰富管理经验的工程公司承建时，特别是对于技术比较成熟的资源性、能源性和基础设施性工程项目，可以增加贷款银行对项目完工的信心，从而减少投资者在完工担保方面所需承担的压力。

然而，在大多数项目融资中，投资者是不可能彻底摆脱其完工担保责任的，但是可以通过在工程合同中引入若干种完工担保条件，转移一部分完工风险给工程承包公司，对项目投资者起到一定的保护作用。这些做法包括投标押金、履约担保、留置资金担保、预付款担保、项目运行担保。

这种完工担保经常以银行或其他金融机构的无条件信用证形式出现。通常，工程承包公司与项目公司签订完工担保协议且由承包公司提供由金融机构签发的担保合同（银行保函）来代替完工担保协议。这种担保协议称为银行保函（Letter of Guarantee）。银行保函的主要种类有投标保函、履约保函、预付款保函、留置金保函、维修保函。

① 投标保函。保证工程投资者对投标是认真的，不中途撤标，准备按投标条件执行合同，且有能力执行合同，一般相当于投标价的1%～2%。

② 履约保函。承包公司向项目公司保证履行承包合同。一般地，项目公司将其转让给贷款人，所以，贷款人是履约保函的最终受益人。如不能履行合同，则向担保受益人提供资金补偿，金额为建设合同价款的5%。

③ 预付款保函。它的作用是帮助工程公司安排流动资金用于开始时的设备材料购买等，使之可启动项目建设，并从项目公司处获得对工程公司的分期付款。金额相当于建设合同价款的14%。

④ 留置金保函。大型项目建设中，投资者将部分到期应付款留置，作为防备由于承包公司的原因造成的不可预见费用开支的准备金。如承包公司希望尽快收回资金，就提供留置金保函作为实际留置资金的替代来提前取得全部承包款项，以解决资金周转问题。

⑤ 维修保函。在工程完工并投入试产后的一定时间内，要求工程公司提供一部分资金，以修正完工后才能发现的工程设计或工程合同执行中的错误，起到项目运行担保的作用。一般做法是：工程实际完工后，履约保函和留置金保函自动转成项目维修保函。

(3) 两种担保的不同点

投资者（发起人）的完工担保要求尽全力去执行融资协议，实现项目完工；而工程公司的完工担保只是在建设工程合同违约时，支付建设工程合同款项的一部分（通常是 5%～30%，在美国，由保险公司提供的工程履约担保有时可以达到 100% 的合同金额）给予担保受益人。

因此，这种担保只能作为项目投资者完工担保的一种补充，并且和投资者提供的担保一样，其担保信用在很大程度上依赖于提供担保人的资信状况。

2. 资金缺额担保

资金缺额担保，有时也称为现金流量缺额担保，是一种在担保金额上有所限制的直接担保，为项目完工后收益不足的风险提供担保，主要作为一种支持已进入正常生产阶段的项目融资结构的有限担保。从贷款银行的角度，设计这种担保的基本目的有两个：一是保证项目有正常运行所必需的最低现金流量，具有支付和偿付到期债务的能力，保证项目的正常运转；二是在项目投资者出现违约的情况下，或者在项目重组及出售项目资产时，保护贷款银行的利益，保证债务的回收。

维持一个项目正常运行所需要的资金包括三个方面：日常生产经营性开支；必要的大修、更新改造等资本性开支；如果项目资金构成中有贷款部分，还需要考虑到期债务利息和本金的偿还。从贷款银行的角度，为了保证项目不至于因资金短缺而造成停工和违约，往往要求项目投资者以某种形式承诺一定的资金责任，以保证项目的正常运行，从而使项目可以按照预定计划偿还全部银行贷款。资金缺额担保的三种具体操作方法为：担保存款或备用信用证；建立留置基金；项目发起人提供项目最小净现金流量担保。

(1) 担保存款或备用信用证

担保存款或备用信用证指项目发起人在指定银行存入一笔事先确定的资金作为担保存款，或由银行以贷款银团为受益人开出一张备用信用证。这种担保存款或备用信用证金额在项目投资中没有一个统一的标准，一般取为该项目年正常运行费用总额的 25%～75%，其数额主要取决于贷款银行对项目风险的识别和判断。如项目某时期现金流量不足以支付生产成本、资本开支或偿还到期债务时，贷款银团可从担保存款或备用信用证中提取相应资金。在一定年限内，投资者不能撤销或将担保存款和备用担保信用证挪作他用，担保存款或备用信用证额度通常随着利息的增加而增加，直到一个规定的额度。

这种担保形式在为新建项目安排融资时比较常见。对于一个新建项目，虽然从融资的角度，该项目可能已通过"商业完工"标准的检验，但是并不能保证在其生产经营阶段百分之百成功，尤其是由于新建项目没有经营历史也没有相应资金积累，抗意外风险的能力比经营多年的项目要脆弱得多。因而贷款银行多会要求由项目投资者提供一个固定金额的资金缺额担保，作为有限追索融资结构中信用保证结构的一个组成部分。

(2) 建立留置基金

项目的年度收入在扣除全部的生产费用、资本开支及到期债务本息和税收之后的净现金流量，存入留置基金账户，以备出现任何不可预见的问题时使用。对投资者使用该基金加以严格限制和规定，规定一个最小资金缺额担保，当项目可支配资金大于最小资金缺额担保时，发起人才可提走资金。

(3) 项目发起人提供项目最小净现金流量担保

项目发起人提供项目最小净现金流量担保，即保证项目有一个最低的净收益作为对贷款银行在项目融资中可能承担风险的一种担保。当实际项目净现金流量低于协议规定的最小净现金流量时，项目发起人就必须负责将其差额部分补上，保证项目正常运行。

二、间接担保

项目融资中的间接担保（Indirect Guarantee）是指项目担保人不以直接的财务担保形式为项目提供担保，而是以某种合同或协议作为项目担保，多以商业合同或政府特许权协议的形式出现。对于贷款银行来说，这类型的担保同样构成了一种确定性的无条件的财务责任。

间接担保有以产品销售协议提供的间接担保、以项目建设合同提供的间接担保、以经营和维护合同提供的间接担保、由供应合同提供的间接担保，以及其他合同形式提供的项目担保等形式。

1. 以产品销售协议提供的间接担保

在项目融资中，有可能作为项目担保的主要销售合同或协议有"或付或取"（无论供货与否均需付款）销售合同、"提货与付款"销售合同、长期销售协议等，其中最多的是"无论供货与否均需付款"协议和"提货与付款"协议。各类销售协议的不同，其担保功能是有较大差别的。

（1）"无论供货与否均需付款"销售合同

"无论供货与否均需付款"销售合同是指买方按协议承担按期根据规定的价格向卖方支付最低数量项目产品销售金额的义务，不问事实上买方是否收到产品。如项目发起人同时具有产品购买者和项目公司双重身份，则由银行独立监管项目公司的资金使用以确保项目平稳运行。

这种合同的特点是：

① 它是一种长期销售合同，期限应不小于项目融资的贷款期限；

② 买方在合同项下的支付义务是无条件的和不可撤销的，即使买方未收到合同项下的产品，仍须履行其义务，它是项目公司能按期偿还项目贷款的基础；

③ 以市场价格为基础，但价格规定有最低限价；

④ 购买数量以项目达到生产指标时的产量为基础，不能低于该最低产量标准。

"无论供货与否均需付款"销售合同的基本原则是项目产品的购买者所承诺支付的最低金额应不少于该项目生产经营费用和债务偿还费用的总和。该协议是项目公司与项目产品购买方签订的，但项目公司将在该协议下无条件取得的贷款权利转让给贷款银行。

（2）"提货与付款"销售合同

"提货与付款"销售合同是指买方取得货物后，即在项目产品交付或项目劳务实际提供给买方以后，买方才支付某一最低数量的产品或劳务的金额给对方。

它的担保分量比"无论供货与否均需付款"合同的担保分量要轻得多。所以贷款银行会要求项目投资者提供一份资金缺额担保作为提货与付款协议担保的一种补充。它没有最低限价的规定，一旦产品价格长期过低，银行会用资金缺额担保来偿还贷款。

这种销售合同与长期销售合同类同，但"提货与付款"销售合作拥有期权，如果它支付生产者的固定成本部分，它就有权选择拒绝接受产品或服务。

（3）长期销售协议

长期销售协议是项目公司和项目买方就一定数量的项目产品签订的销售合同，一般为

1～5年。在这种合同中，若购买方不购买指定的项目产品，则应向项目公司赔偿损失。但是购买方没有义务为了项目公司的债务支付而进行最小数量的付款。

"无论提货与否均需付款"协议和"提货与付款"协议是两类既有共性又有区别的协议，并且是国际项目融资所特有的项目担保形式。"无论提货与否均需付款"协议和"提货与付款"协议，是项目融资结构中项目产品（或服务）长期市场销售合约的统称。这类合约形式几乎在所有类型的项目融资中都广泛地得到了应用，从各种各样的工业项目，如煤矿、有色金属矿、铁矿、各种金属冶炼厂、石油化工联合企业、造纸、纸浆项目，一直到公用设施和基础设施项目，如海运码头、石油运输管道、铁路集散中心、火力发电厂等，因而在某种意义上已经成为项目融资结构中不可缺少的一个组成部分。同时，这类合约形式在一些项目融资结构中也被用于处理项目公司与其主要原材料、能源供应商之间的关系。"无论提货与否均需付款"协议和"提货与付款"协议在法律上体现的是项目买方与卖方之间的商业合同关系，尽管实质上是由项目买方对项目融资提供的一种担保，但是这类协议仍被视作为商业合约，是一种间接担保形式。

2. 以项目建设合同提供的间接担保

这种合同的担保作用是贷款者通常会要求承建公司承担赔偿工期延误所造成损失的责任，所赔金额应至少能支付工期延误期间，根据贷款协议项目公司应偿还的利息和弥补项目公司在工期延误期的经营成本等。这类合同主要有以下几种。

（1）一揽子承包合同

一揽子承包合同是指承建商保证承担包括规划设计和建设在内的全部工作，甚至对于子承建商选择都由其负责的合同。在这种合同中，项目公司要求承建商提供全面的完工担保，承建商风险最大。

（2）EPC合同

EPC（Engineering-Procurement-Construction）合同是指承包商负责工程项目的规划，然后转包给分包商来具体建设项目，并监督分包商以使项目按照项目公司指定的标准建设，使用这种合同承建商的风险最小。当发起人认为自己很有经验，相信他们的监督能降低EPC合同的风险，认为没有必要付出一揽子承包合同额外的成本时适用。

3. 以经营和维护合同提供的间接担保

经营和维护合同在保证项目经营期的现金流量充足方面起着非常重要的作用，因而也可以构成项目担保的一个重要组成部分。

在项目融资实务中，项目发起人对于项目经营有两种选择：它可以自己经营，这时就不需要经营维护合同；还可以聘请一个经营公司经营项目，这时签订经营合同就很重要。签订这种合同的目的有：将项目的经营维护风险分配给项目的经营者，实现项目公司和贷款者与此风险隔离的目的；确保项目以适当方式运营，使项目具有实现收入最大化的能力；确保项目设施在项目公司和贷款者认可的预算范围内正常经营和维护。

在由第三方当事人作为经营者的情况下，经营和维护合同的基本种类一般有以下几种。

① 固定价格合同，经营者经营该项目取得一笔固定的费用，如超出由经营者自己承担风险，因此经营者需节约取得更大利益。

② 成本加费用合同——固定费用（经营者的利润）＋经营成本，这类合同中项目公司承担了经营成本增加的风险。

③ 带有最高价格和激励费用的成本加费用合同——报酬与经营成本、经营目标及资金挂钩。这类合同将项目公司与项目相连的大部分经营风险隔离，且提供使项目在预算内有效运营的良好前景。

4. 由供应合同提供的间接担保

项目的供应合同在保证项目成本稳定和可预见方面起着非常重要的作用，因而也构成项目担保的一个组成部分，用来为项目的成本超支风险提供担保。

一般来说，在项目融资中，原料供应合同有两种不同的操作形式。

① 或付或取供应合同，指原料供应方以协议价格供应规定数量的原料，如项目公司不购买，则它必须向供应方付款。

② 纯供应合同，指项目公司向供应商购买项目所需的全部原料。项目公司支付实际的货款，但供应商可能供应也可能不供应项目所需的全部原料。

供应合同可保证项目成本稳定和可预见，为项目的成本超支风险提供担保。贷款银行一般偏好"或付或取"供应合同，因为它使项目在协定价格基础上取得一个稳定的原料供应。

5. 其他合同形式提供的项目担保

项目融资是由许多各自独立的合同相互联结在一起的一个综合体。任何一个项目融资交易都需要采用一系列的合同把项目融资参与者联结起来，以确定他们彼此之间的权利义务，并为资金提供者提供一种担保。其合同种类除了以上各种合同外，还有以下种类的合同，它们也可在一定程度上发挥项目担保的作用。

(1) 投资协议

投资协议是发起人与项目公司之间签订的协议，内容是规定发起人同意向项目公司提供一定金额的财务支持。财务支持有两种方式。

① 发起人同意以次级贷款或参与股权的方式向项目公司注资，贷款或股份出资金额应当能使项目公司有清偿债务的能力或达到规定的财务指标，比如应达到规定的最低流动资本额。

② 由发起人向项目公司提供一笔足以使后者向贷款人偿还贷款的金额。投资协议最终被项目公司转让给贷款人而起到间接担保的作用。

(2) 购买协议

购买协议是项目发起人与贷款人之间签订的协议，内容是发起人同意，当项目公司不履行对贷款人偿还资金的义务时，发起人购买相当于贷款人发放给项目公司的贷款金额的产品。因此，这种协议同样可以作为一种担保形式，它是项目发起人对贷款人向项目公司贷款所提供的一种保护。

三、意向性担保

意向性担保是担保人表现出有可能对项目提供一定支持的意愿，是一种道义承诺，无法律后果。从严格的法律意义上讲，意向性担保不是一种真正的担保，没有法律约束力，仅仅表现出担保人有可能对项目提供一定支持的意愿。它也不需要在担保人公司的财务报告中显示出来，因此受到担保人的偏爱，在项目融资中应用较为普遍。

1. "安慰信"或"支持信"

安慰信一般是由项目发起人或政府写给贷款人,对它发放给项目公司的贷款表示支持的信。它通常是在担保人不愿接受法律约束的情况下所采用的一种担保形式。它对贷款人表示的支持一般体现在以下三个方面。

① 经营支持。担保人声明在他的权利范围内将尽一切努力保证按照有关政策支持项目公司的正常经营。

② 不剥夺资产。东道国政府保证不会没收项目资产或将其国有化。

③ 提供资金。担保人同意向项目公司提供一切必要手段使其履行经济责任,如母公司愿意在其子公司遇到财务困难时提供帮助等。

安慰信的条款一般不具有法律约束力,而只有道义上的约束力;即使明确规定了法律效力,安慰信也会由于条款的弹性过大而不能产生实质性的权利义务。然而,由于关系到担保人自身的资信和今后的业务,故资信良好的担保人一般不会违背自己在安慰信中的诺言。因此,贷款方愿意接受担保人出具的这类安慰信。

2. 东道国政府的支持

我国的中央政府部门或地方政府部门,往往为大型项目融资向贷款方出具安慰信,一方面是向贷款方提供信誉担保,另一方面可为项目的进展创造良好的支持环境。

东道国政府在项目融资中扮演的角色虽然是间接的,但很重要。在许多情况下,东道国政府颁发的开发、运营的特许权和执照是项目开发的前提。虽然东道国政府一般不以借款人或项目公司股东的身份直接参与项目融资,但可能通过代理机构进行权益投资,或者是项目产品的最大买主或用户,在我国尤其如此。一般项目,特别是基本建设项目,如公路、机场、地铁等,所在国政府将参与项目的规划、融资、建设和运营各个阶段,BOT 项目就是一个典型。对于其他项目,政府的支持可能是间接的,但对项目的成功仍然至关重要。例如,自然资源开发和收费交通项目均需得到政府的特许。在多数国家,尤其在我国,能源、交通、土地、通信等资源均掌握在政府手中,而这些资源是任何项目成功必不可少的条件,只有得到我国政府的支持,才能保证项目顺利进行。

这种东道国政府的支持一般表现为以下内容:保证不对项目公司实施不利的法律变化,坚持"非歧视原则";保证外汇的可获得性;保证不实施歧视性的外汇管制措施;保证项目公司能得到必要的特许经营协议和其他许可权;保证不没收或使其国有化;在可能情况下,通过政府代理机构进行必要的权益投资;可能成为项目产品的最大买主或用户等。

复习思考题

1. 什么是项目融资担保?它与一般商业贷款的担保有什么区别?
2. 项目融资担保人的类型有哪几种?他们的作用分别是什么?
3. 什么是项目融资的信用担保?它的主要形式有哪几种?
4. 什么是项目融资的物权担保?它的主要形式有哪几种?
5. 试分析资金缺额担保的主要目的,并分析设置该项担保的积极作用。

第十三章 项目融资的基本模式

第一节 项目融资基本模式的种类

项目融资的基本模式根据融资主体不同可分为由项目发起人直接安排项目融资模式和发起人通过项目公司安排项目融资模式，以下将这两种模式简称为投资者直接安排融资模式和由项目公司安排融资模式。

一、由项目发起人直接安排项目融资模式

由项目发起人直接安排项目融资模式简称为直接融资模式。直接融资模式是由项目投资者直接安排项目的融资并且直接承担融资安排中相应责任和义务的一种模式，结构上最简单，适用于投资者本身财务结构不复杂的情况。这种融资模式有利于投资者税务结构方面的安排。由于那些资信状况良好的投资者直接使用投资者的名义出面，对于大多数银行来说这本身就是一种担保。直接安排融资还可以获得相对成本较低的贷款。但采用这种模式需要注意的问题是如何限制贷款银行对投资者的追索权利。这种模式由投资者安排融资并直接承担其中的债务责任，项目贷款很难安排成为非公司负债型的融资，在法律结构中实现有限追索会相对复杂。

直接安排项目融资的模式在投资者直接拥有项目资产并直接控制项目现金流量的非公司型合资结构中比较常用。并且，因为绝大多数的非公司型合资结构不允许以合资结构或管理公司的名义融资，所以这种融资模式有时也是为项目筹集追加资本金时所能使用的唯一方法。

1. 直接融资模式的集中化形式

集中化形式指投资者直接安排融资，但各个投资者在融资过程中面对的是共同的贷款银行和市场。首先，项目实际投资者按合资协议组成非公司型合资结构，组建一个项目管理公司，同时签订管理协议、销售代理协议；其次，根据合资协议的规定，投资者分别在项目中投入相应比例的自有资金，并统一安排项目融资、统一筹集项目的建设资金和流动资金，但是由每个投资者独立与贷款银行签署协议；第三，项目公司负责项目的建设和生产经营，项目管理公司同时也作为项目投资者的代理人负责项目的产品销售；最后，项目的销售收入进

入银行监控账户，支付项目的生产成本和资本再投入，偿还贷款银行的到期债务后，按融资协议将盈余资金返还给投资者。其具体过程如图 13-1 所示。

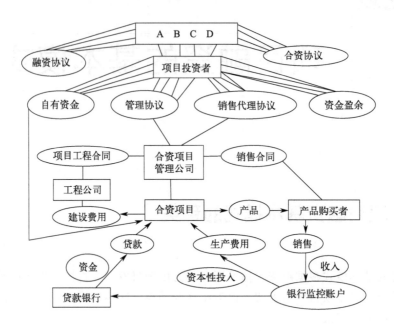

图 13-1　直接融资模式的集中化形式

2. 直接融资模式的分散化形式

分散化形式是指投资者独立安排融资和承担市场销售责任。在融资过程中，项目投资者根据合资协议组建合资项目，投资于某一项目，并由投资者而不是项目管理公司组织产品销售和债务偿还。首先，项目投资者根据合资协议组建合资项目，任命项目管理公司负责项目的建设和生产管理；其次，投资者按照投资比例直接支付项目的建设费用和生产费用，根据自己的财务状况自行安排融资，项目管理公司代表投资者安排项目建设、项目生产，组织原材料供应，并根据投资比例将项目产品分配给项目投资者；最后，投资者以规定价格购买产品，其销售收入根据与贷款银行之间的现金流量管理协议进入贷款银行监控账户，并按照资金使用序列的原则进行分配。其具体操作过程如图 13-2 所示。

3. 直接融资模式的特点

（1）直接融资模式的优点

① 选择融资结构及融资方式较灵活，投资者可以根据不同需要在多种融资模式、多种资金来源方案之间进行充分选择和合并。可获得成本较低的贷款，充分利用税收减免，降低融资成本。

② 投资者可灵活运用自己在商业社会中的信誉，安排融资，选择融资方式。

③ 债务比例安排也比较灵活，投资者可根据项目经济强度和本身的资金情况确定债务比例。

（2）直接融资模式的缺点

① 如果合资结构中的投资者在信誉、财务状况、市场销售和生产管理能力等方面不一致，就会增加项目资产及现金流量作为融资担保抵押的难度，从而在融资追索的程度和范围

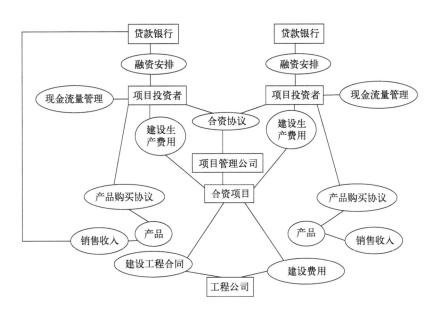

图 13-2 直接融资模式的分散化形式

上会比较复杂。

② 在安排融资时,需要注意划清投资者在项目中所承担的融资责任和投资者其他业务之间的界限,这一点在操作上更为复杂。所以在大多数项目融资中,由项目投资者成立一个专门公司来进行融资的做法比较受欢迎。

③ 通过投资者直接融资很难将融资安排成为非公司负债型的融资形式,也就是说,在安排成有限追索的融资时难度很大。

在非公司型投资结构中,由于项目实体并非独立法人,因此只能由投资者作为融资主体进行融资,这种安排也造成了债务风险隔离的困难和难以实现资产负债表外融资的局面。

二、发起人通过项目公司安排项目融资模式

发起人通过项目公司安排项目融资模式简称为项目公司融资模式,是指投资者通过建立一个单一目的的项目公司来安排融资,具体有单一项目子公司和合资项目公司两种基本形式。

1. 单一项目子公司形式

为了减少投资者在项目中的直接风险,在非公司型合资结构、合伙制结构甚至公司型合资结构中,项目的投资者经常建立一个单一目的的项目子公司作为投资载体,以该项目子公司的名义与其他投资者组成合资结构并安排融资,即所说的单一项目子公司的融资形式,这是通过项目公司安排融资的一种形式。

这种融资形式的特点是项目子公司将代表投资者承担项目中的全部或主要经济责任。由于该公司是投资者为一个具体项目专门组建的,缺乏必要的信用和经营历史(有时也缺乏资金),所以可能需要投资者提供一定的信用支持和保证。这种信用支持一般至少包括项目的完工担保和保证项目子公司具备良好经营管理的意向性担保。这种模式的具体操作过程如图 13-3 所示。

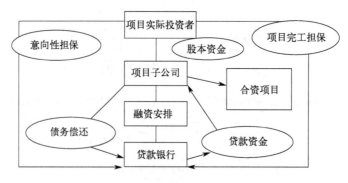

图 13-3 单一项目子公司形式

对于其他投资者和合资项目本身而言，采用这种结构安排融资与投资者直接安排融资没有多大区别；然而对于投资者而言，这种模式却与投资者直接安排融资有一定的差异。

① 该项目融资方式容易划清项目的债务责任。贷款银行的追索权只能涉及项目子公司的资产和现金流量，其母公司除提供必要的担保以外不承担任何直接的责任，融资结构较投资者直接安排融资要简单清晰。

② 项目融资有可能被安排成为非公司负债型融资，减少了投资者的债务危机。

③ 在税务结构安排上灵活性可能会差一些，并有可能影响到公司经营成本的合理控制。具体结果取决于各国税法对公司之间税务合并的规定。

2. 合资项目公司模式

合资项目公司模式是通过项目公司安排融资的另一种形式，也是最主要的形式，是由投资者共同投资组建一个项目公司，再以该公司的名义拥有、经营项目和安排项目融资的形式，在公司型合资结构中较为常用。

采用这种模式，项目融资由项目公司直接安排，主要的信用保证来自项目公司的现金流量、项目资产以及项目投资者所提供的与融资有关的担保和商业协议。对于具有较好经济强度的项目来说，这种融资模式可以安排成为对投资者无追索性的形式。

由于项目公司的弱点是除了正在安排融资的项目之外没有任何其他的资产，也没有任何经营历史，所以投资者必须承担一定程度的项目责任，而完工担保是应用最普遍的一种方式。在项目生产期间，如果项目的生产经营达到预期标准，现金流量又可以满足债务覆盖比率的要求，项目融资就可以安排成为无追索贷款。图 13-4 是投资者共同组建项目公司并通过合资项目公司融资的模式。

3. 项目公司融资模式的特点

与直接融资模式相比，项目公司融资模式具有以下特点。

① 项目公司统一负责项目的建设、生产、市场运营，并且可以整体地使用项目资产和现金流量作为融资的抵押和信用保证，在概念和融资结构上较易于为贷款银行接受，法律结构相对比较简单。

② 项目公司融资模式中，项目投资者不直接安排融资，而是通过间接的信用保证形式支持项目公司的融资，如完工担保、"无论提货与否均需付款"或"提货与付款"协议等。投资者的债务责任较直接融资更清楚，较易实现有限追索的项目融资和非公司负债型融资的要求。

③ 通过项目公司安排融资可以充分利用大股东在管理、技术、市场和资信等方面的优

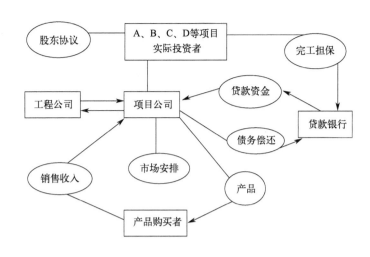

图 13-4 合资项目公司模式

势,为项目获得优惠的贷款条件,共同融资避免了投资者之间为安排融资的相互竞争。

④ 该模式的主要缺点是缺乏灵活性,难以满足不同投资者对融资的各种要求。该种模式中投资者缺乏对项目现金流量的控制,在资金安排上有特殊要求的投资者就会面临一定的选择困难。

第二节 产品支付融资模式

产品支付是项目融资的早期形式之一,起源于 20 世纪 50 年代美国石油天然气项目的融资安排。它是以产品支付为基础组织起来的项目融资,以项目生产的产品和销售收益的所有权作为担保品,而不采用转让或抵押方式进行融资。

这种形式是针对项目贷款的还款方式而言的,一般情况下,借款方在项目投产后不以项目产品的销售收入来偿还债务,而是直接以项目产品来还本付息。在贷款得到偿还前,贷款方拥有项目部分或全部产品的所有权。在绝大多数情况下,产品支付只是产权的转移而已,而非产品本身的转移。通常,贷款方要求项目公司重新购回属于它们的产品或充当它们的代理人来销售这些产品。因此,销售的方式可以是市场销售,也可以是由项目公司签署购买合同一次性统购统销。无论哪种情况,贷款方都不用接受实际的项目产品。

针对资源属于国家的项目,还款由项目未来产生的现金流量和资源开采权项目资产的抵押组成,贷款银行所取得的权利仅限于那一部分项目产品,如收入不足以偿还其贷款,贷款人无权请求补偿。

这种产品支付融资模式适用于资源储量已经探明,并且项目生产的现金流量能够比较准确计算出来的项目。其融资的关键问题是如何计算资源储量的现值。

一、产品支付融资模式的特点

① 有独特的信用保证结构。在实际操作过程中,这种融资方式建立在由贷款银行购买

某一特定矿产资源储量的全部或部分的未来销售收入权益的基础上。在这一安排中，提供融资的贷款银行从项目中购买到一个特定份额的生产量，这部分生产量的收益也就成为项目融资的主要偿债资金来源。因此，产品支付是通过直接拥有项目的产品，而不是通过抵押或权益转让的方式来实现融资的信用保证。对于资源属于国家所有的项目，投资者只能获得资源开采权，产品支付的信用保证是通过购买项目未来生产的现金流量加上资源开采权和项目资产的抵押来实现的。从理论上讲，产品支付融资能安排的资金数量，应该等于产品支付所购买的那一部分资源的预期未来收益的资产现值。

② 贷款银行的融资容易被安排成为无追索或有限追索的形式。由于所购买的资源储量及其销售收益被用作产品支付融资的主要偿债来源，而产品支付融资的资金数量多少取决于产品支付所购买的那一部分资源储量的预期收益在一定利率条件下贴现出来的资产现值，所以贷款的偿还非常可靠，从一开始贷款就可以被安排成无追索或有限追索的形式。在这种融资模式中，如何计算所购买的资源储量的现值成为一个关键问题，同时也是实际工作中一个较为复杂的问题。它需要确定已证实的资源总量、资源价格、生产计划、通货膨胀率、汇率、利率、资源税、其他有关政府税收和其他一些经济因素。

③ 产品支付的融资期限一般应短于项目预期的经济生产期，即产品支付融资的贷款期限将会大大短于资源性项目的开采期。

④ 产品支付中的贷款银行一般只为项目的建设和资本费用提供融资，而不承担项目生产费用的融资，并且要求项目发起人提供最低生产量、最低产品质量标准等方面的担保等。

⑤ 融资中介机构在产品支付融资中发挥着重要的作用。在具体操作中，一般成立一个"融资中介机构"，即所谓的专设公司，用以专门负责从项目公司中购买一定比例的项目生产量。这样做可能是由于以下原因：其一，贷款人所在国家的法律禁止银行参与非银行性质的商业交易；其二，在有多家银行提供项目贷款时，希望由一家专设公司负责统一管理。如果由银行直接与项目公司签订"产品支付"协议，则必须得到有关部门的授权。

二、产品支付融资模式的操作过程

（1）建立融资中介机构

由贷款银行或者项目投资者建立一个融资中介机构（SPV），从项目公司购买一定比例的项目资源的生产量（如石油、天然气、矿藏储量）作为融资的基础。

（2）资金注入

贷款银行为融资中介机构安排用以购买这部分项目生产量的资金，该融资中介机构根据产品协议将资金注入项目公司。

（3）还款保证

融资中介机构以对产品的所有权及其有关购买合同作为对贷款银行的还款保证。

（4）开发建设

项目公司从专设公司融资中介机构得到购货款，作为项目的建设和资本投资资金，进行开发建设。本阶段产品支付结构示意见图13-5。

（5）项目投产后销售

在项目进入生产期后，根据销售协议，项目公司作为融资中介机构的代理销售其产品，

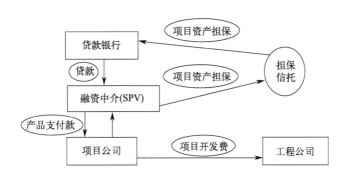

图 13-5　开发建设阶段产品支付结构示意

销售收入将直接进入融资中介机构，用来偿还自身购货款。本阶段产品支付结构示意见图 13-6。

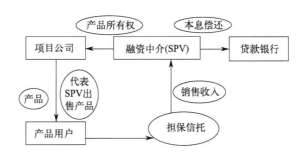

图 13-6　投产阶段产品支付结构示意

第三节　杠杆租赁融资模式

杠杆租赁融资模式是指在项目投资者的要求和安排下，由杠杆租赁结构中的资产出租人融资购买项目的资产，然后将其租赁给承租人（项目投资者）的一种融资结构。资产出租人和融资贷款银行的收入以及信用保证主要来自结构中的税务好处、租赁费用、项目的资产以及对项目现金流量的控制。

由于融资项目多属基础设施项目或是资源开发类项目，在这类项目的投资总额中，大型设备购置费所占比例较大，项目所需设备除可通过贷款筹集资金购置以外，也可以采取租赁的形式获得。根据出租人对购置一项设备的出资比例，可将金融租赁划分为直接租赁和杠杆租赁两种类型。在一项租赁交易中，凡设备购置成本由出租人独自承担的即为直接租赁。而在项目融资中，得到普遍应用的是杠杆租赁。

杠杆租赁中，设备购置成本的小部分由出租人承担，大部分由银行等金融机构提供贷款补足。出租人一般投资购置设备所需款项的 20%～40%，银行贷款 60%～80%。出租人是设备所有权人，经济上拥有设备所有权，享受如同对设备 100% 投资的同等税收待遇。

一、杠杆租赁融资的优势分析

杠杆租赁融资可获得杠杆效果和优惠待遇。从一些国家的实际情况来看，租赁在融资活动中的使用非常普遍，特别是在购买轮船和飞机的融资活动中，这种方式应用得更为普遍。在英国和美国，很多大型工业项目也采用金融租赁方式来建设。这是因为通过金融租赁，尤其是杠杆租赁方式获取的设备往往具有技术水平先进、资金占用量大的特点，所以它能享受到诸如投资减免、加速折旧、低息贷款等多种优惠待遇，使得出租人和承租人双方都能得到好处，从而获得一般租赁所不能获得的更多的经济效益。

对项目投资者和项目公司来说，采用租赁融资方式解决项目所需资金具有以下好处。

1. 项目公司仍拥有对项目的控制权

根据金融租赁协议，作为承租人的项目公司拥有租赁资产的使用、经营、维护和维修权等。在多数情况下，金融租赁项目的资产甚至被看成由项目发起人完全所有、由银行融资的资产。

2. 可实现百分之百的融资要求

一般来说，在项目融资中项目发起人总是要提供一定比例的股本资金，以增强贷款人提供有限追索性贷款的信心。但在杠杆租赁融资模式中，由金融租赁公司的部分股本资金加上银行贷款，就可以全部解决项目所需资金或设备购买资金，项目发起人不需要再进行任何股本投资。

3. 较低的融资成本

在多数情况下，项目公司通过杠杆租赁融资的成本低于银行贷款的融资成本，尤其是在项目公司自身不能充分利用税务优惠的情况下，这种优势体现得更明显。因为在许多国家，金融租赁可享受到政府的融资优惠和信用保险。一般地，如果租赁的设备为新技术、新设备，政府将对租赁公司提供低息贷款；如果租赁公司的业务符合政府产业政策的要求，政府可以提供40%～60%的融资。同时，当承租人无法交付租金时，由政府开办的保险公司向租赁公司赔偿50%的租金，以分担风险和损失。这样，金融租赁公司就可以将这些优惠的租金分配一些给项目承租人——项目公司。

4. 可享受税前偿租的好处

在金融租赁结构中，项目公司支付的租金可以被当作费用支出，这样就可以直接计入项目成本，不需要缴纳税金。这对项目公司而言，就起到了减少应纳税额的作用。

二、杠杆租赁融资模式的复杂性

与其他融资模式相比，杠杆租赁融资模式在结构上较为复杂，主要体现在以下几个方面。

1. 融资需考虑的问题较多

多数融资模式的设计主要侧重于资金的安排、流向、有限追索的形式和程度以及风险分担等问题上，而将项目的税务结构和会计处理问题放在项目的投资结构中加以考虑和解决。

杠杆租赁融资模式则不同，在结构设计时不仅需要以项目本身的经济强度，特别是现金流量状况作为主要的参考依据，而且也需要将项目的税务结构作为一个重要的组成部分加以考虑。

因此，杠杆租赁融资模式也被称为结构性融资模式。

2. 杠杆租赁项目融资中的参与者比其他融资模式要多

在一个杠杆租赁融资模式中，至少要有资产出租者、债务参加者、资产承租者和融资顾问的参与。其中：资产出租者至少有由两个"股本参加者"组成的合伙制结构作为项目资产的法律持有人和出租人；债务参加者是提供资金的银行和其他金融机构；资产承租者是项目的主办人和真正投资者，项目资产承租人通过租赁协议的方式从杠杆租赁结构的股本参加者手中获得项目资产的使用权，并支付租赁费作为使用项目资产的报酬；融资顾问通常也称"杠杆租赁经理人"。一般地，杠杆租赁融资结构是通过一个杠杆租赁经理人组织起来的，这个经理人相当于一般项目融资结构中的融资顾问角色，主要由投资银行担任。

3. 实际操作中对杠杆租赁项目融资结构的管理比其他项目融资模式复杂

一般项目融资结构的运作通常包括两个阶段，即项目建设阶段和项目经营阶段。但是，杠杆租赁项目融资结构的运作需要包括五个阶段，即项目投资组建（合同）阶段、租赁阶段、建设阶段、经营阶段、中止租赁协议阶段。

杠杆租赁融资结构的运作与其他项目融资结构运作之间的主要区别在于两个方面：第一，在项目投资者确定组建（或参加）一个项目的投资之后，需要将项目的资产及投资者在投资结构中的全部收益转让给由股本参加者组织起来的杠杆租赁融资结构，然后再从资产出租人（即由股本参加者组成的合伙制结构）手中将项目资产转租回来。第二，在融资期限届满或由于其他原因中止租赁协议时，项目投资者的一个相关公司需要以事先商定的价格（或价格公式）将项目的资产购买回去。

三、杠杆租赁的操作要点

1. 项目投资组建（合同）阶段

① 项目投资者设立一个单一目的的项目公司，项目公司签订资产购置和建造合同，购买开发建设所需的厂房和设备，并在合同中说明这些资产的拥有权将转移给金融租赁公司，然后再从其手中将这些资产转租回来。当然，这些合同必须在金融租赁公司同意的前提下才可以签署。

② 成立合伙制金融租赁公司，安排债务资金，用以购买项目及资产。由愿意参与到该项目融资中的两个或两个以上的专业租赁公司、银行及其他金融机构等以合伙制形式组成一个特殊合伙制的金融租赁公司，这个金融租赁公司将作为资产出租人负责筹集购置设备并出租。本阶段各参与方的关系见图13-7。

2. 租赁阶段

由合伙制金融租赁公司筹集购买租赁资产所需的债务资金，即寻找项目的"债务参与者"为金融公司提供贷款。这些债务参加者通常为普通的银行和金融机构，它们通常以无追索权的形式提供60%～80%的购置资金。一般来讲，金融租赁公司必须将其与项目公司签订的租赁协议和转让过来的资产抵押给贷款银行，这样贷款银行的债务在杠杆租赁中就享有

图 13-7 杠杆租赁的合同阶段

优先取得租赁费的权利。

购买设备并出租：合伙制金融租赁公司根据项目公司转让过来的资产购置合同购买相应的厂房和设备，然后把它们出租给项目公司。租赁阶段各参与方之间的关系见图 13-8。

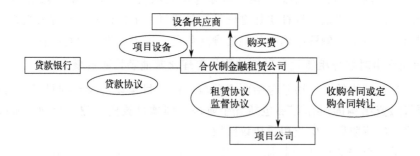

图 13-8 杠杆租赁的租赁阶段

3. 建设阶段

项目公司根据租赁协议从合伙制金融公司手中取得项目资产的使用权，并代表租赁公司监督项目的开发建设。

同时，项目公司开始向租赁公司支付租金，租金在数额上应该等于租赁公司购置项目资产的贷款部分所需支付的利息。同时，在大多数情况下，项目公司也需要为杠杆租赁提供项目完工担保、长期的市场销售保证及其他形式的信用担保等。建设阶段各参与方之间的关系见图 13-9。

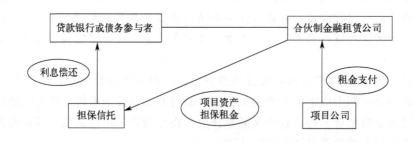

图 13-9 杠杆租赁的建设阶段

4. 经营阶段

项目公司生产出产品，并根据产品承购协议将产品出售给项目投资方或用户获得收入。这时，项目公司补缴建设期内没付清的租金，租赁公司收到租金后通过担保信托支付银行本息。

租赁公司监督或管理项目公司现金流，通常由租赁公司的经理人或经理公司监督或直接管理项目公司的现金流量，以保证项目现金流量在以下项目中按顺序进行分配和使用：生产费用、项目的资本性开支、租赁公司经理人的管理费、相当于贷款银行利息的租金支付、相当于租赁公司股本投入的投资收益的租金支付、作为项目投资者投资收益的盈余资金。经营阶段各参与方之间的关系见图 13-10。

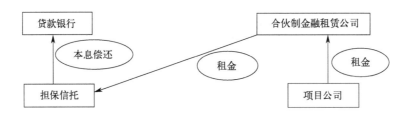

图 13-10　杠杆租赁的经营阶段

5. 租赁期满

项目投资者将项目资产以事先商定的价格购买回去，或由项目公司作为代理人把资产以可接受的价格卖掉，售价大部分会当作手续费由租赁公司返还给项目公司。

四、杠杆租赁融资模式的特点

杠杆租赁融资模式的特点主要体现在以下方面。

1. 融资模式比较复杂

由于杠杆租赁融资模式的参与者较多，资产抵押以及其他形式的信用保证在股本参加者与债务参加者之间的分配和优先顺序问题比一般项目融资模式复杂，再加上税务、资产管理与转让等方面的问题，造成组织这种融资模式所花费的时间要相对长一些，法律结构及文件的确定也相对复杂。因此，这种融资模式往往适用于大型项目的融资安排。

2. 债务偿还较为灵活

杠杆租赁充分利用了项目的税务好处，如税前偿租等作为股本参加者的投资收益，在一定程度上降低了投资者的融资成本和投资成本，同时也增加了融资结构中债务偿还的灵活性。据统计，杠杆租赁融资中利用税务扣减一般可偿还项目全部融资总额的 30%～50%。

3. 杠杆租赁融资应用范围比较广泛

杠杆租赁融资既可以作为一项大型项目的项目融资安排，也可以为项目的一部分建设工程安排融资，如用于购置项目的某一项大型设备。

4. 融资项目的税务结构及减免数量

融资项目的税务结构以及税务减免的数量和有效性是杠杆租赁融资模式的关键。杠杆租赁模式的税务减免主要包括对设备折旧提取、贷款利息偿还和其他一些费用开支上的减免，这些减免与投资者可以从一个项目投资中获得的标准减免没有任何区别。但一些国家对于杠杆租赁的使用范围和税务减免有很多具体的规定和限制，使其在减免数量和幅度上较其他标准更大。这一点要求在设计融资结构时必须了解和掌握当地法律和具体的税务规定。

5. 杠杆租赁融资模式一经确定便难以改变

受上述复杂因素的影响,杠杆租赁融资模式一经确定,重新安排融资的灵活性以及可供选择的重新融资余地就变得很小,这也会给投资者带来一定的局限。投资者在选择采用杠杆租赁融资模式时,必须注意这一特点。

第四节 设施使用协议融资模式

国际上一些项目融资是围绕着一个工业设施或者服务性设施的使用协议作为基础进行安排的。这种设施使用协议在工业项目中有时也称为"委托加工协议",是指在某种工业设施或服务性设施的提供者和这种设施的使用者之间达成的一种具有"无论提货与否均需付款"性质的协议。以"设施使用协议"为基础的融资模式,主要应用于一些带有服务性质的项目,如石油、天然气管道、发电设施、某种专门产品的运输系统,以及港口、铁路设施等项目。从国际市场上看,20世纪80年代以来,由于国际原材料市场长期不景气,原材料的价格与销量一直维持在较低的水平上,导致与原材料有关的项目投资风险偏高,以原料生产为代表的一些工业项目也开始尝试引入"设施使用协议"这一融资模式,并取得了良好的效果。

利用"设施使用协议"安排项目融资,其成败的关键是项目设施的使用者能否提供一个强有力的具有"无论提货与否均需付款"(在这里也可以称为"无论使用与否均需付款")性质的承诺。这个承诺要求项目设施的使用者在融资期间定期向设施的提供者支付一定数量的预先确定下来的项目设施使用费。这种承诺是无条件的,不管项目设施的使用者是否真正地利用了项目设施所提供的服务,他都必须按约定支付相应的使用费给项目公司。在项目融资中,这种无条件承诺的合约权益将被转让给提供贷款的银行,通常再加上项目投资者的完工担保就构成了项目信用保证结构的主要组成部分。理论上,项目设施的使用费在融资期间应能够足以支付项目的生产经营成本和项目债务的还本付息。

图13-11是20世纪80年代初期澳大利亚一个运煤港口项目的建设实例。A、B、C等几个公司以非公司型合资结构的形式在澳大利亚昆士兰州的著名产煤区投资兴建了一个大型的煤矿项目,该项目与日本、欧洲一些国家等地区的公司订有长期的煤炭供应协议。但是,由于港口运输能力不够,影响项目的产品出口,该项目的几个投资者与主要煤炭客户谈判,希望能够共同参与港口的扩建工作,以扩大港口的出口能力并满足买方的需求。然而买方都是国外的贸易公司,不愿意进行直接的港口项目投资,而A、B、C等几家公司或者出于本身财务能力的限制,或者出于自身发展战略上的考虑,也不愿意单独承担起港口的扩建工作。最后,煤矿项目投资者与主要煤炭客户等各方共同商定采用"设施使用协议"作基础,安排项目融资来筹集资金进行港口扩建。

第一步,煤矿项目的投资者与日本及欧洲一些国家的客户谈判达成协议,由煤炭客户联合提供一个具有"无论提货与否均需付款"性质的港口设施使用协议,在港口扩建成功的前提条件下定期向港口的所有者支付规定数额的港口使用费作为项目融资的信用保证。由于签约方是日本和欧洲一些国家主要的实力雄厚的大公司,因而这个港口设施使用协议能够为贷

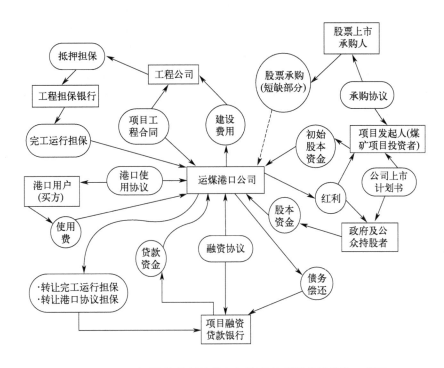

图 13-11 运用"设施使用协议"组织项目融资的运煤港口项目

款银行所接受。

第二步，A、B、C 等几家公司以买方的港口设施使用协议以及煤炭的长期销售合约作为基础投资组建了一个煤炭运输港口公司，由该公司拥有并负责建设、经营整个煤炭港口系统。因为港口的未来吞吐量及其增长是有协议保证的，港口经营收入也相对稳定和有保障，所以煤矿项目的投资者成功地将新组建的煤炭运输港口公司推上股票市场，吸收当地政府、机构投资者和公众的资金作为项目的主要股本资金。

第三步，港口的建设采用招标的形式进行，中标的公司必须具备一定标准的资信和经验，并且能够由银行提供履约担保。

第四步，新组建的港口公司从煤矿项目投资者手中取得港口的设施使用协议，以该协议和工程公司的承建合同以及由银行提供的履约担保作为融资的主要信用保证框架。这样，一个以"设施使用协议"为基础的项目融资就组织起来了。

对于日本、欧洲一些国家等地的煤炭客户来说，这样的安排与直接参与港口扩建投资相比约了大量的资金，也避免了投资风险，而只是承诺了正常使用港口设施和支付港口使用费的义务；对于煤矿项目的投资者来说，既避免了大量的资金投入，又有效地将港口项目的风险分散给了与项目有关的用户、工程公司以及其他投资者，完成了港口的扩建工作，更重要的是通过这一安排保证了煤矿项目的长期市场。

在生产型工业项目中，"设施使用协议"被称为"委托加工协议"。项目产品的购买者提供或组织生产所需要的原材料，通过项目的生产设施将其生产加工成为最终产品，然后由购买者在支付加工费后将产品取走。围绕"委托加工协议"组织起来的项目融资在结构上与上述安排基本是一致的。

通过以"设施使用协议"作为基础安排的项目融资具有以下几个特点。

① 投资结构的选择比较灵活，既可以采用公司型合资结构，也可以采用非公司型合资结构、合伙制结构或者信托基金结构。投资结构选择的主要依据是项目的性质、项目投资者和设施使用者的类型，及融资、税务等方面的要求。

② 项目的投资者可以利用与项目利益有关的第三方（即项目设施使用者）的信用来安排融资，分散风险，也可以节约初始资金投入，因而特别适用于资本密集、收益相对较低但相对稳定的基础设施类项目。

③ 具有"无论提货与否均需付款"性质的设施使用协议是项目融资不可缺少的组成部分。这种设施使用协议在使用费的确定上至少需要考虑到以下三个方面项目资金的回收：a. 生产运行成本和资本再投入费用；b. 融资成本，包括项目融资的本金和利息的偿还；c. 投资者的收益，在这方面的安排可以较前两个方面灵活一些。在安排融资时，可以根据投资者股本资金的投入数量和投入方式分别作出不同的结构安排。

④ 采用这种模式的项目融资，在税务结构处理上需要比较谨慎。虽然国际上有些项目将拥有"设施使用协议"的公司的利润水平安排在损益平衡点上，以达到转移利润的目的，但是有些国家的税务制度是不允许这样做的。

复习思考题

1. 说明由项目发起人直接安排融资的操作方法及特点。
2. 通过项目公司安排项目融资有何特点？
3. 比较合资项目公司模式和单一项目公司模式的异同。
4. 什么是产品支付融资？简述产品支付融资模式的操作过程、特点及其适用范围。
5. 杠杆租赁在项目融资中的主要作用是什么？分析杠杆租赁融资的特点及适用范围。
6. 分析在中信澳大利亚波特兰铝厂融资实例中，为什么中信选择了杠杆租赁融资模式？

第十四章 项目融资现代模式

第一节 BOT 项目融资模式

我国从 20 世纪 80 年代开始应用项目融资方式为大型基础设施项目筹集资金,这些基础设施的融资模式主要以 BOT 融资模式为主。以下将对 BOT 项目融资模式的概念、运作方式、融资文件等进行探讨。

一、BOT 项目融资概述

1. BOT 项目融资的概念

1984 年,香港合和实业公司和中国发展投资公司等作为承包商和广东省政府合作在深圳投资建设了沙角 B 电厂项目,是我国首个 BOT 基础项目。1995 年广西来宾电厂二期工程是我国引进 BOT 模式的一个里程碑,为我国应用 BOT 模式提供了宝贵的经验。40 多年来,我国项目融资的主要应用领域集中在大型基础设施的建设方面,而且这些基础设施建设项目的融资模式以 BOT 模式为主。本节将专门对 BOT 模式的概念、运作方式及其成功的关键要素进行探讨。

BOT 融资模式是近年来国际上逐渐兴起的一种基础设施项目的融资模式,是一种利用外资和民营资本兴建基础设施的融资模式。BOT 是英文 Build-Operate-Transfer(建设、经营、转让)的缩写,代表一种项目融资和管理模式。它代表着一个完整的项目融资过程,是对一个项目投融资建设、经营回报、无偿转让的经济活动全过程典型特征的简要概括。

BOT 融资模式的基本思路是:由项目所在国政府或所属机构对项目的建设和经营提供一种特许权协议作为项目融资的基础,由本国公司或者外国公司作为项目的投资者和经营者安排融资、承担风险、开发建设项目,并在有限的时间内经营项目、获取商业利润,最后根据协议将该项目转让给相应政府机构。所以,有时 BOT 被称为"暂时私有化"(Temporary Privatization)过程,或"特许权融资"。

2. BOT 模式的适用范围

由于 BOT 模式的实质是在政府的特许下,允许私营机构进行基础设施建设并通过在运营期向设施的使用者进行收费以偿还债务并获取利润,因此 BOT 模式的适用范围需要考虑项目的特点及项目所在国经济体制的限制。一般来说，采用 BOT 模式进行建设的项目，必须是具有较强盈利能力的基础设施项目，只有项目具有较强的盈利能力才能吸引私营机构进行投资。

对于盈利能力不强的项目来说，如果希望通过 BOT 模式进行建设，则政府要对投资财团采取其他形式的利益补偿，如给予一定的补贴或给予投资方其他的资源或经营权等。由于 BOT 模式的核心是由私营机构运营基础设施，因此只有在国家的经济体制允许私营化的领域，才可能通过 BOT 模式进行建设。由于各个国家的经济体制、基础设施建设和运营方式不同，发达国家和发展中国家 BOT 的适用范围也有所不同。

(1) 在发达国家 BOT 的适用范围

发达国家各类经济法规健全、政策透明度高、市场竞争有序，为 BOT 项目提供了良好的外部环境，所以 BOT 模式已作为基础设施私有化的有效方式之一，并且得到成功的实施。在发达国家，BOT 模式的应用领域一般比较广泛，其应用范围可以包括：公共设施项目（如电力、电信、自来水、排污、医院等），公共工程项目（如大坝、水库、仓库等），交通设施项目（如公路、铁路、桥梁、隧道、港口、机场等）。

(2) 在发展中国家 BOT 的适用范围

发展中国家应用 BOT 模式往往是为了解决资金短缺问题，而且受自身投资环境的限制较多。承包商往往认为发展中国家投资风险大，融资成本和股本回报要求都较高。对于特定的项目，在项目产品价格可接受的情况下，可以采用 BOT 模式进行建设，如电力项目、收费公路项目等；某些类型的项目（如水厂、地铁等）若采用 BOT 模式，则必须进行认真的项目规划和论证，以保证在基础设施建设和运营过程中，既能够使投资方适度获利，又有利于公共利益的保护。

一般来说，BOT 项目适用于竞争性不强的行业或有稳定收益的项目，如水厂、电厂、收费公路（传统上由政府公共部门专营的基础设施项目）。

3. BOT 模式的优点分析

BOT 项目通常运用于社会性很强的基础设施建设项目中，采用 BOT 模式进行建设的基础设施项目包括道路、桥梁、轻轨、隧道、铁路、地铁、水利、发电厂和水厂等。在 BOT 项目特许期内，项目生产的产品或提供的服务（如自来水、电等）既有可能销售给国有单位，也有可能直接向最终使用者收取费用（如交纳通行费、服务费等）。与传统的承包模式相比，BOT 融资模式的优点主要体现在以下方面。

(1) 减轻政府的直接财政负担及借款负债义务

在 BOT 项目中，所有的项目融资负债责任都被转移给项目发起人，政府无须保证或承诺支付项目的借款，从而也不会影响东道国政府和发起人为其他项目融资的信用，避免了政府的债务风险，政府可将原来这些方面的资金转用于其他项目的投资与开发。

(2) 有利于转移和降低风险

在 BOT 项目中，政府除为项目提供必要的条件和少量的保证外，不为项目的筹资行为和项目的运营提供其他强制性的义务，因此也就将项目建设阶段和运营阶段的风险转移给了私营机构，私营机构必须通过严密的合同体系、担保体系来分配和处理各种风险。

(3) 有利于提高项目的运行效率

在 BOT 模式的应用实践中，一般将该模式视为提高项目的设计和管理实效的一种有效手段。这是因为：一方面，BOT 项目一般具有投资数额大和项目周期长等特点，从而导致项目风险较大。同时由于私营企业的参与，贷款机构对项目的要求就会比政府更加严格，从而有利于减少项目建设和运营中的风险，确保项目成功。另一方面，私营企业为了减少风险，获得较多的收益，客观上也会促使其在建设和运营阶段加强管理，以确保其投资目标的实现。因此，尽管项目前期工作量较大，但一旦进入实施阶段，项目的设计、建设和运营效率就会比较高，用户也可以得到较高质量的服务。此外，在 BOT 项目投资财团的选择招标中，项目所在国政府往往将投标方的技术、管理能力列为重要的考虑目标，竞争机制有利于提高项目的运营效率。

（4）可以提前满足社会和公众对基础设施的需求

采用这一模式，可使一些本来急需建设而政府目前又无力投资建设的基础设施项目提前开工建设并投入使用，从而有利于社会生产力的提高，也有利于促进经济的发展。

（5）为项目所在国提供先进技术和经验

BOT 项目通常都由外国公司来承包，这会给项目所在国带来先进的技术和管理经验，既给本国的承包商带来较多的发展机会，也促进了国际经济的融合。

（6）有利于开发当地资本市场和吸引外资

BOT 模式可以通过鼓励当地机构和人士发展自己的基础设施而汇集本地资本，也可以通过吸引国外投资来支持本地基础设施建设。

上述这些优点是项目所在国政府愿意采取 BOT 模式进行基础设施建设的主要原因，然而对于进行项目投资的私营机构来说，BOT 模式也具有一定的吸引力，否则缺少了私营机构的主动性，BOT 项目将无法进行建设。对于投资私营机构来说，BOT 模式的吸引性体现在以下方面。

第一，BOT 模式具有独特的项目背景、定位和资源优势，可以保证项目投资者获得可观的投资回报。采用 BOT 模式进行建设的项目往往是由项目所在国政府根据经济和社会发展的需要提出的急需建设的项目。这类项目或是有稳定的市场需求，或是由政府提供了市场保障和价格保障，从而大大降低了项目的运营风险，同时也确保了项目的投资收益。

第二，特许权协议一般对私营机构的独占经营权有所规定，从而可以有效避免同类项目对已建成基础设施的冲击和业务竞争，有利于保障项目投资者的投资目标实现。

第三，BOT 模式可以使私营财团有机会参与基础设施项目的投资，不仅可以扩展其业务范围，而且也可以借助其在 BOT 项目中的成功表现创造更多的未来投资机会。

第四，BOT 模式有利于促进投资者其他业务的发展。组成投资财团的投资者除了期望从 BOT 项目中获得收益外，可能其中某些投资者本身就是大型设备的生产厂商、项目原材料的提供方、项目产品的购买方或是能从项目的建设和运营中获得其他业务机会。BOT 项目将有利于其扩展业务市场，获得新的市场机会。

4. BOT 模式的缺点分析

尽管 BOT 模式对于项目所在国政府和投资私营机构来说都具有一定的可取之处，但是也不能忽视采用 BOT 模式可能带来的负面影响。这些负面影响主要表现为以下方面。

（1）可能导致大量税收的流失

BOT 模式实际上是基础设施暂时私有化的过程，以改变长期以来只能由国有部门进行基础设施建设的局面，这种操作可能导致税收的大量流失。在国有部门建设的情况下，可以保证税收及时、足量地缴纳。然而，在 BOT 融资方式下，项目公司多以外资企业的形式出现，而许多国家对外资都有一定的优惠政策，这些优惠政策很可能造成税收的流失。

（2）可能造成对基础设施的掠夺性经营

在 BOT 项目中，私人部门只是项目设施的租赁者，特许期满，项目设施总要无偿转让或以一定的价格转让给政府指定的企业。所以，项目公司为了能够早日收回投资并获得利润，就必须在项目的建设和经营中采用先进的技术和管理方法，提高项目的生产效率和经营业绩，增加项目的竞争力，使得投融资双方均能获得一定的利润回报。这种掠夺式的经营使得特许期满、项目资产转移时，原来的设备已经老化，需要大量的维护和保养资金。

（3）可能导致政府失去对项目关键环节的控制

在项目的投标阶段，由于投标期较长，政府很容易失去对设计过程的控制，也无法保证中标设计方案能全部满足政府的各种需求，尤其是隐性需求；在项目特许期内，私营机构拥有项目的独立经营权，政府失去了对项目经营权的控制，也就难以确保项目运营中公共利益的保护。

（4）融资费用较高

对于基础设施建设项目，采用 BOT 模式建设往往具有更高的融资成本。造成这种现象的原因是：一方面，银行提供给政府机构贷款的条件往往比私营机构要低；另一方面，贷款利率的高低也与贷款人承担的风险有关。BOT 项目中私营机构承担原应由政府承担的部分风险，因此可能会造成融资论证过程前期费用的增加和贷款利率的上升。

（5）有可能造成大量外汇流出并影响国家外汇平衡

项目的投资者中通常有国外投资者，而且项目的债务资金往往由国际银行提供，而项目的基础设施属性又决定了其收入的货币形式为项目所在国本国货币。项目产生的收入与贷款还本付息、投资收益汇出的货币形式不同，将产生货币倒换问题，进而造成大量的外汇流出。

总地说来，BOT 模式迄今为止仍然是一种出现时间较短的新型项目融资模式，还没有任何一个项目足以证明它是一种十分完善的成功模式。国际金融界较为一致的看法是，BOT 模式在项目融资中表现出无限的发展潜力，但是还需要做大量的工作才能将它真正应用到不同的项目中去。BOT 模式涉及的方面多，结构复杂，项目融资前期成本高，且对于不同国家的不同项目没有固定的模式可循。BOT 模式近些年来已经在我国引起了广泛的重视，并且在若干大型基础设施项目融资中获得了应用。然而，BOT 模式能否在我国的基础设施项目建设中大规模地加以利用及如何进行结构创新，还是一个有待探讨的问题。

5. BOT 模式取得成功的关键因素

（1）选择合适的特许经营者

政府必须采用竞争投标的方法，从经济、技术、资信等几个方面全面考察项目承办人。

在制定评标标准时，如果规定项目的特许期不发生变化，政府根据特许期和特许价格的先后顺序，可以考虑两种模式。

模式一：政府在公开招标时首先确定项目的特许期，包括决定特许期的结构和长度。然后投标人以特许价格作为报价，政府选择特许价格报价合理、最低的竞标者中标。

模式二：政府在公开招标时首先确定项目的特许价格，确定特许价格时主要参考同类项目的现有价格或者从保护社会公众利益的角度制定基础特许价格。投标人以项目的特许期为报价参数，政府选择特许期最短的竞标者中标。

(2) 合理分担风险

公共基础设施项目具有各种风险，减少了私人部门的融资、建设、运营的积极性。如果政府不承担一定的风险，则无法吸引私人部门的投资。政府承担风险的基本原因是BOT项目所带来的社会利益超过了私人部门所获得的收益，政府理应为此承担风险，确保私人部门的投资积极性和收益，促成项目的成功实施。

风险分担（Risk Allocation）包括一方主体完全承担某一风险（Risk Bearing）以及各方共同承担某一风险（Risk Sharing）两种形式。如果对于一个主体来说，某一风险的可控性强，或者该主体为导致风险发生的主要过错人，就应该完全承担该风险；如果某一风险对各方来说都不可控，且单一主体完全承担的成本过高，或者各方对风险都具有一定的控制力，就可以采用风险共担的形式来分散风险。明确区分风险分担的两种形式充分体现了控制能力原则、风险成本最低原则和过错原则，便于详细划分具体的风险承担责任。

(3) 确定合理的特许期

特许期是政府特许私人部门建设和运营基础设施项目的期限，包括建设期和经营期的BOT项目执行期限。

特许期分为以下两种设定情况。

一种是单限定特许期，只规定特许经营协议签订之日到项目移交之日的长度。

另一种是双限定特许期，分别规定建设期和经营期的长度。在单限定特许期情况下，当出现双方共担的完工延迟风险时，应该根据政府承担风险损失部分，相应延长项目经营期，不需要调整特许价格；在双限定特许期情况下，完工延迟风险增加项目建设期利息，政府承担风险就需要将部分增加的利息核算到项目投资额中，允许项目公司据此重新核定特许价格。

例如在实际操作中，可以有以下三种方案：第一种是单限定、无激励机制；第二种是单限定、有激励机制；第三种是双限定、无激励机制。如项目收入来自政府，并且完工风险小，几种结构方案都可以采用；但如果完工风险大，需要政府和私人部门共担风险，则选择方案三；如果项目收入来自市场，但完工风险小，可以使用结构方案一，以激励私人部门提前完工，并承担完工风险。

(4) 确定合理的特许价格

确定特许价格需要解决两个问题：第一是如何确定基础特许价格，第二是如何确定价格调整机制。基础特许价格是在分析项目运营初期定价要素和相应风险之后确定的，能够同时满足政府社会福利目标和私人利润目标，为提供项目产品或者服务所执行的初始价格。

第一种趋势是研究者通过建立一般的定价模型，力图指导所有行业内BOT项目的特许定价。例如从投资回报率入手来确定特许价格，那么，特许定价必须满足社会福利丧失最少，并且产生足够大的直接经济收益等条件。

另一种趋势就是考虑每个行业的特点，分别研究电力、水处理以及公共交通等BOT项目的特许定价，强调每种定价方法的针对性和实用性。

二、BOT 模式的特许权协议

1. 特许权及特许权协议

由于基础设施的建设和经营直接关系到东道国的国民经济和全民利益,私营机构要从事基础设施项目的融资、建设和经营,一个重要的前提条件就是得到东道国政府的许可,以及其在政治风险和法律风险等方面的支持,为此必须签订特许经营协议。

BOT 项目融资的关键文件是特许权协议。特许权协议说明了特许权的授予者与被授予者双方的权责,这是整个 BOT 融资的基础。因此,有必要搞清楚特许权协议的内容和协议的基本条款。

特许权是指政府机构授予个人从事某种事务的权力,如耕耘土地、经营工业、提炼矿物等。在 BOT 项目的实践中,特许权是指东道国政府授予国内外的项目主办者在其境内或土地区内从事某一 BOT 项目的建设、经营、维护和转让的权利。

特许权协议是规定和规范 BOT 项目中,东道国政府与该项目私营机构之间的相互权利义务关系的一种法律文件。协议说明了特许权的授予者与被授予者双方的权责,是整个 BOT 融资的基础,是 BOT 项目在法律上的存在基础,是 BOT 项目所有协议的核心和依据。

特许经营协议既是 BOT 项目的最高法律文件,又是整个项目得以融资、建设和经营的基础和核心;同时还是 BOT 项目框架的中心,它决定了 BOT 项目的基本结构。从合同法的意义上讲,特许经营协议是 BOT 项目融资中的主合同,其他合同均为子合同。

常见的特许权协议可分为以下三种方式。

① 政府通过立法性文件确定授权关系。

② 以合同或协议的形式确定,即政府或政府授权部门与项目主办人或项目公司签订特许权合同或协议。

③ 同时并用以上两种形式,即先由政府单方面公布立法性文件,然后由政府或政府授权部门与项目主办人或项目公司签订特许权协议。

我国部分地方政府主要采取就某特定项目制定公开立法性文件的方式来确定授权关系,如上海市关于两桥一隧道、延安东路隧道、徐浦大桥等项目的专营办法;有时还通过政府背景的某一领域主管部门的国有公司出面,与项目公司或项目主办人签订专营合同,其实质是该国有企业代表政府直接向项目主办人授予专营权,如大场水厂、闸北电厂项目的专营合同。

相比之下,较为简便的做法是在具有 BOT 项目立法的前提下,由政府或政府授权部门与项目主办人或项目公司直接签订特许权协议或合同,使政府与项目主办人在项目利益上的权利与义务关系直接化、明确化。

2. BOT 特许经营协议的主要内容

BOT 特许权协议的内容分为一般条款和权利义务条款两部分。

(1) 一般条款

一般条款与东道国政府及其项目公司等方面的利益有着密切的关系,是核心条款,包括以下内容。

① 特许经营协议的双方当事人。

② 授权目的。

③ 授权方式。

④ 特许权范围。特许权范围即政府授予项目公司对 BOT 项目的设计、资金筹措、建设、运营、维护和转让的权力，或其中的部分权力，有时还授予该主办者从事和经营其他事务的权力作为补偿或优惠措施。

⑤ 特许期限。特许期限即东道国政府许可项目主办者在项目建成后，运营该项目设施的期限。在实践中，特许权期限的确定还缺乏科学的依据，这也是项目融资理论领域中尚待解决的问题之一。

⑥ 特许经营协议生效的条件。特许权协议确定了协议各方分担风险的方式和范围，一旦项目遇到政治风险或法律障碍时，东道国政府需提供相应的支持，各方也应采取有效的行动。当然，BOT 项目特许权协议条款会因融资结构、项目所在地的投资环境及法律体系等因素而有所不同。

（2）基本条款

特许权协议涉及 BOT 项目的产品性能和质量、建设期、特许期、项目公司结构、资本结构、备用资金、原料和燃料供应、项目收费和价格调整方式、最低收入担保、外汇安排、贷款人的权利、不可抗力、项目建设规定、维修计划、移交条件、奖励及仲裁等内容。其基本条款包括以下内容。

① 特许经营权的范围。这一方面的规定主要包括三个方面的内容：一是权力的授予，即规定由哪一方来授予项目主办者哪些特权，一般是项目所在国政府或其公营机构授予私营机构特权；二是授权范围，包括项目的建设、运营、维护和转让权等，有时还授予主办者一些从事其他事务的权力；三是特许期限，即项目所在国政府许可主办者在项目建成后运营合同实施的期限，该条款与政府及其用户的利益密切相关，所以也是特许经营权协议的核心条款。

② 项目建设的规定。该条款包括项目用地如何解决、基本条款项目的设计要求、承包商的具体义务、工程如何施工及采用的施工技术、工程建设质量的保证、工程的进度及工期延误处理等方面的规定。

③ 土地征收和使用的规定。该条款规定土地征收是由项目公司还是由政府部门承担，如由政府部门承担，将土地修整到什么程度项目公司才介入。在一般情况下，土地征收、居民迁徙等事项由政府或政府部门委托的公共机构来承担，外国公司是不直接介入的。在明确了征地事项后，还应明确项目公司对土地的使用方式、使用年限、征地费用的承担及偿还事项等。

④ 项目的融资及其方式。此条款主要是规定一个 BOT 项目将如何进行融资、融资的利率水平、资金来源、双方同意将采用什么样的方式融资等。此外，还包括收益的分配、支付方式、外汇兑换、经济担保及税收等内容。

⑤ 项目的经营及维护。此条款规定项目公司运营和维护合同设施的方式和措施，项目公司、政府等各方的权利义务、服务标准、收费标准、收费记录的检验，运营维护商的选择和责任。

⑥ 能源物资供应。例如，燃煤电站 BOT 项目的特许经营协议规定东道国政府应保证按时、按质地向项目公司供应燃煤或其他能源物资，以及规定所供能源的价格等。

⑦ 项目的成本计划及收费标准的计算方式。项目公司将如何向项目设施的用户收取

服务费、计价货币币种等内容以及遇到特殊情况需对收费标准作出调整的可能性及其程序等。

⑧ 项目的移交。本条款规定项目移交的范围、运营者对设施进行最后检修的方式、项目设施风险转移的时间、项目设施移交的方式及其费用的负担、移交的程序如何商定等。

⑨ 协议双方的一般义务。东道国政府的一般义务指保证纳税优惠、进出口、入境、就业许可等其他优惠政策，确保第三方不予干涉等。项目公司的一般义务指遵守法律法规、安全和环境标准的义务，保护考古地质和历史文物的义务，以及保险、纳税、利用东道国劳动力义务等。

⑩ 违约责任。本条款规定出现违约情况后的处理和补救措施，包括协议终止及各种类型的赔偿责任。

⑪ 协议的转让。本条款规定协议的权利和义务能否转让，在何种情况下可以由哪一方进行转让及转让或处置，包括抵押、征收的限制条件，如对设置财产抵押权的限制等。

⑫ 争议解决和法律适用条款。争议解决方式一般选择协商或仲裁，如选择仲裁则必须明确仲裁机构、仲裁地点、仲裁规则、适用法律、语言、费用的承担等。

⑬ 不可抗力。它指不可抗力情况的范围；发生不可抗力情况后的通知程序；风险与费用的分配与承担；终止协议后双方的义务，如文件的归属、保密等。

3. 特许权协议中政府与项目公司的主要权责

（1）业主政府部门权责

① 特许权在特许期内有排他性，不能再将该项目授予其他人。
② 必要的承诺和保证，如取得土地使用权协议。
③ 提供与项目有关的基本服务，如公路交通。
④ 授予一定的税收优惠政策，如税收减免政策。
⑤ 可能的话，提供关键材料和购买产品，提供一定风险担保。
⑥ 如特许权授予者违约，项目公司可单方面终止特许经营的权利。

（2）项目公司的权责

① 得到具体经营位置。
② 为项目进行融资，并建设、经营、维护项目。
③ 保证建设项目达标，并接受项目授予者的监督。
④ 规定时间完成项目，并提供一定完工担保。
⑤ 做好必需的项目注册登记。
⑥ 对项目产品进行适当销售。
⑦ 若项目公司违约，允许业主部门终止特许权协议或接管公司。

三、BOT 模式的基本结构

与一般融资项目一样，BOT 项目结构中也有项目投资者、直接主办人、政府机构、与项目有利益关系的第三方等融资参与主体，但是在 BOT 模式中，政府机构的作用却与一般项目有明显不同。在 BOT 项目中，政府机构往往既是项目的提出者，又是项目的受益人之一和最终所有者。BOT 项目中参与者之间的关系有着一定的特殊性。

BOT 项目的全过程涉及项目发起与确立、项目资金的筹措，以及项目设计、建造、运营管理等诸多方面和环节。BOT 结构总的原则是使项目众多参与方的分工责任与风险分配明确合理，把风险分配给与该风险最为接近的一方。

在 BOT 项目中，项目发起人（政府）、项目投资者（私营财团）和贷款银行是最主要的参与者，而 BOT 项目成功组建的前提是政府授予私营财团的特许权协议。在 BOT 项目中，政府、私营财团和贷款银行都是经济行为中的平等主体，因此只有在特许权协议的授予和贷款协议的形成中充分考虑到各参与方所关注的问题，项目才有可能成功筹资建设。

1. BOT 模式的参与方

BOT 项目的参与方主要包括政府、项目承办人和 BOT 项目公司（即被授予特许权的私营部门）、投资者、项目贷款银行、保险机构和担保人、建设机构（承担项目设计、建造的总承包商）、经营机构（承担项目建成后的运营和管理）、原材料供应商、法律财务技术咨询服务机构、项目的用户（东道国政府一般是最终和最大的用户）等。各参与方之间的权利义务依各种合同、协议而确立，例如：政府与项目承办人之间订立特许权协议；各债权人与项目公司之间签订贷款协议等。其中，BOT 模式主要由项目的最终所有者（项目发起人）、项目的直接投资者和经营者（承办人和 BOT 项目公司）以及项目的贷款银行组成。

2. 项目的最终所有者（项目发起人）

项目发起人是项目所在国政府、政府机构或政府指定的公司。它是 BOT 项目的真正或最终拥有者，是特许经营期的最终确定者，有时，也是项目的用户。

（1）BOT 模式为项目最终所有者带来的益处

从项目最终所有者所在国政府的角度考虑，采用 BOT 模式的主要吸引力在于以下两点。

第一，可以减少项目建设的初始投入。大型基础设施项目，如发电站、高速公路、铁路等公共设施的建设，具有资金占用量大、投资回收期长的特点，而资金紧缺和投资不足是发展中国家政府所面临的一个普遍问题。利用 BOT 模式，政府部门可以将有限的资金投入到更多的领域。

第二，可以吸引外资，引进先进技术，改善和提高项目的管理水平。在 BOT 模式中，项目发起人与其他几种项目融资模式中投资者的作用有一定程度的区别。在 BOT 项目特许期内，政府作为项目发起人在法律上既不拥有项目，也不经营项目，而是通过给予项目某些特许经营权和一定数额的从属性贷款或贷款担保，作为项目建设、开发和融资安排的支持。在融资期结束后，项目的发起人通常无偿地获得项目的所有权和经营权。由于特许权协议在 BOT 模式中处于核心地位，所以有时 BOT 模式也被称为特许权融资。

在 BOT 项目的初始阶段，政府根据经济和社会发展的需要提出项目，并通过建设条件保证、市场条件保证等措施来增加项目的吸引力，以吸引项目的投资。在项目建设和运营期间，政府除按承诺提供项目的必要支撑条件外，还可能为项目的融资和运营提供其他形式的支持。特许期结束后，政府作为项目的最终所有者将有偿或无偿获得项目资产。需要说明的是，政府在不同的 BOT 项目中发挥作用的方式、为项目提供的条件等都有很大差异，也并不见得所有的项目都是由政府首先提出或最终收回项目资产的。

（2）项目的最终所有者在 BOT 项目中关注的问题

政府作为 BOT 项目的发起者和最终所有者，将过去多由财政投资建设的基础设施项目暂时私有化。因此政府所关注的问题往往既涉及项目，又涉及公众；既涉及项目特许期，又涉及特许期结束后的项目运营。政府关注的问题包括：①项目所在国的经济体制、法律政策、人们的主观认识等环境因素是否有利于保证 BOT 项目的成功，这些因素也将直接影响项目是否能吸引到有实力的私营机构参与投资；②投资财团的经验、资信、筹资能力和经营管理能力以及项目中的各种协议的设置是否有利于保证项目的成功；③在项目的建设阶段和特许经营期内，项目运营方可能要求各种直接或间接的项目支撑条件，这些要求与政府的利益及风险承受能力相比是否存在着"过度保证"；④项目建设阶段和经营阶段的各种活动是否有利于实现项目的建设目标，并尽可能地保护公众利益；⑤在建设期和特许经营期内是否存在着一些明显的不确定性因素，这些因素是否会影响项目的现金流量或影响项目的成败；⑥特许经营期结束后，政府是否能够获得一个保养良好的、可持续运营的基础设施等。

（3）项目的最终所有者（项目发起人）在 BOT 项目融资中的功能

① 提出项目，进行 BOT 项目招标；

② 采用法律、政策、法规、行政来吸引、支持、领导和控制 BOT 项目；

③ 保护东道国利益，并让项目承办人获得合理回报；

④ 应对来自东道国某些机构或部门的阻力。

3. 项目的直接投资者和经营者（承办人和 BOT 项目公司）

此处所说的项目直接投资者和经营者是指组成投资财团，参与项目投标并获得政府的特许经营权，进行项目的资金筹集、建设并在特许期内拥有项目经营权的主体，一般指承办人和一些投资者（投资银行、机构甚至东道国政府）组建成立的项目公司。它是 BOT 融资模式的主体，是项目筹资、建设和经营的主体，承担项目中的大部分风险并从项目经营中获得利润。项目公司的组建以在这一领域具有技术能力的经营公司和工程承包公司作为主体，有时也吸收项目产品（或服务）的购买者和一些金融性投资者参与。因为在特许权协议结束时，项目要最终交还给项目发起人（所在国政府、政府机构或政府指定的公司），所以从项目所在国政府的角度看，选择合适的项目经营者不仅有利于确定特许期内基础设施项目的建设和运营效率，也有利于特许期结束后政府能继续利用所接收的基础设施为公众提供服务。

（1）政府选择 BOT 项目投资经营者（承办人和 BOT 项目公司）的标准和要求

① 项目投资经营者要有一定的资金、管理和技术能力，保证在特许权协议期间能够提供符合要求的服务；

② 经营的项目要符合环境保护标准和安全标准；

③ 项目产品（或服务）的收费要合理；

④ 项目经营期内要保证做好设备的维修和保养工作，保证在特许权协议终止时，项目发起人接收的是一个运行正常、保养良好的项目，而不是一个过度运用的超期服役项目。

（2）项目直接投资者和经营者（承办人和 BOT 项目公司）关心的问题

私营机构作为 BOT 项目的投资者和运营者，其投资的主要目标是通过参与基础设施的建设和经营获取财务效益，因此可能影响项目财务效益的因素都是投资者所关心的问题。这些问题包括：

① 项目的建设成本、工期、特许期限，建成后的运营成本、收费标准及其调整程序和办法；

② 项目的现金流量能否满足偿还债务的要求并为投资者带来满意的投资回报；

③ 项目所在国政府对 BOT 项目是否有明确的政策、规则或专门法规，这些政策和法规对项目的建设和运营有什么影响；

④ 项目所在国的政治经济状况、建设条件及竞争项目的情况，这些因素是否构成项目建设和运营阶段的关键风险；

⑤ 政府是否愿意分担项目风险，特别是那些投资者不能控制的风险。

(3) 项目直接投资者和经营者（承办人和 BOT 项目公司）的功能

① 与东道国签署特许权协议；

② 筹集建设资金；

③ 负责组织 BOT 项目的建设、经营和移交。

4. 项目的贷款银行

(1) BOT 模式中的贷款银行组成

BOT 模式中的贷款银行组成较为复杂，有：商业银行组成的贷款银团；政府的出口信贷机构，这种出口信贷是发展中国家的重要贷款渠道；世界银行或地区性开发银行，它可提供政策性贷款。

BOT 项目贷款的条件不仅取决于项目本身的经济强度、项目经营者的经营管理能力和资金状况，而且也在很大程度上依赖于项目发起人和所在国政府为项目提供的支持和特许权协议的具体内容。

BOT 项目的资金需求量大，而且贷款资金往往是资金的主要来源，因此能否筹集到足够的债务资金是 BOT 项目成功的关键。为 BOT 项目提供贷款的银行数量取决于项目的筹资额度和风险程度。一般来说，如果项目筹资额度较小且项目风险较小，贷款往往可以由少数几个银行来提供；而如果项目投资额度增加或风险较大，则贷款银行的数量也将有所增加，对项目担保体系的要求也会更加严格。根据 BOT 项目中提供贷款的银行数量来分，贷款有独家贷款（包销）、联合贷款和银团贷款三种形式。

(2) 贷款银行关心的问题

虽然贷款银行也同项目投资者一样十分关注项目的成败，但是实际上银行最关注的是项目的贷款偿还是否安全、有保障。项目的现金流量和担保体系都是银行所考虑的重要内容。

银行所关注的因素包括：

① 项目完工计划和技术目标的可行性，若项目未能按时完工或未达到原设计标准，风险由谁承担；

② 项目绝大部分建设资金的落实情况；

③ 偿还债务的收入来源是否可靠，能否保证大部分项目收入用于偿还债务；

④ 贷款担保条件、项目发起人及其他参与者作出的承诺以及贷款人拥有多大的追索权；

⑤ 政府实施项目的决心、实力及对风险分担的态度。

除上述参与者之外，BOT 项目中的参与者还包括工程公司、运营商、保险公司、供应商（燃料供应商、设备供应商）、产品（或服务）购买者、融资顾问等，其中某些参与者可能本身就是项目投资财团的一员。

一般来说，在 BOT 项目中，项目公司以特许权利、协议作为基础向银行安排融资。在建设阶段，工程承包集团以承包合同的形式建造项目；在经营阶段，经营公司根据经营协议负责项目公司投资建造的公用设施的运行、保养和维修，支付项目贷款本息并为投资财团获得投资利润。

5. BOT 项目各参与方之间的关系

BOT 项目中各参与方之间是通过各种协议组织在一起的，而每一个协议都是在项目各参与方之间进行的利益和风险分配的一种机制和手段。

(1) BOT 融资具体操作过程

① 由项目经营公司、工程公司、设备供应公司以及其他投资者共同组建一个项目公司，从项目所在国政府获得特许经营协议作为项目建设开发和安排融资的基础。

② 项目公司以特许经营协议作为基础安排融资。例如有些出口信贷机构会直接为本国的成套设备出口安排融资。为了减少贷款的风险，融资安排中一般要求项目公司将特许经营协议的权益转让给贷款银行作为抵押，并且设计专门的机构控制项目的现金流量。在有些情况下，贷款银行也会要求项目所在国政府提供一定的从属性贷款和贷款担保作为融资的附加条件。

③ 在项目的建设阶段，工程承包集团以承包合同形式建造项目。采用这种类型的工程承包合同，可以起到类似完工担保的作用，有利于安排融资。

④ 项目进入经营阶段之后，经营公司根据经营协议负责项目公司投资建造的公用设施的运行、保养和维修，支付项目贷款本息并使投资财团获得投资利润，保证在 BOT 模式结束时将一个运转良好的项目移交给项目所在国政府或其他所属机构。

(2) BOT 项目中各参与方之间的内部关系

从图 14-1 可以看出，BOT 项目与一般项目融资结构最大的区别就体现在政府特许权协议上，这个协议不仅将私营财团建设和运营基础设施的行为合法化，而且也影响到投资者和政府之间风险和利益的分配关系。除了政府提供的特许权协议以外，BOT 项目各参与方之间的关系与一般融资项目并没有明显区别。然而由于 BOT 项目多数都属于基础设施建设项目，因此其产品购买者或设施的使用者直接是与政府有关的机构（如水厂或电厂建设项目的产品购买者一般直接就是国有的供水公司或电网公司），或者是由政府为项目的市场状况提供一定的保障（如高速公路项目中政府所提供的最低车流量保证）。同时，BOT 项目中的产品（或服务）的销售收入（或营业收入）受政府的影响比较大，出于维护公共利益的角度，政府一般在进行投资财团选择时要规定项目运营期的收费标准，从而影响到项目运营期的收入水平。

除图 14-1 中所展示的各项目参与方之间的关系外，BOT 项目成功的另一个关键因素在于项目的参与方或第三方为项目提供的各类协议和担保等所组成的担保体系。图 14-1 中的各个协议本身就构成了对项目现金流量产生影响的重要安排，但除此之外，有时银行还会要求项目的参与者或第三方提供适当的担保来确保债务资金的安全。整个 BOT 结构正是由项目各参与方之间的各种协议安排及担保体系所构成的。通过这些协议和担保安排既能有效地分配风险，又能保证各参与方在项目的不同阶段协同运作。一个典型 BOT 项目的结构如图 14-2 所示。

四、BOT 模式的基本操作程序

尽管在不同的 BOT 项目中，项目参与方发挥的作用及相互关系有很大差异，然而各个

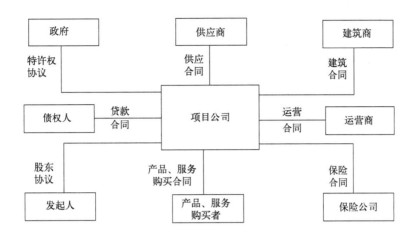

图 14-1 BOT 项目中参与方关系图

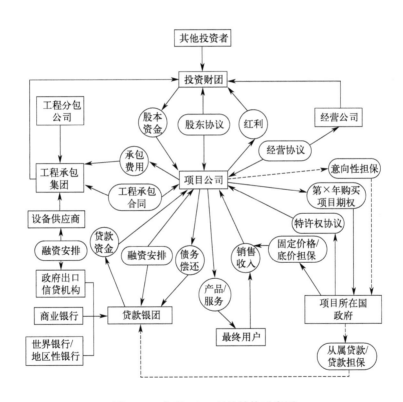

图 14-2 典型 BOT 项目结构示意图

BOT 项目的组织和实施过程基本上是相同的,要经历项目确定、准备、招标、各种协议和合同的谈判与签订、建设、运营和移交等过程,见图 14-3。总体说来,一个典型的 BOT 项目要经历以下阶段,即准备阶段、实施阶段和移交阶段。

(一)准备阶段

项目的准备阶段主要是选定 BOT 项目,通过资格预审与招标,选定项目的承办人。项目承办人选择合作伙伴并取得他们的合作意向,提交项目融资与项目实施方案文件,项目参与各方草签合作合同,申请成立项目公司,并通过经营协议,授予项目公司特许权。项目公司股东之间签订股东协议,项目公司与财团签订融资等主合同以后,另与 BOT 项目建设、运营等各参与方签订子合同,提出开工报告。

准备阶段的工作目的是为项目的建造和运营创造条件,包括组织条件、资金条件和实施方案等,以下是其具体工作内容和实施步骤。

1. 项目识别与立项(政府)

这一步主要是考察项目的条件,选定 BOT 项目,然后进行项目立项和规划设计,由政府来完成。

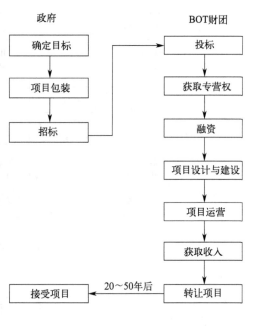

图 14-3　BOT 项目的运行步骤图

(1) 考察项目并确定是否可以采用 BOT 模式

BOT 是一种新型的项目投资建设方式,并不是所有的项目都适合以该方式进行建设。因此,政府需要认真考虑某一具体项目是否可以采用 BOT 模式建设。首先,政府需要结合经济和社会发展的需要,判断项目是否符合政府基础设施建设规划或者是否属于有重大经济和社会效益且需要优先建设的项目;然后,政府将重点研究采用 BOT 融资模式满足该项目需要的可能性。

项目能否采用 BOT 模式进行投资建设,主要是由项目是否具备合理的投资收益,或者说,政府是否准备允许投资人获得合理的投资回报决定的。只有投资人能够获得合理的回报,BOT 项目才能成功。而盈利能力不足或无盈利能力的基础设施项目,其建设方式主要有以下两种:一是由政府或者公共机构进行投资建设,项目建成后面向公众提供免费服务;二是由政府给予财政补贴或给予其他形式的支持,提高项目投资者的投资回报,进而吸引私营机构进行投资建设。

(2) 做预可行性研究并进行项目立项

一般项目的可行性研究主要是从经济、技术、环境和法律等方面来研究项目是否可行。由于采用 BOT 建设的多属基础设施项目,其经济、环境、法律可行性受项目所在国政府影响较大,而政府使用 BOT 模式建设基础设施项目的目的在于引进新的技术和管理经验,因此其技术风险相对较大。上述这些特点往往会使投资者对项目的各类风险因素更为谨慎,进而要求政府或项目投资者提供必要的信用强化措施,而这些信用强化措施的提供对于项目所在国政府和投资者来说都是十分谨慎的。因此,政府必须对项目进行技术、经济及法律上的可行性研究,分析项目的可能风险及投资者的利益和风险要求,进而确定项目是否采用 BOT 的方式进行建设。

拟采用 BOT 模式进行建设的项目规模较大,且有可能在项目投资结构中引进外资,而且一般以招投标方式选择项目的实施方。按照我国现行项目管理体制和关于招投标的有关规定,在进行项目投资方选择之前,应将项目意见书或预可行性研究报告报有关部门审查并批准，政府有关部门给予的批复也将构成项目招投标的基础和依据。一般来说，在我国，外资 BOT 项目或投资规模较大的项目需要得到国家发展和改革委员会（或国务院）的批复，一定规模内的内资 BOT 项目则可以由地方政府批准。

2. 项目招标（政府）

这一步主要进行项目协议和资格预审，政府做主导工作。

BOT 项目中投资财团的选择多采取公开竞争的形式，一旦项目的意见书得到批准，即进入招投标程序。

（1）确定采购方式

政府机构需要根据工程项目的特点、招标前的准备工作、合同的类型等因素，确定合同的采购方式。一般 BOT 项目实施主体选择的采购方式有以下三种。

① 公开招标。招标人通过报刊、信息网络或其他媒介等新闻媒体发布招标公告，凡是具备相应资质、符合招标条件的法人或其他组织，不受行业或地域的限制，均可申请投标。由于 BOT 项目多属大型基础设施建设项目，经济效益和社会效益显著，对投标方的经验和技术要求较高，而且 BOT 项目在合同采购前已经由政府进行了投资效益分析与保证，具有一定的吸引力，因此，采用 BOT 模式建设的项目应尽可能采用公开招标的方式选择实施方，以便利用公开竞争降低成本、提高效率。

② 有限招标。有限招标也称为有限竞争性招标，是指招标方选择若干供应商或承包商，向其发出投标邀请，由被邀请的供应商、承包商投标竞争，从中选定中标者的招标方式。有些计划采取 BOT 模式进行建设的项目，可能由于项目本身的原因，致使无法采用公开招标方式进行采购（例如，项目的技术要求复杂或有特殊的专业要求，只有少数几家潜在投标人可供选择），或者采用公开招标方式采购不符合经济合理性要求（例如，有的重点项目虽很重要，但项目规模不大，与公开招标所需的费用和时间不成比例，需要通过限制投标者人数来达到节约与提高效率的目的）。这些确实无法进行公开招标的项目，可以在充分分析论证的基础上，经批准采用有限招标的方式选择实施方。

③ 独家谈判。独家谈判又称为"议标"，是我国工程实践中特别是在建筑领域里一种使用较为广泛的采购方法。这种方法是通过采购人和被采购人之间进行一对一谈判而最终达到采购目的的，因此不具有公开性和竞争性。由于议标允许就报价等进行一对一的谈判，因此有些项目如一些小型建设项目采用议标方式目标明确、省时省力、比较灵活；对服务招标而言，由于服务价格难以公开确定，服务质量也需要通过谈判解决，采用议标方式不失为一种恰当的采购方式。但由于议标不属于竞争性招标，存在着较多的人为因素，在实际 BOT 项目实施方选择时应谨慎采用。

（2）确定投标资格

投标资格指招标人在招标文件中规定的关于投标人的条件要求，资格预审须知中明确列出投标人应满足的最基本条件，可分为一般资格条件和强制资格条件两类。

一般资格条件包括投标人的法人资格、资质等级、财务状况、工程经验、企业信誉、分包计划，以及设备技术能力等方面的要求。

强制资格条件根据招标项目对潜在招标人是否有特殊的要求而定，一般对于大型复杂的项目，尤其需要有专门技术、设备或经验的投标人才能完成时，则应设置此类要求。

（3）研究确定技术参数并准备招标文件

招标人应根据 BOT 项目的特点编制项目的技术、标准规范，确定技术参数。招标准备阶段应编制好招标过程中可能涉及的有关文件，保证招标活动的正常进行。这些文件大概包括招标须知、合同文件、技术规范、设计图、资格预审文件、合同协议书以及资格预审和评标的办法等。

(4) 确定投标评价办法和评标准则

评标是对各投标书优劣的比较，应由评标委员会负责评标工作。评标委员会由招标人和有关技术、经济、法律等方面的专家组成，成员人数不少于5人。由于 BOT 项目属于大型的复杂项目，评审内容复杂、涉及面广，因此评标过程通常分为初评和详评两个阶段。

初评阶段评标委员会以招标文件作为评审依据，审查各投标书的有效性。检查内容包括投标人资格、投标保证有效性、报送资料的完整性、投标书与报送文件是否有实质性背离，以及报价计算的正确性等。

详评阶段评标委员会对各投标书的实施方案和计划进行实质性的评价与比较。设有标底的，应参考标底。对各标书进行技术和商务方面的审查，评定其合理性，以及若将合同授予该投标人在履行过程中可能给招标人带来的风险。

(5) 投标者资格预审

投标者资格预审对投资者的法人资格、资信状况、项目的产业能力（包括技术、组织、管理、投资、融资等能力）、以往的经验和业绩进行公开评审。

3. 项目投标（项目公司）

这一步主要是投资人申请项目公司、签订股东协议，进行可行性研究及投标决策，准备投标文件进行投标。这一步是由项目公司主导的。

有意向者投标是指投标人应招标人的邀请，按照招标的要求和条件，在规定的时间内编制标书并向招标人提交，争取中标的行为。

(1) 进行可行性研究及投标决策

投标者在项目决策之前，对项目有关的工程、技术、经济、法律等方面的条件和情况进行详尽、系统、全面的调查与研究，对各种可能的建设方案和技术方案进行详细的比较论证，并对建成项目的经济效益、国民经济效益和社会效益进行预测和评价，据此推算项目所需的投资和生产费用。投标者需要根据项目的特点、政府给予项目的支持条件以及项目建设和运营的环境因素，判断投资者投资的可能收益及风险情况，作出是否投标及中标后是否需要获得政府额外支撑的决策。

(2) 准备投标文件

在 BOT 项目中，投标者一般均为由多个投资者组织而成的联合体，即投资财团。投标者至少应该按投标须知提供以下文件：投标函、项目可行性研究报告、项目融资方案、项目建设工期与进度安排计划、投标保证金，以及招标文件要求的其他文件。

4. 评标并选定项目承办人（政府）

这一步是由政府来主导的。由 BOT 项目主管部门组织中央、地方政府有关部门、项目发起人，以及熟悉项目的技术、经济、法律专家参与，进行公开评标，选出最具有资格的投标者，对特许权协议进行确认谈判后进行公开揭标。

评标委员会认为必要时，可以单独约见投标人，对标书中含义不明确的内容作必要的澄清或说明，但澄清或说明不得超出标书文件的范围或改变投标文件的实质性内容。澄清的内容也要整理成文字材料，作为标书的组成部分。

5. 签订特许权协议及项目委托协议（政府、项目公司）

这一步是由项目公司和政府共同来主导完成的。决标后，招标委员会应邀请中标者与政府进行合同的谈判。BOT 项目的合同谈判时间比较长，而且谈判过程非常复杂，因为项目牵扯到一系列的合同以及相关条件，谈判的结果是要中标人能为项目筹集资金，并保证政府把项目交给最合适的投标人。在特许权协议签字前，政府和中标人都要花费大量的时间和精力进行谈判和合同的修改。在这一过程中，政府将与项目公司就最后的特许权协议或项目协定进行谈判，并就最后的贷款协定、建筑合同、供应合同及实施项目所必需的其他附属合同进行谈判。

特许权协议既是 BOT 项目的最高法律文件，也是整个项目得以融资、建设和经营的基础和核心，同时还是 BOT 项目框架的中心，它决定了 BOT 项目的基本结构。在谈判结束后，政府即授予项目公司对 BOT 项目的设计、资金筹措、建设、维护和转让的权利。而后，项目公司必须签署与项目贷款方的信贷协议、与建筑承包商的建设合同、与供应商的设备和材料供应合同、与保险公司的保险合同等。

6. 项目开发准备（项目公司）

在获得了基础设施项目的建设和经营权后，投资财团可以根据需要成立特别目的公司，特别目的公司的数量及其职能取决于具体项目的融资结构设计。项目公司可以是一家负责融资、建设和运营全过程的公司，也可以是仅仅为项目的融资而成立但不参与项目建设和运营的公司。

项目公司成立后，需要与项目的各相关方就相关业务关系形成正式的协议及合同，这些协议或合同多数在投标之前已经形成意向，但是只有在中标后才能正式签订。在此阶段，需要签订的各种协议及合同包括贷款协议、工程承包合同、材料供应合同、设备购买协议、保险合同、设施经营维修合同等。

（二）实施阶段

项目实施阶段包括 BOT 项目建设与运营阶段，是指从项目具备开工条件开始，经历项目建设和经营阶段，直到特许经营期结束为止的全部时间。在这一阶段，项目公司按特许权协议和相关协议安排进行项目的投资建设，通过项目的经营活动偿还银行的贷款，收回投资并实现收益。

1. 项目建设

BOT 项目公司在签订所有合同后，开始进入项目的实施阶段。在建设阶段，项目公司按照合同的规定聘请设计单位开始工程设计，并安排进度计划与资金运营，聘请总承包商开始工程施工，通过顾问咨询机构监督工程承包商，保证财团按计划投入资金，确保工程按预算、按时完工。

项目建设完成后，项目公司依据设计文件、施工图、双方签订的合同、设备技术说明书、施工验收标准及质量验收标准等，对项目的主体建设进行验收，以完成整个项目的收尾工作。项目验收后，进行项目的移交工作，由运营方接收，并开始项目的正式运营。

2. 项目经营

在项目的运营阶段，项目公司直接经营项目或者通过运营协议委托单独的运营公司经营项目，按照项目协定的标准、各项贷款协议及与投资者协定的条件来运营项目。项目公司的主要任务是要求运营公司尽可能边建设边运营，争取早投入、早收益，特别要注意外汇资产的风险管理及现金流量的安排，以保证按时还本付息，并最终使股东获得一定的利润。同时在运营过程中项目公司要注意项目的编修与保养，以期项目运营获得最大效益以及最后顺利地移交。

（三）移交阶段

在特许期期满时，项目公司把项目移交给东道国政府，项目移交包括资产评估、利润分红、债务清偿、纠纷仲裁等，过程比较复杂。通常情况下，投资方大都在经营期满前，通过固定资产折旧及分利方式收回投资，运营期满，无条件归东道国所有。特许运营期一般为15~20年，也有更长期限的。到目前为止，已完成BOT项目全过程的项目还很少，因此，此阶段的经验尚待总结。

五、BOT模式的融资文件

项目融资由于参与方众多、各种关系复杂，为了保证各参与方的利益、规定各方的职责，需要签订一系列的合同、协议备忘录等。概括起来，这些合同文件主要有融资基础文件、融资文件、融资中可能涉及的担保抵押文件、专家报告及法律意向书等。

1. 融资基础文件

融资基础文件是指项目各参与方之间所形成的、对项目融资有重要影响的各种协议安排。这些文件尽管不是直接的融资文件，但它们将对项目融资的可能性及融资条件产生重要影响。通常，融资基础文件包括：各项政府特许、批准文件，关于土地所有权的文件，项目发起人间的合资文件，股东协议，项目公司的组织文件，项目管理文件和技术顾问合同，项目建设文件和分包合同，承包商和分包商的履约保函和预付款保函，项目的各种保险文件，供货合同，销售合同，使用合同，技术和运营许可证，计划和环境部门的批准书，基础设施供应合同，运输合同，发起人的其他融资合同。

2. 融资文件

融资文件是指项目各种外部资金来源所对应的融资文件，及为特定融资行为而专门形成的信用保证文件。融资文件具体包括：写明贷款条件、保护条款等的基本融资协议，担保文件，项目贷款人和担保权益托管人之间的信托协议或共同贷款人协议，安慰信和其他支持文件，当借款不是唯一或第一筹资来源时，应包括发行债券、商业票据、股票承销报价等融资文件，可能涉及某些贷款人或第三方的附加融资文件等。

在上述文件中，基本融资协议是所有融资文件中最重要的文件，它是项目融资最基本的法律文件，是项目融资形成的基础，也是项目融资执行的依据，规定了各方当事人的权利和义务。融资协议的内容主要包括：融资金额和目的；利率和还本付息计划；安排、代理佣金和费用；贷款前提条件——法律意见书、董事会决议、所有项目合同的副本、担保合同的交接、政府批准文件、期权信、专家报告和财务表；对向借款人或其他有关方追索的限制；对现金流量的专门使用；成本补偿、利率选择、市场干扰、标准货币等保护性条款；能力、责任等陈述和保证；项目标准和项目执行约定；还款能力系数和其他融资契约；对借款、分红和资产处理等的限制性条款；违约事件处理；项目的竣工、转换和放弃；融资信息和项目信息报告以及监督机制；从收益账户划出资金的机制，监管账户；代理条款，支付机制，银行间的协调和收入分配；委托和转让条款。

3. 融资中可能涉及的担保抵押文件

在项目融资中，只要资产所在地的法律允许，贷款人经常将项目资产作为担保。项目融资中可能涉及的一些担保抵押文件主要包括：土地、建筑物或其他固定资产设押文件；动产、账面债务和产品的固定设押或浮动设押文件；建设合同、承包商和供货商的履约保函、许可证和合资合同等的权益转让；项目保险和经纪人的保证的权益转让；销售合同、"或取或付"、使用或收费合同、项目资产收益和经营收入的权益转让；长期供货合同的权益转让，包括"或取或付"合同和能源、原材料的供应合同；项目管理、技术支持和咨询合同的权益转让；项目公司股票及股息的设押；各种设押和委托下产生的有关担保文件；由一个或多个项目发起人签订的项目经营管理合同；保险——商业保险单、出口信贷保函、多边机构担保文件。

4. 专家报告及法律意向书

在贷款之前，贷款人需要就项目的技术、法律、环境等方面进行非常全面的了解和论证，以保证项目的安全性。专家报告及法律意见书主要包括：关于项目技术可行性的工程师报告、环境顾问所做的关于项目对环境可能的影响和适用法律的报告、保险专家关于项目保险是否足够的报告、会计师关于项目发起人财务状况和项目公司股东结构的报告、所在国的法律顾问和向贷款人提供担保或支持的各方当地法律顾问对法律意向书的报告等。

六、BOT 模式的风险处理和安全框架

各种风险的控制措施并不能根除所有风险，在尽可能地采取相应措施降低风险的前提下，必须考虑如何在项目各参与方之间分配风险的问题。BOT 模式中风险的分担一般遵循如下原则：项目各参与方承担的风险要与期望的收益相匹配；将特定风险分配给最有能力承担或管理的一方。

BOT 项目风险的分担并不是对每个参与者平均分配风险，而是将所有风险分配给最适合承担它的一方，即项目的任何一种风险由对该风险偏好系数最大的项目参与方承担时，项目的整体满意度才最大。

图 14-4 是 BOT 项目的安全框架，这种安全框架就是项目风险的分配机制。从图中可以看出，BOT 项目的风险分配是通过一系列协议来完成的，每类协议都是在各项目参与方之间分配特定的风险。

其基本思路如下。

① 项目发起投资人通过和机构投资者签订股东协议，共同注入项目建设所需的资金；同时，项目发起投资人同政府签订项目协议，通过协议明确规定政府所应承担的风险以及承担风险的办法。

政府可承担的风险包括政治风险、法律与政策变动风险、一部分金融风险、一部分不能保险的不可抗力风险、一部分市场风险以及由政府方面的原因造成完工延期和项目费用增加的风险等。而项目发起投资人可承担的风险通常包括开发风险、工程建设风险、一部分运营风险、供应风险等。政府和项目发起投资人实际承担的风险取决于两者之间进行的谈判，并通过特许权协议或其他专门协议加以确定。

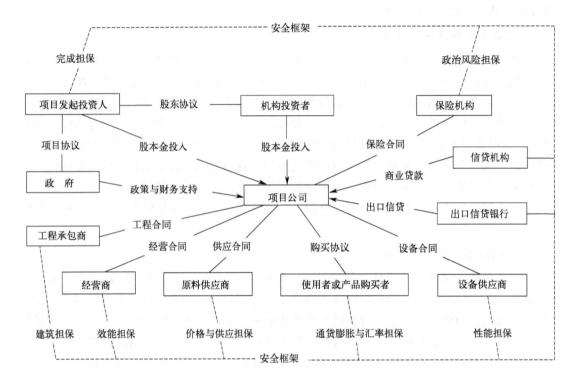

图 14-4　BOT 项目的安全框架

② 项目发起投资人可以通过签订施工进度合同、固定总价合同或交钥匙合同等,将部分工程建设风险转移给工程承包商;可以通过签订运营维护合同、锁定价格的供应合同等,将部分运营风险和供应风险转移给经营公司和供应商。

③ 项目公司通过与使用者和产品购买者签订协议,转嫁通货膨胀和利率变动所带来的风险。

④ 对于 BOT 项目在建设或经营期间可能发生的政治风险、不可抗力风险等,项目公司可以通过投保的形式,与保险机构签订风险担保协议来避免此类风险所带来的损失。

七、BOT 的衍生模式

BOT 作为大型基础设施项目的一种投融资模式,在实际操作中有很多种方式。以下是一些较为普遍的 BOT 项目融资方式。

① BOOT (Build-Own-Operate-Transfer) 形式,即"建设—拥有—经营—转让"。具体是指由私营财团融资建设基础设施项目,项目建成后在规定的期限内,私营财团拥有项目的所有权并进行经营,经营期满后将项目移交给政府部门的一种融资方式。

BOOT 与 BOT 的区别主要体现在两个方面:一是所有权的区别。在 BOT 模式下,项目建成后私营部门只拥有所建成项目的经营权;但在 BOOT 方式下,在项目建成后的规定期限内,私营部门既有经营权,也有所有权。二是时间上的区别。采用 BOT 方式建设的项目,其从项目建成到移交给政府的时间间隔一般比采用 BOOT 方式要短。

② BOO (Build-Own-Operate) 形式,即"建设—拥有—运营"。具体是指私营部门根据

政府赋予的特许权建设并经营某项基础设施，但是并不在一定时期后将该项目移交给政府部门的方式。这种方式和 BOT 方式或 BOOT 方式的最大区别就在于没有正式的移交过程，因此该方式往往适用于项目的收益较低、运营期较短或移交意义不大的基础设施建设项目。其与 BOT 的不同点主要是公司建设、经营某个特定基础设施，但不转让设施财产权。

③ BTO（Build-Transfer-Operate）形式，即"建设—转让—经营"。项目建成后由政府先行偿还所投入的全部建设费用，取得项目设施所有权，然后项目公司租赁经营一定年限。这种方式往往适用于一些对经营权有特殊考虑的项目，例如，关系到国家安全的产业如通信业，为了保证国家信息的安全性，一般项目建成后不交由外国投资者经营，而是将所有权转让给东道国政府，由东道国垄断经营项目，或与项目开发商共同经营项目。

④ BOOST（Build-Own-Operate Subsidy-Transfer），即"建设—拥有经营—补贴—移交"。发展商在项目建成后，在授权期限内，既直接拥有项目资产又经营管理项目，但由于存在相当高的风险，或非经营管理原因造成的经济效益不佳，须由政府提供一定的补贴，授权期满后将项目的资产转让给政府。这种方式往往是针对一些国民经济效益或社会效益比较突出但财务效益不理想的项目，在项目经营期由政府给予私营机构一定的补贴。

⑤ BLT（Build-Lease-Transfer）形式，又称 BRT（Build-Rent-Transfer），即"建设—租赁—移交"。政府出让项目建设权，在项目运营期内政府成为项目的租赁人，私营部门为项目的承租人，租赁期满后，资产再移交给政府。其具体是指获得特许经营权的私营财团融资建设项目，项目建成后私人财团按约定将项目资产出租给政府或第三方并通过收取租金回收投资，租赁期结束后项目的所有资产再移交给政府公共部门的一种融资方式。

⑥ FBOOT（Finance-Build-Own-Operate-Transfer）形式，即"融资—建设—所有—经营—转移"。这种方式类似于 BOOT，只是强调了私营财团只有先融通到资金，政府才予以考虑是否授予特许经营权。

⑦ DBOT（Design-Build-Operate-Transfer）形式，即"设计—建设—经营—转移"。这种方式是从项目的设计开始就特许给某一私营机构进行，特许终了时项目需完好地移交给政府。

⑧ ROT（Renovate-Operate-Transfer）形式，即"重整—经营—转让"。重整是指获得政府特许授予专营权，对过时陈旧的项目设施、设备进行改造更新，再由投资者经营若干年后转让给政府。其与 BOT 的主要区别是：它的对象是已经建成、已陈旧过时的改造项目，"建设"变"重整"。

⑨ POT（Purchase-Operate-Transfer）形式，即"购买—经营—转让"。政府出售已建成的、基本完好的基础设施并授予特许专营权，由投资者购买基础设施项目的股权和特许专营权。这种方式具体是指东道国政府与外商签订特许权经营协议后，把已经投产运行的基础设施项目移交给外商经营，凭借该设施项目在未来若干年内的收益一次性地从外商手中融得一笔资金用于建设新的基础设施项目。特许经营期满后，外商再把该设施无偿移交给东道国。

⑩ TOT（Transfer-Operate-Transfer）形式，即"移交—经营—移交"。它是指政府签订特许权经营协议，把需要更新改造的基础设施项目移交给私营机构，由私营机构进行更新改造后经营一段时间以回收投资并获取合理的回报，特许期满后将基础设施无偿移交给政府的方式。政府一次性地从外商手中融得一笔资金，用于建设其他新的基础设施项目。

⑪ BT（Build-Transfer）形式，即"建设—移交"。在该方式中，项目在建成后就移交给

政府，政府按协议向项目发起人支付项目总投资加合理的回报率。此种方式适合无法进行收费经营的项目，或者基于安全或战略的考虑必须由政府直接运营的关键设施。

⑫ DBOM（Design-Build-Operate-Maintain）形式，即"设计—建设—经营—维护"。这种方式强调项目公司对项目按规定进行维护。

⑬ BOL（Build-Operate-Lease）形式，即"建设—经营—租赁"。也就是说项目公司以租赁形式继续经营项目。

⑭ ROO（Rehabilitate-Operate-Own）形式，即"修复—经营—拥有"。在以上各形式中，依世界银行《1994年世界发展报告》对BOT定义的理解，BOT的通常形式至少包括前三种，即BOT、BOOT、BOO。而对于所有的形式，虽然提法不同，具体操作上也存在一些差异，但它们在运作中与典型的BOT在基本原则和思路上并无实质差异，所以习惯上将上述所有形式都看作BOT的具体形式。

第二节 ABS 项目融资模式

一、ABS 项目融资概述

ABS是英文"Asset Backed Securitization"的缩写，在国内往往被称为"资产支持证券化"或"资产证券化"。以下先对几个概念作进行介绍。

1. 证券化及资产证券化的代表商品

（1）证券化的含义

证券化有两个含义：一是指"企业融资的证券化"，即企业融资从间接金融转向直接金融；二是指"资产的证券化"，即将商业银行贷款债权、赊款债权等流动性差的资产转让给特别设立的公司，再由该特别公司发行证券，使资产以证券形式发生流动。证券化是将无流动性资产转化为有流动性证券的金融技术。

（2）资产证券化的代表商品

① 资产支持证券（Asset Backed Security，ABS），就基础资产而言它有两种形态：一是以金融资产为基础的证券化，称为"二级证券化ABS"；二是以实物资产为基础的证券化，称为"项目融资型ABS"。但它们的实质都是将资产的未来收益以证券形式预售的过程。

② MBS（Mortgage Backed Security，抵押支持证券），它是由美国住房专业银行和储蓄金融机构利用其向外贷出的住房抵押贷款发行的一种资产证券化商品。

2. ABS 项目融资定义

ABS项目融资是资产证券化的简称，它是以项目所属的资产为支撑的证券化融资方式。具体来说，它是以目标项目所拥有的资产为基础，以该项目资产的未来收益为保证，经过信用增级，通过在资本市场发行高档债券等金融产品来筹集资金的一种项目融资方式。

ABS的目的在于通过其特有的信用增级方式，使得原有信用等级较低的项目照样可以进入高档证券市场，并利用该市场信用等级高、资金流动量大、融资成本低、债券安全性和流动性高、债券利率低等特点，大大降低发行债券和筹集资本的成本。所以，ABS 资产证券化是国际资本市场上流行的一种项目融资方式，已在许多国家的大型项目中采用。

从本质来说，资产证券化属于一种以项目的收益为基础融资的项目融资方式。这种新型的融资方式是在 20 世纪 70 年代全球创新的浪潮中涌现出来的，其内涵就是将原始权益人（卖方）不流通的存量资产，或可预见的未来收入，构造和转变成为资本市场可销售和流通的金融产品的过程。具体来说就是将缺乏流动性但能够产生可预见的稳定现金流的资产，通过一定的结构安排，对资产中风险与收益要素进行分离与重组，进而转换为在金融市场上可以出售和流通的证券的过程。其实质是融资者将被证券化的资产的未来现金流收益权转让给投资者。

ABS 项目融资方式是一种独具特色的筹资方式，它的作用有：可以避免筹资者其他资产受到追索；可以降低成本，大规模地筹集资金；可分散、转移筹资者和投资者的风险；债券到期后本国政府和项目融资公司不承担任何债务；投资者可以不直接参与工程的建设与经营。

3. ABS 融资的产生与发展

资产证券化融资作为一种融资创新，最早起源于美国，后来在美国、英国、法国、德国等西方国家得到了广泛的应用。

美国是资产证券化的发源地，也是资产证券化最发达的国家。美国的资产证券化以住宅抵押贷款证券化起步，最早可以追溯到 20 世纪 60 年代末、70 年代初美国的住宅按揭融资。

美国政府为了解救房地产金融，决定启动并搞活住宅抵押贷款的二级市场。华尔街金融机构尝试发放 MBS（Mortgage Backed Securities）即抵押支持证券筹资以弥补住房基金来源的不足，MBS 即 ABS 模型的雏形。以 MBS 模式为借鉴，Unisys 公司于 1985 年 3 月率先发行了 192 亿美元的租赁款作为支持资产的 ABS，成为现代意义的 ABS 模式的开端。

自美国的金融机构提出并应用了 ABS 模式以后，20 世纪 80 年代，资产证券化进入欧洲并在欧洲资本市场上迅速发展。法国、德国、英国、日本等国家都在金融业务中使用了 ABS 模式，资产证券化被广泛使用和发行，交易数额也在稳定增长。目前，ABS 融资模式已被广泛运用到汽车贷款、信用卡贷款、应收账款、房产贷款、学生贷款、设备贷款、设备租赁、保险单、公共设施和公用事业收费、自然资源等资产的证券化融资中。国外的大量实践证明，尽管 ABS 融资模式发展历史较短，但这种融资模式具有很大的发展潜力，ABS 模式在项目融资领域的应用将是项目融资未来发展的一个重要趋势。

4. ABS 融资的基本要素

一项成功的资产支持证券化融资需要坚实的"基础设施"，这就是证券化融资的基本构成要素。ABS 融资的基本要素包括以下几个方面。

① 标准化的合约。该合约要使所有的参与方确信：为满足契约规定的义务，该担保品的存在形式应能够提供界定明确而且在法律上可行的行为。

② 资产价值的正确评估。如在信贷资产证券化业务中，银行家的尽职调查应能够向感兴趣的各方提供关于风险性质的描述和恰当的价值评估。

③ 一份具有历史统计资料的数据库。对于拟证券化的资产在过去不同情形下的表现，必须提供一份具有历史统计资料的数据库，以使各参与方确定这些资产支持证券的风险程度。

④ 适用法律的标准化。证券化融资需要以法律的标准为前提。在美国第一银行曾发行过 AAA 级抵押支持转递证券，最后该证券的发行以失败而告终，其原因之一就是它未能满足美国各州所要求的法定投资标准。

⑤ 确定服务人地位的标准。这一点对于证券化融资也是非常关键的，一般的标准是服务人的破产或服务权转让不应该导致投资者的损失。

⑥ 可靠的信用增级措施。证券化融资的重要特点是可以通过信用增级措施发行高档债券，以降低项目融资的成本。因此，如果没有可靠的、资信较高的信用增级措施，资产支持证券化融资将是很难操作的。

⑦ 用以跟踪现金流和交易数据的计算机模型也是促进证券化交易量增长的重要基础。

5. ABS 融资的使用范围

（1）可证券化资产的特征

并不是所有的资产都可以证券化，根据已有的证券化交易例子，可证券化的理想资产应该具有以下特征：

① 能在未来产生可预测的稳定现金流；
② 持续一定时期的低违约率、低损失率的历史记录；
③ 本息的偿还分摊于整个资产的存活期间；
④ 金融资产的债务人有广泛的地域和人口统计分布；
⑤ 原所有者已持有该资产一段时间，有良好的信用记录；
⑥ 金融资产的抵押物有较高的变现价值；
⑦ 金融资产具有标准化、高质量的合同条款。

（2）不利于证券化的资产属性

① 服务者经验缺乏或财力单薄；
② 资产组合中资产的数量较少或金额最大的资产所占的比重过高；
③ 本金到期一次偿还；
④ 付款时间不确定或付款间隔期过长；
⑤ 金融资产的债务人有修改合同条款的权利。

（3）证券化资产的分类

到目前为止，在北美、欧洲和新兴市场上已被证券化的资产种类繁多，可以作如下分类：居民住宅抵押贷款；私人资产抵押贷款、汽车销售贷款、其他各种个人消费贷款、学生贷款；商业房地产抵押贷款、各类工商企业贷款；信用卡应收款、转账卡应收款；计算机租赁、办公设备租赁、汽车租赁、飞机租赁；交易应收款；人寿、健康保险单；航空公司机票收入、公园门票收入、俱乐部会费收入、公用事业费收入；石油/天然气储备、矿藏储备、林地；各种有价证券组合。

6. ABS 模式的特点

ABS 模式的特点主要表现在以下方面。

① 通过证券市场发行债券筹集资金，是 ABS 不同于其他项目融资方式的一个显著特点。无论是产品的支付、融资租赁，还是 BOT 融资，都不是通过证券化进行融资的，而证券化融资则代表着项目融资的未来发展方向。

② 由于 ABS 方式隔断了项目原始权益人自身的风险和项目资产未来现金收入的风险，

使其清偿债券本息的资金仅与项目资产的未来现金收入有关。加之在国际高档投资级证券市场发行的债券是由众多的投资者购买的，从而分散了投资风险。

③ 由于 ABS 是通过发行高档投资级债券募集资金的，这种负债不反映在原始权益人自身的资产负债表上，从而避免了原始权益人资产质量的限制。同时利用成熟的项目融资改组技巧，将项目资产的未来现金流量包装成高质量的证券投资对象，充分显示了金融创新的优势。

④ 作为证券化项目方式融资的 ABS，债券的信用风险得到了 SPV 的信用担保，是高档投资级证券，并且还能在二级市场进行转让，变现能力强，投资风险小，因而具有较大的吸引力，易于债券的发行和推销。同 BOT 方式相比，ABS 融资方式涉及的环节比较少，从而最大限度地减少了佣金、手续费等中间费用，使融资费用降到较低水平。

⑤ 由于 ABS 方式是在国际高档投资证券市场筹资的，其接触的多为国际一流的证券机构，要求必须抓住国际金融市场的最新动态，按国际上规范的操作规程行事。

⑥ 由于这种融资方式是在国际高档投资级证券市场筹资的，利息率一般比较低，从而降低了筹资成本。而且国际高档投资级证券市场容量大，资金来源渠道多样化，因此 ABS 方式特别适合大规模筹集资金。

7. ABS 融资在金融市场中的作用分析

在金融市场演变历程中，金融体系的发展可分为三个阶段。在最初阶段，金融体系处于银行本位时期，银行是积累储蓄和进行投资的主要渠道；当资本市场成为融通大量储蓄的主渠道时，金融体系就向市场本位时期发展，进入第二阶段；当金融机构日渐对其资产进行处理与交易时（资产证券化），金融体系就发展到了市场本位时期的最高阶段。因此，资产证券化就具有了非同一般的作用，它代表着金融市场融资的方向。

资产证券化的本质含义是将贷款或应收账款转换为可流通的金融工具的过程。例如，它能够将批量贷款进行证券化销售，或者将小额、非市场化且信用质量不同的资产重新包装为新的流动性债务证券，以使信用增级，并且提供与基本担保品不同的现金流量。

所以，归纳起来，资产证券化融资具有以下几方面的作用和意义。

① 对于那些信用等级较低的金融机构，存款和债务凭证的发行成本高昂。如能证券化和出售一部分资产组合，由于证券的较高信用等级，就可以获得较低的发行成本。

② 证券化能够使金融机构减少甚至消除其信用的过分集中，同时继续发展特殊种类的组合证券。

③ 证券化使得金融机构能够更充分地利用现有的能力实现规模经济。

④ 证券化能够将非流动资产转换成可流通证券，使其资产负债表更具有流动性，而且能改善资金来源。

⑤ 证券出售后，将证券化的资产从其资产负债表中移出，可以提高资本比率。

另外，资产证券化融资还具有明确的金融创新意义。资产证券化具有信用风险转移创新、提高流动性创新和信用创造创新的作用。从其功能作用看，资产支持证券化并非迫使银行为其客户提供不同的服务，而是显示了商业银行在竞争中取胜所必须具备的技术和必须遵循的原则。从某种意义上说，这重新定义了什么是银行，或者说是重新修正了对银行的定义。

二、ABS 融资的运行程序

ABS 是在资本市场上通过发行债券筹集资金的。按照规范化的证券市场运作方式，在证券市场发行债券必须对发债主体进行信用评级，以确定债券的投资风险和信用水平。债券的筹集成本和信用等级密切相关，信用等级越高，表明债券的安全性越高，债券的利率越低，从而使通过发行债券筹集资金的成本越低。因此利用证券市场筹集资金，一般都希望进入高档投资级证券市场。但是，对于不能获得权威性资信评估机构较高级别信用等级评定的企业或其他机构，将无法进入高档投资级证券市场。ABS 运作的独到之处就在于，通过信用增级计划，使得没有获得信用等级或信用等级较低的机构，照样可以进入高档投资机构市场，通过资产的证券化筹集资金。ABS 融资方式的具体运作过程主要包括以下几个阶段。

1. 确定证券化资产目标并组建资产池

原则上，投资项目所依附的资产只要在未来一定时期内能带来现金收入，就可进行 ABS 融资。如房地产未来租金收入；航空、港口及铁路未来运费收入；收费公路及其他公用设施收费收入；项目产品出口贸易收入；银行贷款；分期付款契约；应收账款等。

通常，拥有未来现金收入所有权的企业、项目公司或机构通常被称为原始权益人。原始权益人将这些未来现金流的资产进行估算和信用考核，并根据资产证券化的目标确定要把多少资产用于证券化，最后把这些资产汇集组合形成一个资产池。未来现金收入所涵盖的资产是 ABS 融资方式的物质基础和价值保证，通常应是稳定的、可靠的、低风险的和具有一定可预测性的。

2. 创建 SPV 并实现"真实出售"

（1）创建 SPV

创建 SPV 即组建一个特殊目的公司 SPV（Special Purpase Vehicle）。它可以是一个信托投资公司、信用担保公司、投资保险公司或其他独立法人。该机构应能够获得国际权威资信评估机构较高级别的信用等级（AAA 级或 AA 级）。由于 SPV 是进行 ABS 融资的载体，成功组建 SPV 是 ABS 能够成功运作的基本条件和关键因素。

有时，SPV 由原始权益人专门为实现 ABS 融资目的而设立，但它是以资产证券化为唯一目的的、独立的信托实体，其经营有严格的法律限制。例如，不能发生证券化业务以外的任何资产和负债、在对投资者付讫本息之前不能分配任何红利、不得破产等，其收入全部来自资产支持证券的发行。为降低资产证券化的成本，SPV 一般设在免税国家或地区，如开曼群岛等处，设立时往往只投入最低限度的资本。

（2）真实出售

SPV 与原始权益人签订买卖合同，原始权益人将拟证券化的资产转让给 SPV。转让的目的在于将原始权益人本身的风险割断，这样 SPV 进行 ABS 方式融资时，其融资风险仅与项目资产未来现金收入有关，而与建设项目的原始权益人本身的风险无关。在实际操作中，为了确保与这种风险完全隔断，SPV 一般要求原始权益人或有关机构提供充分的担保。

这一交易必须以真实出售的方式进行，买卖合同中应明确规定：一旦原始权益人发生破产清算，资产池不列入清算范围，从而达到"破产隔离"的目的。破产隔离实现了将资产过户给 SPV 的目标，确保即使原始权益人破产，证券化了的资产也不会遭到清算，保障了投资人的权益。即破产隔离使资产池的质量与原始权益人自身的信用水平分割开来，投资者对资产支持证券的投资就不会再受到原始权益人信用风险的影响，这也正是项目融资的本质特点。

真实出售的作用是进行破产隔离，维护资产支撑证券的安全和投资者的利益。经过真实出售，SPV 在名义上对证券化资产享有完全的所有权，但在具体的行使和管理上受到很大限制；或 SPV 享有的仍是一种物权，但在有关合同中附加了一些条件，限制了其绝对权。

如何才能达到项目资产或收益的"真实出售"呢？主要有以下三种操作方式。

① 债务更新，即先行终止发起人与资产债务人之间的债务合约，再由 SPV 与债务人订立一份新合约来替换原来的债务合约，从而把发起人与资产债务人之间的债权债务关系转换为 SPV 与资产债务人之间的债权债务关系。这种方法一般用于资产组合涉及少数债务人的场合。

② 转让，即通过一定的法律手段把待转让资产项下的债权转让给 SPV。作为转让对象的资产要由有关法律认可具备可转让性质。资产权利的转让要以书面形式通知资产债务人，如无资产转让书面通知，资产债务人享有终止支付的法定权利。

③ 从属参与，即 SPV 与资产债务人之间无合同关系，发起人与资产债务人之间的原债务合约继续有效，资产也不必从发起人手中转让给 SPV，而是由 SPV 先行发行资产支持证券，取得投资者的款项，然后再转贷给发起人，转贷金额等同于资产组合金额。贷款附有追索权，其偿还资金来源于资产组合的现金流量。

比如在香港，有以下几条才能判断为真实出售：第一，债务作为整体被完整地转让；第二，原始权益人以书面形式签署转让文件；第三，转让不被认定为一项担保形式；第四，转让以书目形式明确地告知原债务人。

3. 信用增级

债券在与 SPV 结合后，信用有所提高，但仍需要改善发行条件。为吸引更多的投资者，需要改善发行条件，则 SPV 必须提高资产支持证券的信用等级，即必须进行"信用增级"。信用增级一般采取两种方式：发行人提供的信用增级即内部信用增级，第三者提供的信用增级即外部信用增级。

（1）内部信用增级

内部信用增级是由发行人提供的。可分为三种操作方法，即超额担保、储备基金和高级/次级证券结构。

① 超额担保，指被证券化的资产实际价值高于证券的发行额。在信贷资产证券化中，要求被证券化的项目贷款的实际价值高于证券的实际发行额，也就是要求所发行的债券总额不得超过作为基础资产的项目贷款组合的一定比例，如 85%。过度抵押是最简单的一种增级方式。发起人在发行时，用作抵押的是那些比其未来收入现金流大的资产。实际中很少采用这种方式，因为这种方式的成本高并且在资本利用上也缺乏效率。但作为其他方式的补充，过度抵押可以对某些类型的证券化资产和结构起重要作用。

② 建立储备基金账户，指事先设立用于弥补投资者损失的储备基金账户，在信贷资产证券化中，就是 SPV 将收到的项目贷款的本息与债券支付成本之间的差额，以及 SPV 在现金收付之间因时间差异而产生的再投资收入存入基金账户，在项目贷款出现违约时，动用基金账户以保证对证券投资者的支付。

③ 设计高级/次级证券结构，即划分高级证券和次级证券，在付清前者的本息之前对后者仅付息不还本。这种结构是指所有的损失首先由次级债券承担，即次级债券充当高级债券的缓冲器，其最大承担额相当于该类债券的总额。这种方法是用高收益的次级证券在本金和利息支付顺序上的滞后处理，来保证低收益的高级证券获得本金和利息的优先支付，从而提高高级证券的信用级别。优先/次级参与结构的评判标准将证券分为两部分：A 证券和 B 证

券。其中：A 证券是高级证券，对抵押品的现金流和本金有优先权；B 证券拥有次级权利。只有当 A 证券持有人在完全支付的情况下，B 证券才可能被支付。这种信用增级方式的优点是使信用增级的成本分布在整个交易期间，B 证券上较高的利息就是其信用增级的成本。对于具有较高成本，且用高资本成本折现决定 B 证券成本现值的公司，优先次级结构参与具有很强的经济吸引力。

（2）外部信用增级

外部信用增级方式通常是通过提供银行信用证，由一家单线保险公司提供保险以及第三者设立的储备账户基金来形成，这些信用增级依赖于担保人而不是资产池本身的信用等级。

如 SPV 向信用级别很高的专业金融担保公司办理金融担保，保证 ABS 按期按量支付本息，这样，ABS 交易的信用级别就提升到了金融担保公司的信用级别。当前，证券化市场普遍应用的信用增级技术就是金融担保。金融担保是由一些信用级别在 A 级以上的专业金融担保公司向投资者提供保证证券化交易、履行支付本金和利息等义务。在被担保人违约的情况下，由金融担保公司偿付到期本息。在这种条件下，证券化交易的信用级别便由金融担保公司的信用级别取代，较低的信用级别可以提升到金融担保公司的信用级别。外部信用增级方式具体包括以下几种形式。

① 银行担保或信用证银行担保。这类担保可以担保贷款的本金、利息和担保抵押品免受过大的损失。银行担保是依据资产组合能产生的现金流情况来决定担保程度，由于银行可以对抵押品作部分担保，因此银行可以根据风险资产的部分价值而不是全部价值进行收费；但银行担保存在许多缺点，首先是市场上缺少信用等级为 AAA 级的银行，其次是返回给发起人的利润是有风险的。

② 保险公司可发出的担保。保险公司发出的免受损失的保险单，由保险人发出，保护作为项目融资或债券发行基础的抵押品价值，通常并不保证债权人能收回本息，实质上并不是一种担保。保险公司发出的担保优点主要有：用于单一风险时，如信用风险，这种方式价格更为低廉。

③ 单线保险公司（金融担保公司）提供的担保。这样的公司由于无法从资产组合中分散风险，所以它只从事金融产品的保险业务，提高金融产品的信用等级。但是，它所提供的担保要求所担保的资产必须是投资级的。发起人根据单线担保的级别，使其资产获得与担保级别相同的信用等级。

4. 发行债券

信用增级后，SPV 聘请信用评级机构对将发行的证券进行正式的发行评级。评级机构根据经济及金融形势、发起人及证券发行人等有关信息、SPV 和原始权益人资产债务的履行情况、信用增级情况等因素，将评级结果公布于投资者。

SPV 与证券承销商签订承销协议，由证券承销商负责向投资者销售资产支持证券。这时资产支持证券已具备了较好的信用等级，能以较好的发行条件售出，并将发行所得作为买入证券化资产的价款，支付给原始权益人。原始权益人用这笔收入进行项目投资和建设，达到其筹资目的。

5. 管理资产，清付本息

由原始权益人或 SPV 与原始权益人确定托管银行（受托管理人），签订托管合同，对资产池进行管理。

① 将证券化资产发生的全部收入存入托管行。托管银行负责收取、记录由资产池产生的全部收入，并把这些收款全部存入托管银行的收款专户。托管行按约定建立积累金，准备用于 SPV 对投资者还本付息。

② 还本付息。到了规定的期限，托管银行将积累金拨入付款账户，对投资者付息还本。

③ 支付服务费用。待资产支持证券到期后，还要向融资过程中提供过服务的各类机构支付专业服务费。

④ 剩余返还给原始权益人。由资产池产生的收入在还本付息、支付各项服务费之后，若有剩余，全部退还给原始权益人。整个资产证券化过程至此结束。

SPV 作为 ABS 融资的交易中介，基本上是一个"空壳公司"，并不参与实际的业务操作。资产证券化的运作示意见图 14-5，MBS 的证券化融资流程见图 14-6。

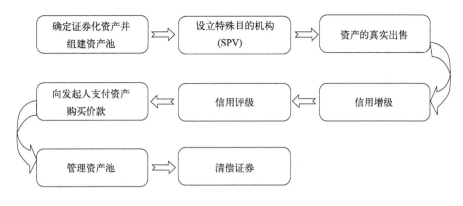

图 14-5 资产证券化的运作示意

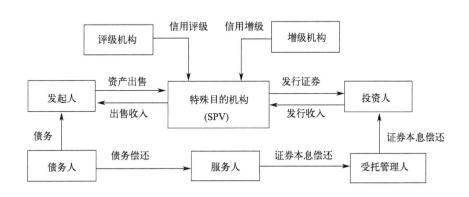

图 14-6 MBS 的证券化融资流程

三、ABS 融资的主要当事人

1. 发起人或原始权益人

发起人或原始权益人是被证券化的项目相关资产的原始所有者，即拥有 ABS 对应的权益资产的人，也是资金的最终使用者。对于项目收益资产证券化来说，发起人是指项目公司，它负责项目收益资产的出售、项目的开发建设和管理。

(1) 发起人的类型

发起人发放贷款并创造出将成为担保品的资产。发起这些资产的实体包括：

① 商业银行，其主要功能是吸收存款、管理贷款；

② 抵押银行，主要功能是发放抵押贷款并在二级市场销售；

③ 政府机构，尽管政府机构提供的贷款少，但发挥的作用很大。

(2) 发起人的主要作用

一般情况下，在抵押贷款中发起人的主要作用是：

① 收取贷款申请；

② 评审借款者申请抵押贷款的资格；

③ 组织贷款；

④ 从借款人手中收取还款；

⑤ 将借款还款转交给抵押支持证券的投资者等。

(3) 发起人的收入来源

① 发起费，以贷款金额的一定比例表示；

② 申请费和处理费；

③ 二级销售利润，即发起人售出抵押贷款时其售价和成本之间的差额。

发起人大多同时也是证券的出售人和承销商，因为对发起人来说，保留证券的承销业务可获得一定的费用收入。

(4) 发起人的信誉

发起人一般通过"真实出售"或所有权转让的形式把其资产转移到资产组合中。尽管发起人破产并不直接影响资产支持证券的信用，但发起人的信誉仍然需要考虑。因为如果发起人的信誉恶化，那么就会影响包括发起人资产在内的担保品的服务质量。

2. 特设机构 SPV

资产证券化的特设机构是为 ABS 融资设立的，实现"真实出售"，称为发行人，通常也称为特殊目的公司即 SPV。资产组合并不是由原始权益人直接转让给投资者，而是首先转让给一家特殊目的公司 SPV，这些特殊目的公司是专门为发行 ABS 而组建的，具有独立法律地位。

SPV 必须具备以下两个特点：为保持中立性，SPV 必须是独立的法人实体；为了不至于因自身债务问题而扭曲证券化资产的风险隔离效果，SPV 应该成为"不破产实体"。因此，SPV 要满足以下五个条件：①目标与权利应受到限制；②债务应受到限制；③设有独立董事，维护投资者利益；④分立性；⑤不得进行重组兼并。SPV 是发起人与投资者之间的桥梁，是资产证券化结构设计中的关键。

3. 服务人和受托管理人

(1) 服务人

服务人通常由发起人自身或指定的银行来承担。服务人的主要作用体现在两个方面：负责归结权益资产到期的现金流，并催讨过期应收款；代替发行人向投资者或投资者的代表——受托人支付证券的本息。服务的内容包括收集原借款人的还款，以及其他一些为担保履行还款义务和保护投资者的权利所必需的步骤。因此，资产支持证券的大多数交易与服务人的信用风险存在着直接的关系，因为服务人持有要向投资者分配的资金。信用风险的高低是由服务人把从资产组合中得到的权益转交给投资者时的支付频率决定的。

(2) 受托管理人

受托管理人是托管银行，原始权益人和 SPV 一起确定，并签订托管合同。在资产证券化的操作中，受托管理人是不可或缺的，它充当着服务人与投资者的中介，也充当着信用强化机构和投资者的中介。受托管理人的职责主要体现在三个方面：

① 作为发行人的代理人向投资者发行证券，并由此形成自己收益的主要来源；

② 将借款者归还的本息或权益资产的应收款转给投资者，并且在款项没有立即转给投资者时有责任对款项进行再投资；

③ 对服务人提供的报告进行确认并转给投资者。

当服务人不能履行其职责时，受托人应该并且能够起到取代服务人角色的作用。

4. 发行人和证券商

(1) 发行人

作为发行人来说，它可以是中介公司，也可以是发起人的附属公司、参股公司或者投资银行。有时，受托管理人也承担这一责任，即在证券化资产没有卖给上述公司或投资银行时，它常常被直接卖给受托管理人。该受托管理人是一个信托实体，其创立的唯一目的就是购买拟证券化的资产和发行资产支持证券。该信托实体控制着作为担保品的资产，并负责管理现金流的收集和支付。信托实体通常就是发起人的一家子公司，或承销本次证券发行的投资银行的一家子公司。在某些情况下，由于单个发起人的资产不足以创造一个合格的资产组合，这时就要由几个发起人的资产共同组成一个资产组合。

当发行人从原始权益人手中购得权益资产，在未来收取一定现金流的权利后，就要对其进行包装，然后以发行证券的方式在二级市场上将之出售给投资者。ABS 的主要类型之一就是住房抵押贷。

(2) 证券商

ABS 由证券商承销。证券商或者向公众出售其包销的证券，或者私募债券。作为包销人，证券商从发行人处购买证券，再出售给公众。如果是私募债券，证券商并不购买证券，而只是作为发行人的代理人，为其成功发行提供服务。发行人和证券商必须共同合作，确保发行结构符合法律、财会、税务等方面的要求。私募债券时，SPV 与证券承销商签订承销协议，由他们负责发行。

5. 投资者

投资者是购买资产支持证券的市场交易者。由于投资者的风险偏好不同，因此不同风险程度的证券都有其市场。ABS 的风险收益结构可以进行动态调节，更能满足投资者特定的风险、收益结构要求。投资者不仅包括大量机构投资者，也包括众多个人投资者。

6. 信用增级机构与信用评级机构

(1) 信用增级机构

在资产证券化过程中，一个尤为关键的环节就是信用增级，而信用增级主要由信用增级机构完成。从某种意义上说，资产支持证券投资者的投资利益能否得到有效的保护和实现，主要取决于证券化产生的信用保证。所谓信用增级，即信用等级的提高，经信用保证得以提高等级的证券，将不再按照原发行人的等级或原贷款抵押资产等级进行交易，而是按照担保机构的信用等级进行交易。

信用增级一般采取内部信用增级和外部信用增级两种方式：发行人提供的信用增级即内部信用增级，第三方提供的信用增级即外部信用增级。

（2）信用评级机构

信用评级机构是依据各种条件评定 ABS 等级的专门机构。ABS 的投资人依赖信用评级机构为其评估资产支持证券的信用风险和再融资风险。一般来说，信用评级机构都是在全球范围内享有较高声誉的机构，如美国的标准普尔（Standard & Pool's）、穆迪（Moody's）等，这些评级机构的历史记录和表现一直很好，特别是在资产支持证券领域口碑更佳。信用评级机构须持续监督资产支持证券的信用评级，根据情况变化对其等级进行相应调整。证券的发行人要为评级机构支付服务费用，因为如果没有评级机构的参与，这些结构复杂的资产支持证券可能就卖不出去。当有评级机构参与时，投资者就可以把投资决策的重点转移到市场风险和证券持续期的考虑上。所以，信用评级机构是证券化融资的重要参与者之一。

发行人需要评级机构的评级是因为他们希望证券的流通性更强，其支付的利息成本更低。当投资者通过评级系统的评级而相信了证券的信用质量时，他们对投资的收益要求通常就会降低。许多受到管制的投资者未被允许购买那些级别低于投资级的证券，更不能购买那些未经评级的证券。所以，证券评级机构的存在拓宽了投资者的投资范围，创造了对证券的额外需求，对发行人来说，所节省的成本也非常可观。

四、 SPV 的组建与运作

1. SPV 的组织形式

SPV 的组织形式直接关系到 ABS 计划的性质及发行人所预期的财务目标。通常情况下，SPV 的组织形式有以下三种选择。

（1）原始权益人为 ABS 融资而组建一个子公司

由于母子公司关系的存在，发起人有机会从对 SPV 的管理服务及利润分成中取得特权，从而损害投资者利益，而由发起人对 SPV 的资产转让过程是否属于"真实出售"也会被怀疑。

基于这种考虑，一般法律和行业监管条例都明文规定，建立在这种形式基础之上的证券化行为将被认定是一种担保融资，会计上只能进行表内处理。

（2）由独立第三方组建并拥有，不受原始权益人控制

SPV 的另一种组织形式是由独立第三方组建并拥有，而不为发起人所控制，且其组建不以盈利为目的。独立第三方通常以基金的形式出现，并由其委托的某受托管理机构代表该基金权益持有 SPV 的股份。如果 SPV 设立董事会，则应有至少一个独立董事。在实质性地改变 SPV 的目标和修改其组织文件时，需征得独立董事的同意，以保持其中立性。基于这种形式基础之上的资产转让，"真实销售"迹象明显，因而，一般法规允许对其进行表外处理。

（3）由投资银行、信托投资公司、信用担保公司充当

第三种形式是由投资银行、信托投资公司、信用担保公司充当，这些公司往往已经在国际上获得了权威资信评估机构给予的较高资信评定等级，如标准普尔公司或穆迪公司评估的 AAA 级或 AA 级。根据信用评级理论，企业或机构发行的债券或通过它们信用担保的债

券，自动具有该企业或机构的等级。

2. SPV 的经营运作

SPV 是发起人在实现其预期财务目标的过程中，为了迎合法律的要求而特设的一个法律概念上的实体，但近乎一个"空壳公司"，只拥有名义上的资产和权益，实际管理和控制均委托他人进行，自身并不拥有员工和场地设施。同时，SPV 的资产委托给发起人进行管理，因为，作为原始权益人，发起人有管理原本属于自己的资产的能力和经验。另一方面，SPV 的权益全部移交给一家独立的受托管理机构进行托管，然后凭此发行 ABS。受托管理机构作为投资者的代表持有证券的全部权益，收取证券本息，并分配给投资者。在 SPV 出现违约时，受托管理机构将代表投资者采取必要的法律行动。显然，这种实质上的信托结构能有效地牵制各参与方的行动，从而起到保护投资者利益的作用。

SPV 的运作一般要符合以下几点。

① 目标和权利限制。SPV 的经营运作以资产证券化为唯一目的，除交易规定所必须进行的活动外，完全禁止证券化业务以外的其他经营和投融资活动。

② 债务、财产抵押限制。SPV 除为履行交易中确定的债务及担保义务外，不应再发行任何其他债务和提供其他担保，尤其不能发生无关的债务和提供其他担保。一般情况下，SPV 不得用原始权益人的资产设立抵押。

③ 分立性。SPV 应保证遵循有关保持 SPV 分立的契约，保证做到如下几点：同其他任何个人或机构分立；保持资产不同任何其他机构的资产混合；只以自己的名义从事业务；保持分立的财务报表；遵守所有规章制度；不同其他分支机构发生关联方关系；不对任何其他机构提供担保或为其承担债务，或用自己的资信为其他机构提供债务保证；不用自己的资产为其他机构提供抵押；保持完全是一个独立的实体及接受年度检查。

④ 不得发生重组兼并。除在某种特定环境下，SPV 应保证不与他方合并或转让原始权益。在未事先通知有关当事人的情况下，不得对其经营合同及章程作修改。

⑤ 合同权利的保护。除在某种特定条件下，SPV 应保证不豁免或减轻任何当事人在合同中所规定的义务。

⑥ 银行账户。除交易文件规定开立账户外，SPV 不应开立其他银行账户。

⑦ 附属机构。不应设立除交易文件规定之外的任何附属机构。

⑧ 不能自聘工作人员。

⑨ 开支。SPV 开支应非常有限，仅用于维持其合法经营管理所必需的费用支出。

3. 组建地点的选择

在设计 ABS 方案时，SPV 组建地的选择很重要。SPV 既可以在发起人所在地注册组建，也可以在其他管辖区注册，关键是要看注册所在地是否有税收上的优惠或法律、监管上的障碍。SPV 当然应考虑尽可能地合法避税，降低成本。一般情况下，SPV 注册的国家或地区应具备一定条件：首先是破产法规定这类机构不得破产；其次是对利润或资本利得免征所得税；再次是对利息支付免征预提税；最后是从经济和法律等因素考虑，没有改变上述优惠的风险。

例如，为了合法避税，SPV 可设立在开曼群岛、百慕大等税收豁免地区。根据开曼群岛的法律规定，在开曼群岛设立的公司，只要一次性地缴纳一笔很低的印花税，就可以在 50 年内免缴一切税收与政府收费。此外，还可以通过适当安排使 SPV 不被认为在发行地或资产所在地开展业务，也可以达到避税的目的。再如，各国都对有限责任公司公开发行债券有一定的法定标准限制，但各地标准不同，这也为寻求 SPV 理想组建地提供了可能。

五、ABS 模式的风险分析

资产证券化风险分为基础资产质量风险和证券化风险。这类风险分析对资产证券化的整个结构以及各个环节运作过程中可能出现的风险作一个系统分析，以便于对某项证券化以及资产支持证券作出评价。在资产证券化过程中，投资者将面临结构风险，其中之一是金融资产组合的质量风险。毫无疑问，投资者往往都十分关心支持证券的金融资产能否产生稳定的现金流以保证证券稳定的收益。但事实上，投资者并非直接投资于这些金融资产的组合上，而是投资于以金融资产组合为基础的某种结构上，即使金融资产的组合能够保证稳定的现金流，但如果资产证券化的结构存在某种缺陷，资产支持证券仍会失败而造成投资者损失。这类风险被称为证券化风险。资产证券化的历史也告诉我们，在许多情况下，证券化结构的缺陷会造成比金融资产组合质量缺陷大得多的危害。因为后者即使在极端的情况下，也仅仅造成现金流的缩水，而前者很可能造成整个支持的中断，甚至整个资产支持证券的失败。所以，不仅是证券评级机构，投资者自身也应该识别这些风险，分析它们的规模，审查减少风险的方法，以及正确估计方法的有效性。资产证券化的风险主要有以下七类。

1. 欺诈风险

在资产支持融资活动的各个环节中，包括金融资产的价值评估、贷款或者其他债权的真实出售、金融担保及法律会计意见书等，都可能发生行为主体为牟取利益而进行的欺诈活动，从而使投资者遭受损失。事实上，有研究表明这种广泛存在的欺诈风险是证券的发起方（代理人）与证券的投资人（委托方）所掌握的信息不对称所导致的，而且随着目前证券化结构的不断复杂化，欺诈风险也越来越难以控制。

2. 失效风险

资产证券化的失效风险是指关于融资的法律意见书或者其他担保书、陈述书、支付合同等证书不符合或者不完全符合现行法律条款而失效的一种法律风险。正如一份重要的法律文件被法院宣判无效，而使交易机制停止运作一样，如果资产证券化过程中，某些重要法律合同失去了法律效力，将会使投资者手中的资产支持证券完全或者部分失效，那么证券发行人不再对证券持有人有进行支付的义务。

3. 法律风险

本来法律方面的证书、意见书是为了保证各个交易环节合法地、有效地运行，尽可能规避交易外部的风险因素，但是在某些情况下，法律以及法律条件本身的不明确性或者变动性，会成为资产证券化过程中重要的风险因素。

首先，许多资产支持融资是凭借关键的法律函件发行证券的，但是这些法律函件在法规方面较法律意见书缺乏确定性。其次，法律是发展的，新旧立法可能会发生冲突，按照法规设计的正在进行的融资结构可能最终失效，但融资活动在投资者未充分了解法律函件的局限性的情况下仍然继续进行着，这样就存在风险。最后，即使在有法律意见书的情况下，资产支持融资也不是无风险的。历史上就发生过律师事务所由于某种原因，撤销了对某个证券化过程的法律意见书，而使证券投资者蒙受证券信用等级和市值下降的重大损失的例子。

4. 对专家依赖的风险

资产证券化过程中，投资者的判断相当程度上依赖于资产估价师、律师、会计师等专家出具的意见书或者证明书。而为了减少交易风险而聘请的专家们，本身就可能称为一种风险。例如，意见书被撤销，会计师证明未及时支付，或者专家为交易制定的运作标准在交易期内发生不可预见的变化等，都会使证券投资者面临风险。

5. 金融管理风险

资产证券化是金融发展的一个里程碑，它的结构汇集了许多金融创新，比如设立特别目的机构（SPV）、金融资产的真实出售、证券的信用等级等。而正是因为其结构上的复杂性与技术上的高要求，证券化过程面临许多金融风险。

第一，技术性风险。一方面是计算机系统面临的风险。由于当今国际金融市场发展迅速，一个灵活而适应性强的计算机系统对于证券化过程非常重要，因为整个过程将集中并处理大量的数据，所以一旦系统出现故障甚至崩溃，其恢复成本将十分昂贵。另一方面则是信息风险。证券化的参与者对信息掌握的不充分或信息本身的缺陷，会使参与者的分析发生偏差而最终影响其决策。

第二，交易管理风险。在资产证券化的整个交易过程中，投资者最为倚重的是代表投资者管理和控制交易的受托人，以及负责资产管理的服务人。

第三，定价不当而导致系统风险。在高度竞争的金融市场，金融产品的定价一方面应考虑其内在价值，另一方面，应根据市场情况调整，这使合理的定价十分困难。例如，某份资产支持证券的利率若定得偏高，大量风险将被积累起来，损失虽然不会立刻显现，但会蔓延到整个结构，增加系统性风险。

6. 财产意外事故风险

这类风险主要是指当以支持证券的金融资产为抵押贷款时，作为抵押的财产发生意外事故的风险。

7. 信用等级下降风险

证券信用等级的下降会十分显著地影响其在市场（无论是一级市场还是二级市场）上的价格。而资产证券化交易中因素的复杂多样性，也使它特别容易受到等级下降的损害，且交易越复杂，促使该资产证券化中等级下降的诱因就越多。

第三节 PPP 项目融资模式

一、PPP 融资模式概述

1. PPP 融资模式的概念

PPP（Public-Private-Partnership），即公私伙伴关系，又称为公私合作制，是指政府与社会资本合作。对于 PPP 融资模式的概念，不同的学者和机构有不同的表述，不同的组织和国家对 PPP 下的定义也不同，目前还尚未形成一个统一的定义。

联合国培训研究院的定义：PPP 包含两层含义，其一是为了满足公共产品的需要而建立的公共和私人倡导者之间的各种合作关系；其二是为了满足公共产品需要，公共部门和私人部门通过建立伙伴关系进行的大型公共项目的实施。

欧盟委员会的定义：PPP 是公共部门和私人部门之间的一种合作关系，其目的是提供传统上由公共部门提供的公共项目或服务。

中国财政部的定义：PPP 是指在基础设施及公共服务领域建立的一种长期合作关系。通常模式是由社会资本承担设计、建设、运营、维护基础设施的大部分工作，并通过"使用者付费"及必要的"政府付费"获得合理投资回报。政府部门负责基础设施及公共服务的价格和质量监管，以保证公共利益最大化。

国内外机构和学者对 PPP 的定义还有很多，综合起来，PPP 的概念有广义和狭义之分。

(1) PPP 广义的概念

联合国培训研究院的第一种含义：PPP 是为了满足公共产品需要而建立的公共部门和私人倡导者之间的各种合作关系。这是从广义上讲的 PPP，它泛指公共部门与私人部门为提供公共产品或服务而建立的各种合作关系，具体涉及外包、特许经营以及私有化等几种类型。外包类是指由政府投资，私人部门仅承包项目中的一项或者多项任务；特许经营类则需要私营部门参与部分或者全部投资，通过一定的合作机制与公共部门分担项目风险，共享收益；私有化类的项目需要私人部门独自承担风险，所有权归私人部门所有，不具备有限追索的权力。

广义的 PPP 不是一种具体的项目融资或建设方式，而是一种十分广泛的合作关系。它仅仅是一个总括性的概念，是政府与社会资本合作。财政部文件指出社会资本是不包括本级政府所属融资平台公司及其他控股国有企业（脱钩的除外）。它作为一系列特定融资模式的总体概念，代表了私人部门与公共部门不同程度的合作关系。

这种 PPP 包括 BOT 和 PFI 等各种融资模式，并不是具体的项目融资模式。随着近年来我国基础设施投资的不断增加，我国作为一个发展中国家在资金、技术、管理等方面的不足逐渐彰显，BOT、BOO、BOOT、TOT、PFI 等多种融资模式在城市基础设施建设中发挥出重要的作用。其各种模式可以用图 14-7 来描述。

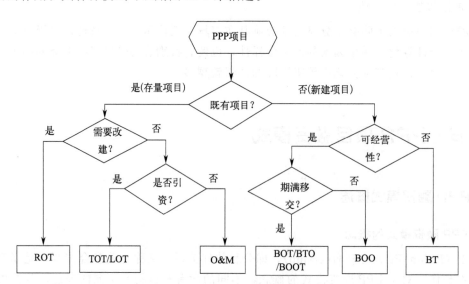

图 14-7　广义 PPP 模式图解

(2) PPP 狭义的概念

狭义的 PPP 可以理解为一系列项目融资模式的总称，指公共部门与私人部门共同参与生产和提供物品和服务的制度安排，是一种项目融资方式，合同承包、特许经营、补助等也符合这一定义。

在狭义的 PPP 模式中，政府、私人营利性企业和非营利性企业基于某个项目而形成相互合作的关系。通过这种合作形式，合作各方可以达到与其单独行动相比更为有利的结果。合作各方参与某个项目的时候，政府并不是把项目的责任全部转移给私营企业，而是要通过对项目的扶持，实现参与合作各方的利益，同时使各方共同承担责任和融资风险。可见，PPP 的基本特征包括共享投资收益、分担投资风险和承担社会责任。

狭义的 PPP 更加强调合作过程中的风险分担机制和项目的衡工量值。

有的学者认为 PPP 是一种新型的融资模式，具有与传统 BOT 模式不相同的特点。它在 1997 年被提出，是从 BOT 和 PFT 模式发展而来的，可以应用的范围更为广泛，且特别适合于大型基础设施项目。

本节中对 PPP 模式的讨论则是指狭义的 PPP 模式。

2. PPP 模式的内涵

从 PPP 模式的定义和基本特征看，其主要内涵包括以下四个方面。

(1) PPP 模式是一种新型的项目融资模式

PPP 项目融资是以项目为主体的融资活动，是项目融资的一种实现形式，主要根据项目的预期收益、资产以及政府扶持措施的力度而不是项目投资人或发起人的资信来安排融资。项目经营的直接收益和通过政府扶持所转化的效益是偿还贷款的资金来源，项目公司的资产和政府给予的有限承诺是贷款的安全保障。

(2) PPP 融资模式可以使民营资本更多地参与到项目中

政府的公共部门与民营企业以特许权协议为基础进行全程的合作，双方共同对项目运行的整个周期负责。PPP 模式的操作规则使民营企业参与到项目的确认、设计和可行性研究等前期工作中来，这不仅降低了民营企业的投资风险，而且能将民营企业在投资建设中更有效率的管理方法与技术引入到项目中来，还能有效地实现对项目建设与运行的控制，从而有利于降低项目建设投资的风险，较好地保障国家与民营企业各方的利益。这对缩短项目建设周期、降低项目运作成本甚至资产负债率都有值得肯定的现实意义。

(3) PPP 模式可以在一定程度上保证民营资本"有利可图"

私营部门的投资目的是寻求既能够还清贷款又有投资回报的项目，无利可图的基础设施项目是吸引不到民营资本投入的。而采取 PPP 模式，政府可以给予私人投资者相应的政策扶持作为补偿，从而很好地解决了这个问题，如税收优惠、贷款担保、给予民营企业土地优先开发权等。通过实施这些政策，可提高民营资本投资基础设施项目的积极性。

(4) PPP 模式有效地定位政府在项目中的角色

在传统模式下，政府既是项目的投资者，同时又是项目的执行者和监督者，这种三位一体的模式所带来的管理缺位极易造成决策失误或监督失效，导致项目投资效益低下，甚至影响工程质量，滋生腐败现象。在 PPP 模式下，政府作为项目的发起人和参与者之一，通过项目引入私营企业参与合作，借助于私营企业的资金和技术优势来更好地完成项目。项目实施由专门成立的特别目的公司（Special Purpose Company，SPC）组织，SPC 负责项目的融资、建设并承担相应的风险。在这种明晰的关系结构下，政府可以对项目进行有效的监督和监管。

3. PPP 模式的主要运作思路

PPP 模式的主要运作思路是：公共机构根据基础设施及城市公用事业建设的需求，以特许经营权协议为基础选择某一民营机构进行伙伴式合作，双方共同参与基础设施项目的确认、技术设计及可行性分析等项目前期工作，确定好风险的分配方案，由持有特许经营权协议的民营机构组建项目公司，具体负责项目的建设、运营及移交等工作，在此过程中双方相互协调，共同对项目的整个周期负责。

这种模式的一个最显著的特点就是政府公共机构与民营机构及项目的投资者之间相互协调，共同在项目建设中发挥作用（其运作思路如图 14-8 所示）。其中，政府公共机构与民营机构以特许经营权协议为基础进行合作。与以往民营企业参与基础设施及城市公用事业建设的方式不同，该模式的合作始于项目的早期论证阶段，并贯穿于全过程，双方共同对项目的整个周期负责。在项目的早期论证阶段，双方共同参与项目的确认、技术设计和可行性研究工作；对项目采用项目融资的可能性进行评估确认；采取有效的风险分配方案，把风险分配给最有能力的参与方来承担。

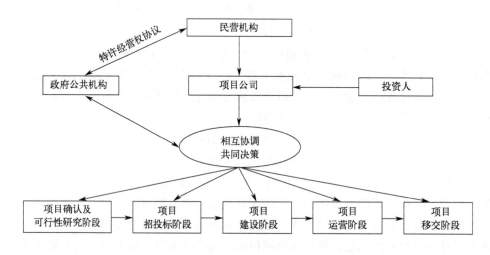

图 14-8 PPP 模式主要运作思路

在 PPP 模式中，政府通常与提供贷款的金融机构达成一个直接协议，这不是对项目进行担保的协议，而是一个向借贷机构承诺将按照与项目公司签订的合同支付有关费用的协议。这个协议使项目公司能够比较顺利地获得金融机构的贷款。采用这种融资形式的实质是：政府通过给予私营公司长期的特许经营权和收益权来换取基础设施及城市公用事业的建设及有效运营。

与以往民营企业参与基础设施及城市公用事业建设相比，PPP 模式能够使政府部门和民营企业充分利用各自的优势，即把政府部门的社会责任、远景规划、协调能力与民营企业的创业精神、民间资金和管理效率结合到一起。其优势如下。

① 采用 PPP 模式可以有效地降低整个项目的费用。美国交通部秘书 Norman Mineta 介绍说："研究及实践表明，PPP 模式可以使项目费用降低 6%～40%，并且可以限制超出费

用的产生。"

② PPP 模式可以使民营企业尽早介入项目。可以使民营企业在初始阶段就参与项目的识别、可行性研究、设施和融资等项目建设过程，保证了项目在技术和经济上的可行性，缩短前期工作周期，并有利于充分利用民营企业的先进技术和管理经验。

③ 有利于转换政府职能，减轻财政负担。政府可以从繁重的事务中脱身出来，从过去的基础设施及城市公用事业的提供者变成监管者，也可以在财政预算方面减轻政府的压力。

④ 有利于改善基础设施及城市公用事业产品和服务的质量。在 PPP 模式下，公共部门和民营企业共同参与建设和运营，双方可以形成互利的长期目标，更好地为社会和公众提供服务。而且，民营企业参与项目的运营、管理和维护，有利于提高建设和运营效率，引入新的管理体制，用户可以得到较高质量的服务。

⑤ 有利于重新整合项目的各种资源。PPP 融资模式使项目的参与各方重新整合，组成战略联盟，对协调各方不同的目标起到了关键性作用。

⑥ 有利于投资风险合理分担。由于 PPP 项目一般具有巨额资本投入、项目周期长等因素带来的风险，政府部门不是把项目风险全部转移给民营企业，而是本身也承担其中的部分风险，从而有利于提高民营企业完成项目的信心，保证项目顺利实施。同时，还可以增加项目的资本金数量，进而降低基础设施及城市公用事业项目较高的资产负债率。

⑦ PPP 模式有利于培养基础设施及城市公用事业建设、运营和管理的人才。在政府与民营企业的合作过程中，政府职员无形中受到了一次先进技术和管理经验的培训，有利于其自身素质的提高。

⑧ PPP 模式应用范围广泛。该模式突破了当前民营企业参与公共基础设施项目组织机构的多种限制，可适用于城市公共交通等各类城市公用事业及道路、铁路、机场、医院、学校的建设等。

⑨ 促进了投资主体的多元化。通过利用私营部门来提供服务和资金，能够为政府部门提供更多的投资和技能，促进了投融资体制的改革。同时，私营部门参与项目还能推动在项目设计、施工和管理过程等方面的革新，提高办事效率，从而传播最佳的管理理念和经验。

⑩ 有意向参与基础设施项目的私营企业可以尽早与项目所在国政府或有关机构接触，节约投标费用，节省准备时间，从而减少最后的投标价格。

PPP 模式作为政府和私营机构合作进行基础设施建设的一种方式，尽管目前对其概念尚未完全明确，对该模式的运作还有许多问题值得研究，但是这种新的方式的提出，势必有利于拓宽我国基础设施建设项目的筹资渠道。

4. PPP 模式的意义

① 解决地方债务。地方政府债务很高，采用 PPP 模式可解决地方债务问题。截至 2023 年 6 月末，全国地方政府债务余额是 37.8 万亿元人民币。

② 解决巨大基础设施投资缺口和社会资本准入难。2025 年城镇化率要达到 65.5%，投资需求达几十万亿元人民币，财政投入和土地为主的投融资机制不可持续。社会资本进入国家重点项目的门槛很高，由于"玻璃门""旋转门""弹簧门"而无法进入。PPP 对于转变政府职能有重要意义。

③ 提高公用事业运营，转变政府职能，维护大众公共利益。传统模式重建设轻管理，重投入轻绩效，投资成本高、运营效率低、维护成本大、质量不稳定。PPP 按绩效和可用性付费，实现"少花钱多办事"，甚至"没花钱也办事"的物有所值目的。

5. 几种不同融资模式的特点

PPP 是介于外包和私有化之间，结合了两者特点的一种公共产品提供方式，它充分利用私人资源进行设计、建设、投资、经营和维护公共基础设施，并提供相关服务以满足公共需求。PPP 模式通过政府与私营部门的合作共同发展基础设施，是实现参与各方利益，同时共同承担责任和融资风险的一种模式。简单来说，PPP 的运行主要有三个重要特征：伙伴关系、利益共享和风险共担。

PPP 强调政府与私人部门之间的长期合作关系，来共同提供公共产品和服务。它通过鼓励私人部门完成项目的设计和建设，使得承包商和设计者在项目早期就可以通力协作。从项目的长远利益出发，PPP 模式是选择提供公共产品和服务的最佳方式，在 BOT 项目中则不特意如此要求。与传统的特许经营模式通常注重降低建设成本相比，PPP 可以将项目的寿命周期成本降到最低，并且减少项目建设阶段的设计变更。以下就 BOT 与 PPP 的对比来说明 PPP 的特点。

（1）BOT 与 PPP 的不同点

① 责权利的设置不一样。BOT 模式下，政府和社会方在法律上是严格独立的，各自追求利益最大化，且缺乏协调机制。PPP 模式下，政府和社会方在法律意义上形成共同体，相对融合，利益方向基本一致。

② 操作程序不一样。BOT 的前期工作大多由政府方完成，PPP 则可由双方一起合作完成。BOT 在对项目内容比较清楚时进行招投标，PPP 则可在相对模糊情况下进行政府采购。

（2）BOT 的优点

① 项目融资的所有责任都转嫁给私人企业，减少了政府主权借债和还本付息的责任；

② 政府可以避免大量的项目风险；

③ 组织机构简单，政府部门和私人企业协调容易；

④ 项目回报率明确，严格按照中标价实施，政府和私人企业之间利益纠纷少；

⑤ 拓宽资金来源，减少政府财政负担。

（3）PPP 的优点

① 可促进政府管理改革，政府可实现融资风险的转移；

② 政府与私企权利共享，改变了传统政企关系；

③ 使私企在项目前期即可参与，有利于充分利用私企先进技术和管理经验；

④ 政府和私企共同参与项目建设运营，可达成互利合作目标；

⑤ 有意向企业可尽早与政府接触，减少投标费用和招标时间。

（4）BOT 的缺点

①公共部门和私人企业往往都需要经过一个长期的调查了解、谈判和磋商过程，以致项目前期时间过长，使投标费用过高；

②投资方和贷款人风险过大，没有退路，使融资举步维艰；

③参与项目各方存在某些利益冲突，对融资造成障碍。

（5）PPP 的缺点

①对于政府而言，确定合作公司有一定难度，而且在合作中要负有一定责任，增加了政府风险负担；

② 组织形式比较复杂，增加了管理上协调的难度，对参与方的管理水平有一定要求；
③ 如何设定项目的回报率可能成为一个有争议的问题。

6. PPP 模式的必要条件和适用范围

（1）必要条件

① 政府部门的大力支持。在 PPP 模式中，随着项目的不同，合作双方的角色和责任也会有所差异，但是政府的总体责任和角色都是为大众提供最优质的公共服务和设施。在任何情况下，政府都应该从保护和促进公共利益的角度出发，负责公共项目的策划、组织招标工作、理顺各个参与机构之间的关系和权限，从而降低项目的总体风险。

② 有效的监管框架。良好的监管框架的形成和监管权力的执行，是一个工程项目得以顺利完成并且保持未来运营顺畅的重要环节。政府监管必须确定一种承诺机制，以保证私人企业的资产安全性，降低企业融资的成本，并且给企业提供资金的激励。另外，政府监管必须能够保证企业生产或者运营的可持续性，让私人企业得到合理的报酬。

③ 健全的法律法规制度。PPP 项目的成功运作需要在法律层面上对政府和私人企业在项目中所需要承担的风险和责任进行明确的界定和说明，从而保证双方的利益。

④ 专业化的机构和人才的支持。PPP 模式的运作广泛采用项目特许经营权的方式进行结构融资，这就需要比较全面和复杂的法律、金融和财务方面的知识。一方面，要求政策制定出参与方规范化、标准化的 PPP 交易流程，对工程项目的运作提供技术指导和有关的政策支持；另一方面，需要专业化的中介机构提供专业化的服务。

（2）适用范围

目前关于公共物品可由社会私营部门生产和供应已经基本达成一致，并且鉴于公共部门在开展基础设施建设过程中势必面临的资金及技术压力，而私营企业在技术及管理方面存在优势，再加上前文已经论述了 PPP 模式的诸多优势，这些都为私营部门参与基础设施建设项目创造了有利条件。政府部门自然希望扩大该模式在公共基础设施项目上的适用范围，然而并非所有公共基础设施建设项目都适合采取 PPP 模式。

公共基础设施建设是城市物质的重要部分，为社会生产活动的开展及居民生活创造条件，对于城市的意义不容小觑。具体而言，城市公共基础设施涉及能源系统、交通系统、通信系统、生态环境系统、城市防灾系统以及供排水系统等六部分。

尽管政府希望进一步扩大 PPP 模式的应用范围，但 PPP 模式有特定的适用范围，必须在对 PPP 模式进行全面深入分析的基础之上确定是否适用。从一定意义上讲，投资的公用物品及服务特性对于 PPP 模式的适用具有决定性影响，具体应考虑公共设施的规模、所涉及技术的复杂程度、收费情况、生产与消费规模等因素。国外实践表明，公共基础设施项目所需要的投资越多、所涉及的技术越复杂、收费越容易、边界越清晰，则私营资本进入难度越大。随着实践的发展，近些年来，PPP 模式的应用范围也逐渐从最初的公路、城市公交、机场及海港等领域扩展到电力、污水处理、供水、供气、教育、医疗以及国防等部门。

二、PPP 模式的基本结构

1. PPP 模式的参与方

运用 PPP 的目的是吸引私人机构投资于基础设施，特别是准经营性项目。由于 PPP 模式的复杂性和风险性，PPP项目的参与方很多，一般包括政府、SPC、金融机构、咨询公司、工程承包公司、原材料供应商、保险公司和用户等。

（1）政府

政府通常是PPP模式的基础设施项目的发起人，它们在法律上既不拥有项目，也不经营项目，而是通过给予项目某些特许经营权和给予项目一定数额的项目资本金或者贷款担保作为项目开发、融资安排和建设的支持，大多数模式下，政府是项目的最终所有者。

（2）SPC

SPC（Special Purpose Company，特别目的公司）是一个专门组织起来的项目公司，是项目的实施者，由政府和私人、私人团体联合组成。SPC是PPP项目的执行主体，负责项目的融资、开发、建设、经营等所有事务。SPC通常熟悉PPP项目的运营过程，对PPP项目有丰富的管理经验和较高的管理水平。

（3）银行和金融机构

在PPP模式下，向项目提供贷款的银行主要是国际金融机构、商业银行、信托投资机构等，其中政府的出口信贷机构和世界银行或者地区性开发银行的政策贷款起着很重要的作用。银行和金融机构在项目中的主要职能是为项目的顺利实施提供资金支持和信用保证。

（4）咨询公司

以PPP模式运作的基础设施项目的运作参与合作者众多、资金结构复杂、项目的开发期较长、风险较大，比传统的融资项目要复杂很多，因此在项目的全寿命周期内都需要咨询公司（包括管理公司、融资顾问公司、法律顾问公司等）的介入，从而更好地指导项目的运作。

（5）工程承包公司

工程承包商是项目建设过程中的主要参与者，负责工程的设计和施工，一般通过国际投标选定，与项目公司签订固定价格的总承包合同。一般情况下，工程承包商要承担商业完工风险，如工期延误、停工等。承包商的技术水平和声誉是能否取得贷款的重要因素之一，其资金情况、工程技术能力和以往的业绩记录将在很大程度上影响贷款银行对项目建设期风险的判断。工程承包商一般还会就PPP项目的设计、施工、购买设备等事项与有关公司签订合同。

其资金情况、工程技术能力和以往的业绩记录将在很大程度上影响贷款银行对项目建设期风险的判断。工程承包商一般还会就PPP项目的设计、施工、购买设备等事项与有关公司签订合同。

（6）原材料供应商

供应商的责任是为PPP项目的建设和运营提供各类设备、原材料、能源等。一般来说，能源、材料供应商为了寻找长期稳定的市场，在一定条件下愿意以长期优惠的价格为项目供应能源和原材料。这有助于避免项目初期以至于项目运营期的许多不确定因素，为项目公司安排项目融资提供了便利条件。

（7）保险公司

PPP项目资金规模大、生命周期长、参与方多，与大多数项目相比，面临着许多难以预测的风险因素，因此，客观上需要项目的参与方准确识别未来的风险并及时进行投保。保险公司是分担项目风险的重要一方，它对项目中各方面临的不确定风险提供了保障。由于涉及PPP的风险一旦发生，将会造成巨大的经济损失，因此PPP项目对保险机构的财力、信用的要求很高。

（8）用户

基础设施项目的用户是社会大众，用户的付费是项目的主要收益来源。在 PPP 模式下，用户在项目中享受的是有偿服务，其付费方式根据项目类型的不同而有所区别。此外，在项目的运作过程中，社会大众还可以对项目的服务质量进行监督，提出对项目服务的新要求，并及时向有关部门反映，确保基础设施服务的质量。

2. PPP 项目各参与方之间的关系

上文介绍了项目 PPP 融资的参与者，一般包括项目公司（项目的直接主办人），项目的直接投资者，项目所在地政府，项目贷款银行（投资银行或商业银行），项目产品的购买者或项目设施的使用者，项目的建设承包公司，项目设备、能源、原材料供应者，项目融资、法律、税务顾问。图 14-9 为一个简单的 PPP 项目中各参与方之间的内部关系，从中可以看出，在 PPP 项目中，各参与方之间是通过各种协议合同组织在一起的，而每一种合同都是在项目各参与方之间进行利益和风险分配的一种手段和机制。

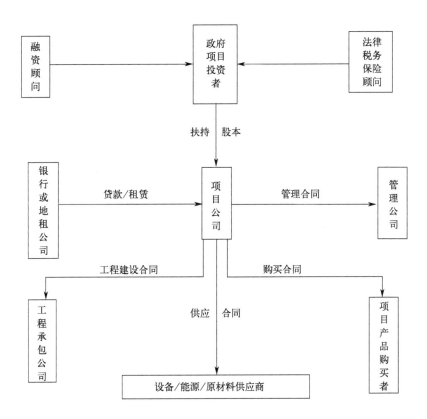

图 14-9 PPP 项目参与者之间的内部关系结构图

三、PPP 模式的基本操作程序

一个完整的 PPP 项目可以划分为四个阶段：前期分析、选择 SPC、开发运营和转移中止，如表 14-1 所示。

表 14-1 PPP 模式的项目运作流程

阶段	流程	政府职责	SPC 职责
前期分析	项目选择 ⇩ 可行性分析	项目确定；对项目的民营化进行可行性分析	—
确定 SPC	招标 ⇩ 投标 ⇩ SPC 初选 ⇩ 谈判、签约 ⇩ SPC 正式注册	制定发布招标文件；对投标书进行评估；SPC 初选；与 SPC 谈判、签订特许权协议	筹备成立 SPC；组织进行项目的可行性研究；与相关单位达成合作意向；投标；与政府谈判签约；注册成立 SPC
开发运营	项目开发 ⇩ 项目运营	监督、支持	与合作单位签订正式合同；组织项目开发；组织项目运营
转移中止	项目移交 ⇩ SPC 清算	接管基础设施；自己运营或重新寻找运营商	项目移交政府；SPC 清算解散或寻找新的项目

PPP 模式的典型组织结构如图 14-10 所示。

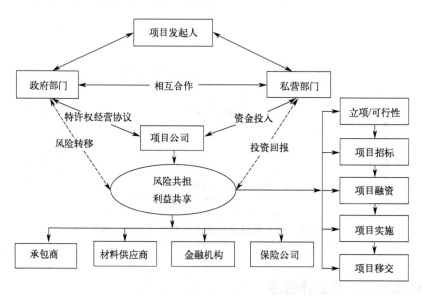

图 14-10 PPP 模式项目的典型组织结构

1. 前期分析

在 PPP 模式中，项目的前期分析包括项目的选择和进行可行性研究两个部分。

（1）项目选择

确定待开发的项目是项目开发的第一步，选定的待开发项目通常是政府前期规划的尚未开发的项目或者根据实际情况的需要，政府临时确定的项目。

（2）可行性研究

与其他的项目不同，以 PPP 模式运作的项目的可行性研究的内容不仅包括对项目进行市场、技术、经济等方面的评价，还要对项目民营化的可行性进行评估，包括对民间资本的吸引力、民间资本的实力和风险承受能力等方面进行综合评价。在确认可行后，政府开始组织招标。

2. 确定 SPC

SPC 的选择是项目运作的重要内容，通常通过公开招标来确定。SPC 从发起到成功注册通常要经过招标、投标、SPC 初选、谈判、签约等环节。

（1）招标

以 PPP 模式运作的项目通常通过招标确定 SPC。在招标以前，政府必须制作招标文件，并提供项目的详细资料，包括项目必须达到的标准，如项目规模、履约标准、项目收入来源等。根据招标方式，PPP 招标可以分为应标模式和非应标建议模式，前者由政府发起，即政府根据需求发布招标公告，并且邀请有意向和实力雄厚的私人或者私人实体参加投标；后者不需要政府发布公告，私人部门在发现机会后，主动向公共部门提议协商签订合同（但在这种情况下应该引入竞争程序，以在帮助公共部门获得更好条件的同时避免腐败）。非应标建议模式由于赋予了私人部门更多的主动性，因此有助于通过充分发挥私人部门的创造性来弥补公共部门的不足。

（2）投标

根据政府公布的项目信息和招标文件，有意向的私人和私人实体开始筹备成立 SPC，并且由 SPC 成员选举领导小组，负责前期的投标工作。投标工作主要包括以下内容。

① 组织进行项目的可行性研究，并及时向成员通报可行性研究成果，组织成员进行表决。

② 与银行和金融机构、咨询公司、保险公司、设计和建设单位等项目参与者就融资、咨询、保险、设计、建设等事项达成合作意向。

③ 项目可行并且通过成员表决通过后，开始组织编写标书并且进行投标；如未取得成员的表决通过，则项目小组解散，前期成本由成员分摊。

（3）SPC 初选

投标完成后，政府部门对提交的投标书进行评估，评估小组的成员包括专业部门的政府官员和技术、财务、法律等方面的专家顾问。评估内容包括项目方案、投标人的经济技术实力，通过评估初步选择一个或几个条件较好的 SPC 作为暂定中标者。

（4）谈判及签约

初选结束后，政府同暂定的中标者进行谈判，谈判顺序通常从条件最好的暂定中标者开始，谈判的内容通常包括项目开发的时间、质量、提供服务的水平、风险分担、政府提供的支援以及其他与项目有关的权责问题。如果双方就谈判的内容达成一致，就开始签订协议。

特许权协议是 PPP 模式基础设施建设项目的基石。由于传统上的基础设施一般是由政府来负责和经营的，私人投资机构建设和经营基础设施在许多情况下存在法律障碍，所以政府要在这一领域实施 PPP 模式下基础设施建设项目，就需要和私人投资机构签订特许协议，以解决合法性的问题。

① 草签特许权协议 它是在 SPC 成立之前,由政府和中标的机构签订的。特许权协议主要是政府授权的一些原则性的规定,并没有包括特许权协议的全部内容。之后由中标者组成的联合体申请成立 SPC,政府依据有关规定,批准成立 SPC。

② 正式签订特许权协议 正式签署特许权协议是成立 SPC 以后的事情。签订特许权协议之后,SPC 还要和银行等金融机构、原材料的供应商等签订一系列合同,并提出开工报告。值得一提的是后续的种种协议都不能与和政府部门签订的特许权协议中规定的原则相违背,否则该协议无效。

(5) SPC 注册成立

谈判结束宣布中标结果以后,中标的 SPC 应该在一定时间内办理好公司成立的有关事宜,包括按照事先的约定出资、召开有关会议、制定公司章程、到工商税务部门注册、在银行开设账户等。SPC 正式注册以后,开始组织有关项目参与者进行项目开发。

3. 开发运营

开发运营阶段包括项目开发和项目运营两个部分。

(1) 项目开发

首先,SPC 与各联合单位签订正式合同,包括贷款合同、设计合同、建设合同、保险合同以及其他咨询、管理合同等;其次,SPC 组织各相关单位进行项目开发。在开发过程中,政府随时对项目开发状况进行监督,出现不符合合同的情况时,及时与 SPC 沟通,并且确定责任主体。项目的开发可以由 SPC 自己承担,也可以承包给工程承包商。

(2) 项目运营

工程竣工通过项目验收以后,开发阶段结束,项目进入运营阶段。项目公司可以自行运营项目,也可以请专门的运营公司来负责运营。项目的运营和维护工作直接关系到项目的运营经济效果,要求运营商必须有丰富的经验和良好的业绩,有较强的商业和合同管理能力,且有较强的专业技术力量。大型项目特别是在中国刚刚起步的 PPP 项目,大多要聘请有经验的外国运营商承担项目的运营,经过一段时间后逐步过渡到由本国的人员来完成项目的运营和维护工作。为了确保项目的运营和维护按照规定的协议来进行,政府、投资人、贷款人、居民都有权对项目进行监督检查。

4. 转移中止

转移中止是项目运作的最后一个阶段,包括项目移交和 SPC 的解散等内容。

(1) 项目移交

特许经营期满后,SPC 要将项目的经营权(或所有权与经营权同时)移交给政府。通常情况下,项目在策划时尽量保证 SPC 在特许经营期内,项目的现金流量能够偿还项目债务并有一定利润,这样项目最后移交给政府一般是无偿的或者 SPC 象征性地得到一些政府补偿。在移交时,政府应该注意项目是否处于良好的状态,以保证项目的继续运营和服务提供的质量。项目移交之后,政府需要安排项目的继续运营,可以直接交给政府机构负责 PPP 项目的运营工作,也可以通过招标等方式再选择新的运营商。

(2) SPC 的清算

项目移交以后,SPC 的业务随之中止,因此,应该到有关部门办理清算事务。在有些情况下,SPC 也可以不清算(如重新对其他基础设施项目进行投标、拥有新的项目或转型经营等），但此时应该接受有关部门重新进行的资格审查以及对有关文件进行修改等。

四、PPP 项目的风险及分配

1. PPP 项目参与者的相关风险

任何基础设施 PPP 项目的风险都和项目本身各种因素的不确定性有关，这些不确定性的来源主要源于这样三个方面：项目外部环境的因素、项目主体的决策以及项目内部设施的影响。其中：项目外部环境的不确定性因素主要是指项目所在的外部自然环境（如气候、地质等）和宏观环境（如政策、经济以及法律等）；项目主体决策的不确定性主要是指在项目进行中，项目主体的各种决策活动，这些决策的不确定引起了结果的不确定；项目内部设施的不确定性是指项目涉及的所有基础设施器械在使用过程当中的不稳定变化。这三个方面不确定性因素的共同影响，产生了基础设施 PPP 项目的风险。

上文中已经论述了 PPP 项目模式的主要参与者，即政府、SPC、金融机构、咨询公司、工程承包公司、原材料供应商、用户等。其中，政府和 SPC 是最为重要的项目双方，同时，他们也承担了 PPP 项目的大部分风险。

由于在 PPP 项目中各参与方所处的地位不同，因而面临的风险也不尽相同。其中，最主要的两个参与者——政府部门和私营企业，所面临的主要风险如下。

（1）政府部门所面临的主要风险

基础设施具有经济效益和社会效益双重效益，政府要根据社会发展的需要及公众的承受能力对基础设施所提供的产品和服务的价格进行限制，这就造成了许多项目的经营收益难以满足项目融资的要求。而私营企业的最终目的是经济效益，这就导致它必然要求政府部门通过税收来弥补它的经营成本，偿还它的债务，这也就导致了政府部门与私营企业的冲突，会影响私营企业的积极性，进而导致项目各种风险的产生。

① 贷款和外汇汇率担保的风险。政府在外汇汇率上要承担很大的风险。

② 利率上涨的风险。利率上涨会对项目融资产生很大的风险，主要体现在融资成本的增加。

③ 通货膨胀的风险。

（2）SPC 面临的主要风险

① 政府部门履行合同的风险。在一些地区，政府部门为了尽可能地加快基础设施的建设，不考虑自己履行合同的能力，或者一些政府官员为了政绩的需要而大搞基础建设，忽略了与之相适应的经济水平和纳税人的承受能力，盲目地与私营企业签署合同，结果造成合同无法履行，给私营企业带来巨大的损失。

② 融资的风险。在 PPP 模式中，私营企业承担了巨大的融资风险，但是由于项目公司有政府部门的参与，政府给予一定的承诺，使其能够更加顺利地得到贷款，与 BOT 相比，融资风险有所减弱。私营企业为了减小融资风险可以采取不同的措施，比如它可以提高基础设施的服务费用，将风险转移给纳税人，或者要求政府提高贷款或者外汇汇率担保。贷款意味着如果项目不能够提供足够的收益来偿还贷款，政府就必须要动用公共财政来弥补，但这样政府承担的金融风险就很大。

2. PPP 项目风险分配的原则

PPP 风险如何在政府部门和私营企业之间进行有效分配是项目成败的关键。没有一个合理的风险分担机制，不仅会增加项目成本，还会降低项目参与方的合作意愿，从而增加项目失败的可能性。参与方都有动机去承担较少的风险，好的风险分担机制是让各方都能甘愿承受分配的风险，并且该种风险分配方式是项目风险的最优分配。

合理的风险分配需要遵循一定的原则，这些原则必须具备以下两个功能。

① 分配的结果可以减少风险发生的概率、风险发生后造成的损失以及风险管理的成本，使 PPP 项目对各方都具有吸引力，任何一方都不需要因为另一方没有解决好他应该承担的风险而付出代价。

② 在项目周期内，分配的结果可以培养各方的理性和谨慎的行为，这意味着各方要有能力控制分配给自己的风险，并为项目的成功有效地工作。

风险分担不是没有依据的，合理的风险分担需要遵循以下几项基本原则。

(1) 风险共担原则

是说项目的参与方应该共同承担项目的风险，这是项目分担的基本原则。PPP 项目之所以存在，就是因为政府部门想通过该方式提供公共物品实现其公共管理职能，而私营企业想通过该种方式获取一定的回报。所以，政府部门和私营企业都想从该项目中获得一定的好处，这是它们的权利，那么承担相应的项目风险就是它们的义务。权利和义务从来都是相辅相成、互为因果的。

(2) 对风险最有控制力的一方控制相应的风险原则

是指应将风险分配给更有能力承担的一方，比如政府部门对政策把握比较好，私营企业对市场把握比较好，所以在一般情况下，政策风险交由政府部门承担，市场风险交由私营企业承担。PPP 模式本来就是一种合作模式，合作是为了分工，从而提高效率。而分工从根本上来说就是要使项目的整体成本最小化、整体收益最大化、整体风险最小化。那么，凡是符合这种要求的分工都是合理的分工。也就是说，在进行风险分配时，各项目参与者不仅要考虑自己的风险承受能力，也要考虑对方的风险承受能力，让更能承担风险的部门承担更多的风险，让更能承担特定风险的部门承担相应风险，而不是各部门争相承担较小的风险。这样才能使项目的总体风险最小，才能共同处理好各种项目风险，才能使公共物品的提供更为有效，才能维持更加长久的合作伙伴关系。

(3) 承担的风险程度与所得回报相匹配原则

即承担的风险与获得的收益相匹配。收益的分配应参考风险的分配。虽然在现实中，高风险不一定带来高收益，高收益也不一定伴随高风险，风险和收益没有一定的比例关系。但是，为了公平起见，一种比较合理的分配方式就是，获得较高收益的部门承担相对较大的风险，获得较少利益的部门承担较小风险。这项原则似乎和风险分配与风险承担能力相协调原则矛盾，其实不然，风险分配与风险承受能力相协调原则是风险初次分配的依据原则，风险与收益相匹配原则是风险二次分配的依据原则。如果所得收益与所担风险不匹配，必然会影响某一方的积极性，进而影响项目的顺利运行。

(4) 最小成本原则

由于项目的某些风险并不是由项目实施中的某一个环节引起的，所以项目的各参与方都应该积极协调应对，又因为各参与方所掌握的资源不同，处理风险的方式不同，所以化解风险的成本也会有所差别。如果某一方能够及时、有效、低成本地处理该风险，就应让该参与方承担此风险。当然，这种低成本并不意味着标准的降低、质量的降低。

(5) 承担的风险要有上限原则

有些风险对于某些项目参与者来说是不可承受的，比如不可抗力风险，有些风险则会出现意料之外的变化，进而使得该风险带来的损害大大超过预期。这类风险让某一方独自承担对于该参与者来说是不公平的，同时也会大大降低该风险承担者的积极性，所以应该为风险设置一个承担上限，出现该种风险时应重新分配该风险的承担责任，由项目所有参与方共同承担，或者由第三方担保者承担。

(6) 因果原则

项目参与方应该对自己的不当行为或者渎职引起的风险负责。这种风险特别容易受到忽视，因为大家计划的时候都想着齐心协力将项目做成功。但是万一出现了渎职造成的风险，应由责任方承担风险。项目的各参与方彼此应该相互监督，尽量避免这种情况的发生。

在明确了项目面临的风险后，就应在签订合同时将风险分担原则写入合同。这不仅使得已经预见到的各种风险能够迅速找到合适的承担者，也能为在项目运行过程中出现的新风险提供原则性的判断依据。

3. PPP 项目风险分配的框架

风险分配作为风险管理的核心贯穿项目的整个合同期。为了帮助公共部门和私营企业更好地对 PPP 项目的风险进行合理的分配，就需要一个科学合理的风险分配框架。根据 PPP 项目的划分，风险分配存在以下三个阶段。

(1) 风险的初步分配阶段

风险的初步分配发生在项目的可行性研究阶段。通常，这一阶段是由政府部门来主导的，因为政府部门最了解当地经济发展情况。公共部门首先进行风险识别之后，进行风险分析工作，同时，在进行分析之前，需要将一些既定的风险直接先分配给相关的机构，例如金融部门、原材料供应商等，再将剩余的风险纳入风险分析阶段。风险分析工作主要是计算风险的发生概率和风险发生时带来的损害以及风险值。

风险价值 = 风险发生的概率 × 风险发生时带来的损害

计算风险价值的目的是：在可行性研究阶段判断项目是否应采用 PPP 模式；在确定采用 PPP 模式后，为选择最佳 PPP 模式，向投标者提供评标依据。由于各种风险发生的时间是不一样的，因此计算时应考虑资金的时间价值。

风险分析结束之后，政府部门根据分析风险的结果初步判断哪些风险是在政府部门和私营企业控制力之内的，哪些是在双方风险控制力之外的，对于双方控制力之外的风险，留待下一阶段分配。政府部门最有控制力的风险是需要自留的，剩余的风险则需要转移给私营企业，至此，风险的初步分配结束。

需要注意的是，可转移给私营企业的风险不仅包括传统模式下由私人部门承担的风险，还包括在 PPP 模式下特有的应该由私营企业承担的风险，因为私营企业拥有资金、技术和管理上的优势。当然，项目的情况不同，应该转移给私营企业的风险也不尽相同，需要具体情况具体分析。

(2) 风险的全面分配阶段（投标与谈判阶段）

这一阶段需要分两步进行。

第一步，私人部门就第一阶段的初步风险分配结果，在咨询公司的帮助下，进行第一次自我评估，主要评估其拥有的资源（包括经验、技术、人才等），据此判断其对政府部门转移给他的风险是否具有控制力。如果私营企业通过第一次的自我评估确定对转移给他的风险最有控制力，则进行相应的风险管理；反之，则返回风险分析阶段。双方控制力之内的风险主要根据风险分配原则——由对风险最有控制力的一方控制相应的风险，进行分配。

第二步，分配政府部门和私营企业控制力之外的风险。双方经过谈判确定风险分配机制，之后私营企业计算风险价值并在咨询公司的帮助下进行第二次自我评估，主要是评估其对风险的态度（厌恶或偏好）、拥有的资源（经验、技术、人才等），然后结合风险价值和第二次自我评估的结果提出风险补偿价格。如果政府部门接受，则双方进行相应的风险管理；反之，则重新谈判，修改风险分配机制。如此循环，最终双方达成一致，双方控制能力之外的风险主要根据风险分配原则——承担的风险程度与所得的回报相匹配，进行分配。

在风险全面分配阶段，私营企业需要进行两次自我评估：自我评估1和自我评估2。第一次自我评估不能考虑私营企业对待风险的态度，因为第一次自我评估的目的是检验私营企业对风险的客观控制能力，按照风险分配原则，无论其对待风险的态度如何，只要私营企业对风险最有控制力，就应该承担分配给他的风险；而第二次自我评估则需要考虑私营企业对待风险的态度，因为私人部门要承担其控制力之外的风险应该获得一定的补偿，而他对待风险的态度是决定其要求风险补偿价格的影响因素之一。

政府部门和私营企业分别就双方控制力之内和控制力之外的风险分配达成一致之后，双方将签订合同，至此，风险全面分配阶段结束。

签订合同时还要根据风险分配原则——承担的风险要有上限，设置调整条款。调整条款是指由于情况变化而影响了协议双方的权利和义务平衡时，允许协议双方重新审定协议并调整部分条款，以求再次达到双方的权利和义务的平衡。在项目的建设和运营阶段，项目可能会发生预料之外的对双方有利或不利的变化，通过设置调整条款可以增强双方的信心。

（3）风险的跟踪和再分配阶段（建设和运营阶段）

政府部门和私营企业签订合同后，项目的风险分配就进入了风险的跟踪和再分配阶段，这一阶段的主要任务是跟踪已经得到分配的风险是否发生意料之外的变化或者出现未曾识别的风险，然后进行风险的再分配。

如果出现了未识别的风险，则按照风险初步分配阶段的方法进行分析和初步分配风险。如果已经识别的风险发生了双方预料之外的变化，则需要判断这种变化对项目是否有害。如果这种变化是有害的，则根据风险分配原则，启动调整条款进行风险的再分配；如果风险发生的变化对项目是有利的，则对项目进行"对称性风险分配"。所谓"对称性风险分配"，就是如果项目寿命期出现的变动（如原材料价格的下降）带来正面的影响即带来收益，允许双方共同分享该收益。

4. PPP项目风险应对策略

PPP项目的风险应对是从另一角度来分析如何管理项目风险，包括风险回避、风险利用、风险转移、风险控制。

风险回避是通过放弃项目或改变项目计划等方式避免该风险可能引起的损失。风险回避是当项目风险造成特大损失的可能性太大并且没有有效措施降低该风险时，采取的不得已的风险应对策略，是一种彻底的风险管理措施。风险回避直接从源头上抑制了风险的发生，消除了风险可能带来的各种损失，其他风险应对措施则只能在某种程度上降低风险发生的可能性、减小风险引起的损失或是将风险转移给他人。但风险回避是一种消极的风险应对策略，因为在回避风险时也就丧失了承担风险所对应的获利机会。

风险利用是指项目参与者通过承担某些风险而获得相应的回报。风险和收益往往是共生的，即风险中往往蕴藏着获利的可能，这就有了利用风险的可能性。但不是所有风险都值得利用，在利用风险前需要衡量承担风险可能获利的大小和需要付出的代价，以及该风险是否超过自己的风险承受能力。如果代价大于收益，那么风险就没有利用的价值；如果代价超过自己的风险承受能力，即使收益很大，也不能强行承担；是否利用该风险还取决于项目参与者的风险偏好。当决定利用某种风险时，风险承担者需要制定详尽的风险应对措施和具体行动方案。因为风险具有两面性，在利用风险过程中，应密切监控风险的变化，不能掉以轻心。需要说明的是，因为 PPP 项目存在着诸多风险，而这些风险经常相互联系、相互影响，上面所说的代价与收益不能局限于该种风险而言，而应该放入整个项目的代价与收益中衡量。只要对于整体项目来说，收益是大于代价的，该风险就有利用的价值。如果所有的项目参与者承担该风险的代价都大于收益，那么应该将该风险让予有相对优势的参与者承担。

风险转移是指当某种风险无法回避而又无法有效承担时，风险承担者将该风险的后果以及其相应的权利和责任，通过一定的经济和技术手段转移给能够承担该风险的主体。风险转移是一种十分重要的风险应对策略，但风险转移本身并不能消除风险，只是将该风险对应的责任以及承担该风险的收益交由他人，原有的风险承担者不再直接面对该风险。通常情况下，该种风险可通过担保或购买保险的方式转移给担保者和保险机构，其主要形式是合同和保险。

风险控制是指在风险发生前采取预防措施，降低风险发生的可能性或者减少风险发生后可能造成的损失；在风险发生后采取有效措施缩小风险影响范围，减少风险造成的损失程度，或弥补风险所造成的损失。风险控制是一种积极主动的风险应对策略。通常情况下，风险控制方案是事前预防措施和事后减免措施的有机结合。事前控制主要是为了降低损失的概率，事后控制主要是为了减少实际发生的损失。为了减少管理的费用，在每个阶段应该把握控制重点，如事故高发区和安全隐患的集中区域。实施风险控制的原因有很多。客观上来说，很多风险具有不可预测性，风险管理人员不可能识别出项目所有的风险，即便知道有些风险可能发生，但该种风险的发生时间、危害程度也是难以得知的；主观上来说，项目的风险管理人员可能并没有很强的风险意识和风险应对能力，导致风险识别失误、分析失误、决策失误等。所以，进行项目风险控制是非常必要的。

复习思考题

1. 什么是 BOT 模式？它有哪些优缺点？
2. BOT 结构的主要参与方有哪些？他们参与项目时所关注的问题有哪些？政府在 BOT 融资中起什么作用？
3. BOT 融资中的关键合同是什么？
4. 试分析 BOT、PPP 模式的区别和联系，说说 PPP 模式的优缺点。
5. 怎样理解 PPP 模式广义和狭义的概念？
6. BOT 成功的关键因素有哪些？
7. 什么是 ABS 融资模式？它有哪些优缺点？
8. ABS 融资主要经历哪几个阶段？
9. 在 ABS 融资中，有哪些信用增级措施？

附录：
典型项目融资案例

一、雅万高铁项目融资案例

雅万高铁连接印尼首都雅加达、第三大城市万隆和西爪哇省，是东南亚首条高速铁路，沿线有约3000多万居民，正线长度142.3千米，共设4座车站（哈利姆站、卡拉旺站、瓦利尼站和迪卡榫站），全线设计速度为350千米/小时。全线桥梁长度83.80千米，占比58.90%；隧道长度16.82千米，占比11.82%；路基长度41.68千米，占比29.30%。雅万高铁项目是中国高速铁路从技术标准、勘察设计、工程施工、装备制造、物资供应、运营管理和人才培训等全方位全要素整体走出去的第一单，是中国高铁首次以全系统、全要素、全产业链的形式在海外落地。

雅万高铁项目在投融资、企业合作中创新性采用了PPP模式中的BOOT运作方式，即中国和印尼双方企业合作，合资建设、管理、资产经营、运行移交。该模式不需要印尼政府使用主权担保，是企业对企业的合作经营模式，这也是我国企业能击败日本企业获得印尼雅万高铁项目建设权的重要原因。项目总投资60.7亿美元，项目资本金占25%，约15.2亿美元，资本金由印尼联合体和中方联合体共同注资，资本金筹措采用"实物+现金"模式（"实物"即部分资本金由土地、物权等折价得到）。其中印尼方持股60%，中方持股40%。贷资金来自国家开发银行贷款，贷款共计45.5亿美元，国家开发银行对业主（PT Kereta Cepat Indonesia China）（借款人）的债权（优先级债权）优先于业主股东的债权（次级债权），承包商履约的合同权利，不属于次级债权范畴。2017年5月14日，在中国和印尼两国元首的见证下，国家开发银行在北京与印尼中国高铁有限公司签署贷款协议。

在PPP实施过程中，首先由印尼企业联合体与印尼政府通过谈判，签订了BOOT（建造—拥有—运营—移交）协议，获得雅万高铁项目的特许经营权，并获得综合开发权限。然后由铁总国际（CRIC）为首的中国企业联合体通过与印尼企业联合体合作成立项目公司，以投资人身份获得相应的项目权益。项目建设各环节的经济责任由中印尼双方组成的合资公司承担，中印尼双方利益共享，风险共担。通过高速铁路运输经营和沿线车站TOD开发，实现项目财务可持续并获得较好盈利能力。中印尼双方成立的项目公司（PT Kereta Cepat Indonesia China，KCIC）负责项目建设管理、运营维护、商业开发。

中印尼高铁公司（KCIC）具体组建方式为：由中国铁路国际有限公司、中国铁路工程总公司、中国水电建设集团国际工程有限公司、中车青岛四方机车车辆股份有限公司、通号国际控股有限公司出资设立北京雅万高速铁路有限公司作为中方投资平台公司，是中方唯一股东，持股中印尼高铁公司（KCIC）40%股权。由印尼的维卡国有工程建设股份有限公司（WIKA公司）、第八种植园、国铁公司、高速公路公司出资设立印尼投资平台PSBI公司，作为印尼方唯一股东，持股KCIC项目公司60%股权。

雅万高铁项目自2016年开工以来，历经了中日竞争、地质复杂、疫情影响等多重困难和挑战，但在中印尼双方的共同努力下，终于在2023年9月7日正式开通运营，并于2023年10月2日开始商业化运营。

雅万高铁建成通车后，将极大地缩短雅加达和万隆之间的交通时间，从原来的3个多小时缩短至40分钟，为印尼经济社会发展、中印尼经贸合作和人文交流、推进"一带一路"建设发挥了重要作用。

二、老挝Monsoon 600MW风电项目融资案例

Monsoon风电项目位于老挝南部和越南接壤的Sekong（塞公省）和Attapeu（阿速坡省），装机容量为600MW，总投资约9亿美元，项目将通过一条从老挝到越南Quang Nam省的500千伏专属输电线路向越南中部提供电力。项目于2022年年底实现融资关闭并开始建设，于2025年开始投入商业运行。建成后将成为东南亚规模最大的陆上风力发电厂之一，也是亚洲最大的跨境风电项目。该项目每年将产生超过1700 GWh的绿色电力。

该项目为私营投资项目（BOO模式），项目股东为此项目成立了SPV公司即Impact Energy Asia Development（以下简称"IEAD"）。

由于该项目的发电要输送到越南，为越南提供电力。IEAD和越南国家电力公司EVN签署了PPA协议。EVN请示工贸部，建议以6.95美分/度价格自老挝Monsoon风电厂购电，购电期限自该厂投入商业运营之日起25年。（信息来源：越南《年轻人报》2022年4月18日报道）。这是该地区首个风电跨境购电协议。

这种备受行业瞩目的项目自然少不了中资企业元素，2022年4月中国风机厂商远景集团与IEAD签署意向书，计划为该项目提供133台EN-171/4.51兆瓦的风机。（备注：也有报道称丹麦风机厂商Vestas在2016年5月和IEAD签署了风机供应协议，金风国际也曾密切跟进此项目。中国风机厂商远景集团以更有竞争力的商务条件获得了IEAD的钟爱，项目最终的风机供应商应为远景集团，从风机厂商的选择过程就可以看出项目的成本压力极大。）

由亚洲开发银行（Asian Development Bank，ADB）牵头的14家金融机构将以A/B loan为项目提供约6亿美元的贷款。

该项目为跨境售电项目，PPA等多个协议涉及两个主权国家，对于多数商业银行来说为此类跨境项目提供融资都极具挑战。多边金融机构"开发性金融"属性决定了其愿意为这种极具挑战性，但能有效促进区域互通互联、推动区域合作的绿色项目提供融资。

ADB为项目的牵头行（The Mandated Lead Arranger，MLA），联合其它6家开发性金融机构以及7家商业银行，共14家银行将以A/B Loan的形式为项目提供约6亿~6.5亿美元的贷款，期限19年，2022年底实现融资关闭。

此项目为跨境售电项目，项目特许权协议（Concession Agreement，CA）和电力购买协议（Power Purchase Agreement，PPA）分别由项目公司与老挝政府和越南国家电力公司EVN签署。这两个核心协议以及传输线涉及两个主权国家，从可融资性的角度分析，融资行最关切的是什么？笔者认为融资行最关切的有两个要点：①PPA协议的交易对于（counterparty）即越南国家电力公司 EVN 的履约能力；②风电场虽然建在老挝，但是融资行看重电力消纳国即越南以及 EVN 的信用评级以及履约能力。

该项目对老挝政府和越南政府来说可以说是双赢，对于投资商来说是投资跨境供电的风电项目的成功尝试。

对于老挝政府来说，此项目位于其境内，通过租赁土地可以收取租金、项目的施工建设和运营为其带来税收、就业，可以改善风电场附近交通设施，促进经济社会发展，带动其它新能源项目的投资。老挝一直将自己视为可再生能源电力的出口国（主要是水力发电），通过这个项目可以出口风力发电。

对于越南政府，此项目可以增加其能源供给，促进能源多元化，为经济和社会发展提供保障。

2022 年 10 月 17 日，中国广核能源国际控股有限公司与老挝政府在老挝万象，签署老挝北部中老电力互联互通清洁能源基地合作谅解备忘录，共同打造风光水储一体化清洁能源基地。这也标志着类似的跨境售电模式的进一步推广，即中国广核能源国际控股有限公司在老挝北部投资清洁能源基地，旨在为中国境内输送电力，实现中老电力互联互通。

三、英法海底隧道项目融资案例

英法海底隧道项目是目前世界上最大的 BOT 项目，隧道全长 50km，包括两条直径 7.3 米的铁路隧道和一条直径 4.5m 的服务隧道，隧道将英法两国连接起来。1986 年 2 月签订特许权协议，1993 年项目建成，特许期为 55 年。项目发起人由英国海峡隧道集团、英国银行财团、法国建筑商组成。

项目总投资为 102 亿美元（在施工过程中已增加到 102 亿美元），其中股本 18 亿美元，借款 84 亿美元，在项目资金结构中负债权益比率为 83∶17。

50 家国际银行参加了信贷协议谈判，1987 年 9 月由 215 家国际银行组成的辛迪加与欧洲隧道公司签署了信贷协议。信贷协议谈判是与股本筹款同步进行的。信贷协议规定贷款偿还期为 18 年，且要求严格执行特许协议、铁路使用合同和建设合同。

中标之后，发起人股东和承包商向项目公司投入 8000 万美元，私营团体投资 3.7 亿美元作为二期股本，保证了这一阶段项目所需要的资金。1987 年、1988 年、1989 年三次向社会公众发行股票，分别筹集 8 亿美元 2.75 亿美元和 2.75 亿美元股本金。

一期股本由发起人投入后，在签定特许协议之前部分银行作了临时贷款承诺。一期和二期股本注入之间，开始谈判信贷协议，三期股本发行之前形成了辛迪加贷款。1988 年 9 月辛迪加第一次向欧洲隧道公司支付了贷款。

从实际运作过程看，在建设过程中项目成本严重超支，在项目建成后由于其它交通设施的竞争，其效益也不理想，该项目到目前为止，不是一个很成功的 BOT 案例。

四、澳大利亚波特兰铝厂杠杆租赁融资模式案例

波特兰铝厂位于澳大利亚维多利亚州的港口城市波特兰，主要由美国铝业澳大利亚公司（以下简称"美铝澳公司"）投资，始建于 1981 年，1982 年该项目因国际市场铝价大幅度下跌和电力供应等问题而停建。在与州政府达成 30 年电力供应协议之后，该项目于 1984 年

重新开始建设。1985年美铝澳公司邀请中信公司投资波特兰铝厂，经过历时一年的投资论证、可行性研究、收购谈判及融资谈判等紧张的工作，中信公司于1985年8月成功地向波特兰铝厂进行了投资，持有项目10%的资产，每年可获得3万吨铝锭产品。

波特兰铝厂采用的项目投资结构是非公司型合资结构。1986年，中信公司参与波特兰铝厂投资时，根据合资协议规定，项目的具体投资比例为美铝澳公司45%、维多利亚州政府（以下简称"维州政府"）35%、第一国民资源信托基金（以下简称"第一国民信托"）10%、中信澳公司10%。1992年，维州政府又将其在波特兰铝厂中的10%资产出售给日本丸红公司。这样，新的投资结构组成为美铝澳公司持有45%、维州政府为25%、第一国民信托为10%、中信澳公司为10%、日本丸红公司为10%。

中信波特兰铝厂项目融资操作过程如下。

① 中信公司聘请美国信孚银行澳大利亚分行作为项目融资顾问，由其负责设计项目融资结构。

② 由五家澳大利亚银行组成一个合伙制租赁公司作为项目的股本投资者，在法律上拥有中信公司投资的波特兰铝厂10%的投资权益。为了更好地利用项目的税务优惠，这五家银行只提供项目建设资金的1/3，其余资金由债务参与者提供，以充分利用项目资产加速折旧及贷款利息税前支付的税务好处。所以，作为合伙制租赁公司的投资者，银行将通过两方面来获得收益：一是项目的巨额税务亏损，通过利用合伙制结构特点吸收这些税务亏损抵免公司所得税；二是收取租金。

③ 由这五家银行作为股本参与者去寻找债务参与者，为合伙制租赁公司提供债务资金，用以购买波特兰铝厂10%的投资权益。在具体操作中，由比利时国民银行提供项目建设所需的2/3的资金，但是该行不愿意承担任何的项目信用风险，所以，由该银行作为主经理人组成一个债务参与银团，为比利时银行的贷款提供信用证担保来承担项目信用风险。之所以选择这种融资结构，是因为在当时，比利时税法允许其国家级银行申请扣减在海外支付的利息预提税。因此，澳大利亚利息预提税成本就可以不由项目的实际投资者和借款人——中信澳公司承担（1992年，比利时政府修改税法，已取消了这种税务优惠安排）。此举为中信公司节省了总值几百万美元的利息预提税款。

④ 债务参与银团由BT数字资产银行（BT Bank）牵头，由澳大利亚、日本、美国、欧洲等国的九家银行组成国际贷款银团。它们本身不对项目提供任何资金，主要以银行信用证方式为合伙制租赁公司的股本参与者和比利时银行的贷款资金提供信用担保，承担全部的项目风险。

⑤ 中信澳（波特兰）公司作为项目的承租人，与合伙制租赁公司的全资项目代理公司签订了一个为期12年的租赁协议，从项目代理公司手中获得10%的波特兰铝厂项目资产的所有权。中信澳（波特兰）公司自行安排氧化铝及电力等关键性供应合同，使用租赁的资产生产出最终产品——铝锭，并直接销售给母公司。当然，并非是中信澳（波特兰）公司直接生产，而是由美铝澳公司全资控股的波特兰铝厂管理公司负责生产出铝锭，再按投资比例由中信澳（波特兰）公司直接拥有项目产品。

五、英国北海石油项目融资案例——典型的产品支付模式

1. 项目情况

英国国家石油公司联合私营石油公司共同开发北海石油项目。英国国家石油公司为保证

北海油田的石油产品能在本国提供，同意按国际市场价格购买 51% 的石油产品。它是项目投资者，又是项目产品的购买者。

① 英国石油公司组建两个完全控股的独立实体，分别是英国石化开发公司、英国石化贸易公司。

② 英国石油公司成立一个壳公司——北海油田项目公司，由它专门负责北海油田的项目融资安排，它是通过项目公司安排融资。

③ 英国石油公司转让由英国政府授予的石油开采许可证给北海油田项目公司，北海油田项目公司将其转让给贷款银行，并与银行签订产品支付条件下的贷款协议。

④ 银行将贷款支付给北海油田项目公司，由它以产品支付预付款形式支付给英国石化开发公司，作为石油开采费。

⑤ 英国石化开发公司负责开采，英国石化贸易公司负责销售（贸易公司实质上是作为银行的销售代理人）。

⑥ 销售收入支付给北海油田项目公司，由北海油田项目公司偿还银行债务资金。

2. 融资情况

① 银团贷款：贷款金额近 9 亿美元，贷款期 8 年，宽限期 4 年（不偿还本金），后 4 年为偿还期，分 8 次偿还贷款本金。以开采出来的石油为产品支付基础。无英国财政部担保，也不以国家石油公司股权作抵押。

② 担保结构：要求所有贷款人的权益作担保，包括合资经营协议的权益和销售合同权益。英国石化开发公司保证以合理价格开采出石油，石油开采许可证作抵押转让给银行。

③ 风险：贷款银行承担了石油储量不足的风险。

六、成都水六厂 BOT 项目融资

1. 项目历史背景和进程

成都水六厂 BOT 项目，是原国家计委正式批准立项的第三个 BOT 试点项目，其作为中国水务领域的第一个 BOT 试点项目，诞生于中国经济高速发展、城市化进程不断推进、水务市场逐步由政府控制转向市场化这一特定的历史大背景下。

但基础设施建设资金短缺。1996 年，成都市政府经过测算，预计成都市将在 2002 年出现 40 万立方米每天的供水缺口，计划增设 46 万立方米处理能力的供水设施，以满足未来的城市用水需求。但是中央或地方财政由于财务状况所限，对基础设施建设的投入存在相当大的困难，商业银行一般不愿意向数量大、时间长的市政项目提供贷款，政策性银行资金来源受到限制，且贷款对象侧重于全国性基础设施建设项目，致使成都水六厂建设项目很难从以上三种融资渠道获得资金。而该项目发生在亚洲金融危机之时，成都市政府通过以上途径获得建设资金的难度可想而知。

所以政府考虑尝试新的融资模式，开始计划引入社会资金来帮助发展和建设地方基础设施，以缓解资金压力，适时将市场机制引入水务领域，将竞争机制引入传统行业推动市政公用领域的改革。基于以上背景，成都市提出了用 BOT 模式来建设成都市自来水厂六厂 B 厂的计划，在成都市政府的积极争取和国家的大力支持下，1997 年 1 月，原国家计委正式批复同意该水厂与外商采取 BOT 投资方式建设。

成都 BOT 项目严格遵循国际招标程序，项目的运作可分为多个阶段，即项目的确定和拟定、招标、选标、开发、建设、运营和移交。项目进程如下：1996年，成都市政府向四川省计划委员会申请采用BOT方式建设该水厂；1997年，国家计委向境外投资者推出了该BOT试点项目；1997年9月，成都水厂BOT项目正式公开进行国际性招标；1999年8月，正式动工；2002年，成功地向管网供水。

2. 签约与融资

1999年8月，成都BOT项目正式签约。当月，法国通用水务集团、日本丸红株式会社联合体与成都市政府最终签订该项目的特许经营权协议。随即作为该项目投融资建设和运营主体的项目公司——通用水务、丸红供水有限公司正式成立，该项目正式进入实施阶段。该项目获得1.06亿美元（约合8.8亿元人民币）运作资金，其中：资本金占30%，约为3200万美元，由项目公司的股东方直接投入，法国通用水务占60%，丸红占40%，其余70%的投资由项目公司通过对外贷款融资方式解决。

该项目对外贷款融资业务以法国里昂信贷银行为财务顾问、融资牵头银行，并联合亚洲开发银行（ADB）、欧洲投资银行（EIB）和日本进出口信贷银行，共同为该项目提供融资贷款。其中：亚洲开发银行提供了2650万美元的直接贷款，并提供了2150万美元的补充贷款［注：补充贷款是由7家商业银行提供的。商业金融机构是真正的贷款人，只是把贷款通过亚洲开发银行贷给借款人。虽然商业金融机构承担全部责任风险，但他可以享受类似于亚洲直接银行的一些待遇，而付出的代价是亚行一次收取的安排费（不低于2万美元）和按年收取的管理费（不低于2万美元）］。欧洲投资银行提供了2650万美元贷款。

3. 项目开发、建设、移交

经过两年多的建设，水厂最终按期并在预算之内完成建设，也接受了来自成都市政府和自来水公司的检验和最终验收。至2001年12月底，该项目已基本建成，正式进入了调试及试运行阶段。

在传统的BOT项目中，所有的建设项目都应该在特许经营期满之后移交给政府，在运营期内，这些设施都将作为向银行借款的融资担保物存在。但在成都BOT项目中有一个特殊之处，那就是27千米的输水管线部分将于完工后提前移交给政府，而其他的水厂设施都将于2017年运营期满后，再无偿移交给成都市政府。这是因为，按照国家现行《中华人民共和国土地管理法》规定，不拥有土地使用权，则不拥有地上、地下附属物的产权。所以，为降低建设成本、减少土地占用，供水管道建设用地均采用临时租地，但按《中华人民共和国土地管理法》规定，投资者不拥有管道产权。因此，之前考虑也采用BOT方式的27千米输水管道，只好采用BT方式，即外商建成后即移交。所以，本工程实际上包含了BOT项目及BT项目，即在BOT项目建设完成后，提前对27千米的管线进行了完工后的检查、验收、运行的测试以及竣工文件的审查、移交。

参考文献

[1] 蒋先玲.项目融资[M].北京：中国金融出版社，2001.
[2] 刘亚臣，常春光.工程项目融资[M].大连：大连理工大学出版社，2008.
[3] 戴大双.项目融资[M].北京：机械工业出版社，2009.
[4] 李春好，曲久龙.项目融资[M].北京：科学出版社，2011.
[5] 马秀岩，卢洪升.项目融资[M].大连：东北财经大学出版社，2002.
[6] 赵华.工程项目融资[M].北京：人民交通出版社，2004.
[7] 张极井.项目融资[M].北京：中信出版社，1997.
[8] 卢家仪，卢有杰.项目融资[M].北京：清华大学出版社，1998.
[9] 蒋先玲.项目融资法律与实务[M].北京：对外经济贸易大学出版社，2004.
[10] 王立国.工程项目融资[M].北京：人民邮电出版社，2002.
[11] 王松江.PPP项目管理[M].昆明：云南科技出版社，2007.
[12] 孙玉梅.工程项目融资[M].成都：西南交通大学出版社，2016.
[13] 王广斌，安玉侠.项目融资[M].上海：同济大学出版社，2016.
[14] 郑立群.工程项目投资与融资[M].上海：复旦大学出版社，2007.
[15] 翔鸿.项目投资全过程管理文书：规范写作[M].南宁：广西人民出版社，2008.
[16] 肖欣荣.投资学[M].北京：对外经济贸易大学出版社，2021.